Der Demokratische Verfassungsstaat

Birgit Enzmann

Der Demokratische Verfassungsstaat

Entstehung, Elemente, Herausforderungen

Springer VS

Dr. Birgit Enzmann
Privatdozentin für Politikwissenschaft
Katholische Universität Eichstätt-Ingolstadt
Deutschland

ISBN 978-3-531-18026-7 ISBN 978-3-531-18952-9 (eBook)
DOI 10.1007/978-3-531-18952-9

Die Deutsche Nationalbibliothek verzeichnet diese Publikation in der Deutschen Nationalbibliografie; detaillierte bibliografische Daten sind im Internet über http://dnb.d-nb.de abrufbar.

Springer VS

Einbandentwurf: KünkelLopka GmbH, Heidelberg

Gedruckt auf säurefreiem und chlorfrei gebleichtem Papier

Springer VS ist eine Marke von Springer DE. Springer DE ist Teil der Fachverlagsgruppe Springer Science+Business Media.
www.springer-vs.de

Vorwort

Wer sich in der politikwissenschaftlichen Literatur auf die Suche nach einer anerkannten und trennscharfen Definition des Begriffes „Demokratischer Verfassungsstaat“ macht, wird enttäuscht. Trotz seiner geradezu inflationären Verwendung ist er, wie viele Begriffe, die in Alltags- und Wissenschaftssprache gleichzeitig bestehen, unscharf geblieben. Er diente seit der Gründung der Bundesrepublik vor allem dazu, dem neuen Selbstverständnis des deutschen Staates Ausdruck zu verleihen. Er hob die besondere Bedeutung des Grundgesetzes hervor und er beanspruchte mehr und besser zu sein als der alte Rechtsstaat, der dem Nationalsozialismus keinen Widerstand entgegensetzte und bis zum Ende als leere Hülle fortbestand. Der Demokratische Verfassungsstaat basiert dagegen ganz auf der Einsicht, dass Macht dazu tendiert, missbraucht zu werden. *Politische* Schutzvorkehrungen, wie ein mehrdimensionales System der Gewaltenteilung und demokratische Wahlen ergänzen sich mit *rechtlichen* Sicherungen, wie individuellen Grundrechten und einer sie schützenden Verfassungsgerichtsbarkeit. Herzstück des Demokratischen Verfassungsstaats bildet eine Verfassung, die exklusiv und abschließend alle Machtbefugnisse zuweist und die Grundrechte festschreibt. Gleichzeitig schützt die Verfassung sich selbst, indem sie für ihre Änderung besondere Hürden vorsieht und jedem Betroffenen die Möglichkeit gibt, Verfassungsverletzungen gerichtlich einzuklagen. Die Verfassung genießt somit einen justiziablen Vorrang; das gilt auch und besonders für verfassungswidrige Entscheidungen des Gesetzgebers. Erst die Kombination verschiedener Elemente verleiht dem Demokratischen Verfassungsstaat seine volle Funktionalität.

Die erste Zielsetzung des vorliegenden Bandes ist es deshalb, diese Elemente in ihrem Zusammenspiel aufzuzeigen und zu erläutern. Für die Darstellung werden dabei teils politikwissenschaftliche, teils rechtswissenschaftliche Quellen genutzt, um die gesamte Breite der vorliegenden Erkenntnisse nutzen zu können. Begrifflichkeit, Untersuchungsschwerpunkte und Erkenntnisinteressen bei der Erforschung des Demokratischen Verfassungsstaats unterscheiden sich in den beiden Disziplinen allerdings deutlich. Es ist deshalb eine gezielte Auswahl und eine gewisse Übersetzungsleistung erforderlich, um die Ergebnisse darzustellen und zu verknüpfen. Ziel ist nicht ein vollständiges, sondern ein angemessenes und verständliches Bild der Funktionsweise und Besonderheiten des Demokratischen Verfassungsstaats. Aus der exklusiven Sicht nur einer der Disziplinen lässt sich das m. E. nicht gewinnen. Der Mehrwert des Bandes liegt in der Verbindung.

Eine Skizze gegenwärtiger Herausforderungen ist die zweite Zielsetzung des Bandes. Der Demokratische Verfassungsstaat wurde vor allem in den USA und vielen Staaten Europas zu einem Erfolgsmodell, das die Bürger in vorher nie gekanntem Ausmaß vor Unterdrückung und Willkür schützt. In mehrfacher Hinsicht wird das derzeit in Frage gestellt. Forderungen nach mehr innerer Sicherheit kollidieren mit den weitgehenden Freiheitsgarantien und rechtsstaatlichen Sicherungen des Demokratischen Verfassungsstaats. Die Eingliederung in die Europäische Union begrenzt die Wirksamkeit demokratischer und verfassungsgerichtlicher Machtkontrolle. Und schließlich fordern Gegenentwürfe zu Menschenrechten und politischer Ordnung den Demokratischen Verfassungsstaat heraus, seine Vorzüge erneut herauszustellen.

Um dem Leser eine weitere Beschäftigung mit dem Thema zu erleichtern, endet jedes Kapitel mit einigen Literaturhinweisen. Bevorzugt handelt es sich dabei um neuere und damit leicht zugängliche Publikationen. Ein vollständiges Verzeichnis der genutzten Literatur steht am Ende des Buches. Hier ist außerdem ein Sachregister zu finden.

Dieses Buch basiert auf langjähriger Beschäftigung mit dem Thema in anderen Publikationen und Lehrveranstaltungen. Die Anregung, die Ergebnisse in einem Lehrbuch einfließen zu lassen, geht auf Frank Schindler, Verlag für Sozialwissenschaften, zurück. Wichtige Hinweise zum Kapitel Rechtsstaatlichkeit erhielt ich von Dr. Michael Luber, LL.M. Die kritische Durchsicht des Manuskripts übernahmen Gunter Lange und Michael Enzmann. Ihnen allen gilt mein herzlicher Dank für ihre Zeit, Mühe und Geduld. Für Fehler zeichne ich allerdings selbst verantwortlich.

Eichstätt Birgit Enzmann

Inhalt

Abbildungsnachweis

1 Abgrenzung: Rechts- oder Verfassungsstaat?

Wir sind es gewohnt, Staats- und Regierungsformen danach zu klassifizieren, in wessen Händen die Herrschaftsgewalt liegt, z. B. in denen eines Tyrannen oder Fürsten, des Adels, einer Elite, einer Klasse oder denen des Volkes. Doch schon inmitten der Überlegungen zu solchen Herrschaftsformen findet sich bei dem griechischen Philosophen Aristoteles (384–322 v.Chr.) die These, dass es im Grunde besser wäre, wenn gar nicht Menschen, sondern Gesetze regieren würden. Denn das Gesetz sei „eine Vernunft ohne Streben".[1] Im Lauf der Zeit immer weiter verbessert sei es das geronnene Wissen Vieler und überbrücke so das Problem, dass ein Mensch weder alles wissen könne noch unfehlbar sei. Außerdem erziehe das Gesetz den Menschen, indem es ihn hindere, aus persönlicher Abneigung oder Gunst zu handeln, den Bürger ebenso wie den Inhaber eines öffentlichen Amtes. Nur dort, wo Gesetze nicht alles im Voraus regeln könnten, solle die freie Entscheidung von Menschen ihren legitimen Platz haben.[2] Dabei geben aber Gesetze vor, durch wen und nach welchen Grundsätzen diese Entscheidungen getroffen werden sollen. Über 2000 Jahre später wird hierfür im angloamerikanischen Raum die Formel „a government of laws and not of men" geprägt,[3] im deutschen Sprachraum der Begriff „Rechtsstaat" und im französischen der Begriff „Etat de droit". Ihnen allen liegt die Idee zugrunde, dass die mangelnde Erkenntnisfähigkeit, Fehlbarkeit und Verführbarkeit des Menschen eine weitgehende Einhegung ihrer Entscheidungsfreiheit durch feststehende allgemeine Regeln erforderlich machen. Die so installierte Herrschaft des Rechts

[1] Aristoteles 2003 III, 1287a, S 33.

[2] Ebd., 1287a-b.

[3] So die Formel in der von John Adams verfassten Verfassung von Massachusetts von 1780, Teil I, Art. XXX. Gebräuchlich ist im angloamerikanischen Diskurs des 18. Jahrhunderts auch der Begriff „an empire of laws and not of men". Vgl. zur Herrschaft des Rechts als Kerngedanke verschiedener Ordnungsformen Grote 1999, S. 270 f.

B. Enzmann, *Der Demokratische Verfassungsstaat*,
DOI 10.1007/978-3-531-18952-9_1,

> bedeutet zunächst den absoluten Vorrang oder die Vorherrschaft des regulären Rechts im Gegensatz zu willkürlicher Macht und schließt das Bestehen von Willkür, von Prärogativbefugnissen und sogar weiten Ermessensbefugnissen der Exekutive aus…
>
> Sie bedeutet außerdem die Gleichheit vor dem Recht beziehungsweise die gleichmäßige Unterwerfung aller Klassen unter das allgemeine Recht, das von den Gerichten angewendet wird. Die „*Rule of Law*“ in diesem Sinne schließt die Vorstellung aus, Amtsträger oder andere Personen könnten von der Pflicht zum Gehorsam gegenüber dem Recht, dem andere Bürger unterstehen, oder der Gerichtsbarkeit der ordentlichen Gerichte freigestellt sein.[4]

Der hier zitierte britische Rechtswissenschaftler Albert Venn Dicey will damit speziell das englische Modell der *Rule of Law* skizzieren. Die genannten Merkmale – Herrschaft nur durch und auf der Basis von Recht, allgemeingütige Gesetze, Gleichheit vor dem Gesetz und unabhängige ordentliche Gerichte – bilden aber genauso den Kern des deutschen bürgerlichen Rechtsstaats im 19. Jahrhundert sowie die Basis des voll ausgebildeten Verfassungsstaats des 20. Jahrhunderts. Wir können deshalb, so wie wir heute von einer großen Familie demokratischer Regierungsformen sprechen, auch von einer Ordnungsfamilie der Herrschaft des Rechts sprechen oder, gebräuchlicher, einer Ordnungsfamilie der Rechts- und Verfassungsstaaten.

Diese Ordnungsfamilie umfasst vielfältige, durch landes- und zeitspezifische Faktoren geprägte Formen, die sich vor allem in zwei Punkten unterscheiden.

(1) Einige sind rein formale Konzepte, die sich auf die Festlegung von Kompetenzen und Verfahren der Rechtsetzung und der sicheren Durchsetzung beschränken. Andere beziehen auch materielle Maßstäbe ein, an denen die inhaltliche Qualität des Rechts gemessen werden soll. Hier ist nicht nur eine Herrschaft des Rechts, sondern „richtigen“ Rechts intendiert. Daraus ergibt sich die vor allem in der deutschen Rechtswissenschaft wichtige Differenzierung zwischen formalem und materiellem Rechtsstaat.

(2) Das zweite wichtige Unterscheidungskriterium ist, ob eine Konzeption als höchste Rechtsebene das vom Parlament gesetzte und beliebig änderbare Gesetzesrecht enthält, oder ob darüber eine weitere Ebene, das Verfassungsrecht besteht, das auch den Gesetzgeber bindet. Im ersten Fall empfiehlt es sich vom Rechts-, im zweiten vom Verfassungsstaat zu sprechen.

Aus den beiden Unterscheidungskriterien ergibt sich folgende Einteilung:

Im formalen Rechtsstaat ist staatliches Handeln auf den Erlass, die Ausführung und die Durchsetzung von allgemein verbindlichen Gesetzen konzentriert. Die Exekutive kann nicht willkürlich, sondern nur auf der Basis allgemeiner und veröffentlichter Gesetze handeln; sie ist der Legislative gegenüber verantwortlich; Verwaltungshandeln ist durch ordentliche oder Verwaltungsgerichte überprüfbar.

[4] Dicey 2002, S. 273 f.

Abb. 1.1 Systematik des Demokratischen Verfassungsstaats

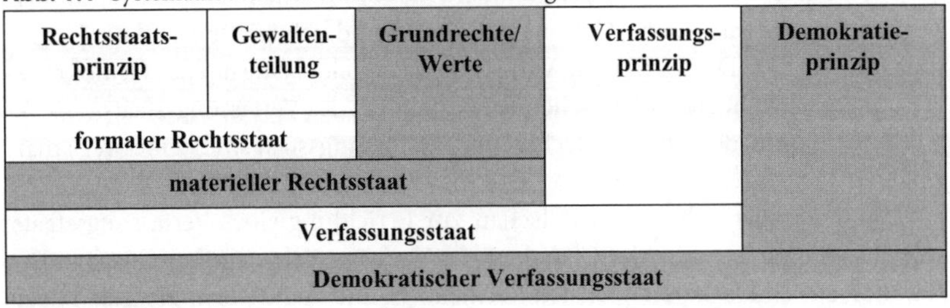

Quelle: Eigene Darstellung

Zentrale Umsetzungsmittel des formalen Rechtsstaats sind Gewaltenteilung, die Gesetzlichkeit der Herrschaft und der Rechtsschutz durch unabhängige Gerichte.

Im materiellen Rechtsstaat werden über die Anforderungen an den formalen Rechtsstaat hinaus inhaltliche Anforderungen an die Gesetze gestellt: Sie sollen z. B. an gesellschaftlichen Grundwerten und Gerechtigkeitsvorstellungen, Grund- und Menschenrechten und oft auch bestimmten Staatszwecken orientiert sein. Die Legislative wird deshalb politischen Kontrollen z. B. durch ein Zweikammersystem, Vetorechte der Exekutive, regelmäßige Wahlen oder auch Referenden unterworfen.

Der Verfassungsstaat verstärkt die Begrenzung und Bindung staatlicher Gewalt, die formaler und materieller Rechtsstaat einführen, indem er sie auf Dauer in einer Verfassung, d. h. einem Katalog höherrangigen Rechts festschreibt, der von der Legislative nicht oder nur unter erschwerten Bedingungen zu ändern ist und der Vorrang vor dem einfachem Gesetz hat. Dieser Katalog enthält sowohl die allen Bürgern zustehenden Grundrechte und Grundfreiheiten wie auch die zentralen Organisationsprinzipien des Staates, insbesondere die Kompetenzverteilung und die Festlegung der Verfahren zur Besetzung von Ämtern, Erlass und Änderung von Gesetzen und Möglichkeiten der Verfassungsrevision. Die Einhaltung dieser Vorgaben wird nicht nur durch politische Kontrollmechanismen, sondern auch durch eine unabhängige Verfassungsgerichtsbarkeit überwacht.[5]

Der Verfassungsstaat ist also eine Ordnungsform, die sich aus verschiedenen Grundbausteinen zusammensetzt (vgl. Abb. 1.1). Über vier Bausteine besteht in Rechts- und Politikwissenschaft weitgehender Konsens, wenn auch die Bezeichnungen in der Literatur gelegentlich variieren und manchmal einige dieser Baustei-

[5] Vgl. die noch weiter ausdifferenzierte Typologie bei Martin Kriele 1988, S. 104 f. Er entwirft eine logische Stufenfolge, bei der die jeweils höhere Stufe die wesentlichen (wenngleich nicht immer alle) Elemente der unteren Stufen einschließt und zusätzliche Elemente beisteuert. Diese Stufen lauten: 1) Formaler Gesetzesstaat, 2) Materieller Rechtsstaat, 3) Rechtswegestaat, 4) Gewaltenteilender Verfassungsstaat und 5) Parlamentarischer Verfassungsstaat.

ne weiter aufgeschlüsselt oder gelegentlich einer unter einem anderen subsumiert werden: Rechtsstaatsprinzip, Gewaltenteilung, Grundrechte/Werte und das Verfassungsprinzip. Der Demokratische Verfassungsstaat bildet eine um das Demokratieprinzip ergänzte, heute vorherrschende Spezialform des Verfassungsstaats.

Die Unterschiede zwischen Rechts- und Verfassungsstaat sind keineswegs marginal.

(1) Entscheidet sich eine Gesellschaft zur Errichtung eines Verfassungsstaats, ändert sich beispielsweise der Charakter der Verfassung von einer politischen Deklaration zur einklagbaren höchsten Rechtsnorm und zugleich zur zentralen Legitimationsquelle politischer Macht. Selbst der Wähler leitet sein Recht zur Wahlteilname aus der Verfassung ab.

(2) Es ändert sich aber auch die Stellung des Gesetzgebers: Er verliert seinen Rang als oberster Rechtssetzer und wichtigstes Artikulationsorgan des Volkswillens. Über ihm steht nun die verfassunggebende Gewalt, die ihn formal und inhaltlich bindet. Selbst wenn häufig das Parlament als zentrales Gesetzgebungsorgan auch das Recht der Verfassungsänderung hat, so doch nur in dafür vom Verfassungsgeber gesetzten besonderen Schranken.

(3) Eine dritte wichtige Änderung ist das größere Gewicht der Gerichte, die im Zuge ihrer Rechtsprechung prüfen, ob Legislative und Exekutive die Verfassung einhalten. Als äußersten Schritt kann ein Verfassungsgericht Gesetze für nichtig erklären und tritt so aus der im Rechtsstaat vorgesehenen Gesetzesbindung der Judikative heraus.

(4) Mit dem neuen Charakter der Verfassung ändern sich zugleich das Verhältnis von Politik und Recht sowie der Stellenwert der Politik an sich: Die politischen Akteure in einem Verfassungsstaat überlassen die Interpretationsgewalt über die Inhalte der Verfassung einem unabhängigen Gericht. Sie nehmen also ausgerechnet Fragen, um die sich die großen Revolutionen gedreht haben (bürgerliche Freiheiten, Partizipationsrechte, Aufgabenverteilung zwischen den Staatsorganen etc.) aus der politischen Zuständigkeit und Debatte heraus und zwar so lange, bis sich in der Bevölkerung oder unter den politischen Akteuren eine breite Mehrheit für eine Änderung ausspricht und damit ihre Auffassung gegen die des Gerichts durchsetzt. Die Verrechtlichung der Verfassung führt, so kann man sagen, zu zeitlich befristeter Entpolitisierung zentraler Belange.

(5) Und schließlich ändert sich im Verfassungsstaat das Verhältnis zwischen Bürger und Staat. Grundrechte, die in einer erschwert änderbaren Verfassung verankert sind, schaffen einen Freiheitsraum des Einzelnen, den er notfalls gerichtlich auch gegen Mehrheitsinteressen durchsetzen kann. Er kann sich damit bis zu einem gewissen Grade von staatlicher und auch gesellschaftlicher Bevormundung emanzipieren.

In der Realität sind insbesondere die Grenzen zwischen materiellem Rechtsstaat und Verfassungsstaat fließend. In nahezu allen europäischen Rechtsstaaten besteht heute bspw. auch eine Verfassung, die insofern höherrangig ist, als sie von den herkömmlichen Gesetzgebungsorganen nur unter Einhaltung besonderer Mehrheitsanforderungen oder Fristen geändert werden kann. Die Klassifizierung als Verfassungsstaat hängt nun davon ab, wie hoch insbesondere die Hürden für den Eingriff in Grundrechte und die Kompetenzen von Exekutive und Judikative sind und ob eine Unterwanderung, d. h. Durchbrechung der Verfassung wirksam durch eine unabhängige Verfassungsgerichtsbarkeit geahndet werden kann.[6] In Art. 16 der Französischen Erklärung der Menschen- und Bürgerrechte von 1789 heißt es „Eine Gesellschaft, in der die Gewährleistung der Rechte nicht gesichert und die Gewaltenteilung nicht festgelegt ist, hat keine Verfassung." In diesem Sinne sollte m. E. heute von einem Verfassungsstaat nur gesprochen werden, wenn jeder Bürger seine in der Verfassung garantierten Rechte notfalls auch gegen den Gesetzgeber gerichtlich durchsetzen kann und insofern ein „justiziabler Vorrang" oder ein „Letztentscheidungsrecht" der Verfassung vor dem Gesetz bzw. dem Gesetzgeber besteht.[7]

Mithilfe der genannten Abgrenzungskriterien lassen sich viele politische Systeme eindeutig klassifizieren: Beispiel eines formalen Rechtsstaats ist das deutsche Modell von 1848 bis 1918, wie es insbesondere durch Friedrich Julius von Stahl (1802–1861) entworfen wurde.[8] Die bis heute geltende englische Rechtsstaatskonzeption *Rule of Law* dagegen ist, obschon bereits im 17. Jahrhundert zur Anwendungsreife entwickelt, eine typisch materielle.[9] Weitere aktuelle Beispiele für materielle Rechtsstaaten sind Dänemark, Luxemburg, die Niederlande oder Schweden. Zu den Verfassungsstaaten mit einem gesicherten justiziablen Verfassungsvorrang zählen neben dem Vorreiter USA auch viele europäische Staaten wie Belgien, Deutschland, Frankreich, Griechenland, Italien, Polen, Portugal, Slowenien und die Slowakei, Tschechien oder auch die baltischen Staaten.[10]

In wissenschaftlichen Typologien wird bis heute aber nur selten systematisch zwischen Rechts- und Verfassungsstaaten differenziert. Erstmals klassifizierte 1914 der amerikanische Politologe Charles Grove Haines (1879–1948) verschiedene Staaten anhand des Verfassungsvorrangs. Er bildete dafür drei Typen: Staaten ohne

---

[6] Die zentralen Punkte – erschwert änderbare Verfassung und Verfassungsgerichtsbarkeit – als wesentliche Voraussetzung des Vorrangs der Verfassung betont z. B. auch Möllers 2008, S. 136.

[7] Vgl. hierzu ausführlich Enzmann 2009, S. 12, 23–43, Wahl 2001b.

[8] Hierzu besonders Hofmann 1996.

[9] Dagegen Harvey und Bather 1978. Sie meinen, dass die *rule of law* allenfalls als formaler Rechtsstaat gelten kann.

[10] Vgl. Enzmann 2009, S. 38 ff.

Verfassungsvorrang, Staaten mit vollständigem Verfassungsvorrang gegenüber allen Gesetzen und schließlich Bundesstaaten, die zur Sicherung der föderalen Rechtseinheit einen Vorrang der Bundesverfassung vor der Ländergesetzgebung errichten.[11] Sehr viel später haben in Deutschland z. B. die Rechtswissenschaftler Martin Kriele (1988) und Rainer Wahl (1981 und 2001b), aber auch die Politikwissenschaftler Heidrun Abromeit (1995) und Peter Graf Kielmansegg (2005) den Verfassungsvorrang als verfassungsstaatliches Spezifikum aufgefasst und als Vergleichsgrundlage vorgeschlagen. In den gängigen Systemtypologien tauchte der Verfassungsstaat lange Zeit nicht als eigenständiger Typus auf und fand insgesamt die Ordnungsform der Herrschaft des Rechts wenig Beachtung. Dies änderte sich erst Anfang des 21. Jahrhunderts, als im Zuge der Umwälzungsprozesse nach 1989 in Ost- und Ostmitteleuropa sehr deutlich wurde, dass es auf dem Weg von einer stabilen Diktatur zu einer stabilen Demokratie viele Zwischenstufen gibt und es gerade rechts- und verfassungsstaatliche Elemente sind, die für die abschließende Konsolidierungsphase eines Systemwechsels entscheidend sind. Seitdem sind Typologien entstanden, die Länder hinsichtlich der Ausgestaltung der Rechtsstaatlichkeit einteilen.[12] Z. B. wird anhand der beiden wichtigen rechts- und verfassungsstaatlichen Merkmale – garantierte Grundrechte und funktionierende Gewaltenteilung – zwischen „eingebetteten"/liberalen und sogenannten „defekten" Demokratien differenziert.[13] Insofern zeichnet sich ab, dass auch die Feinheiten, die Abstufungen innerhalb der Ordnungsform Herrschaft des Rechts mehr Beachtung finden werden. Wie groß der Abstand zwischen formaler und materieller Rechtsstaatlichkeit und nochmals zur Verfassungsstaatlichkeit ist, macht schon ein Blick auf die Bedeutung der Verfassungsrechtsprechung des Deutschen Bundesverfassungsgerichts klar. Die zentrale Stellung, die die Grundrechte im deutschen politischen Diskurs haben, auch die Ausgestaltung der Medien- und Meinungsfreiheit sowie des Steuer- und Sozialsystems sind wesentlich durch das Bundesverfassungsgericht geprägt. Man kann ohne Übertreibung sagen, dass die politische Wirklichkeit in der Bundesrepublik ohne einen justiziablen Verfassungsvorrang völlig anders aussähe.

[11] Vgl. Haines 1973.

[12] Z. B. Lauth 2001.

[13] Vgl. Merkel et al 2003, S. 15, 66.

Meilensteine der Entwicklung

2

Für die Entstehung des Demokratischen Verfassungsstaates gibt es keine klare Geburtsstunde. Die meisten seiner Elemente – formaler und materieller Rechtsstaat, Verfassung, Gewaltenteilung, Grundrechte, Mitbestimmung und Verfassungsgerichtsbarkeit – haben Wurzeln, die bis ins Mittelalter oder die Antike zurück reichen. Eine knappe Einführung beschränkt sich daher zwangsläufig auf Punkte, an denen sich die Ereignisse beschleunigen, an denen bisher getrennt verlaufende Entwicklungsstränge zusammentreffen oder Etappenziele auf dem Weg zum Verfassungsstaat erreicht werden. Hierzu gehören die Vollendung des ersten gewaltenteiligen Rechtsstaats im 17. Jahrhundert in England, die Entstehung der USA als erstem modernen Verfassungsstaat im 18. Jahrhundert, der Beginn des Konstitutionalismus in Europa im Anschluss an die Französische Revolution von 1789 und schließlich die Entwicklung und Verbreitung der Verfassungsgerichtsbarkeit im 19. und 20. Jahrhundert.

2.1 Auf Umwegen zum Rechtsstaat:

2.1.1 England im 17. Jahrhundert

Der erste Kulminationspunkt findet sich im England des 17. Jahrhunderts. Wir treffen hier auf den interessanten Fall eines Landes, das zunächst mit großen Schritten auf einen Verfassungsstaat zusteuert, dann aber einen materiellen Rechtsstaat installiert – und bis heute dabei geblieben ist.

England hatte den Weg zum materiellen Rechtsstaat schon früh eingeschlagen. Mit der Magna Charta von 1215 entstand hier einer der ersten großen Herrschaftsverträge. Diese in Europa im 13. bis 16. Jahrhundert verbreiteten Verbürgungen wurden dem Herrscher von den Adeligen des Landes oft angelegentlich eines Dy-

B. Enzmann, *Der Demokratische Verfassungsstaat*,
DOI 10.1007/978-3-531-18952-9_2,

nastiewechsels oder in finanziellen und militärischen Notlagen abgerungen und dienten dazu, bereits bestehende Mitbestimmungsrechte und andere Garantien zu bekräftigen oder in geringerem Umfang auch neue Zugeständnisse zu erreichen.[1] Die Magna Charta hielt fest, dass Adel und Bürgertum in gewissem Umfang an der Herrschaft zu beteiligen seien, insbesondere über die Kontrolle durch das Instrument der Steuerbewilligung und Beratung bei der Gesetzgebung. Die Charta bekräftigte aber auch rechtsstaatliche Garantien, wie das Verbot unrechtmäßiger Verhaftung und Enteignung, den Anspruch auf einen gesetzlichen Richter.[2] Häufig neu interpretiert, ergänzt und bestätigt, entwickelte sich die Charta von einer Vereinbarung zwischen Adel und Monarch zu einem für alle Engländer geltenden Rechtskatalog. Sie wurde eine bedeutende Grundlage der Rechtsprechung und somit zentraler Bestandteil des *Common Law*, des im Wesentlichen auf der Rechtsprechung der Gerichte (Richterrecht) basierenden englischen Rechtssystems.[3] Zu den Kerninhalten des *Common Law* gehören nicht nur die historisch gewachsenen *rights and liberties of Englishmen*, sondern auch die wesentlichen organisationsrechtlichen Bestimmungen, auf denen das politische System ruht. Diese Kernbestimmungen hatten mit der Zeit den Nimbus eines höherrangigen Rechts erhalten und bildeten die *ancient constitution* des Landes, eine gewachsene, auf einer Vielzahl verstreuter Einzelbestimmungen beruhenden Verfassung.[4] Bis zum Ende des 16. Jahrhunderts hatte sich auf dieser Basis ein Mischverfassungssystem etabliert, das ein monarchisches, ein aristokratisches und ein demokratisches Element enthielt: Seinen Mittelpunkt bildete die *Crown in Parliament*, eine dreigliedrige Legislative, die aus Monarch, dem den hohen Adel und Klerus vertretenden Oberhaus und dem die Bürger und den niederen Adel vertretenden Unterhaus bestand. Schon 1534 verfügte der *Dispensation Act*, dass sie nur gemeinsam Gesetze erlassen können.[5] Zentraler Nachteil dieses Systems war aber, dass keineswegs jede Norm als Gesetz, *Statute Law*, erlassen werden musste.[6] In einigen Bereichen verfügte der Monarch über die Prärogative, d. h. das Recht, allein allgemein verbindliche Proklamationen zu erlassen, die in ihrer Wirkung den Gesetzen gleichgestellt waren. Dabei durfte er zwar formelle, d. h. im regulären Verfahren durch die *Crown in Parliament* er-

---

[1] Zu diesen Urkunden gehören neben der Magna Charta die Goldene Bulle von Ungarn 1222, die Aragonischen Privilegien von 1283 und 1287, die Joyeuse Entrée von Brabant 1356 und der Tübinger Vertrag von 1514. Vgl. zu solchen Verbürgungen Dilcher 1988, Vertragstexte in der Quellensammlung von Näf 1975.

[2] Grundlegend zur Magna Charta Holt 1992, ders, 1985.

[3] Vgl. Vollmer 1969, S. 35.

[4] Siehe dazu Schröder 2002.

[5] Vgl. zur Vorgeschichte Fenske 2001, S. 55–59.

[6] Hierzu und zum Folgenden s. Kriele 1994, S. 93 f, von Brünneck 2006.

lassene Gesetze und das *Common Law* nicht brechen oder ändern aber ergänzen. Und er konnte sie in Einzelfällen umgehen, indem er sein zur Prärogative gehörendes Gnaden- und Dispensrecht nutzte, um Personen von gesetzlichen Pflichten oder Strafen zu befreien. Ambivalent war zudem das Verhältnis von *Common Law* und *Statute Law*. Einerseits wurde zumindest dem Kernbestand des *Common Law* ein besonderer Rang zugesprochen, andererseits konnte die *Crown in Parliament* einzelne Bestimmungen durch formelles Gesetz ändern.[7] Und schließlich konnten besondere Gerichte, um eine Verkrustung des *Common Law* durch die Vielzahl der Präjudizien zu vermeiden, eine vierte Rechtsform anwenden, das Billigkeitsrecht, *Equity*.Dabei verzichteten sie auf die Anwendung eines Präjudizes oder anderer Common-Law-Normen, um ein dem Einzelfall besser gerecht werdendes Urteil zu fällen.[8] Damit barg die komplexe englische Ordnung sowohl ein hohes Risiko von Kompetenzkonflikten als auch von Rechtsunsicherheit für die Bürger. Das war durchaus kein Spezifikum Englands. Auch im übrigen Europa bestand durch das ganze Mittelalter hinweg ein kaum überschaubares, gleichrangiges Nebeneinander von Rechtsformen. Und auch der beständige Streit um die Frage, wo ein Landesherr allein und wo nur mit Zustimmung der Großen des Landes oder der Ständevertreter entscheiden durfte, ist in ganz Europa zu finden.[9] England löste das Problem schließlich bis zum Ende des 17. Jahrhunderts, indem es die Nebenordnung der Organe und Rechtsformen durch ein Letztentscheidungsrecht der *Crown in Parliament* ersetzte, gleichwohl aber am *Common-Law-System* mit seinen weitläufigen und beharrlichen Sicherungen bürgerlicher Rechte festhielt.

Drei Anläufe waren dafür nötig. Zu Beginn des Jahrhunderts versuchten die Gerichte unter der Führung des Obersten Richters und späteren Unterhausabgeordneten Sir Edward Coke (1552–1634) das *Common Law* an die Spitze einer Normenhierarchie zu setzen und alle anderen Rechtsakte inhaltlich wie formal daran zu prüfen.

Hierfür unterteilte Coke in seinen Schriften und seiner Rechtsprechung das *Common Law* in drei Geltungsstufen (vgl. Abb. 2.1): erstens nachgeordnete Regeln, die vom Gesetzgeber durch formelles Gesetz jederzeit aufgehoben, geändert oder beschränkt werden können; zweitens unverzichtbare und an sich höherrangige Grundsätze, in die nach gründlicher Rechtsgüterabwägung durch Gesetz dennoch bedingt eingegriffen werden kann; drittens der Kernbereich des *Common Law*, der

[7] Siehe Kriele 1994, S. 94 f. Detailliert Holdsworth 1956, S. 297 ff zur Prärogative, S. 99 ff zum Gesetzgebungsverfahren, sowie S. 287 zur grundsätzlichen Änderbarkeit auch jedes Common Law.

[8] Vgl. Radbruch 1947, S. 42–45, sowie Vollmer 1969, S. 36 f.

[9] Vgl. hierzu die breiten Debatten mittels der Forderung „*Quod omnes tangit, ab omnibus tractari et approbari debet*", was alle betrifft, muss von allen beraten und gebilligt werden. Dazu Congar 1980; Marongiu 1980.

Abb. 2.1 Normenmonarchie bei Sir Edward Coke (1552–1634)

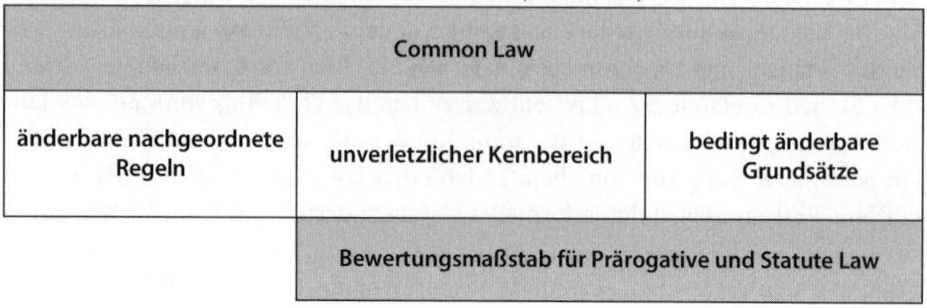

Quelle: Eigene Darstellung

im weiteren Sinne naturrechtlich[10] garantiert und jedem Zugriff entzogen ist.[11] Dieser Kern umfasste, soweit man das aus Cokes Rechtsprechung rekonstruieren kann, das von Gott gestiftete Amt und die damit verbundene Exekutivgewalt des Monarchen sowie sein Dispens- und Gnadenrecht. Für unverletzlich erklärte Coke auch das Verbot, Richter in eigener Sache zu sein.[12] Es handelte sich also im Wesentlichen um organisationsrechtliche und formal-rechtsstaatliche Normen, die Coke für fundamental erklärte. Grundrechte ordnete Coke dagegen der Stufe der unter Umständen änderbaren Rechte zu und behielt es dem Richterstand vor, die richtige Zuordnung vorzunehmen. Die nicht und die nur bedingt änderbaren Normen verwendete Coke nun als Bewertungsmaßstab für Prärogative und *Common Law* und gab damit die Bedingungen an, unter denen es der Krone erlaubt sein sollte, die Anwendung eines Parlamentsgesetzes in einem konkreten Fall aussetzen und damit Illegales zu legalisieren und unter welchen Umständen ein Gericht die Anwendung eines Gesetzes verweigern oder gar das Gesetz selbst für ungültig erklären dürfte. Dadurch wäre der Monarch tatsächlich unter das Recht zwingbar gewesen und ein materieller Rechtsstaat errichtet.[13]

Das Modell hatte über den Tod Cokes hinaus aber keinen Bestand. Stattdessen führten fortgesetzte Zuständigkeitskonflikte zwischen Parlament und Monarch, noch gesteigert durch konfessionelle Streitigkeiten,[14] 1642 zum Englischen Bürgerkrieg, der mit der Hinrichtung Karls I. und der Auflösung des Oberhauses

[10] Vgl. zum Naturrechtsbegriff unten Kap. 3.3.4 Grund- versus Menschenrechte.

[11] Vgl. Vollmer 1969, S. 104.

[12] Ebd., S. 101 ff.

[13] Zur Auffassung insbesondere der Magna Charta als höherrangiges Recht vgl. Hofer 2005, S. 14 f.

[14] Vgl. Schröder 2002, S. 142.

endete. Damit öffnete sich für kurze Zeit ein Gelegenheitsfenster zum Erlass einer künstlich geschaffenen, kodifizierten Verfassung und damit für einen zweiten Lösungsversuch der Problematik: Das Unterhaus vereinte nun als einzig verbliebener Träger der *ancient constitution* die gesamte Machtfülle auf sich, die vorher zwischen Monarch und den beiden Kammern geteilt gewesen war. Es erreichte zeitweilig annähernd die unwiderstehliche Machtfülle, die der englische Philosoph Thomas Hobbes (1588–1679) als „Leviathan" bezeichnet. Drastische Eingriffe in die Rechte der Bürger und Angriffe der presbyterianischen Mehrheitsfraktion auf politische Gegner ließen schließlich selbst in den Reihen des Parlamentsheeres Stimmen nach einer klaren Kompetenzbeschränkung laut werden. Dadurch veränderte sich die Ausrichtung der Verfassungsdiskussionen: Hatte man vor dem Bürgerkrieg darüber gestritten, wie der König zu beschränken und unter das Recht zu zwingen sei, ging es nun darum, generell den Missbrauch von Macht zu verhindern. Die sogenannten *Leveller,* eine von Handwerkern, Kaufleuten, und Gewerbetreibenden getragene Partei schlug vor, das bisherige Parlament aufzulösen und auf der Basis einer Übereinkunft aller Bürger eine neue politische Ordnung zu installieren. Ihr *Agreement of the People* von 1647/49 sollte zuerst von jedem Bürger wie eine Art Gesellschaftsvertrag unterschrieben und dann von einem neu gewählten Parlament als oberste Rechtsgrundlage anerkannt werden. Neben Regelungen zu Wahlrecht, Legislaturperiode und Aufgaben des Parlaments enthielt der Vorschlag auch eine Liste von Befugnissen, die die Bürger ausdrücklich nicht an das Parlament delegieren wollten. Auf diesem indirekten Weg der Zugriffsverweigerung sollten die Bürger einen objektivrechtlichen Schutz erfahren, wenngleich subjektive Grundrechte zwar wohl im ersten Entwurf, aber nicht in der 1649 eingebrachten Schlussfassung formuliert wurden. Die Ausnahmen betrafen v. a. Gewissens- und Religionsfragen, aber auch den Kriegsdienst, Begleichung von Staatsschulden, Gleichheit vor dem Gesetz, das Verbot von Strafverfolgung und Eigentumseingriffen ohne gesetzliche Grundlage, das Recht auf Privateigentum und die überlieferten Grundfreiheiten. Das historische Novum dieser damit verankerten Reservatrechte war, dass sie nicht dazu dienten, den Monarchen zu beschränken und dem Parlament ein entsprechendes Kontrollrecht zuzuschreiben. Vielmehr wurde die Schranke gegenüber dem Parlament errichtet. Es wurden hier erstmals Volksrechte von Parlamentsrechten unterschieden, d. h. es wurde verdeutlicht, dass zwischen gewählten Vertretern und Wählern keine Interessenidentität besteht und daher jeder Bürger auch Schutz vor seinem Vertreter benötigt.[15] Inhaltlich, wenn auch nicht formal, wäre

[15] Zweig spricht hier von „Reservatrechten", weil die Verfügung darüber die Individuen sich selbst vorbehalten. Zur Verbreitung dieser Form in der Revolutionszeit vgl. Zweig 1909, S. 40 f; Vgl. auch Jellinek 1960, S. 511: Er spricht von Volks- gegenüber Parlamentsrechten.

das Agreement eine vollständige, kodifizierte Verfassung gewesen und vom Verfassungsstaat hätte England dann nur noch eine gerichtliche Überwachung getrennt.

Der Entwurf scheiterte jedoch an der Weigerung des Parlaments, die Basis der gewachsenen Verfassung zu verlassen und sich einer von anderen vorgegebenen Norm unterzuordnen.[16] Die zentralen Bedenken brachte Oliver Cromwell (1599–1658), Führer des Parlamentsheeres, zum Ausdruck. Cromwell schreckte insbesondere vor der Vorstellung zurück, das Volk zur verfassunggebenden Gewalt zu erheben. Er fürchtete, dass durch die geforderte Auflösung des bestehenden Parlaments ein nicht zu füllendes Legitimationsvakuum entstehen könnte. „[I]f they destroyed that Parliament, what they should call themselves, a state they could not be; they answered, that they would call a new Parliament; Then, sayes the Generall, the Parliament is not the supreme power, but that is the supreme power that calls it."[17] Cromwell sah klar, dass mit der Idee einer neuen, rein auf Satzung beruhenden Verfassung die Souveränität von der *Crown in Parliament* auf diejenige Instanz übergehen würde, die eine solche Verfassung erlassen hätte. Der General warnte, dass es für die Idee einer souveränen verfassunggebenden Instanz in England möglicherweise keine Anerkennung geben würde. Tatsächlich verweigerte das Parlament kurz darauf auch den von Cromwell selbst oktroyierten Verfassungen die Gefolgschaft.[18] Nach Cromwells Tod einigten sich gemäßigte und royalistische Kräfte auf eine Restauration der Monarchie auf den Grundlagen der gewachsenen Verfassung.[19]

Dies leitete den dritten Anlauf zur einer klaren Kompetenz- und Normenordnung ein. Nach erneuten Konflikten zwischen Monarch und Parlament übertrug das Parlament den Thron 1688 in der *Glorious Revolution* an das holländische Königspaar. Der Preis für den englischen Thron war die Zustimmung der Monarchen zur *Bill of Rights* von 1689, in der freie Wahlen der Parlamentsmitglieder, Redefreiheit im Parlament, das Steuerbewilligungsrecht des Parlaments und indirekt seine ausschließliche Gesetzgebungsbefugnis bestätigt wurden. Die Prärogative wurde als für beschränkte Zeit und bestimmte Zwecke erteilte Befugnis bezeichnet, das Dispensrecht gänzlich aufgehoben. Gerichtliche Präzedenzfälle, die gegen die Bestimmungen der *Bill of Rights* ausgelegt werden könnten, wurden vorab für

---

[16] Vgl. Jellinek 1960, S. 511.

[17] Aus einem Bericht unter den Clarendon Papieren, hier zitiert nach Nippel 1980, S. 295 mit FN 5.

[18] Vgl. zu Cromwells Sicht auch Jellinek 1960, S. 511, FN. 4. Cromwells Verfassungen, das Instrument of Government vom 16. Dezember 1653 und die The Humble Petition and Advice vom 25.Mai 1657 sind zu finden in Gardiner 1979, S. 405–417, 447–458. Vgl. zum Scheitern Wember 1977, S. 297–299.

[19] Vgl. dazu Fenske 2001, S. 65 f.

Abb. 2.2 Basis der Parlamentssouveränität

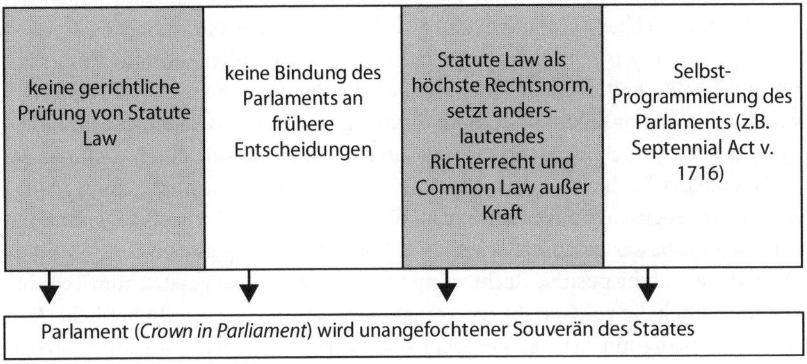

Quelle: Eigene Darstellung

ungültig erklärt.[20] „Damit war die Monarchie von Gottes Gnaden einer vom Parlament eingesetzten Krone gewichen und fortan die Nation, vertreten durch das Parlament, Inhaber der politischen Souveränität."[21]

Die Parlamentssouveränität (vgl. Abb. 2.2) festigte sich weiter, als in der Folge die Gerichte nach und nach von sich aus darauf verzichteten, *Statute Law* auf seine Übereinstimmung mit dem *Common Law* zu überprüfen. Das Parlament setzte dagegen immer wieder Richterrecht durch anders lautende Gesetze außer Kraft und griff selbst in zentrale Grundsätze des *Common Law*, wie in den Schutz vor unrechtmäßiger Verhaftung und andere grundlegende private Rechte, durch Gesetz ein. Auch an Beschlüsse früherer Parlamente sah man sich nicht gebunden und änderte das *Statute Law* nach Belieben.[22] Selbst in die eigenen Legitimationsgrundlagen griff das Parlament ein, etwa im Septennial Act von 1716, mit dem die Wahlperiode von drei auf sieben Jahre verlängert wurde.

Einen erneuten Versuch, die Kompetenzordnung in einer höherrangigen kodifizierten Verfassung festzulegen, gab es nicht. Nun, nachdem die dreigliedrige Legislative mit ihrer internen Interessenpluralität und Kooperationszwängen wieder hergestellt war, sah man für zusätzliche Absicherungen keinen Bedarf mehr.[23] Bis heute ruht das englische System auf teils geschriebenen, teils ungeschriebenen *constitutional conventions* als Teil des *Common Law*. Die wesentlichen Sicherungen

[20] Vgl. Bill of Rights vom 23. Oktober 1689, Abschn. 1.

[21] Vollmer 1969, S. 125.

[22] Vgl. Dicey 2002, S. 167.

[23] Vgl. Grote 1999, S. 275 f.

für deren Einhaltung sehen Kenner zum einen in der innerparlamentarischen Gewaltenteilung, früher in Monarch und zwei Kammern, heute in Regierungsfraktion und Opposition. Als zentral für die Sicherung gelten außerdem die hohe Rechtskultur und Bereitschaft der Beteiligten, sich an die Regeln zu halten. Und schließlich wird der Beharrungsfaktor des *Common Law* als eine weitere wesentliche Bestandssicherung hervorgehoben, trotz der genannten Änderbarkeit durch *Statute Law*. So betonte der Rechtswissenschaftler Albert Venn Dicey in seiner grundlegenden Arbeit zum englischen Rechtsstaat, dass die materiellen Rechtsgrundlagen in England weitaus besser geschützt seien als in kontinentaleuropäischen Rechtsstaaten. Denn das englische positive Recht sei nur zum Teil vom Staat gesetzt, zum Teil aber werde es durch die vor Gericht zur Verhandlung kommende gesellschaftliche Auseinandersetzung mit dem Landesrecht generiert.[24] In Staaten mit römisch-rechtlicher Tradition dagegen, zu denen die kontinentaleuropäischen gehören, befände sich das Recht vollständig in staatlicher Verfügungsgewalt, da es seinen Ursprung in staatlicher Setzung habe. Damit könnten aber Grundrechte durch Verfassungsänderung auch jederzeit wieder abgeschafft werden, während in England zwar ein bestimmter staatlich erlassener Rechtsbehelf zum Schutz der persönlichen Freiheit ausgesetzt werden könne, nie jedoch die persönliche Freiheit als solche.[25] Dafür sorgen nach Ansicht Diceys vor allem die Gerichte, die aus älteren Präzedenzfällen diese angestammten Freiheiten immer neu aufleben lassen können. Solange also nicht das *Common Law* als Ganzes als Rechtsquelle beseitigt wird, bleibt für Dicey das Recht als vom Staat unabhängige Größe bestehen.[26]

Diese positive Sicht wird heute angesichts der hohen europäischen rechts- und verfassungsstaatlichen Standards durchaus bestritten und einiger Nachholbedarf, gerade was den Grundrechtsschutz anbelangt, konstatiert.[27] Die im *Common Law* zu findenden Grundrechte enthalten häufig zu wenige präzise Angaben zu ihrer Sicherung gegen den modernen Staatsapparat und berücksichtigen kaum soziale und

[24] Vgl. Dicey 2002, S. 273 f.

[25] Ebd., S. 272 f. Kaarlo Tuori spricht in diesem Zusammenhang von der induktiven Entstehung des englischen Common Law im Gegensatz zum deduktiven, d. h. aus generellen Überlegungen abgeleiteten römischen Rechts, Tuori 2011, S. 217.

[26] Ähnlich sieht das der deutsche Rechtsphilosoph und Kenner des englischen Rechts Gustav Radbruch 1878–1949. „Erst im Juristenrecht, im Common Law, wird die Eigengesetzlichkeit des Rechts, die Unterordnung der Staatsgewalt unter das Recht, der Rechtsstaat wirksam garantiert." Radbruch 1947, S. 34, 32 ff, 65–71.

[27] Byrne und Weir sehen v. a. die Unabhängigkeit der Richter und ihre Schutzleistung für das Common Law als kaum gegeben an. Sie seien durch mangelnde Transparenz der Richterbestellung, Patronage, sozial unausgewogene Besetzung der Richterposten und ihrer unkritischen Haltung gegenüber dem Gesetzgeber kein wirksamer Schutz für die Grundrechte. Byrne und Weir 2001, S. 232 ff, 236, 237, 245–247.

wirtschaftliche Rechte. Diese Lücke wird allerdings seit 1998 schrittweise durch den *Human Rights Act* geschlossen, der die Europäischen Menschenrechtskonvention, EMRK, in nationales britisches Recht umsetzt. Durch ihn sind europäische Menschenrechtsstandards nun vor allen britischen Gerichten einklagbar.[28] Immerhin kann das englische Rechtsstaatsmodell für sich aber beanspruchen, durch seine Vollendung im 17. Jahrhundert die früheste Verwirklichung einer Herrschaft des Rechts und für die weitere Entwicklung von Rechts- und Verfassungsstaat in anderen Staaten ein wesentlicher Impulsgeber gewesen zu sein – zu allererst für die USA.

2.2 Die Vollendung des Verfassungsstaats USA

Durch den Rückzug Englands auf die Stufe eines materiellen Rechtsstaats blieb es den Siedlern Nordamerikas überlassen, den ersten modernen Verfassungsstaat zu konstituieren. Historische Ereignisse, aber auch neue politische Ideen bereiteten hierfür den Boden.

Den Auslöser der Entwicklung bildete ein Streit zwischen den englischen Kolonien und dem Mutterland Mitte des 18. Jahrhunderts über die Verfügungsrechte des britischen Parlaments. In diesen Kolonien waren durch den jeweiligen Eigentümer oder den englischen König Grundordnungen erlassen worden, die eine weitgehende Selbstverwaltung ermöglichten. Daneben galten englisches *Common* und *Statute Law*, die Oberhoheit der englischen *Crown in Parliament* und eine Rechtsaufsicht des *Privy Council*, des Geheimen Kronrats Englands. Er konnte alle kolonialen Gesetze, die englisches Recht oder die sogenannte Charter,die vom König erlassene Grundordnung, übertraten, kassieren. Hiervon waren bis zur Unabhängigkeit immerhin etwa 5,5 % aller Kolonialgesetze betroffen.[29] Das führte in den Kolonien zu der verbreiteten Auffassung, dass nicht nur die englische *ancient constitution,* sondern auch ihre eigenen Grundordnungen höherrangiges Recht seien, das der Gesetzgeber - englisches oder Kolonialparlament - nicht übertreten dürfe. So forderten sie vom englischen Parlament, alle im *Common Law* enthaltenen Grundrechte ihnen gegenüber genauso zu achten, wie gegenüber den Bewohnern des Mutterlandes. Von besonderer Bedeutung war für sie dabei der Grundsatz „no taxation without representation" - keine Besteuerung ohne die Zustimmung der von den Bürgern selbst gewählten Volksvertretung. Insofern die Kolonialbür-

[28] Zu den Erwartungen siehe Byrne und Weir 2001, S. 236 ff, zu ersten Folgen Bingham 2010, S. 66–84.

[29] Vgl. Fenske 2001, S. 84–87, Haines 1973, S. 49, Jellinek 1960, S. 517.

ger aber kein Wahlrecht für das englische Parlament ausüben konnten, verlangten sie, dass ihnen Steuern nur mit Billigung ihrer Kolonialparlamente auferlegt werden dürften.[30] Die ab 1764 vom englischen Parlament zusätzlich geforderten Steuern wollten sie daher nicht zahlen, warfen dem Parlament Verfassungsbruch vor. Es kam sogar zu einer Reihe von Gerichtsurteilen in den Kolonien, die die Anwendung der Steuergesetze als „unconstitutional" ablehnten. Dabei bezogen sich die Gerichte auch auf die Präzedenzfälle unter Edward Coke.[31] Hinzu kamen weitere Streitigkeiten, z. B. über die vom Mutterland auferlegten Handels- und Wirtschaftshemmnisse, über die Beschränkung der Papiergeldausgabe durch die Kolonialparlamente, die Verteilung der Lasten für englische Truppenkontingente in Amerika und über die Verbote Englands, die Besiedelung der Indianergebiete im Westen voranzutreiben. Der Konflikt eskalierte, führte zu breiten Protestaktionen der Kolonialbevölkerung und restriktiven Reaktionen des englischen Parlaments. Die damit verbundene Erfahrung vermeintlichen Unrechts durch ein Parlament löste schließlich den von 1775 bis 1783 andauernden Amerikanischen Unabhängigkeitskrieg aus. Er endete mit der Lossagung der Kolonien vom Mutterland, der Konstituierung von Einzelstaaten und schließlich deren Zusammenschluss zu den Vereinigten Staaten von Amerika.

Auch für diese Ereignisse waren neue politische Ideen von großer Bedeutung, allen voran die Vorstellung, dass das Volk selbst berechtigt sei, sich eine politische Ordnung zu geben und deren Grundlagen in einer Verfassung zu kodifizieren. Hierzu trug wesentlich die im 17. Jahrhundert erblühende Lehre des Gesellschaftsvertrags bei. Sie konstatiert, dass alle Menschen von Natur aus frei und gleich seien und somit niemand eine natürliche Herrschaftsgewalt über sie besäße. Herrschaft und Staat könnten daher nur aus einer freiwilligen Übereinkunft der Einzelnen entstehen. Und nur dieses vereinigte Volk hätte dann das Recht, wie auf einem weißen Blatt Papier eine neue Ordnung zu beschließen.[32] Thomas Hobbes, John Locke, Jean-Jacques Rousseau, Samuel Pufendorf und Christian Wolff, um nur einige zu nennen, entwickelten diese Idee bis Mitte des 18. Jahrhunderts mit großer Überzeugungskraft, wenngleich sie die Verfassung meist noch als einen Vertrag oder Treuhandschaft verstanden, nicht als positives Recht.[33] So entstand nicht nur ein

[30] Vgl. die Argumentation im Rundbrief des Repräsentantenhauses von Massachusetts an die anderen Kolonialparlamente vom 11. Februar 1768. In: Adams und Adams 1987, S. 60 f (Auszüge).

[31] Vgl. Stourzh 1974, S. 15 f; Haines 1973, S. 59 f; 276.

[32] Zur Vorstellung der Neuordnung aus dem Nichts im Rahmen der Gesellschaftsvertragsidee vgl. Enzmann 2004. Vgl. zur Verwendung der Verfassungsidee in der Gesellschaftsvertragslehre Enzmann 2009, S. 183–192.

[33] Zur Gesellschaftsvertragslehre grundlegend Kersting 1994.

regelrechtes Dogma von der verfassunggebenden Gewalt des Volkes, sondern auch von natürlichen, unveräußerlichen Menschenrechten, deren Schutz der eigentliche Zweck jeden Staates sei. Und schließlich förderte die Gesellschaftsvertragslehre die Vorstellung, man könne aus wenigen naturrechtlichen Prämissen eine vollständige Staatsordnung logisch deduzieren. Die deutschen Natur- und Völkerrechtslehrer Samuel Pufendorf (1632–1694) und Christian Wolff (1679–1754) beispielsweise leiteten aus dem naturrechtlichen Prinzip der Menschenwürde detaillierte Kataloge von Rechten und Pflichten der Bürger ab, die ihrer Ansicht nach jeder Staat als positives Recht verankern müsse. Pufendorfs Katalog gilt im Übrigen als eines der Vorbilder für verschiedene amerikanische Grundrechtskataloge.[34]

Ein tieferes Verständnis für die Prämissen, Aufbau und Inhalt einer modernen Verfassung vermittelte vor allem der Schweizer Diplomat und Völkerrechtsexperte Emer de Vattel (1714–1767) in seiner 1758 erstmals erschienenen Schrift, „Le Droit des Gens ou Principes de la Loi Naturelle", „Das Völkerrecht oder die Grundsätze des Naturrechts".[35] In ihr fließen Gesellschaftsvertragslehre, die Idee der verfassunggebenden Gewalt des Volkes, die Prämisse der unveräußerlichen Menschenrechte und der Kodifikationsgedanke zusammen.[36]

Vattels Schrift wurde innerhalb weniger Jahre in verschiedene Sprachen übersetzt und verbreitete sich insbesondere in den amerikanischen Kolonien rasch.[37] Hier hatte sich durch die Sezession vom Mutterland 1776 die Notwendigkeit ergeben, neue Ordnungs- und Rechtsgrundlagen zu schaffen. Praktische Vorlagen gab es dafür genug: Die noch vom König oder Eigentümer erlassene Grundordnung, *Charters*, konnte in einigen Fällen fast unverändert übernommen werden und wurde nur erneut verabschiedet.[38] Die meisten solcher Charters hatten die wichtigsten Teile einer modernen Verfassung bereits enthalten, nämlich einen zumindest rudimentären grundrechtlichen Teil und eine organisationsrechtliche Festlegung der wichtigsten Verfahren und gewaltenteiligen Strukturen. Was nun fehlte, war eine geeignete theoretische und moralische Rechtfertigung der neuen Verfassung. Denn die Lösung vom Mutterland war keineswegs unumstritten und nicht wenige Ko-

---

[34] Vgl. Wieacker 1954.

[35] Vattel 1959.

[36] Siehe dazu auch unten Kap. 3.4.1 Der Verfassungsbegriff des Verfassungsstaats.

[37] Vgl. zu Inhalt und Rezeption der Schrift Guggenheim 1959, S. XIX, XVII ff. Zur Bedeutung von Vattel für die amerikanische Verfassungsdebatte vgl. auch Trout 2008.

[38] Dazu gehörte die Verfassung von Connecticut. 1639 hatte eine Bürgerversammlung die *Fundamental Orders of Connecticut*beschlossen; sie wurden später von einer Charter Karls II. bestätigt und nach der Unabhängigkeitserklärung 1776 vom Volk als Verfassung bekräftigt. Erst 1818 wurde eine neue Konstitution erlassen. Ähnliches galt für Rhode Island und New Haven.

lonisten bezweifelten, dass es einfachen Menschen religiös und moralisch erlaubt sein sollte, eine künstliche Ordnung zu errichten. Hierfür boten sich Gesellschaftsvertragslehre, Vattels Verfassungstheorie und eine religiös fundierte Vorstellung eines Bundes vor und mit Gott als Ideal an. Schließlich waren die Siedler schon bei einigen Charters in die Entscheidungen einbezogen gewesen; so konnte insgesamt der Eindruck bestehen, die Kolonisten selbst hätten die Grundentscheidungen über ihre Ordnung getroffen. Das beförderte die für die englische Elite noch so unerhörte Idee einer originären verfassunggebenden Gewalt des Volkes; die neuen Theorien lieferten dann eine geeignete theoretische und moralische Rechtfertigungsbasis für das historisch Notwendige.[39]

Für die Ausgestaltung der Kompetenzordnung stand mit dem englischen Modell der dreiteiligen *Crown in Parliament* und den Geschworenengerichten ebenfalls ein praktisches Vorbild zur Verfügung. Die theoretische Begründung lieferten zum einen die in der Antike wurzelnde Mischverfassungslehre und zum anderen das gerade erschiene Opus magnum des französischen Juristen Charles de Montesquieu (1689–1755).[40] Er gab in seinem Buch „Vom Geist der Gesetze" von 1748 seine – nicht ganz korrekte – Interpretation des englischen politischen Systems wieder und abstrahierte daraus die allgemeine Erkenntnis, dass eine gemäßigte und effiziente Regierung die Verteilung der Macht auf verschiedene Organe erfordere. Die dürften aber nicht isoliert nebeneinander stehen, sondern müssten durch gemeinsame Aufgaben und wechselseitige Einwirkungsmöglichkeiten miteinander vernetzt werden. Dieses am Beispiel der englischen Monarchie entwickelte Prinzip der *Checks and Balances*[41] wurde in der amerikanischen Verfassungsdiskussion auf die Bedingungen einer Republik übertragen. Unterschiedliche Bestellungsverfahren für die einzelnen Organe sorgten nun dafür, dass jedes Organ eine etwas andere Interessenkonstellation vertrat: der Gouverneur das Gesamtinteresse seines Landes, das Parlament die Interessenpluralität, der US-Präsident die vereinte Nation. Dies entsprach der Überzeugung Montesquieus, dass hinter den zentralen politischen Organen jeweils eine konkrete soziale Machtbasis stehen müsse, damit sie sich wechselseitig mäßigen können und es ergab die epochale Erfindung einer repräsentativen und föderalen Demokratie in der amerikanischen Bundesverfassung.

[39] Bei Ellen Bos heißt es etwa: „Die Vertragslehre war zum Zeitpunkt der Verabschiedung der amerikanischen Verfassung so sehr zur unangefochtenen Grundlage des politischen Denkens geworden, daß sie keiner Begründung mehr bedurfte." Bos 2004, S. 88. Die Bedeutung der Vertragstheorie für das amerikanische Projekt betont auch Vorländer 2004, S. 38 f.

[40] Vgl. Montesquieu 2001, XI, 6 S. 216.

[41] Vgl. dazu unten S. 57 Checks-and-Balances-Modell als Vorbild präsidentieller Demokratie.

Die entscheidende Weichenstellung dafür, dass sich in Nordamerika ein vollwertiger Verfassungsstaat entwickelte, ging von der Entscheidung der neu gegründeten Einzelstaaten aus, sich zu einem Bundesstaat zusammenzuschließen. Bundesstaatlichkeit hieß in diesem Fall, dass die Einzelstaaten weite Teile ihrer Souveränität behalten und lediglich eine Reihe besser gemeinsam zu bewältigender Aufgaben an die Bundesgewalt überwiesen werden sollte. Hierzu zählten u.a. das Münzrecht sowie die Außen- und Sicherheitspolitik. Aus Angst vor einer zu großen Macht des Bundes und der Einmischung anderer Einzelstaaten in ihre Angelegenheiten einigten sich die Staaten darauf, eine abschließende Liste dieser Bundesaufgaben in die Verfassung aufzunehmen und auch keine gemeinsamen Aufgaben von Bund und Einzelstaaten vorzusehen. In den ihr zugewiesenen Aufgaben sollte die Bundesgewalt dann aber gegenüber den Einzelstaaten weisungsbefugt sein und Bundesrecht das Landesrecht brechen. Um diese Vereinbarungen vor jeder einseitigen Änderung zu schützen, wurden sie in einer Verfassung verankert, die gemeinsam von den Staaten beschlossen wurde und fortan nur gemeinsam von Bund und Einzelstaaten ergänzt werden konnte. Eine Änderung bestehender Verfassungsartikel war und ist bis heute gar nicht zulässig.[42] Außerdem bestand Einigkeit, dass der Vorrang des Bundesrechts und die Kompetenzschranken des Bundes durch eine unabhängige Instanz überwacht werden sollten. Die Gerichte aller Einzelstaaten wurden verpflichtet, in anhängigen Fällen das Bundesrecht, einschließlich der Verfassung, aller Gesetze und Verträge, auch gegen Einzelstaatenrecht durchzusetzen. Den Bundesgerichten wurde die Aufgabe zugewiesen, vor allem in Bund-Länder-Streitigkeiten oder in Staaten übergreifenden Konflikten über die richtige Auslegung der Verfassung zu entscheiden. Verfügt wurde außerdem, dass Bürger gegen Organe ihres Einzelstaates vor Bundesgerichten klagen können.[43] So war für alle Akte der Einzelstaaten eine verfassungsgerichtliche Prüfung am Maßstab der Bundesverfassung errichtet. Gedacht waren diese Bestimmungen vor allem als Festlegung einer Normenhierarchie zwischen Bund und Gliedstaaten zur Wahrung der Rechtseinheit im Land.

[42] Dadurch wurde die US-Bundesverfassung zu einer der beständigsten der Geschichte: Von 1787 bis 2011 wurden nur 27 Amendments beschlossen, wobei das 27. Amendment schon 1789 vorgeschlagen worden war aber erst mit der Ratifizierung durch Missouri und Michigan im Jahr 1992 in Kraft trat. Das Deutsche Grundgesetz wurde dagegen von 1949 bis 2009 53mal geändert. Vgl. die Dokumentation der Amendments in: http://constitutionalamendments.org/; letzter Zugriff 06.05.2011 und die Angaben des Wissenschaftlichen Dienstes des Bundestags in http://www.bundestag.de/dokumente/analysen/2009/aenderungen_des_grundgesetzes_seit_1949.pdf; letzter Zugriff 06.05.2011.

[43] Vgl. Loewenstein 1959, S. 419. Die Formulierungen zu diesen Aufgaben sind aber so knapp, dass sich der *Supreme Court* noch bis 1873 weigerte, eine generelle Prüfbarkeit des Einzelstaatenrechts am Maßstab der Bundesverfassung anzuerkennen. Vgl. Brugger 1987, S. 46.

Nicht vorgesehen war aber, dass auch Bundesgesetze an der Verfassung geprüft werden. Ein angeregter *Council of Revision,* der Gesetzentwürfe nach der Verabschiedung, aber vor der Verkündung prüfen sollte, fand bei den Beratungen keine Zustimmung.[44] Und eine nachträgliche Prüfung wurde gar nicht erwogen,[45] obwohl der wohl wichtigste Initiator der Bundesverfassung, der Politiker und Jurist Alexander Hamilton (1755–1804), entschieden die Ansicht vertrat, dass eine solche Normenkontrolle der Logik einer Verfassung entsprechen würde.[46] Stattdessen beließ man es bei dem politischen Schutz der Verfassung, der sich aus dem auf wechselseitiger Kontrolle von Exekutive und Legislative beruhenden Modell der Gewaltenteilung ergeben sollte. Ein Vetorecht des Präsidenten gegen Parlamentsgesetze auf der einen und das Budgetrecht des Parlaments auf der anderen Seite sicherten Exekutive und Legislative wechselseitige Kontrollmöglichkeiten, die beiderseitigen Machtmissbrauch verhindern sollten.

Die Bundesverfassung war aus verfassungsstaatlicher Perspektive aber noch in einer anderen Hinsicht unvollständig und das mag die zunächst auf die föderalen Belange beschränkte Verfassungsgerichtsbarkeit erklären: Die Verfassung enthielt keinen Grundrechtskatalog. Sie folgte damit dem Beispiel zahlreicher Einzelstaatenverfassungen, die ebenfalls mehrheitlich auf die Aufnahme von Grundrechten verzichtet hatten. Hauptgrund war die Sorge, ein solcher Katalog könnte dahingehend verstanden werden, dass die aus der englischen Kolonialherrschaft stammenden Individualrechte des *Common Law* nun ungültig wären. Der Staat New York entschied sich deshalb dafür, in seiner neuen Verfassung den damaligen Bestand der Grundrechte im Gewohnheits- und Gesetzesrecht Großbritanniens als rechtsgültig anzuerkennen und an verschiedenen Stellen der Verfassung weitere Garantien zur persönlichen Freiheit zu formulieren. Andere Staaten verzichteten vollständig auf Grundrechte und nur sechs verabschiedeten bis 1780 einen Grundrechtskatalog.[47] Für diese Staaten war eine solche Erklärung untrennbar mit der Idee der Verfassung verbunden. Eine Bürgerversammlung in Massachusetts sah gar den wahren Zweck einer Verfassung allein darin, „to secure the subject in the possession and enjoyment of their rights and privileges, against any encroachments of the governing part".[48]

---

[44] Vgl. dazu Scheuner 1976, S. 18, FN 60, Stourzh 1974, S. 24.

[45] Dies betont z. B. Elster 1995, S. 9 f.

[46] Federalist, Art. 81, S. 488–498, hier S. 489; im selben Sinn Art. 78, S. 469–477, hier S. 472 ff. Vgl. Nippel 1980, S. 311 FN 58.

[47] Dies waren Virginia, Delaware, Pennsylvania, Maryland, Massachusetts und North Carolina. Vgl. Fenske 2001, S. 96.

[48] Concord Town Meeting Demands a Constitutional Convention, 21.10.1776, zitiert nach Grimm 1990b, S. 867.

Virginia Declaration of Rights von 1776

Sie gilt in Form und Inhalt als erste moderne Grundrechteerklärung mit Vorbildcharakter auch für Europa[49] und postuliert unter anderem:

- die natürliche Freiheit und Gleichheit und angeborene Rechte aller Menschen und das Recht auf Leben, Freiheit, Eigentum, Sicherheit und das Streben nach Glück (1),
- den Ursprung aller Herrschaftsgewalt im Volk (2),
- die Gemeinwohlverpflichtung jeder Regierung und das Recht des Volkes sie zu ersetzen (3),
- das Prinzip der Gewaltenteilung, insbesondere die Unabhängigkeit der Judikative (5),
- das Prinzip freier Wahlen und die Steuerhoheit des Parlaments (6),
- die Gesetzlichkeit der Herrschaft (7),
- allgemeine Justizrechte, das Verbot unverhältnismäßiger und grausamer Strafen (8–10),
- die Pressefreiheit (12),
- die Religionsfreiheit (16).

Inhaltlich waren die Rechtskataloge der Einzelstaaten sehr ähnlich. Deutlich lag ihr Schwerpunkt auf den existentiellen natürlichen Rechten Leben, Freiheit und Eigentum, ergänzt um das persönliche Glücksstreben, die Religionsfreiheit und die prozessualen Garantien nach englischem Vorbild. Heutigem Standard entsprachen die Grundrechtskataloge dennoch nur bedingt: So war der Gleichheitsgrundsatz auf die reine Rechtsgleichheit beschränkt, ungleiche Rechte z. B. für die Angehörigen verschiedener Konfessionen aber vor allem für Sklaven und ehemalige Sklaven blieben zulässig. Auch soziale und wirtschaftliche Rechte fehlten. Es waren im Wesentlichen die Rechte des amerikanischen Gentleman, die hier gesichert wurden, ein universeller Menschenrechtsgedanke, wie er später in der Französischen Revolution entwickelt wurde oder speziell im Begriff der Menschenwürde zum Ausdruck kommt, war nicht internalisiert und nicht umgesetzt, wiewohl er auch als Lippenbekenntnis vorkam. So las man in der *Virginia Declaration of Rights* von 1776 in Art. 1: „Alle Menschen sind von Natur gleichermaßen frei und unabhängig und besitzen gewisse angeborene Rechte …"

[49] Vgl. von Brünneck 2006, S. 261 f.

George Mason (1725–1792), der Verfasser der berühmten *Virginia Declaration of Rights* von 1776, brachte noch in der letzten Woche des Verfassungskongresses von Philadelphia einen Vorschlag zu einem Katalog ein. Weder Individualrechte in den Einzelstaatsverfassungen noch das *Common Law* könnten einen Ersatz für den fehlenden Grundrechtskatalog sein. Durch die geplante Überordnung der Bundesverfassung über diejenigen der Einzelstaaten wäre der US-Kongress durch deren Garantien nicht gebunden. Und *Common Law* könne von der Legislative jederzeit durch einfaches Gesetz überwunden werden. Die Mehrheit der Delegierten hielt die Ergänzung aber nicht mehr für nötig.[50] Erst während der Ratifizierungsphase regte sich heftige Kritik. New York verweigerte seine Zustimmung, sollte nicht gleich nach In-Kraft-Treten ein entsprechender Katalog ergänzt werden.[51] Der spätere Präsident der USA Thomas Jefferson (1743–1826) betonte, dass erst mit einem Grundrechtskatalog für Gerichte, Verwaltung und nachgeordnete Regierungen ein rechtsgültiger Maßstab geschaffen sei, auf den sie ihren Widerstand gegen den Bund gründen könnten: „Die Erklärung der Rechte soll der Text sein, an dem sie alle Taten der Bundesregierung messen". Im Übrigen habe ein zusätzlicher Balken schon ein Haus vor dem Zusammenbruch bewahrt, daher gelte es, so viele Freiheitsrechte wie durchsetzbar zu verankern. Also forderte er Mason auf, sich in jedem Fall für die nachträgliche Erweiterung der Bundesverfassung um einen Grundrechtskatalog einzusetzen. „Ein halber Laib Brot ist besser als keiner. Wenn wir nicht alle unsere Rechte absichern können, laßt uns absichern, soviel wir können."[52]

Durch die Zusage der baldigen Ergänzung wurde schließlich 1788 die erforderliche Staatenmehrheit erreicht und der erste nach der neuen Verfassung gewählte Kongress legte 1789 die ersten zehn Zusatzartikel mit einem Grundrechtskatalog vor, die 1791 in Kraft traten. Ohne eine verfassungsgerichtliche Überwachung des Bundesgesetzgebers wäre freilich die Wirkung der Grundrechte gering geblieben. Es war John Marshall, Richter am *Supreme Court*, der 1803 im Fall *Marbury vs. Madison* für die bestehenden Gerichte, insbesondere den *Supreme Court*, das richterliche Prüfungsrecht für Gesetze, genannt *judicial review*, quasi usurpierte und eine Verwerfungskompetenz des Obersten Gerichts konstatierte[53]

[50] Ablehnung der Verfassung durch George Mason am 7. Oktober 1787, in Adams und Adams 1987, S. 371. Vgl. dies. 1994, S. xxxiii.

[51] Adams und Adams 1994, S. xxxvi.

[52] Brief Thomas Jeffersons an James Madison vom 15. März 1789. In: Adams und Adams (S. 417–419, hier S. 418). Brief Jeffersons an James Madison vom 20. Dezember 1787, in Adams und Adams (S. 347–350, hier S. 348).

[53] Maeva Marcus verweist dagegen auf den Fall United States v. Yale Todd aus dem Jahr 1794, in dem erstmals ein Gericht ein Bundesgesetz verwirft. Der Kongress habe das beanstandete Gesetz daraufhin geändert. Vgl. Marcus 1995, S. 36 f.

Der Fall *Marbury v. Madison 1803*

Im konkreten Fall ging es um einen Streit zwischen dem Staatssekretär James Madison und dem Juristen William Marbury. Marbury war von dem scheidenden Präsidenten John Adams in einer seiner letzten Amtshandlungen zum Friedensrichter ernannt worden. Durch ein Versehen hatte man die Ernennungsurkunde aber nicht gleich zugestellt und der Staatssekretär des neuen Präsidenten Jefferson verweigerte jetzt die Aushändigung. Marbury versuchte nun eine gerichtliche Anordnung auf Aushändigung zu erwirken. Richter John Marshall wollte sich in die politischen Streitigkeiten nicht einmischen und erklärte stattdessen das Gesetz, das das Gericht zum Erlasse einer solchen Anordnung berechtigt hätte, für verfassungswidrig. Die Zuteilung solcher Kompetenzen müsse durch die Verfassung geschehen, nicht durch ein vom Parlament erlassenes Gesetz. Der Fall selbst ist also eher banal, die langfristigen Folgen enorm.[54]

Zwar dauerte es 50 Jahre, bis der *Supreme Court* erneut ein Bundesgesetz als verfassungswidrig erklärte,[55] *Marbury vs. Madison* gilt aber als der eigentliche Beginn der Verfassungsgerichtsbarkeit in den USA und damit vielleicht doch als Geburtsstunde des modernen Verfassungsstaats. Der Verfassungsgeber hat übrigens bis heute keine Notwendigkeit gesehen, die unklare verfassungsrechtliche Basis des *Supreme Court* durch ein *Amendment* zu bereinigen.

2.3 Konstitutionalismus in Kontinentaleuropa

Auf dem europäischen Kontinent erreichte die Entwicklung des Verfassungsstaats erst in der zweiten Hälfte des 18. Jahrhundert einen Kulminationspunkt. Hier war im 17. Jahrhundert vielerorts die gewachsene Mischverfassung des Ständestaats von Monarchen zurückgedrängt worden, die für sich eine *summa potestas*, also die ungeteilte Herrschaftsmacht einforderten und dies mit ihrer Rolle als von Gottes Gnaden eingesetzte Wahrer weltlicher Ordnung begründeten. Der daraus entstehende Absolutismus der Monarchen wurde in Frankreich im 17. und 18. Jahrhun-

[54] Vgl. Marcus 1995, S. 44–46, Herrmann 2001, S. 49–63.

[55] Haines 1973, S. 203.

Abb. 2.3 Zwei Alternativkonzepte im Kampf gegen den Absolutismus

	Republikanismus	Liberalismus
zentrale Ideen	Volkssouveränität, verfassunggebende Gewalt des Volkes	Konstitutionelle Monarchie auf der Basis garantierter Grundrechte und Gewaltenteilung
Vertreter	Emer de Vattel, Denis Diderot, Jean-Jacques Rousseau	Charles-Louis de Montesquieu, Antoine Condorcet, Christian Wolff

Quelle: Eigene Darstellung

dert unter den Bourbonen umfassend umgesetzt und verband sich dort mit einer Zentralisierung des Staates und einem starken Nationalstaatsgedanken. Außerhalb Frankreichs setzte sich dagegen überwiegend ein abgeschwächter, „aufgeklärter Absolutismus" durch, in dem der Monarch zwar eine weitgehende Führungsrolle, aber keine unumschränkte Herrschaft für sich beanspruchte.

Unter dem Einfluss der Entwicklung in England und den USA und den Ideen der Aufklärung formierte sich gegen beide Formen des Absolutismus Widerstand (vgl. Abb. 2.3). Radikale, republikanische Kräfte forderten die vollständige Beseitigung aller ständischen Relikte und Herrschaftsprivilegien zugunsten einer auf der verfassunggebenden Gewalt des Volkes ruhenden republikanischen Verfassung mit umfassenden bürgerlichen und v. a. auch politischen Rechten. Sie richteten sich damit auch gegen den aufgeklärten Absolutismus. Wichtige theoretische Grundlagen schufen hierfür die Schriften Vattels, des französischen Philosophen Denis Diderot (1713–1784) und seines Genfer Kollegen Jean-Jacques Rousseau (1712–1778).

Gemäßigte liberale Kräfte propagierten dagegen eine konstitutionelle Monarchie auf der Basis gesetzlich garantierter Grundrechte und parlamentarischer Beteiligung an der Gesetzgebung. Sie stützten sich dabei insbesondere auf die Gewaltenteilungslehre Montesquieus, auf liberale Rechtsstaatsentwürfe, wie den des französischen Politikers und Philosophen Antoine Condorcet (1743–1794) und die Kodifikationsidee des deutschen Naturrechtslehrers Christian Wolff (1679–1764).[56] Sie wandten sich überwiegend gegen den Absolutismus französischer Prägung, während sie gegenüber dem aufgeklärten Absolutismus z. B. in Preußen oder Österreich kompromissbereit waren. Hier sollten weitere bürgerliche

[56] Die Kodifikationsidee meint die Vorstellung, dass die Planung, Gestaltung und Steuerung einer Gesellschaft eine Kodifikation des Rechts erfordert, d. h. eine systematische Zusammenstellung aller einen Lebensbereich betreffenden Normen in einem zusammenhängenden Gesetzeswerk. Vgl. dazu Wieacker 1954.

Freiheitsrechte, insbesondere die Meinungs- und Pressefreiheit und eine größere Privatsphäre gewährt werden; die bestehende Begrenzung politischer Partizipationsrechte war insbesondere für die deutschen Liberalen ein zweitrangiges Problem.

2.3.1 Die Vorreiterrolle Frankreichs

Welche der beiden Richtungen sich durchsetzte, hing entscheidend von Selbstverständnis und der Kompromissbereitschaft des jeweiligen Monarchen ab, von der Geschlossenheit der Opposition, vom Verfassungsverständnis der beteiligten Akteure und weiteren Faktoren wie der Situation und der Haltung der Nachbarstaaten. Frankreich erwies sich dabei als ein Verfassungslaboratorium, das erheblichen Einfluss auf die Verfassungsentwicklung in West- und Mitteleuropa erlangte. Zwischen 1789 und 1870 entstanden hier allein zwölf verschiedene Konstitutionen, darunter konstitutionelle Monarchien (1791, Senatsverfassung und Charte von 1814, 1830), autoritäre Diktaturen, teils mit rechtsstaatlichen Elementen (1799, 1802, 1804, 1852), eine radikal-republikanische Verfassung (1793), eine republikanische Direktoratsverfassung (1795) und parlamentarisch-republikanische Verfassungen (1848, 1870). Viele dieser Verfassungen waren nicht gut gelungen. Nur wenige, insbesondere die Verfassungen von 1791 und 1793 wiesen ausführliche Grundrechtskataloge auf. Mehreren mangelte es an einer funktionierenden Gewaltenteilung und allen an einer verfassungsgerichtlichen Kontrolle der Legislative.

Für die kontinentaleuropäische Verfassungsentwicklung waren die französischen Impulse aber von zentraler Bedeutung, gerade weil hier die verschiedensten Modelle ausprobiert wurden, darunter auch solche, die sich von den amerikanischen Vorbildern deutlich unterschieden.

(1) So basierte beispielsweise die Verfassung von 1791 auf einem alternativen Gewaltenteilungsmodell: Legislative und Exekutive standen nicht in einem Verhältnis wechselseitiger Kontrolle, sondern deutlicher Trennung nebeneinander. Der König besaß kein Initiativrecht, konnte das Parlament weder vertagen noch auflösen und verfügte nur über ein suspensives, also aufschiebendes Veto. Dafür ernannte er allein seine Minister und sie waren nur ihm verantwortlich. Für die Parlamentsabgeordneten wiederum galt eine strikte Trennung von Amt und Mandat, es gab also keine personellen Verflechtungen zwischen Legislative und Exekutive. Der Einfluss des Parlaments auf die Regierung beschränkte sich auf die formalen Mittel der allgemeinen Gesetze und der Steuerbewilligung.

(2) Ein zweites Alternativmodell zeigte sich in der Verfassung von 1793. Hier wurde die Regierung von der Legislative gewählt, war ein reines Ausführungsorgan der Gesetze ohne eigene Gestaltungsmöglichkeiten. Wir haben es mit dem Prototyp einer hierarchischen Gewaltenteilung entsprechend der Republik-Vorstellungen Jean-Jacques Rousseaus zu tun. In gemäßigter Form ist eine solche hierarchische Ordnung aber auch die Logik parlamentarischer Demokratie mit einer von Parlament kreierten und abberufbaren Regierung.[57]

(3) Eine dritte, sehr einflussreiche Alternative bestand in der 1814 von Ludwig XVIII oktroyierten Verfassung. Sie basierte nicht auf dem Prinzip der Volkssouveränität, sondern auf dem „monarchischen Prinzip". Demnach war der Monarch alleiniger Repräsentant des Volkes und vereinigte die gesamte legislative, exekutive und judikative Gewalt in sich. Die Gesetzgebungsbefugnisse des Parlaments konnten lediglich als durch den König auf Widerruf delegiert gelten. Laut der Charte konnte er Gesetze zwar nur mit Zustimmung des Parlaments erlassen, besaß aber das alleinige Initiativrecht. Zudem mussten nur das Steuerrecht und die Änderung bestehender Gesetze durch förmliches Gesetz geregelt sein, in allen anderen Fragen konnte er auch per Erlass allein Recht setzen und somit das Parlament umgehen. Neben dem Steuerbewilligungsrecht verfügte das Parlament aber immerhin über das Recht zur Ministeranklage: Zwar war der Monarch selbst unantastbar, sein Minister aber war dem Parlament politisch und rechtlich verantwortlich. Insofern er alle Entscheidungen des Monarchen gegenzeichnete, konnte das Parlament über den Umweg der Ministeranklage zumindest extreme Fälle von Machtmissbrauch ahnden. Das Instrument erwies sich in der Praxis aber als wenig wirksam.

Nicht nur durch verschiedene Gewaltenteilungsmodelle, sondern auch im Bereich der Grundrechte gingen von Frankreich neue Impulse aus. Eine zentrale Rolle spielte dabei die die Erklärung der Menschen- und Bürgerrechte von 1789. Sie war deutlich von den amerikanischen Grundrechtskatalogen, insbesondere der Virginia Declaration of Rights inspiriert. Auch sie beginnt mit der Feststellung natürlicher, unveräußerlicher und heiliger Rechte aller Menschen und präzisiert in 17 Artikeln deren Inhalte.

Erklärung der Menschen- und Bürgerrechte vom 26. August 1789

„Da die Vertreter des französischen Volkes, als Nationalversammlung eingesetzt, erwogen haben, dass die Unkenntnis, das Vergessen oder die Verach-

[57] Vgl. dazu unten Kap. 3.2.1.2 Funktional-hierarchisches Modell.

tung der Menschenrechte die einzigen Ursachen des öffentlichen Unglücks und der Verderbtheit der Regierungen sind, haben sie beschlossen, die natürlichen, unveräußerlichen und heiligen Rechte der Menschen in einer feierlichen Erklärung darzulegen, damit diese Erklärung allen Mitgliedern der Gesellschaft beständig vor Augen ist und sie unablässig an ihre Rechte und Pflichten erinnert; damit die Handlungen der gesetzgebenden wie der ausübenden Gewalt in jedem Augenblick mit dem Endzweck jeder politischen Einrichtung verglichen werden können und dadurch mehr geachtet werden; damit die Ansprüche der Bürger, fortan auf einfache und unbestreitbare Grundsätze begründet, sich immer auf die Erhaltung der Verfassung und das Allgemeinwohl richten mögen.

Infolgedessen erkennt und erklärt die Nationalversammlung in Gegenwart und unter dem Schutze des Allerhöchsten folgende Menschen- und Bürgerrechte:

Art. 1. Die Menschen sind und bleiben von Geburt frei und gleich an Rechten. Soziale Unterschiede dürfen nur im gemeinen Nutzen begründet sein.

Art. 2. Das Ziel jeder politischen Vereinigung ist die Erhaltung der natürlichen und unveräußerlichen Menschenrechte. Diese Rechte sind Freiheit, Eigentum, Sicherheit und Widerstand gegen Unterdrückung.

Art. 3. Der Ursprung jeder Souveränität ruht letztlich in der Nation. Keine Körperschaften, kein Individuum können eine Gewalt ausüben, die nicht ausdrücklich von ihr ausgeht.

Art. 4. Die Freiheit besteht darin, alles tun zu können, was einem anderen nicht schadet. So hat die Ausübung der natürlichen Rechte eines jeden Menschen nur die Grenzen, die den anderen Gliedern der Gesellschaft den Genuss der gleichen Rechte sichern. Diese Grenzen können allein durch Gesetz festgelegt werden.

Art. 5. Nur das Gesetz hat das Recht, Handlungen, die der Gesellschaft schädlich sind, zu verbieten. Alles, was nicht durch Gesetz verboten ist, kann nicht verhindert werden, und niemand kann gezwungen werden zu tun, was es nicht befiehlt.

Art. 6. Das Gesetz ist der Ausdruck des allgemeinen Willens. Alle Bürger haben das Recht, persönlich oder durch ihre Vertreter an seiner Formung mitzuwirken. Es soll für alle gleich sein, mag es beschützen, mag es bestrafen. Da alle Bürger in seinen Augen gleich sind, sind sie gleicherweise zu allen Würden, Stellungen und Beamtungen nach ihrer Fähigkeit zugelassen ohne einen anderen Unterschied als den ihrer Tugenden und ihrer Talente.

Art. 7. Jeder Mensch kann nur in den durch das Gesetz bestimmten Fällen und in den Formen, die es vorschreibt, angeklagt, verhaftet und gefangen gehalten werden. Diejenigen, die willkürliche Befehle betreiben, ausfertigen, ausführen oder ausführen lassen, sollen bestraft werden. Doch jeder Bürger, der auf Grund des Gesetzes vorgeladen oder ergriffen wird, muss sofort gehorchen. Er macht sich durch Widerstand strafbar.

Art. 8. Das Gesetz soll nur solche Strafen festsetzen, die offenbar unbedingt notwendig sind. Und niemand kann auf Grund eines Gesetzes bestraft werden, das nicht vor Begehung der Tat erlassen, verkündet und gesetzlich angewandt worden ist.

Art. 9. Da jeder Mensch so lange für unschuldig gehalten wird, bis er für schuldig erklärt worden ist, soll, wenn seine Verhaftung für unumgänglich erachtet wird, jede Härte, die nicht notwendig ist, um sich seiner Person zu versichern, durch Gesetz streng vermieden sein.

Art. 10. Niemand soll wegen seiner Meinungen, selbst religiöser Art, beunruhigt werden, solange ihre Äußerung nicht die durch das Gesetz festgelegte öffentliche Ordnung stört.

Art. 11. Die freie Mitteilung der Gedanken und Meinungen ist eines der kostbarsten Menschenrechte. Jeder Bürger kann also frei schreiben, reden und drucken unter Vorbehalt der Verantwortlichkeit für den Missbrauch dieser Freiheit in den durch das Gesetz bestimmten Fällen.

Art. 12. Die Sicherung der Menschen- und Bürgerrechte erfordert eine Streitmacht. Diese Macht ist also zum Vorteil aller eingesetzt und nicht für den besonderen Nutzen derer, denen sie anvertraut ist.

Art. 13. Für den Unterhalt der Streitmacht und für die Kosten der Verwaltung ist eine allgemeine Abgabe unumgänglich. Sie muss gleichmäßig auf alle Bürger unter Berücksichtigung ihrer Vermögensumstände verteilt werden.

Art. 14. Alle Bürger haben das Recht, selbst oder durch ihre Abgeordneten die Notwendigkeit der öffentlichen Abgabe festzustellen, sie frei zu bewilligen, ihre Verwendung zu überprüfen und ihre Höhe, ihre Veranlagung, ihre Eintreibung und Dauer zu bestimmen.

Art. 15. Die Gesellschaft hat das Recht, von jedem öffentlichen Beamten Rechenschaft über seine Verwaltung zu fordern.

Art. 16. Eine Gesellschaft, in der die Verbürgung der Rechte nicht gesichert und die Gewaltenteilung nicht festgelegt ist, hat keine Verfassung.

Art. 17. Da das Eigentum ein unverletzliches und heiliges Recht ist, kann es niemandem genommen werden, wenn es nicht die gesetzlich festgelegte, öffentliche Notwendigkeit augenscheinlich erfordert und unter der Bedingung einer gerechten und vorherigen Entschädigung."

Quelle: http://www.verfassungen.eu/f/ferklaerung89.htm

Die Erklärung enthielt nicht nur den Grundsatz der Gleichheit vor dem Gesetz, sondern auch gleicher unveräußerlicher Rechte, unabhängig von Konfession, Hautfarbe etc. Sie betonte – im Rahmen des Üblichen – klassische rechtsstaatliche Garantien (gesetzliche Herrschaft, persönliche Rechenschaftspflicht aller Beamten, Schutz vor unrechtmäßiger Enteignung und Verhaftung, Unschuldsvermutung, Rückwirkungsverbot, Verhältnismäßigkeit des Strafmaßes), aber auch die Religions-, Meinungs- und Pressefreiheit und das persönliche Mitwirkungsrecht jedes Bürgers an der gemeinsamen Willensbildung. Die Erklärung erhielt damit eine Note der Toleranz und politisch-staatsbürgerlichen Freiheit, die so in den angloamerikanischen Urkunden nicht zu sehen war. Die Erklärung proklamierte zudem, dass erst das Zusammenspiel von Gewaltenteilung und Schutz der Grundrechte eine wahre Verfassung ausmache. Frankreich selbst hat dies aber oft nicht befolgt.

Ein weiterer, gegenüber den angloamerikanischen Rechtekatalogen neuer Beitrag Frankreichs zur Grundrechtentwicklung waren soziale Rechte und die verpflichtende Dimension von Eigentum. Sie wurden besonders in der Verfassung von 1793 hervorgehoben. Sie verbürgte die Freiheit der Berufswahl und Gewerbefreiheit, das Verbot der Leibeigenschaft, den Anspruch auf Arbeit oder Armenhilfe und den Zugang zu Bildung. Postuliert wurden außerdem das Recht und die Pflicht jedes Bürgers zum Widerstand gegen Verfassungsbruch und es gab erstmals in einer modernen Verfassung ein allgemeines aktives und passives Wahlrecht aller Männer ab 21 Jahren ohne Zensus, also ohne dass der Bürger über ein bestimmtes Mindesteinkommen oder Vermögen verfügen musste.

In einigen Punkten waren die französischen Erklärungen den amerikanischen Grundrechtskatalogen aber unterlegen. So enthielt die Deklaration von 1789 gegenüber den amerikanischen Katalogen deutlich weniger Rechte; vor allem aber hatte sie keine Rechtsgeltung sondern war zunächst eine rein politische Erklärung. Die Verfasser sahen sie dennoch als überlegen an, denn es handele sich dabei nicht nur um eine Feststellung der Rechte französischer Bürger, sondern um universelle Menschenrechte, an denen sich jede Ordnung messen lassen müsse.[58] Diese Be-

[58] Vgl. Stern 1992, S. 14, Fenske 2001, S. 159 ff.

zugnahme auf universelle Menschenrechte erschien nochmals in der Verfassung von 1793, alle weiteren französischen Verfassungen bis Mitte des 20. Jahrhunderts verzichteten dann aber darauf und formulierten nurmehr Rechte der Staatsbürger. Erst die heute geltende Französische Verfassung von 1958 macht die ursprüngliche Erklärung der Menschen- und Bürgerrechte von 1789 zu positivrechtlich geltendem Verfassungsrecht.

Die große Konstante der französischen Verfassungsentwicklung ist der Kodifikationsgedanke, also die Vorstellung der systematischen und planvollen Gestaltung einer Gesellschaft durch gesatztes Recht. Da jedes der französischen Regime nach 1789 zum Instrument einer kodifizierten Verfassung gegriffen hat, um sich selbst eine Form zu geben, förderte die französische Verfassungsentwicklung auch den Konstitutionalismus in Kontinentaleuropa. Dass ein Staat auf einem geschlossenen Rechtssystem aus Verfassung, Gesetz und Verordnung basiert, setzte sich als Ideal moderner Staatlichkeit durch und erzeugte einen europaweiten Modernisierungsdruck. Davon zu unterscheiden ist der emanzipatorisch-revolutionäre Impetus, der ebenfalls weniger von den jeweiligen Inhalten der Verfassungen, als vielmehr von den damit verbundenen Verfahren und Akteuren ausging: Viele der Verfassungen wurden von eigens dafür gebildeten Konventen ausgearbeitet und durch Plebiszit in Kraft gesetzt. Die Trennung zwischen verfassunggebender und verfasster Gewalt wurde dadurch besonders betont. In den häufigen Wechseln kommt zudem zum Ausdruck, dass ein Volk tatsächlich frei ist, sich die Verfassung zu geben, die ihm für sich angemessen erscheint.

Durchaus ungünstig waren die raschen französischen Verfassungswechsel für den Geltungsanspruch der Konstitution, höchste Rechtsquelle zu sein. Im französischen Verfassungsverständnis war sie vielmehr ein wichtiges Ordnungsinstrument, das andere Aufgaben hatte als das Gesetz, aber keinen höheren Wert besaß. Das ergab sich schon allein daraus, dass auch das Gesetz als Ausdruck des freien Willens der Nation aufgefasst wurde.[59]

2.3.2 Verfassungsentwicklung unter dem monarchischen Prinzip

Verbreitet haben sich französische Verfassungsvorbilder auf zwei Wegen:[60] Bis 1814 geschah dies vorwiegend durch direkte Einflussnahme auf von Frankreich besetzte Staaten, wobei jeweils die gerade in Frankreich geltende Ordnung exportiert wur-

[59] Vgl. Grote 1999, S. 282.

[60] Vgl. zum französischen Einfluss auf andere europäische Verfassungen Bos 2004, S. 98 ff.

de.[61] So entstanden unter französischer Besetzung in den Niederlanden (1798), in Italien (1797) und der Schweiz (1798) Verfassungen nach dem Vorbild der republikanischen französischen Direktoratsverfassung von 1795 mit einem vom Volk gewählten Zweikammerparlament, einer vom Parlament gewählten Exekutive in Form eines mehrköpfigen Direktoriums, unabhängigen Gerichten und einigen Grundrechten.[62] An Ausarbeitung und Erlass dieser Verfassungen waren die nationalen Regierungen und teils auch das Volk beteiligt. Dadurch enthielten die Verfassungen auch einige nationale Besonderheiten. Spätere, in der Napoleonischen Ära zwischen 1806 und 1813 entstandene Verfassungen besetzter Staaten wurden dagegen i. d. R. oktroyiert und enthielten nach den Vorbildern der französischen Verfassungen von 1799, 1802 und 1804 weder nennenswerte Grundrechte noch wirksame Gewaltenteilung oder demokratische Kontrolle. Beispiele sind die Verfassungen des Königreichs Westfalen 1807, des Herzogtums Warschau 1807 und Spaniens von 1808.[63]

Nach dem Ende der Napoleonischen Ära 1814 wirkte sich der französische Einfluss auf die europäische Verfassungsentwicklung nur noch indirekt als Ideengeber aus. Dabei fanden die republikanischen Verfassungen keine neuen Nachahmer mehr, da die revolutionären Kräfte außerhalb Frankreichs schwach waren. Zum einen hatten sich Viele, die ursprünglich mit der Französischen Revolution sympathisierten abgewendet, als 1793/94 die Schreckensherrschaft, der Terreur, der jakobinischen Revolutionsregierung einsetzte. Es wurden Zweifel laut, ob eine republikanische Ordnung tatsächlich mehr Freiheit und Recht sichere als eine Monarchie. Weiter diskreditiert wurde das Republikideal durch die zwangsweise Durchsetzung in den napoleonisch besetzten Staaten, die mit dem Ideal des Selbstbestimmungsrechts jedes Volkes so gar nicht harmonierte.[64] Außerdem schienen in vielen europäischen Monarchien friedliche Alternativen zu einer Revolution zu bestehen. Das meist bestehende System aus Monarchie und ständischer Mitwirkung wurde in weiten Teilen des Bürgertums als durchaus funktionstüchtig und reformfähig angesehen. Viele der Monarchen verstanden sich nicht als absolutistisch, sondern als „aufgeklärt". Wichtige Modernisierungsmaßnahmen in Recht, Sozialsystem und Ökonomie gingen auf ihre Initiative zurück. Auch der Adel stützte in leitenden Tätigkeiten in Verwaltung und Militär diese Reformen. Oft waren die Landesher-

[61] Vgl. Skouris 2001, S. 89.

[62] Dabei ging es vor allem um rechtsstaatliche Garantien,u. a. das Verbot grausamer Strafen und Folter, aber auch einige persönliche Freiheiten, wie Religionsfreiheit, Gewerbefreiheit, Meinungs- und Pressefreiheit.

[63] Vgl. Bos 2004, S. 98.

[64] Vgl. zu Reaktionen in Deutschland Starck 1995, S. 391 ff.

ren auch zu weiteren Zugeständnissen bei bürgerlichen und politischen Rechten bereit, solange dadurch das monarchische Prinzip nicht in Frage gestellt wurde.[65] Sogar der Erlass einer Verfassung war denkbar, wenn auch nur als Selbstbindung des Monarchen. Auch eine solche Verfassung konnte für Fürst und Volk vorteilhaft sein, da sie Transparenz, Rechtssicherheit und die Chance zur Systematisierung und Rationalisierung von Herrschaft versprach. Die französische Charte von 1814 galt als ein gelungenes Beispiel hierfür. Nach ihrem Vorbild entstanden in Bayern und Baden 1818 oktroyierte oder wenn man so will, „gewährte" Verfassungen, in Sachsen-Weimar 1816 und Württemberg 1819 zwischen Monarch und Ständen paktierte Konstitutionen.[66] Das wichtigste von der Charte 1814 inspirierte Verfassungswerk war die Verfassung Belgiens von 1831, die selbst zum vielgenutzten Vorbild wurde.[67] Darin war das monarchische Prinzip zwar nicht völlig beseitigt, es galt aber nur für die Stellung des Monarchen *im* Staat. Die vorstaatliche verfassunggebende Gewalt wurde dagegen dem Volk zugesprochen. Alle Kompetenzen standen deshalb dem Monarchen allein aufgrund der Verfassung zu und er war über das Instrument der Ministeranklage durch das Parlament indirekt kontrollierbar. Aber auch das Parlament war durch die Verfassung beschränkt. Gesetze konnten nur gemeinsam von beiden Kammern und Monarch erlassen werden und die Verfassungsänderung war von der Gesetzgebung insofern abgehoben, als jede Verfassungsänderung eine obligatorische Parlamentsauflösung zwischen Initiative und Beschlussfassung erforderte. So wurde eine gewisse Rückbindung an die verfassunggebende Gewalt des Volkes gesichert.

Deutschland ging insgesamt einen anderen Weg. Versuche, im Kielwasser der Französischen Revolution liberale Verfassungen auf dem Prinzip der verfassunggebenden Gewalt des Volkes zu erreichen, scheiterten letztlich an der mangelnden Geschlossenheit und der geringen realpolitischen Urteilskraft der Reformkräfte aus Liberalen, Demokraten und Frühsozialisten. Insbesondere konnten sich Liberale und Demokraten nur in wenigen Ländern, wie z. B. Baden auf eine gemeinsame Position einigen.[68] Das brachte vor allem das ehrgeizige Projekt der Paulskirchenverfassung zu Fall. Nach gewaltsamen Unruhen der sogenannten Märzrevolution

---

[65] Vgl. Starck 1995, S. 385 ff.

[66] Offiziell paktiert sind neben den Verfassungen von Sachsen-Weimar 1816 und Württemberg 1819, auch die Sachsens von 1831, Kurhessens von 1831, Braunschweigs von 1832, Lippe-Detmolds von 1836. Vorab beraten wurden die des Großherzogtums Hessen von 1820, Hannovers von 1833 und Badens von 1818. Vgl. Böckenförde 1991a, S. 281 mit FN 22 und 23.

[67] Einfluss hatte die Belgische Verfassung beispielsweise auf die Spanische Verfassung von 1837, die Österreichische von 1848 und die Griechische Verfassung von 1864, die die Kombination aus verfassunggebender Gewalt des Volkes und Monarchie übernahmen.

[68] Zum Konflikt vgl. Backes 2000.

Abb. 2.4 Die Paulskirchenverfassung von 1848

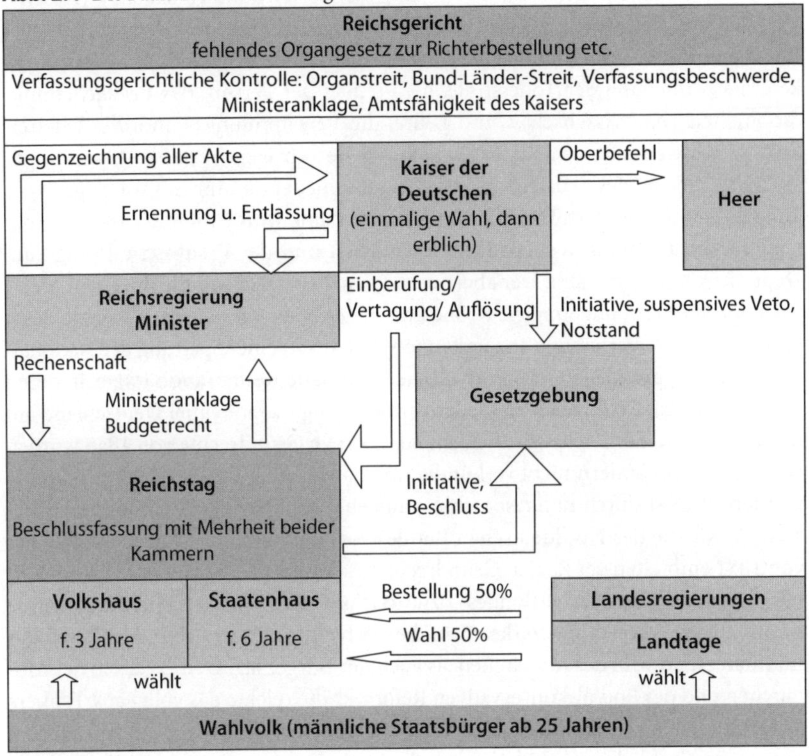

Quelle: Eigene Darstellung

1848 hatten die deutschen Fürsten der Wahl einer verfassunggebenden Nationalversammlung durch die Bürger ihrer Länder zugestimmt. Sie arbeitete eine Verfassung aus, mit der erstmals kein Staatenbund, sondern ein deutscher Nationalstaat errichtet werden sollte. Gleichzeitig wären republikanische und liberale Denktradition verbunden worden. Grundlage war eine konstitutionelle Monarchie, wobei die Kaiserkrone einmalig durch demokratische Wahl an den Preußischen König übertragen werden und dann erblich sein sollte. Die Organisationsstruktur entsprach, wie Abb. 2.4 zeigt, den Gepflogenheiten einer Mischverfassung und integrierte die erprobten Gewaltenteilungsmechanismen eines Zweikammerparlaments, gemeinsamer Gesetzgebung durch Monarch und Parlament und die parlamentarische Verantwortlichkeit der Minister.

Zu den Besonderheiten zählte ein umfassender Grundrechtskatalog (Abschn. VI), aus dem Teile wörtlich in das heutige Grundgesetz aufgenommen wurden. Der Katalog umfasste insbesondere: die Unverletzlichkeit des Eigentums, die Freizügigkeit, die Aufhebung der Todesstrafe, die Freiheit der Person, das Briefgeheimnis, die Freiheit von Wissenschaft und Lehre, die Versammlungs- und die Redefreiheit. Er wurde im Dezember 1948 noch vor der übrigen Verfassung per Gesetz als „Grundrechte des deutschen Volkes“ verabschiedet und für mit sofortiger Wirkung anwendbar erklärt. Die vollständige Verfassung wurde im März 1849 von der Nationalversammlung rechtskräftig beschlossen und der Preußische König zum Deutschen Kaiser gewählt. Der aber verweigerte überraschend die ihm „von Metzgern und Bäckern“ angetragene Krone und in der Folge verweigerten weitere deutsche Länder, die Verfassung anzuerkennen. Es kam zu einer Spaltung der Nationalversammlung und der Reformkräfte. Eine dauerhafte Restauration folgte, in deren Verlauf auch bereits Erreichtes wieder verloren ging. Letztlich fiel Deutschland auf den Stand formaler Rechtsstaatlichkeit zurück. Die Grundrechte von 1848 wurden von mehreren Ländern nicht verkündet und damit kein positives Recht; endgültig wurden sie 1851 durch Bundesbeschluss aufgehoben. Die folgenden Bundesverfassungen, wie die des Norddeutschen Bundes von 1867 und des Deutschen Reiches von 1871 enthielten gar keinen Grundrechtskatalog mehr. Stattdessen wurden Verbürgungen durch einfache Bundes- bzw. Reichsgesetze geleistet. Hierdurch wurde immerhin die Verwaltung wirksam an die Rechte der Bürger gebunden,[69] weil das im Interesse sowohl des Monarchen als auch der Bürger lag. Den Zwecken der Monarchen und der liberal-konservativen Reformkräfte reichte das völlig aus. Frühere Reformprojekte, wie das Montgelas‘ in Bayern, aber auch wichtige Kodifizierungen, wie das maßgeblich von Carl Gottlieb Suarez entworfene Allgemeine Preußische Landrecht von 1794, hatten schon gezeigt, dass auch auf rein gesetzlicher Ebene moderne Standards formaler Rechtsstaatlichkeit erreichbar sind: das Rückwirkungsverbot, die Unabhängigkeit der Judikative bei gleichzeitig strikter Bindung der Verwaltung an das Gesetz.

Auch die Weimarer Verfassung von 1919 hielt an der Tradition fest, den Gesetzgeber nicht wirksam an Grundrechte zu binden. Der darin enthaltene Grundrechtskatalog der Art. 109 bis 165 war umfangreich und enthielt neben den bürgerlichen und politischen Rechten auch soziale Anspruchsrechte (Abschnitt IV und V). Sie alle aber galten nur nach Maßgabe der Gesetze, also nur insoweit sie in geltende Gesetze überführt wurden. Zudem konnte der Reichspräsident Grundrechte mit Hilfe des Notstandsartikels 48 außer Kraft setzen; im März 1933 wurden auf diesem Weg alle Grundrechte suspendiert.

---

[69] Vgl. Stern 1992, S. 18, Rdnr. 26.

Für Kontinentaleuropa lässt sich somit festhalten, dass zum Ende des 18. Jahrhunderts die formale Rechtsstaatlichkeit durchgesetzt, die materielle in der Mitte des 19. Jahrhunderts auf hohem Niveau verwirklicht war, sich zum Ende aber zumindest in Deutschland in einer Krise befand. Die Verfassung diente in der praktischen Politik vor allem als Ordnungsinstrument. Zur Kontrolle der Exekutive war sie auch weithin als höhere Rechtsnorm anerkannt; zahlreiche Verfassungen sahen die Möglichkeit der Ministeranklage wegen Verfassungsbruchs vor. Individuelle Grundrechte hingegen waren nicht zuverlässig einklagbar. Auch bei der bayerischen Verfassungsbeschwerde war eine Prüfung durch politische Instanzen zwischengeschaltet, die keine rein rechtliche Beurteilung vornehmen mussten. Normenkontrolle bestand nur für Ländergesetze, nirgends für Bundesrecht. Gegen ungerechte Gesetze war in Europa bis Ende des 19. Jahrhunderts also allenfalls politisches, kein rechtliches Kraut gewachsen.

2.4 Entstehung der Verfassungsgerichtsbarkeit in Europa

Verfassungsgerichtsbarkeit speist sich aus drei Wurzeln: Erstens der Sicherung der föderalen Strukturen in Bundesstaat und Staatenbund, sowohl der Kompetenzordnung als auch der Rechtshierarchie; zweitens der Bewahrung der Kompetenzordnung auf Bundesebene bei Streitigkeiten zwischen Bundesorganen und drittens dem Schutz der Grundrechte sowohl vor Eingriffen der Exekutive als auch der Legislative.

(1) Die Prüfung der Verfassungskonformität von Landesrecht und die Schlichtung von Bund-Länder-Streitigkeiten ist eine schon in der frühen Neuzeit anerkannte und vielfältig umgesetzte Einrichtung. Sie galt für die deutschen und österreichischen Länder fast durchgehend seit dem Ende des 15. Jahrhunderts, für die Schweiz seit der Bundesverfassung vom 29. Mai 1874.[70] Gerade das Schweizer Beispiel zeigt, dass eine aufgrund föderaler Erfordernisse geschaffene Verfassungsgerichtsbarkeit nicht zwingend zu einer verfassungsgerichtlichen Kontrolle der Bundesorgane führt. Aber auch die Errichtung der Verfassungsgerichtsbarkeit in Belgien mit der Verfassung von 1831 macht dies deutlich. Nach Art. 107[71] besaßen die belgischen Gerichtshöfe und ordentlichen Gerichte ein Prüfungsrecht für das gesamte untergesetzliche Recht. Das meinte in Belgien einerseits die Verordnungen der Bundesexekutive, andererseits aber auch die Erlasse und Dekrete der regiona-

[70] Vgl. die Reichskammergerichtsordnung von 1495, die Paulskirchenverfassung von 1848/49, das Österreichische Staatsgrundgesetz vom 21.12.1867, das Österreichische Bundes-Verfassungsgesetz vom 1.10.1920. Dagegen sehen die Reichsverfassungen von 1866 und 1871 hierfür eine politische Streitschlichtung durch den Bundesrat vor.

[71] In der 1994 neu bekanntgemachten Fassung ist dies der Artikel 142.

len Selbstverwaltungskörperschaften. All diese Normen durften von den Gerichten nur angewendet werden, soweit sie mit den Gesetzen in Einklang standen. Judikative, Exekutive und die Regionen waren damit strikt an das (Bundes-) Gesetz gebunden. Eine richterliche Prüfung der von der föderalen Legislative erlassenen Gesetze war dagegen nicht vorgesehen. Hier sollte die Gewaltenteilung zwischen Parlament und Monarch auf politischem Wege Verfassungsbrüche verhindern. Wie in den USA verdankte sich diese Verfassungsgerichtsbarkeit in Belgien also der Sicherung der Rechtseinheit in einem Bundesstaat. Einmal geschaffen bietet die föderale Kontrolle Anknüpfungspunkte für eine Erweiterung der Zuständigkeiten, wie am amerikanischen Beispiel zu sehen war. Das gilt aber auch dann, wenn nicht die obersten ordentlichen Gerichte mit der föderalen Verfassungsgerichtsbarkeit betraut, sondern eigene Gerichte dafür geschaffen werden. So errichtete die Weimarer Reichsverfassung (WRV) eigens einen Staatsgerichtshof (Art. 19 WRV), der von den Ländern auch angerufen werden konnte, um über landesinterne Organstreitigkeiten zu entscheiden. Sondergerichte eignen sich weitaus besser zur Ausweitung ihrer Kompetenzen als z. B. der Oberste Gerichtshof. Insofern wurde ein von den USA abweichendes Modell der Verfassungsgerichtsbarkeit vorbereitet. Der Prototyp entstand durch das Österreichische Bundes-Verfassungsgesetz vom 1.10.1920, das einen „Verfassungsgerichtshof" mit umfangreichen Kompetenzen vorsah.

(2) Im 18. Jahrhundert setzte sich darüber hinaus die Kontrolle der Exekutive am Maßstab des Verfassungsrechts weitgehend durch. Hierzu diente zum einen die mehrfach erwähnte Ministeranklage, Vorläufer der heutigen Organstreitverfahren, aber auch das richterliche Prüfungsrecht gegenüber Verordnungen der Exekutive am Maßstab der Verfassung, wie sie z. B. in der Belgischen Verfassung von 1831 nach Art. 107 vorgesehen war. Viele europäische Länder sicherten die Grundrechte ihrer Bürger gegen Übergriffe der Exekutive zusätzlich durch die Errichtung einer speziellen Verwaltungsgerichtsbarkeit, so etwa Frankreich seit 1799, Baden 1863 als erster deutscher Staat, anschließend 1875 Preußen und Hessen-Darmstadt, 1876 Württemberg und 1879 Bayern.[72] In mehreren Staaten bestand auch die Möglichkeit der Verfassungsbeschwerde von Bürgern gegen Rechtsverletzungen durch Regierung und Verwaltung, so in Bayern und Baden durch die liberalen Verfassungen von 1818, kurzfristig in Frankreich durch die Verfassung von 1852, außerdem in Österreich durch das Staatsgrundgesetz vom 21.12.1867 (Art. 3 lit. b), in der Schweiz durch die Verfassung von 1874.[73]

[72] Vgl. Schmidt 2001, S. 15 f.

[73] Vgl. dazu und zu den folgenden weiteren Möglichkeiten in den deutschen Staaten Schumann 1983, S 167.

Einen gerichtlichen Schutz gegen verfassungswidrige Gesetze des Bundes dagegen gibt es in Europa erst seit dem 20. Jahrhundert. Noch 1867 verfügte in Österreich ein Staatsgrundgesetz, dass den Gerichten die Prüfung formeller Gesetze nicht zustehe.[74] Die Ursachen für diesen fehlenden Schritt zur verfassungsgerichtlichen Kontrolle des Gesetzgebers sind vielfältig. In Frankreich stand und steht ihr in gewissem Umfang bis heute ein starker politischer Souveränitätsbegriff entgegen. Unter dem Einfluss des Politikers Emanuel Joseph Sieyès setzte sich in den Verfassungsdebatten unmittelbar nach der Französischen Revolution eine Variante der Volkssouveränitätslehre durch, die dem Parlament, nicht dem Volk, die Rolle zuschrieb, den Gemeinwillen zu artikulieren. Das vom Parlament erlassene Gesetz erschien dadurch als der wichtigste Ausdruck der Volkssouveränität und zugleich als Garant rechtlicher Gleichstellung und der Abschaffung des Privilegiensystems. Dagegen galten Gerichte, namentlich die Feudalgerichte „Parlements", als Gefahr für das neue System. Sie waren in der Vergangenheit die wichtigsten Verteidiger des Privilegiensystems gewesen, indem sie aus eigener Initiative Entscheidungen des Monarchen auf ihre Vereinbarkeit mit den hergebrachten Vorrechten prüften. Es schien deshalb undenkbar, Gerichten die Kontrolle der Parlamentsgesetze zu überlassen.[75] Um die Verfassung dennoch vor Verletzungen durch die Legislative zu schützen, schlug Sieyès 1793 die Schaffung eines neuartigen Gremiums vor, eine *Jury constitutionnaire*.[76] Diese sollte auf Antrag der Exekutive oder der zweiten Kammer Gesetzentwürfe noch vor der Verabschiedung, also präventiv, prüfen und auch verwerfen können. Realisiert wurde dieser Plan jedoch erst in der Verfassung von 1799, der Konsulatsverfassung, durch die die Parlamentssouveränität zugunsten der Napoleonischen Regierung aufgehoben wurde. Der darin geschaffene *Sénat conservateur* war nicht nur für die präventive Normenkontrolle, sondern später auch allgemein für den Schutz der bürgerlichen Rechte zuständig. Dies blieb in der Praxis allerdings ohne großen Belang, denn dem Senat fehlte die richterliche Unabhängigkeit. Er galt sogar im Wesentlichen als bloßes Machtinstrument der Regierung, um die Gesetzgebung kontrollieren zu können. Die vom ersten Konsul selbst initiierten Verfassungsbrüche beanstandete er dagegen nie. In den Verfassungen von 1814 bis 1848 fehlte eine entsprechende Einrichtung, aber in der Napoleonischen Verfassung von 1852 war erneut ein Senat vorgesehen, der nun sogar obligatorisch alle Gesetzentwürfe prüfen (Art. 25–26, 29) und zusammen mit der Exekutive Verfassungsänderungen beschließen können sollte (Art. 31). Nur Änderungen der wesentlichen Grundbestimmungen bedurften laut Art. 32 einer

[74] Gesetz vom 21.12.1867, Art. 7.

[75] Vgl. Möllers 2008, S. 23.

[76] Vgl. hierzu und zum Folgenden Herrmann 2001, S. 137 ff; Starck 1995, S. 47 ff.

zusätzlichen Volksabstimmung. Auch dieser Senat blieb ein Machtinstrument der Exekutive ohne Schutzwirkung für die Verfassung. Als 1875 in der Dritten Republik die Souveränität des Parlaments wieder hergestellt wurde, fehlte ein entsprechendes Organ. „Senat“ war nun die Bezeichnung der zweiten Kammer, die nach Art. 9 immerhin eine verfassungsgerichtliche Aufgabe hatte, die Ministeranklage. Eine in den letzten Jahren des 19. Jahrhunderts einsetzende breitere Diskussion in der französischen Rechtswissenschaft über die Möglichkeit und Notwendigkeit einer verfassungsgerichtlichen Kontrolle des Gesetzgebers blieb zunächst erfolglos.[77] Erst die Verfassung der Fünften Republik vollzog einen entscheidenden Richtungswechsel: Unter dem maßgeblichen Einfluss des Ministerpräsidenten Charles de Gaulle ausgearbeitet, ersetzte sie die parlamentarische Demokratie der Vierten Republik durch ein semi-präsidentielles System mit starker Exekutive und der Beschränkung der Gesetzgebung auf einen abgeschlossenen Zuständigkeitskatalog. Um eine nachträgliche Erweiterung zu verhindern, überprüft ein *Conseil Constitutionnel*[78] präventiv und obligatorisch alle die Organisationsgrundlagen des Parlaments betreffenden Gesetze. Außerdem kann der Verfassungsrat von der Exekutive, den Kammerpräsidenten oder seit 1974 auch einer Mindestzahl von 60 Abgeordneten einer der beiden Kammern zur präventiven Prüfung anderer Gesetze aufgefordert werden. Die Prüfung erfolgt dabei zwischen der Verabschiedung des Gesetzes und seiner Verkündung. Ein ganz oder teilweise für verfassungswidrig erklärtes Gesetz darf nicht verkündet werden, tritt also nicht in Kraft. Erst 2008 wurde die Möglichkeit geschaffen, Normen auch nachträglich, d. h. repressiv, zu kontrollieren: Seit dem 1. März 2010 können Bürger im Zuge eines anhängigen Verfahrens die Prüfung von für den Fall maßgeblichen Gesetzen verlangen, die sie mutmaßlich in ihren Grundrechten verletzen.[79]

In allen kontinentaleuropäischen Staaten, die auf dem monarchischen Prinzip beruhten, war eine verfassungsgerichtliche Normenkontrolle nicht konsensfähig. Insofern hier, ebenso wie in England, Gesetze nur gemeinsam von Monarch und Parlament bzw. Ständevertretung erlassen werden konnten, galt dieses Gewaltenteilungselement als ausreichende Sicherung. „Dieses auf Gleichgewicht und auf Vermeidung der Souveränitätsfrage aufgebaute konstitutionelle System in Deutschland bot der gesetzlichen Normenkontrolle keine Entwicklungsmöglich-

---

[77] Vgl. hierzu Herrmann 2001, S. 139 ff, Luther 2002, S. 281 ff.

[78] Nach Art. 61 Abs. 1 und 2 der Verfassung von 1958.

[79] Verfassungsänderung vom 23.07.2008, Art. 61–1. Vgl. die offizielle Website des Verfassungsrats http://www.conseil-constitutionnel.fr/conseil-constitutionnel/deutsch/verfassungsrat/verfassungsrat.25770.html.

keit."[80] Selbst ein richterliches Prüfungsrecht der einfachen Gerichte, das einem Richter die Nicht-Anwendung eines mutmaßlich verfassungswidrigen Gesetzes in einem anhängigen Fall erlauben würde, wird in der Regel bestritten,[81] von einer Kassationsbefugnis durch ein Oberstes Gericht ganz zu schweigen. Es ist wiederum die gescheiterte Paulskirchenverfassung, die den entscheidenden Schritt getan hätte: Art. 126 weist dem Reichsgericht neben den föderalen Streitigkeiten und dem Organstreit auch die Normenkontrolle zu.

So blieb es dem 1920 errichteten Verfassungsgerichtshof Österreichs überlassen, die Normenkontrolle von Bundesgesetzen als erstem Staat in Europa zu realisieren. Beispielhaft sind neben seiner Organisation als nur für Verfassungsfragen zuständiges Sondergericht auch die Rechtswirkungen seiner Urteile: Verfassungswidrige Gesetze werden nicht nur nicht angewendet, sondern allgemein verbindlich aufgehoben, i.e. „kassiert". An Kompetenzfülle noch übertroffen wurde der Österreichische Verfassungsgerichtshof seit 1921 durch den Staatsgerichtshof in Liechtenstein. Er ist zuständig für Organstreitigkeiten, Normenkontrolle, Wahlprüfung, Ministeranklage und Amtsenthebungsverfahren und prüft zusätzlich die Verfassungsmäßigkeit von Gerichtsurteilen.

In der deutschen Weimarer Verfassung von 1919 war dagegen ein richterliches Prüfungsrecht abermals nicht vorgesehen. Nach heftiger Diskussion innerhalb der deutschen Rechtswissenschaft entschied aber das Reichsgericht 1925, dass alle Richter berechtigt und verpflichtet seien, die Verfassungsmäßigkeit der Reichsgesetze zu prüfen, die sie in einem konkreten Rechtsfall anwenden wollen.

> Da die Reichsverfassung selbst keine Vorschrift enthält, nach der die Entscheidung über die Verfassungsmäßigkeit der Reichsgesetze den Gerichten entzogen und einer bestimmten anderen Stelle übertragen wäre, muß das Recht und die Pflicht des Richters, die Verfassungsmäßigkeit von Reichsgesetzen zu prüfen, anerkannt werden.[82]

Seitdem prüften die Gerichte die Verfassungskonformität von Reichsgesetzen zwar, es wurde aber nur selten ein Gesetz für unwirksam erklärt.[83] Wirksame Verfassungsgerichtsbarkeit mit Schutz vor Exekutive und Legislative gibt es in Deutschland damit erst seit 1949 bzw. 1951, als das Bundesverfassungsgericht seine Arbeit aufnahm. Eine umfassende Verfassungsgerichtsbarkeit besteht heute zwar in vielen,

[80] Starck 1995, S. 50.

[81] Vgl. die Bestimmungen im Allgemeinen Preußischen Landrecht von 1794, § 60 Einl. ALR.

[82] Urteil vom 04.11.1925, RGZ 111, S. 320 ff, hier S. 323.

[83] Nachweise bei Hartmann 2006/07, S. 169 mit FN 117–123.

aber nicht in allen europäischen Staaten. Z. B. haben die Niederlande, Norwegen, Schweden und die Schweiz den Status eines materiellen Rechtsstaats beibehalten.[84]

Literaturtipps

Grundlagen

Vorländer, Hans. 2004. *Die Verfassung. Idee und Geschichte*, 2. Aufl. München.

Ausführlich

Fenske, Hans. 2001. *Der moderne Verfassungsstaat. Eine vergleichende Studie von der Entstehung bis zum 20. Jahrhundert.* Paderborn.

Weiterführendes

Scheuner, Ulrich. 1976. Die Überlieferung der deutschen Staatsgerichtsbarkeit im 19. und 20. Jahrhundert. In *Bundesverfassungsgericht und Grundgesetz. Festgabe aus Anlaß des 25jährigen Bestehens des Bundesverfassungsgerichts*. Bd. I, hg. von Christian Starck, 1–62. Tübingen.

Corwin, Edward S. 1928. The ‚Higher Law' Background of American Constitutional Law. *Harvard Law Review* 42 (2): 149–185.

[84] Vergleichende Darstellungen zur Verfassungsgerichtsbarkeit bei Häberle 2005, Wahl 2001a.

Zentrale Elemente 3

3.1 Rechtsstaatlichkeit

3.1.1 Systematik des Rechtstaats

Der Demokratische Verfassungsstaat baut auf den vom Rechtsstaat geschaffenen Grundlagen auf. Er integriert den Rechtsstaat als ein eigenständiges Prinzip, neben Verfassungs- und Demokratieprinzip. Die Bedeutung des Rechtsstaatsprinzips für den Verfassungsstaat liegt darin, die erforderlichen Anknüpfungspunkte für die Rechtswirkung der Verfassung und ihre gerichtliche Überwachung zu schaffen. Hierfür sichert zunächst die formale Rechtsstaatlichkeit, dass staatliches Handeln nur in Form und auf der Basis der Gesetze möglich ist, sodass die spätere Bindung des Gesetzgebers an die Verfassung auch bewirkt, dass insgesamt staatliches Handeln mit der Verfassung übereinstimmen muss. In einem zweiten Schritt gibt die materielle Rechtsstaatlichkeit dem staatlichen Handeln Ziele und inhaltliche Bewertungsmaßstäbe vor.

Welche Elemente im Einzelnen zum Rechtsstaat gehören, ist nicht allgemein anerkannt. Das Grundgesetz (GG) nennt den Rechtsstaat in Art. 16 Abs. 2, Art. 23 Abs. 1 und Art. 28 Abs. 1 GG ohne ihn inhaltlich weiter auszuführen und das Bundesverfassungsgericht hat zwar verschiedentlich wesentliche Elemente des Rechtsstaats benannt, die in einigen Grundgesetzartikeln zu finden seien, aber nie eine abschließende Liste erstellt. Dies hat in der Literatur zu ausufernden Aufzählungen geführt, in denen oft nicht klar ist, in welcher Beziehung die gelisteten Elemente zueinander stehen und welchen Beitrag sie zum Gesamtkonzept leisten. Die Juristin Katharina Sobota weist in ihrer Habilitationsschrift auf dieses Problem hin, indem sie 142 Elemente zusammenträgt, die in Urteilen oder Literatur als

B. Enzmann, *Der Demokratische Verfassungsstaat*,
DOI 10.1007/978-3-531-18952-9_3,

Elemente des Rechtsstaats genannt werden.[1] Ihr Kollege Philip Kunig konstatiert auf der Basis einer Untersuchung deutscher Rechtsprechung, „Rechtsstaat“ sei nur ein Sammelbegriff für eine Reihe von Normen verwandten Gehalts, aber kein klar umrissenes Prinzip.[2] Er rät deshalb, ihn in der Rechtswissenschaft nicht mehr zu verwenden, sondern direkten Bezug auf Einzelbestimmungen zu nehmen. Und auch international gibt es Stimmen, die die Tauglichkeit des Rechtsstaatsbegriffs aufgrund seiner Unabgeschlossenheit bezweifeln. Dazu trägt bei, dass die fremdsprachlichen Entsprechungen des Rechtsstaats, *Rule of Law, Stato di Diritto, oder Etat de droit*, inhaltlich nicht exakt das Gleiche bezeichnen.[3] Ganz überwiegend halten Rechtswissenschaftler es dennoch für sinnvoll, an der Vorstellung eines integrativen Konzepts von Rechtsstaatlichkeit festzuhalten: Dafür spricht z. B., dass das Rechtsstaatsprinzip in einer Verfassung eine Generalklausel darstellt, mit der sich Rechtsschutzlücken schließen und neue Probleme in den verfassungsrechtlichen Schutzbereich integrieren lassen.[4] Dies gilt für das Grundgesetz wie auch für den in der amerikanischen Bundesverfassung enthaltenen Grundsatz *due process of law*. Urteile des Bundesverfassungsgerichts zum Datenschutz sind ein Beispiel.[5] Zudem werden die vielen Einzelbestimmungen unter dem begrifflichen Dach des Rechtsstaats zu Elementen eines Sinnsystems mit internen Beziehungen, das als Ganzes besser zu verstehen ist. Insbesondere wird so das Zusammenwirken von Organisationsstrukturen, Verfahren und Akteursebene deutlich. Gleichzeitig bewahrt die Beibehaltung des Oberbegriffs Rechtsstaat die ideengeschichtlichen und rechtshistorischen Bezüge und macht zeit- und kulturbedingte Anpassungen sichtbar.[6]

Deshalb finden sich auf nationaler aber auch auf europäischer Ebene Versuche, zumindest ein schlüssiges Kernkonzept mit einigen allgemein anerkannten Hauptelementen zu gewinnen, das dann nach Bedarf um kontextabhängige Elemente erweitert werden kann. Entsprechende Versuche kombinieren oft mehrere Zugangswege: 1. eine ideengeschichtliche und rechtshistorische Rekonstruktion der wichtigsten Ideen und Elemente und 2. eine rechtsvergleichende Zusammenstellung der am häufigsten in Rechtsordnungen und Rechtsprechung genannten Ziele und

[1] Sobota 1997.

[2] Kunig 1986.

[3] Zu den Unterschieden zwischen Rechtsstaat, Rule of Law und Etat de droit vgl. Loughlin 2010, Kap. 11, Tuori 2011, Wennerström 2007, S. 61 ff. Kritisch zur weiteren Verwendung Loughlin 2009, S. 3.

[4] Vgl. Schmidt-Aßmann 1987, S. 991, Rdnr. 8.

[5] Vgl. zum Streit Frankenberg 2010, S. 101 f.

[6] Vgl. zu ähnlichen und weiteren Argumenten Sobota 1997, S. 527 f.

Abb 3.1 Systematisierungsversuch: Elemente des Rechtsstaats

	Rechtsstaatsprinzip			
	formell			**materiell**
Ziel	**Gesetzlichkeit der Herrschaft**	**Begrenzte Machtzuweisung**	**Gerichtlicher Rechtschutz**	**Gerechtigkeits- und Wertmaßstäbe**
ausgewählte Elemente	formell und materiell gültige Gesetze	Subsidiarität und klare Kompetenzen	unabhängige Gerichte	für Individuum: Menschenrechte
	Gesetzmäßigkeit der Verwaltung	Verantwortlichkeit, Rechenschaftspflicht	gesicherter Zugang	für Gesellschaft: Gemeinwohl, Solidarität...
	Rechtssicherheit	Willkürverbot	faires Verfahren	allgemeine Gerechtigkeitsprinzipien
	Vertrauensschutz	Verhältnismäßigkeit	Entschädigung	

Quelle: Eigene Darstellung

Elemente sowie gelegentlich 3. eine rechtsdogmatische oder idealtypische Konstruktion eines Sinnsystems Rechtsstaat und seiner notwendigen Elemente.[7]

Für den hier erforderlichen Überblick über das Rechtsstaatsprinzip sollen folgende vier Hauptelemente genügen, die sich in jeder dieser Konzeptionen finden: Gesetzlichkeit der Herrschaft, begrenzte Machtzuweisung, Rechtschutz, Durchsetzung von Gerechtigkeitsmaßstäben und Werten.[8] Sie enthalten jeweils einige weitere Elemente, die für ein Grundverständnis des Rechtsstaatsprinzips notwendig aber auch hinreichend sind (vgl. Abb. 3.1).

---

[7] Vgl. den Versuch von Sobota 1997, sowie den der European Commission for Democracy through Law (2011); oder auch die Rekonstruktion aus Ideengeschichte, Verfassungsgeschichte und Verfassungsrechtsprechung bei Piazolo 1999.

[8] Vgl. Bingham (2010). Nach seiner Ansicht sind die im internationalen und rechtshistorischen Vergleich konsensfähigen Hauptbestandteile eines Konzeptes Rechtsstaat und Rule of Law folgende: (1) Gesetzlichkeit der Herrschaft, einschließlich eines transparenten, zu verantwortenden und demokratischen Gesetzgebungsprozesses, (2) Rechtssicherheit, (3) Willkürverbot, (4) Zugang zur Rechtsprechung vor einem unabhängigen und unparteiischen Richter, einschließlich der Prüfung von Verwaltungshandeln, (5) Achtung der Menschenrechte, (6) Diskriminierungsverbot und Gleichheit vor dem Gesetz. Unter diesen sechs Grundsätzen lassen sich die meisten Detailelemente, die sich in der deutschen Literatur und Rechtsprechung finden, einordnen und in ihrem Gesamtzusammenhang verstehen.

3.1.2 Formaler Rechtsstaat: Recht haben und bekommen

Der formale Rechtsstaat bezieht seine Bezeichnung daraus, dass er die „Formelemente" festlegt, die erforderlich sind, um eine rein auf positivem Recht basierende Staatsordnung zu etablieren. Hierzu gehören die Verfahren und Kompetenzen der wichtigsten Staatsorgane und weitere Entscheidungsvorgaben.[9] Dabei geht es nicht darum, politische Macht und Entscheidungsspielraum zu beseitigen, sondern sie in eine Wechselbeziehung mit dem Recht zu zwingen: Das Recht weist den Rahmen aus, in dem politische Macht ausgeübt werden darf und legitimiert sie dadurch; im Gegenzug stellt sich die Macht in den Dienst des Rechts und erzwingt seine Beachtung.

3.1.2.1 Gesetzlichkeit der Herrschaft

Die Gesetzlichkeit der Herrschaft kann als das Kernmerkmal gelten, das kontextunabhängig genauso im deutschen Rechtsstaat, wie in *Rule of Law, Etat de droit* etc. besteht.[10] Gemeint ist, dass staatliche Gewalt nur durch oder auf der Basis von Gesetzen ausgeübt werden darf. „Gesetz" steht in diesem Fall nicht als beliebiges Synonym für positives Recht. Es meint vielmehr das formelle Gesetz, das genau festgelegten formalen und inhaltlichen Anforderungen genügen muss. Hierzu gehört, dass Gesetze 1) in den dafür vorgeschriebenen Verfahren erlassen und 2) öffentlich verkündet werden müssen. Sie müssen 3) in Form allgemeiner Regeln abgefasst sein, 4) klar und verständlich und 5) in sich konsistent und widerspruchsfrei sein. Sie müssen 6) geeignet sein, den angestrebten Zweck zu erreichen. Gesetze sollen außerdem 7) auf einen Bestand über längere Zeit angelegt sein und 8) keine unerfüllbaren Forderungen stellen.[11]

Die nächste zentrale Voraussetzung gesetzlicher Herrschaft ist, dass die Gesetze von der Verwaltung so getreu wie möglich umgesetzt werden. Für die Bundesrepublik als Verfassungsstaat schreibt Art. 20 Abs. 3 GG vor: „Die Gesetzgebung ist an die verfassungsmäßige Ordnung … gebunden." Für die Bundesrepublik als Rechtsstaat gilt aber zuerst (vgl. Abb. 3.2): „[D]ie vollziehende Gewalt und die Rechtsprechung sind an Gesetz und Recht gebunden." Mit „Recht" ist in diesem Fall das neben Gesetzen und Verfassung geltende übrige positive Recht gemeint, wie Verordnungen der EU, Rechtsverordnungen von Bund und Ländern usw.[12]

---

[9] Schmidt-Aßmann 1987, S. 997 f, Rdnr. 18.

[10] Vgl. European Commission for Democracy through Law 2011, Bingham 2010.

[11] Vgl. Fuller 1969, Kap. 2, ähnlich Hayek 1960, Kap. 10, Raz 1979, S. 214 f.

[12] Inwieweit z. B. Richterrecht, Gewohnheitsrecht, Naturrecht und anderes vorpositives Recht hiermit ebenfalls gemeint sind, ist juristisch umstritten. Ablehnend z. B. Schachtschneider 2006, S. 105 f.

Abb. 3.2 Rechtsbindung in Verfassungs- und Rechtsstaat

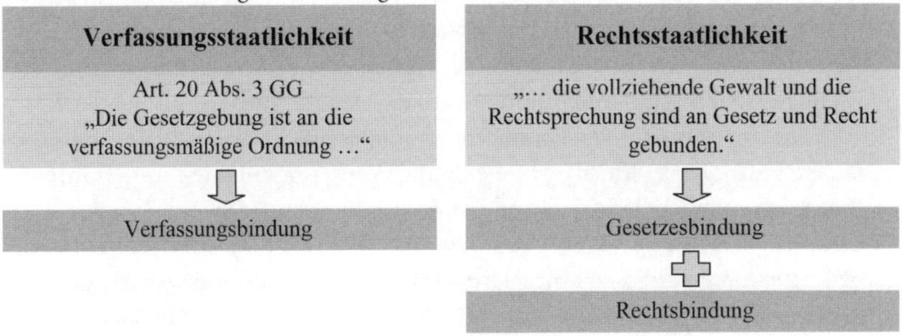

Quelle: Eigene Darstellung

Die Gesetzesbindung, oder präziser, die Gesetzmäßigkeit der Verwaltung wird dabei durch zwei Grundsätze gesichert: Der Vorrang des Gesetzes schreibt vor, dass Verwaltungshandeln keine bestehenden Gesetze verletzen darf. Der Vorbehalt des Gesetzes bedeutet, dass die Verwaltung nur tätig werden darf, wenn sie durch ein formelles Gesetz dazu ermächtigt wird. Dieses Gesetz muss zudem die genauen Befugnisse und erlaubten Mittel benennen.[13] Wenn der Gesetzgeber diese aufgrund der Vielzahl möglicher Anwendungsfälle nicht abschließend bestimmen will, kann er stattdessen in diesem Gesetz die Exekutive ermächtigen, einige Einzelheiten per Verordnung zu regeln (Art. 80 Abs. 1 GG). Diese Ermächtigung darf aber kein Freibrief sein. Sie muss nach Inhalt, Zweck und Ausmaß so bestimmt sein, dass der Wille des Gesetzgebers daraus klar hervorgeht. Dies gilt umso mehr, je weiter eine solche Verordnung in die Freiheitssphäre der Bürger eingreift. Das Bundesverfassungsgericht hat dazu die sogenannte Wesentlichkeitstheorie entwickelt: Die für die Grundrechtsausübung wesentlichen Fragen und die für den Staat in seiner Gesamtheit wesentlichen Fragen müssen durch förmliches Parlamentsgesetz geregelt werden (sog. Parlamentsvorbehalt).[14]

Parlamentsvorbehalt und Allgemeinheit des Gesetzes

Schon seit dem Mittelalter gehört zu einem formellen Gesetzgebungsverfahren, im Unterschied zu den meisten anderen Formen der Rechtsetzung, die

---

[13] BVerfGE 40, 237 248 f; 49, 89 126 f; dazu Schachtschneider 2006, S. 110; Schmidt-Aßmann 1987, Rdnr. 63 ff; Sobota 1997, S. 104 ff.

[14] Z. B. BVerfGE 34, 165 192 f.; Vgl. zu den Bedenken Schachtschneider 2006, S. 117.

Pflicht zur Beteiligung einer repräsentativen Körperschaft, sei es einer Ständeversammlung, eines Parlaments etc. Formelle Gesetze stellen insofern ein wichtiges Junktim zwischen Rechtsstaat und Demokratie dar.

Vor der vollständigen Errichtung formaler Rechtsstaatlichkeit konnte die Exekutive diese Pflicht zur Beteiligung der Repräsentanten mittels ihrer Prärogative umgehen. In England wurde das Problem 1688 dadurch gelöst, dass man das Prärogativrecht des Monarchen abschaffte; jeder seiner Akte bedurfte nun einer gesetzlichen Grundlage.[15] In Deutschland war das unter dem monarchischen Prinzip nicht möglich und so versuchte man, klare Kriterien durchzusetzen, welche Fragen unter „Parlamentsvorbehalt" stehen sollten, also nur durch formelles Gesetz reguliert werden durften. Zunächst wurde überlegt, jede allgemeine, auf eine nicht absehbare Zahl von Fällen gerichtete Regelung solle als Gesetz erlassen werden, dagegen jede mit begrenztem Geltungsbereich als Verordnung. Das scheiterte aber daran, dass das Parlament an einer ganz bestimmten Einzelentscheidung, nämlich dem Haushaltsgesetz beteiligt sein wollte. Schließlich einigte man sich auf eine Regelung, die der Wesentlichkeitstheorie des Bundesverfassungsgerichts ähnelt: Immer dort musste das Parlament beteiligt werden, wo sich Normen direkt oder indirekt auf die Rechte der Bürger auswirkten, insbesondere wenn sie mit Lasten und Strafen versehen waren.[16] Weil solche Gesetze wieder nur unter Parlamentsbeteiligung geändert werden konnten, vergrößerte sich der Anteil der formellen Gesetze ständig. Im Gegenzug wurde der Wirkungsbereich der Prärogative immer kleiner, bis sie mit der Abschaffung der Monarchie im 20. Jahrhundert dem Grundsatz der Gesetzmäßigkeit der Verwaltung weichen musste. Geblieben ist aber das Problem einer möglichst präzisen Bestimmung des nur per Gesetz zu Regelnden. Letztlich handelt es sich um ein Abwägungsproblem zwischen dem Wunsch nach parlamentarischer Kontrolle einerseits und dem notwendigen Entscheidungsspielraum der Exekutive andererseits.

Aus der Prämisse gesetzlicher Herrschaft ergeben sich auch Anforderungen an die Rechtsordnung im Allgemeinen. Da sie die Grundlage sowohl für das Zusammenleben der Menschen im Staat als auch für Teile der Lebensgestaltung des Einzelnen ist, muss die Rechtsordnung öffentlich bekannt und klar und relativ beständig sein. Mit dieser objektiven Perspektive der Rechtssicherheit korrespondiert die subjek-

[15] Siehe dazu oben Kap. 2.1 Auf Umwegen zum Rechtsstaat: England im 17. Jahrhundert.

[16] Vgl. Böckenförde 1969, S. 58 ff.

tive Perspektive des Vertrauensschutzes.[17] Einem Bürger, der im Vertrauen auf bestehende Rechte und Ansprüche geplant und gehandelt hat, dürfen diese Rechte nicht plötzlich entzogen werden. Weil das aber auch nicht dazu führen kann, dass die Rechtsordnung überhaupt nicht mehr an neue Situationen und Probleme angepasst werden kann, heißt Vertrauensschutz im Wesentlichen Rückwirkungsverbot: Denn es ist kaum möglich, durch den Erlass oder die Änderung einer Rechtsnorm nicht in noch laufende, unabgeschlossene Sachverhalte einzugreifen, die unter anderen rechtlichen Voraussetzungen begonnen wurden und die durch die Gesetzesänderung abgebrochen oder wertlos würden. In solchen noch nicht abgeschlossenen Fällen spricht man von einer unechten Rückwirkung. Sie ist grundsätzlich zulässig, sofern nicht der Anspruch des Einzelnen auf Vertrauensschutz ausnahmsweise das öffentliche Interesse an der Änderung überwiegt. Dagegen ist eine sogenannte echte Rückwirkung, also der nachträgliche Eingriff in einen bereits abgeschlossenen Sachverhalt, grundsätzlich unzulässig. Er kann nur ganz ausnahmsweise gerechtfertigt werden, etwa wenn der Betroffene vorab und rechtzeitig wissen konnte, dass eine Änderung ansteht oder wenn die vorherige Rechtslage so unklar war, dass man darauf nicht vertrauen konnte. Durch Übergangsregelungen kann häufig ein fairer Kompromiss erreicht werden. Bei strafrechtlichen Bestimmungen gilt dagegen, dass Handlungen, die heute noch rechtmäßig sind, nicht nachträglich zu Unrecht erklärt und mit Strafen belegt werden dürfen. Dieser Grundsatz *nulla poena sine lege* gehört zu den international anerkannten Kernbeständen von Rechtsstaatlichkeit, ist aber gleichzeitig eine große Herausforderung, wenn es z. B. darum geht, Verbrechen aus einem gestürzten Unrechtsstaat aufzuarbeiten. Das Rückwirkungsverbot hat immer wieder zur Folge, dass Unrecht entgegen dem Gerechtigkeitsgefühl vieler Bürger nicht bestraft werden kann.

3.1.2.2 Begrenzte Zuweisung von Macht

Die zweite große Säule des Rechtsstaats ist die begrenzte Zuweisung von Macht. Ich spreche hier bewusst von begrenzter Zuweisung, nicht einfach von Machtbegrenzung, denn der Rechtsstaat beruht auf der Prämisse, dass es in ihm keine naturwüchsige Macht gibt, die im Nachgang beschränkt werden müsse. Stattdessen wird Macht im Rechtsstaat erst durch Recht kreiert und dadurch von Beginn an nur in rechtlich begrenztem Umfang zugewiesen. Im Rechtsstaat ist die Ausübung öffentlicher Gewalt deshalb nur in Form einer Ämterordnung denkbar. Macht wird dann nicht bestimmten Personen zugewiesen, sondern es werden Positionen geschaffen, die mit einer klar umrissenen Zuständigkeit, bestimmten Zugangsvoraussetzungen und Ressourcen ausgestattet werden (Amtsprinzip). Diese Positionen oder „Ämter“

[17] Zu beidem vgl. Katz 2010, S. 102 ff.

werden dann auf Zeit oder Widerruf vergeben und müssen von den Amtswaltern nun getreu der damit verbundenen Vorgaben ausgeübt werden. Verletzen sie ihre Pflichten, können sie in vorab festgelegten Verfahren dafür zur Verantwortung gezogen und ggf. durch einen neuen Amtswalter ersetzt werden. Für den Rechts- und den auf ihm aufbauenden Verfassungsstaat gilt gleichermaßen ein Diktum des Staatsrechtslehrers Josef Isensee: Das Amt bildet „die Bedingung der Möglichkeit des Verfassungsstaates, der darauf angelegt ist, dass Gesetze herrschen und nicht persönliche Willkür, dass der allgemeine Wille, der sich im demokratischen Gesetz verkörpert, gerecht und wirksam umgesetzt wird".[18] Die Gesamtmenge der Ämter ergibt der Idee nach eine vernetzte Struktur, die alle zu erfüllenden Staatsaufgaben abdeckt. In diesem weiten Sinne sind als Amt nicht nur die Stellen der Beamten zu sehen, sondern auch die Positionen von Ministern, Abgeordneten, Richtern, ja sogar die des Wählers, wenn er nach klar bestimmten Verfahren und Voraussetzungen seinen Stimmzettel ausfüllt und in die Wahlurne wirft. Außerhalb dieser Ämterordnung gibt es im Rechtsstaat keine öffentliche Macht.[19]

Dafür sorgt, neben der ausschließlichen Vergabe von Macht als Amt, das Subsidiaritätsprinzip: Staatlich geregelt werden soll nur, was Einzelne oder die Gesellschaft nicht selbst gut bewältigen können. Dann ist zunächst von einer Zuständigkeit der Gemeinden auszugehen und nur wenn sie die Aufgabe nicht sinnvoll bewältigen können, soll sie den Landkreisen, den Bezirken, dem Land oder schließlich dem Bund zugewiesen werden. In der Praxis heißt das vor allem, dass die Zuständigkeiten des Bundes in der Verfassung klar geregelt sind und er sie nicht nach Belieben erweitern kann.

Macht wird im Rechtsstaat aber nicht nur begrenzt zugewiesen, es wird auch die Ausübung dieser zugewiesenen Macht reglementiert. Das heißt, dass die strukturell-organisatorischen Prinzipien im Rechtsstaat durch eine Reihe konkreter Anforderungen an die Akteure, d. h. an die Träger öffentlicher Gewalt ergänzt werden. Aufgrund der allgemeinen Formulierung der für eine Vielzahl nicht vorhersehbarer Fälle gedachten Gesetze bleibt ein erheblicher Spielraum für die richterliche Auslegung und das Verwaltungsermessen. Deshalb sind Exekutive und Judikative verpflichtet, diesen Spielraum nur anhand bestimmter Entscheidungsregeln zu füllen. Hier stehen an vorderster Front das Willkürverbot und das Gebot der Verhältnismäßigkeit. Das Willkürverbot richtet sich gleichermaßen an Legislative, Exekutive und Judikative.[20] Unzulässig sind demnach Entscheidungen, die nicht mit einer sachlichen Begründung versehen sind, ob als Begründung eines Gesetzentwurfs,

[18] Isensee 1988, S. 18.

[19] Vgl. zum Amtsprinzip auch Lorig 2004, Isensee 2002.

[20] Vgl. Sobota 1997, S. 62 f.

bei einem Gerichtsurteil oder Verwaltungsakt. Damit ist nicht nur der Rechtssicherheit und Machtbegrenzung gedient. Das Willkürverbot wird vom Bundesverfassungsgericht auch im Zusammenhang mit dem Gleichheitsgrundsatz gesehen: Die Begründung soll erweisen, dass Gleiches gleich und Unterschiedliches seiner Art entsprechend ungleich behandelt wurde.

Noch weitergehende Rechtfertigungszwänge enthält das Gebot der Verhältnismäßigkeit, auch Übermaßverbot genannt. Danach müssen insbesondere von Verwaltung und Gericht drei Aspekte geprüft werden: Strebt eine Maßnahme einen legitimen Zweck an? Ist sie zur Erreichung des Zwecks geeignet und erforderlich und sind die Mittel gemessen am Zweck verhältnismäßig?[21]

Statt von „begrenzter Machtzuweisung" als einem Pfeiler der Rechtsstaatlichkeit ist in der Literatur meist schon konkreter von „Gewaltenteilung" die Rede. Das impliziert, dass Macht im Rechtsstaat nicht beliebig, sondern nach einem bestimmten Muster zugewiesen wird, nämlich als getrennte Funktionen der Gesetzgebung (Legislative), der Ausführung der Gesetze (Exekutive) und der Rechtsprechung (Judikative). Diese spezielle Struktur der Machtzuweisung ergibt sich tatsächlich mit einer gewissen Zwangsläufigkeit schon aus der Entscheidung für eine gesetzliche Herrschaft. Denn dafür ist erforderlich, dass Gesetze als solche klar erkennbar und von bloßen Befehlen unterscheidbar sind. Das gelingt durch die Festlegung, wer die Kompetenz der Gesetzgebung besitzt, in welchen Verfahren er sie ausüben darf und welchen formalen Mindestanforderungen ein Gesetz genügen muss. Der zweite Schritt ist, die übrige Staatsgewalt an diese Gesetze zu binden. Deshalb dürfen die, die die Gesetze anwenden, sie nicht allein ändern können. Es folgt also bereits aus der Entscheidung zu gesetzlicher Herrschaft eine Trennung von Legislative und Exekutive, wobei Organe der Exekutive durchaus an der Gesetzgebung beteiligt werden können. Verstellt sein muss lediglich, dass sie allein dazu fähig sind. Der dritte Schritt ist, die Gesetzestreue der Exekutive auch zu kontrollieren. Diese Aufgabe kann nicht dem Gesetzgeber überlassen sein. Denn das gäbe ihm die Gelegenheit, seine eigenen Vorgaben mit Blick auf einen konkreten Einzelfall stillschweigend umzuinterpretieren und damit nicht mehr nach allgemeinem Gesetz, sondern nach aktuellem Gusto zu herrschen. Das Prinzip gesetzlicher Herrschaft wäre unterlaufen. Zwangsläufig ergibt sich also die Forderung nach einer unabhängigen Judikative.

Die Entscheidung zur gesetzlichen Herrschaft führt aber nicht nur zur Einführung der Gewaltenteilung, sondern das Institut des Gesetzes bleibt auch die funktionale Grundlage der Gewaltenteilung. Es bildet im Luhmannschen Sinne eine

[21] Vgl. Katz 2010, S. 362.

„strukturelle Koppelung“[22] zwischen den Gewalten, d. h. es ist das Mittel, über das sie aufeinander einwirken können: Durch Gesetze steuert die Legislative die Exekutive und Judikative; Gesetze bilden den zentralen Maßstab der Kontrolle der Exekutive durch die Judikative. Und die Verwaltung kann ihre Erfahrungen bei der Anwendung von Gesetzen in ihre Zuarbeiten beim Entwurf neuer Gesetze oder Gesetzesänderungen einfließen lassen und so den Gesetzgebungsprozess als Rückkoppelungsschleife nutzen. Gleiches gilt für die Praxis der Rechtsfortbildung von Gesetzen durch die Justiz. Auch das erlaubt eine Rückkopplung an den Gesetzgeber.[23]

Gewaltenteilung speist sich aus historischer und politiktheoretischer Perspektive aber nicht allein aus der Idee gesetzlicher Herrschaft. Aufgrund ihrer vielfältigen weiteren Hintergründe und Inhalte ist es deshalb sinnvoll, sie nicht als ein im Rechtsstaat aufgehendes, sondern als ein eigenständiges Prinzip zu betrachten, wie das unten in Kap. 4 geschieht. Der Teilaspekt nur begrenzter Machtzuweisung dagegen ist vollumfänglich Teil des Rechtsstaatsprinzips.

3.1.2.3 Rechtsschutz

Es ist eine Sache, Recht zu haben und eine andere, es auch zu bekommen, heißt es im Volksmund. Deshalb nimmt die Möglichkeit gerichtlicher Klage im formalen Rechtsstaat eine bedeutende Rolle ein, ist sie doch, wie Schmidt-Aßmann hervorhebt, die zwingende Kehrseite des staatlichen Gewaltmonopols, des Selbsthilfeverbots und der bürgerlichen Friedenspflicht.[24] Denn wo der Einzelne auf seine Möglichkeiten verzichtet, seine Rechte gegebenenfalls gewaltsam gegen andere durchzusetzen, muss der Staat ihm als Ersatz wirksame Rechtsmittel dafür an die Hand geben. Zahlreiche Rechtsschutzstandards tragen im Deutschen Grundgesetz dazu bei, wie die Übersicht in Abb. 3.3 zeigt.

Das Bundesverfassungsgericht hat diese Garantien noch erweitert und z. B. den Anspruch auf ein faires Verfahren[25] betont und das auch rechtshistorisch hoch bedeutsame Verbot, Richter in eigener Sache zu sein[26], um nur einige der Standards zu nennen.[27]

---

[22] Auch die Verfassung bildet eine solche strukturelle Koppelung zwischen den Staatsorganen, vgl. Luhmann 2000, S. 391 ff.

[23] Hierzu siehe Schmidt-Aßmann 1987, S. 1017, Rdnr. 58.

[24] Vgl. Schmidt-Aßmann 1987, S. 1026, Rdnr. 74.

[25] Vgl. BVerfGE 69, 311 385 f.

[26] Vgl. BVerfGE 3, 377 381; 14, 56 69.

[27] Vgl. Schmidt-Aßmann 1987, S. 1026, Rdnr. 74.

Abb. 3.3 Rechtsschutzstandards im Deutschen Grundgesetz

Grundgesetzartikel	Rechtsschutzstandard
Art. 19 Absatz 4 GG	Rechtsweggarantie gegen Rechtsverletzungen durch die öffentliche Gewalt,
Art. 97 GG	richterliche Unabhängigkeit,
Art. 101 Abs. 1 GG	das Recht auf einen gesetzlichen Richter und das Verbot von Ausnahmegerichten,
Art. 103 GG	rechtliches Gehör vor Gericht, Verbot der Doppelbestrafung, Rückwirkungsverbot, Gebot der Strafe nur aufgrund Gesetzes,
Art. 104 GG	Schutz vor unrechtmäßiger Verhaftung und Freiheitsentzug,
Art. 14, 15 und 34 GG	Gebot der Entschädigung in den Fällen, in denen der rechtmäßige Zustand nicht herstellbar ist.

Quelle: Eigene Darstellung

3.1.3 Materieller Rechtsstaat

Materieller Rechtsstaat meint, dass der Staat nicht nur an bestimmte Rechtstechniken, sondern auch an inhaltliche Maßstäbe, oder mit den Worten des Bundesverfassungsgerichts, an „materielle Gerechtigkeit" gebunden ist.[28] Für den Einzelnen bedeutet das, dass ihm per Gesetz oder Verfassung mindestens die Eigentumstrias aus Freiheit, Leben, Eigentum garantiert wird. Als Voraussetzungen hierfür gelten traditionell der Schutz vor unrechtmäßiger Verhaftung, der Grundsatz *nulla poena sine lege*, der Anspruch auf ein faires Verfahren, das Recht auf körperliche Unversehrtheit, das Verbot von Folter und grausamen Strafen, das Recht auf Privateigentum sowie die Enteignung nur gegen Entschädigung. Der materielle Rechtsstaat ist aber auch der Gemeinschaft verpflichtet. Er nutzt das Recht, um eine insgesamt gerechte und am Gemeinwohl orientierte Ordnung zu schaffen. Das impliziert ein Mindestmaß an sozialer Absicherung, ein öffentlich gesichertes Bildungs- und Gesundheitssystem. Darüber hinaus kann jeder Staat sich weitere wertbasierte Ziele setzen. Weitaus weniger als bei formaler lässt sich deshalb für die materielle Rechtsstaatlichkeit eine verallgemeinernde Liste der Elemente erstellen.

Das Verhältnis von formalem und materiellem Rechtsstaat ist ambivalent. Auf den ersten Blick ergänzen, ja überlappen sie sich. Das Willkürverbot und das Verhältnismäßigkeitsprinzip machen deutlich, dass schon der formale Rechtsstaat die

[28] Hierzu liegen zahlreiche Urteile vor, z. B. BVerfGE 7, 89 92; BVerfGE 20, 323 331, BVerfGE 70, 297 308.

Vorstellung enthält, eine gerechte und freiheitliche Ordnung zu schaffen. Weitere Bindeglieder sind all diejenigen Standards formaler Rechtstaatlichkeit, die sich nicht nur als notwendige Korrelate der Rechtssicherheit begründen lassen, sondern als Ausfluss von allgemeinen Gerechtigkeitsvorstellungen oder natürlichen Rechten. Viele Justizrechte erscheinen aus heutiger Sicht als Konkretisierung des Grundrechts der Freiheit der Person nach Art. 2 Abs. 2 GG, wie der Schutz vor unrechtmäßiger Verhaftung. Andere erscheinen als Ausfluss des allgemeinen Gleichheitsgrundsatzes nach Art. 3 GG, wie die Gleichheit vor dem Gesetz und die Rechtsgleichheit. Einige schon zum formalen Rechtsstaat gehörende Standards werden im Deutschen Grundgesetz gleich als subjektive Rechte formuliert und zum Teil sogar in den Grundrechtskatalog aufgenommen. Hierzu gehören der Anspruch auf Zugang zu den Gerichten (Art. 14 und 19 Abs. 4 GG) und der Anspruch auf Entschädigung (Art. 34 GG). Dabei haben sich viele dieser Einzelrechte lange vor den ersten kodifizierten Verfassungen durchgesetzt und waren gesetzlich oder gewohnheitsrechtlich geschützt. Durch die erweiterte Deutung als Ausfluss von Gerechtigkeitsvorstellungen oder auch vorpositivem Naturrecht[29] eröffneten sie für die Bürger Anknüpfungspunkte für Forderungen nach weitergehenden Rechten. Der formale Rechtsstaat, so kann man sagen, tendiert deshalb zur Selbsterweiterung zum materiellen. So wurde unter „Rechtsstaat" in Deutschland bis Mitte des 19. Jahrhunderts ein ganzheitliches Konzept aus formalen und materiellen Elementen verstanden.[30] Gleiches gilt für die englische *Rule of Law* oder den französischen *Etat de droit*.

Es bestehen aber auch potentielle Konflikte zwischen beiden Aspekten der Rechtsstaatlichkeit. Der formale Rechtsstaat soll in erster Linie Rechtssicherheit herstellen und damit indirekt den Freiheitsraum von Bürger und Gesellschaft durch die genannten Formprinzipien garantieren. Eine nähere inhaltliche Bestimmung der Freiheit wird unterlassen. Für weltanschaulich heterogene Gesellschaften hat das durchaus den Vorteil, befriedend und stabilisierend zu wirken, in dem jeder Gruppe die Möglichkeit zu einer eigenen Konzeption des Guten offen gelassen, keine verbindlichen Leitwerte vorgegeben werden etc. Der Staat verhält sich als neutraler Schiedsrichter.[31] Teilen des deutschen Liberalismus erschien dies als ein tragfähiger Gegenentwurf zum Staat der „guten Polizey", dem allumfassenden Verwaltungsstaat des späten 18. Jahrhunderts. Seine wohlmeinenden obrigkeitlichen

[29] Vgl. zum Naturrechtsbegriff unten Kap. 3.3.4 Grund- versus Menschenrechte.

[30] Vgl. Maus 1978, S. 13.

[31] Vgl. Böckenförde 1991b.

Einmischungen in den Lebensalltag der Bürger verstellten nach Ansicht führender deutscher Liberaler den Weg der Bürger in ein von ihnen selbst bestimmtes und damit eigentlich erst sittliches Leben.[32] Anzustreben sei deshalb ein Staat, der „überhaupt nicht Ziel und Inhalt des Staates" vorgebe, sondern „nur Art und Charakter dieselben zu verwirklichen."[33] Dieses Mittel aber sei das Recht und der Rechtsstaat somit rein formal bestimmt, so der Rechtsphilosoph und Politiker Friedrich Julius von Stahl (1802–1861). Die Begrenzung des Rechtsstaatsbegriffs schien erforderlich, da es in Deutschland und anderen Ländern Kontinentaleuropas tatsächlich der Staat war, von dem die Bürger eine Formulierung und Zuteilung ihrer Rechte und den Schutz von Wohlfahrt und Gerechtigkeit erwarteten.[34] Nicht zufällig hat sich in Deutschland statt der Formel „Herrschaft des Rechts"[35] der Begriff „Rechts*staat*" durchgesetzt. Damit war der Staat aber auch der selbstverständliche Adressat von sozialen Forderungen im Zuge der sich im 19. Jahrhundert verschärfenden „Sozialen Frage". Das Konzept des rein formalen Rechtsstaats richtete sich deshalb nicht nur gegen den paternalistischen Verwaltungsstaat, sondern auch gegen neue Konzepte eines Sozial- und Wohlfahrtsstaats. Staat und Recht sollten nicht für sozialpolitische Anliegen instrumentalisiert werden. Der formale Rechtsstaat wirkte durch die Absage an solche und andere Zielvorgaben affirmativ; er verfestigte bestehende Verhältnisse insbesondere im Bereich der Eigentumsverteilung.[36] Der deutsche „Sonderweg" zwischen 1848 und 1933, als unter „Rechtsstaat" nur die Formelemente verstanden wurden, war zu einem Gutteil auf diesen Wunsch zurückzuführen, aufkommende Sozialstaatsforderungen zurückzuweisen.[37] So weitgehend durchsetzen konnte sich das formalisierte Konzept aber nur aufgrund der Leistungen, die es für eine Herrschaft des Rechts erbringen konnte. Der formale Rechtsstaat verkörperte, so Katharina Sobota durchaus mit kritischem Unterton, eine „Leidenschaft für das Leidenschaftslose":

> An die Stelle der süßen Rache, der Lynchjustiz, der jähen, unmäßigen, den Vergeltungsrausch befriedigenden Strafe tritt der Rechtsstaat mit seinen Disziplinierungen, dem gerichtlichen Verfahren, dem Dienstweg, den Formen und Förmeleien. Er ist der große Verzögerer, Ernüchterer, Enttäuscher. Statt despotischen Plaisiers waltet das Gesetz mit gleichbleibender Kühle; Behörden erledigen, was sonst durch gewaltsame,

[32] Vgl. Enzmann 2009, S. 433, 436–438.

[33] Stahl, 1846, Bd. II, 2, S. 137.

[34] Vgl. zur deutschen Rechtsstaatsentwicklung jüngst Frankenberg 2010, S. 81 ff.

[35] So die Bezeichnung bei Kant 2005, Metaphysik der Sitten, §§ 45 ff.

[36] Vgl. Böckenförde 1991b, S. 66.

[37] Vgl. hierzu Faulenbach 1981. Dazu auch Hoffmann 1955, S. 2.

herrliche Selbsthilfe erzwungen wurde oder als religiöse Pflicht und mit angenehmen Gefühlen, wie Solidarität und Befriedigung von Eitelkeit, ausgelebt werden konnte.[38]

Zu Beginn des 20. Jahrhunderts wurde das nur formale Rechtsstaatsverständnis aber diskreditiert: Als nichtintendierte Nebenfolge ermöglichte es in der ersten Phase des Nationalsozialismus, die jedem Gerechtigkeitssinn widersprechende Rassenideologie in die Form des Gesetzes zu gießen und mithilfe der formalrechtsstaatlichen Rechtstechniken verlässlich in allen Verästelungen der Gesellschaft durchzusetzen. Unter solchen Umständen verliert der ansonsten bestehende Eigenwert von Rechtssicherheit jede Legitimationskraft. Unter dem frischen Eindruck des Nationalsozialismus formulierte deshalb der deutsche Rechtsphilosoph Gustav Radbruch (1878–1949) 1946 eine bis heute gängige Formel:

> Der Konflikt zwischen der Gerechtigkeit und der Rechtssicherheit dürfte dahin zu lösen sein, daß das positive, durch Satzung und Macht gesicherte Recht auch dann den Vorrang hat, wenn es inhaltlich ungerecht und unzweckmäßig ist, es sei denn, daß der Widerspruch des positiven Gesetzes zur Gerechtigkeit ein so unerträgliches Maß erreicht, daß das Gesetz als „unrichtiges Recht" der Gerechtigkeit zu weichen hat. Es ist unmöglich, eine schärfere Linie zu ziehen zwischen den Fällen des gesetzlichen Unrechts und den trotz unrichtigen Inhalts dennoch geltenden Gesetzen; eine andere Grenzziehung aber kann mit aller Schärfe vorgenommen werden: wo Gerechtigkeit nicht einmal erstrebt wird, wo die Gleichheit, die den Kern der Gerechtigkeit ausmacht, bei der Setzung positiven Rechts bewußt verleugnet wurde, da ist das Gesetz nicht etwa nur „unrichtiges Recht", vielmehr entbehrt es überhaupt der Rechtsnatur.[39]

Die Radbruchsche Formel erkennt damit zwar für absolute Ausnahmefälle die Notwendigkeit an, die Anwendung geltendes Rechts zu verweigern. Sie warnt aber gleichzeitig davor, der Gerechtigkeit per se einen höheren Rang zuzugestehen als formaler Rechtsstaatlichkeit oder materielle Maßstäbe gar aus den festen Formen des formalen Rechtsstaats zu befreien. Das Ergebnis, so Hasso Hofmann, wäre die Schreckensvision einer Wert- oder Weltanschauungsdiktatur.[40]

Seit 1945 wird unter „Rechtsstaat" deshalb wieder ein Konzept verstanden, das formale und materielle Elemente verbindet und in dem sich beide Aspekte wechselseitig stützen aber auch begrenzen. Die formalen Elemente sorgen für Transparenz und Rechtssicherheit, die materiellen für eine möglichst große Übereinstimmung von positiver Rechtsordnung und moralisch-ethischem Empfinden. Die Wert- und

---

[38] Sobota, 1997, S. 9, zu den konjunkturellen Schwankungen des formalen Rechtsstaats in der deutschen Rechtswissenschaft auch S. 1–4 mit FN 28.

[39] Radbruch 1973, S. 345 f.

[40] Vgl. Hofmann 1995, S. 12.

Gerechtigkeitsmaßstäbe binden dabei im materiellen Rechtsstaat nicht nur die Legislative bei der Gestaltung der Gesetze, sondern verpflichten auch Gerichte und Verwaltung zu einem problembewussten Umgang mit geltendem Recht. Institutionalisiert ist das z. B. über die richterlichen Maßstäbe der Billigkeit und der Verhältnismäßigkeit. Über das Petitionsrecht nach Art. 17 und 45c GG besteht die Möglichkeit, die zuständigen Stellen oder das Parlament mit Einzelfällen zu befassen, in denen die Anwendung geltenden Rechts zu unzumutbaren Härten und Ungerechtigkeiten geführt hat. Monat für Monat gehen beim Petitionsausschuss des Deutschen Bundestages über 1000 solcher Bitten und Beschwerden ein.[41]

Literaturtipps

Grundlagen

Piazolo, Michael. 1999. *Der Rechtsstaat.* München.

Schmidt-Aßmann, Eberhard. 1987. Der Rechtsstaat. In *Handbuch des Staatsrechts der Bundesrepublik Deutschland.* Bd. 1, hg. von Josef Isensee, und Paul Kirchhof, 984–1044. Heidelberg.

Weiterführend

Bingham, Tom. 2010. *The rule of law.* London.

Sobota, Katharina (1997), *Das Prinzip Rechtsstaat. Verfassungs- und verwaltungsrechtliche Aspekte.* Tübingen.

Schachtschneider, Karl A. 2006. *Prinzipien des Rechtsstaats.* Berlin.

Historische und ideengeschichtliche Perspektive

Böckenförde, Ernst-Wolfgang. 1969. Entstehung und Wandel des Rechtsstaatsbegriffs. In *Festschrift für Adolf Arndt zum 65. Geburtstag,* 53–76. Frankfurt a. M.

Tohidipur, Mehdi, Hg. 1978. *Der bürgerliche Rechtsstaat.* Bd. I. Frankfurt a.M.

[41] Siehe die Statistik des Petitionsausschusses unter http://www.bundestag.de/bundestag/ausschuesse17/a02/statistik/index.html; letzter Zugriff 29.09.2011.

3.2 Gewaltenteilung

3.2.1 Horizontale Gliederung der Staatsgewalt: Ziele und Möglichkeiten

Gewaltenteilung bedeutet nicht nur begrenzte Machtzuweisung. Sie meint, die Staatsgewalt in verschiedene Funktionen oder Aufgabenbereiche zu gliedern und sie getrennt voneinander in besonderen Verfahren und/ oder durch besondere Organe ausüben zu lassen. Sie ist damit ein formales Instrument, das sich an verschiedene Rahmenbedingungen anpassen und für diverse Ziele einsetzen lässt. Aus rechts- und verfassungsstaatlicher Perspektive dient sie vor allem dazu, die Bindung der Staatsgewalt an Recht und Gesetz durch ein Stufenkonzept klarer Zuständigkeiten durchsetzbar und kontrollierbar zu machen und damit vor allem die Bürger vor unrechtmäßigen Eingriffen zu schützen (Rechtsbindung). Gewaltenteilung erhöht aus einer pragmatisch-funktionalen Perspektive aber auch die Chance, dass Aufgaben effizient, sachgerecht oder „richtig" bewältigt werden, wenn sie in speziell dafür geeigneten Verfahren und/ oder von besonders konstruierten Organen ausgeführt werden (Funktionengerechtigkeit). Aus einer politischen Perspektive bietet sie die Möglichkeit, Repräsentanten unterschiedlicher Interessen oder Kräfte in den politischen Prozess einzubinden (Partizipation) und die Macht auf sie zu verteilen. So können Machtmonopole verhindert, Konflikte friedlich ausgetragen, der Zusammenhalt gestärkt und die Legitimation des Systems gestärkt werden (Machtbegrenzung, Kooperation, Integration, Legitimation). Dies ließe sich zu einer sozialen Perspektive erweitern, in der politische Macht ein Korrektiv für sozioökonomische Ungleichheiten bilden könnte.[42]

Die nähere Ausgestaltung der Gewaltenteilung hängt davon ab, welche Ziele damit verfolgt werden sollen. Mehrere Anpassungsmöglichkeiten bestehen:[43]

(1) Zum einen ist zu entscheiden, in welche Funktionen man die Staatsgewalt unterteilt. Am gebräuchlichsten ist die Differenzierung der drei das Recht betreffenden Funktionen der Gesetzgebung, Ausführung und Rechtsprechung. Es sind aber auch andere Ausdifferenzierungen möglich, häufig wird zumindest die politische Funktion des Regierens ergänzt.

(2) Eine zweite wichtige Entscheidung ist, ob jede Funktion von einem oder nur von mehreren Organen zusammen ausgeübt werden kann, ob also exklusive oder verschränkte Zuständigkeiten bestehen sollen. Bringt man funktionale und institutionelle Gliederung zur Deckung, schafft dies klar erkennbare, getrennte Ge-

---

[42] Vgl. zur mehrfachen Begründbarkeit von Gewaltenteilung Arnauld 2001, S. 684 f.

[43] Vgl. die etwas andere aber recht anschauliche Systematisierung bei Möllers 2005, S. 70–78.

walten. Nach diesem Schema ist die Rechtsprechung in den meisten Rechtsstaaten als eine unabhängige judikative Gewalt der Gerichte organisiert; nur das Begnadigungsrecht und die Richterwahl liegen häufig bei anderen Organen. Man kann eine Funktion aber auch mehreren Organen gemeinsam zuweisen. Das ist häufig bei der Gesetzgebung der Fall. Neben dem Parlament als zentralem Entscheidungsgremium können die Regierung, das Staatsoberhaupt, eine zweite Kammer und/ oder ggf. das Volk mitbestimmen. Die Ausführung der Gesetze ist üblicherweise ebenfalls auf verschiedene Träger verteilt, nämlich Regierung und Verwaltung. Zusätzlich haben Parlament und Judikative diverse Eingriffs- und/ oder Kontrollmöglichkeiten.

(3) Und schließlich muss entschieden werden, ob die Organe und/ oder Funktionen in einem hierarchischen oder gleichrangigen Verhältnis zueinander stehen sollen. Hierarchie der Funktionen meint dabei, dass eine Funktion einer anderen logisch vorausgeht und sie determiniert oder steuert. Hierarchie der Organe meint, dass ein Organ die Möglichkeit hat, einem anderen Organ verbindliche Vorgaben zu machen, aber seinerseits dessen Einflussnahme überstimmen oder abwehren kann. Gleichrangigkeit meint jeweils, dass entweder keine oder wechselseitige Einflussmöglichkeiten bestehen.

Bezüglich dieser Variationsmöglichkeiten konkurrieren zwei Basismodelle miteinander, die in der verfassungsstaatlichen Aufbruchphase Anfang des 18. Jahrhunderts entstanden sind. Ich bezeichne sie als *Checks-and-Balances*-Modell und als funktional-hierarchisches Modell. Hasso Hofmann nennt sie nach dem Hauptverwendungsgebiet das amerikanische und das französische Modell.[44]

3.2.1.1 Checks-and-Balances-Modell als Vorbild präsidentieller Demokratie

Das erste Modell ist eng mit dem französischen Juristen Charles de Montesquieu (1689–1755) verbunden. Er entwickelt 1748 im XI. Buch seiner Schrift „Vom Geist der Gesetze“ entlang der drei Rechtsfunktionen die bis heute viel genutzte Dreiteilung der Staatsfunktionen in Legislative, Exekutive und Judikative und weist auf den entscheidenden Unterschied hin: Während die Legislative über dem Gesetz stehe, es schaffen, abschaffen oder ändern könne, handele die Exekutive unter dem öffentlichen und die Judikative unter dem bürgerlichen Recht.[45] Um die Eigenständigkeit dieser Funktionen zu wahren, müsste man aber nicht nur unterschiedliche Ämter schaffen und die Funktionen auf sie verteilen. Die Ämter müssten zudem aus jeweils anderen Teilen der Gesellschaft bestellt werden, damit die reale soziale

[44] Hofmann 1996, S. 23 ff.

[45] Montesquieu 2001, XI, 6 S. 216.

Machtbasis des einen die des anderen bremsen könne.[46] Aber nicht nur der Machtfaktor spielt eine Rolle. Die Einbeziehung aller sozialen Kräfte soll zudem einen sozialen Interessenausgleich ermöglichen, die bestmögliche Nutzung des vorhandenen Sachverstands und eine möglichst effiziente Bewältigung der Aufgaben.[47] Daher sieht Montesquieu für die Legislative ein ständisches Zweikammerparlament nach englischem Muster vor, in dem das gewählte Unterhaus für Regionalproporz, Sachkenntnis, Unabhängigkeit und Rechenschaftspflicht steht. Das Oberhaus dient dazu, die Anliegen des zahlenmäßig geringeren Adels vor der Unterwerfung unter die naturgemäß andersgearteten Interessen der Vielen zu schützen. Getrennte Beratung und Beschlussfassung der beiden Kammern sollen sicherstellen, dass beide Gesellschaftsteile die Gesetze nach ihren eigenen Gesichtspunkten erörtern können. Für die Verabschiedung ist eine Mehrheit in beiden Kammern vorgesehen.[48]

Die Exekutive weist Montesquieu einem Monarchen zu und begründet das vor allem mit dem sachlichen Erfordernis rascher Entscheidung in Fragen der Sicherheit und Außenpolitik. Das sei von einer oder sehr wenigen Personen besser zu leisten, als von vielen. Für einen Monarchen statt für eine kleine Kollegialregierung spräche auch, dass sich so eine strikte Personaltrennung von der Legislative durchführen ließe.[49] Ein parlamentarisches System, bei dem die Exekutive durch die Legislative aus ihren Reihen gewählt wird, ist damit mit Montesquieus Vorstellungen unvereinbar.

Die Judikative will Montesquieu nicht einem bestimmten Stand zuweisen, sondern jeder Angeklagte soll Anspruch auf einen Richter seines Standes haben. Der Erwartung richterlicher Unabhängigkeit entspreche es besser, nicht darüber spekulieren zu müssen, ob der Richter sich von seiner sozialen Herkunft gedanklich zu lösen vermöge oder nicht.[50]

In einem zweiten Schritt entwickelt Montesquieu nun ein System wechselseitiger Beschränkungen und Vetorechte, um sein Ziel der Beschränkung von Macht durch Macht zu erreichen.[51] So kann der Monarch mehrfach auf die Legislative einwirken: Er hat das Recht zur Einberufung und Auflösung des Parlaments, ein absolutes Vetorecht, aber kein Initiativrecht. Im Gegenzug kann das Parlament die

[46] Montesquieu 2001, XI, 6 S. 216 f; 4, S. 215.

[47] Vgl. Hasbach 1916, S. 586, mit Bezug auf Montesquieu 2001, XI, 6, S. 223 f.

[48] Montesquieu 2001, XI, 6, S. 221, 220–223.

[49] Montesquieu 2001, XI, 6, S. 222.

[50] Montesquieu 2001, XI, 6, S. 225 f. Für zwei spezielle Funktionen durchbricht Montesquieu diese ständische Lösung allerdings: Das Oberhaus übernimmt auch die Rolle eines Petitionsgerichts, verhandelt dann zwar auch Urteile gegen Bürgerliche, aber eben nur auf deren Bitte. Außerdem soll es als Staatsgericht Klagen wegen Hochverrats etc. behandeln.

[51] Vgl. z. B. Seif 2000.

Amtsführung der Minister überwachen und Rechenschaft fordern, hat aber kein Amtsenthebungsrecht gegen den Monarchen und besitzt auch kein Mitspracherecht über die Inhalte der Exekutive. Deren Handeln kann das Parlament aber durch allgemeine Gesetze beschränken und durch das ihm exklusiv zustehende Steuerbewilligungsrecht Vorhaben der Regierung unterbinden. Das erzeugt nicht nur wechselseitige Beschränkungen, sondern auch die Notwendigkeit der Kooperation, wie Montesquieu am Beispiel der Landesverteidigung erläutert: Einberufung und Auflösung des Heeres sowie die Bewilligung der Haushaltsmittel obliegen allein der Legislative; den Oberbefehl hat aber der Monarch. Sicherheit besteht also nur, wenn alle Beteiligten kooperieren.[52]

Montesquieu verbindet also in seinem Modell die Trennung der Funktionen mit einer Vernetzung der Organe, die eine wechselseitige Mäßigung und Kontrolle ermöglichen, also *Checks and Balances*. Darüber hinaus erzwingt sein Modell aber auch die Kooperation von Parlament und Monarch und damit die für eine effektive Bewältigung der Aufgaben erforderliche Abstimmung. Auf diese Weise soll sich quasi automatisch ein freiheitliches System ergeben, das sowohl die individuelle „negative" Freiheit gegenüber staatlichen Eingriffen als auch die „positive" Freiheit zur Teilhabe aller sozialen Kräfte bewirkt. Nicht Zwang ist dabei der Schlüssel, sondern das wohlverstandene Eigeninteresse aller Kräfte an der Erhaltung einer für alle Beteiligten vorteilhaften Ordnung.[53]

Montesquieus Modell war die Vorlage für die Ausgestaltung der Gewaltenteilung in heutigen sogenannten präsidentiellen Demokratien. Hierin sind Parlament und Regierung personell und funktional voneinander relativ unabhängig, so dass das politische System über zwei Machtzentren verfügt, die sich gegenseitig mäßigen. Die wesentliche Weichenstellung erfolgt dabei durch die Vorgaben zur Bestellung des Regierungs- und des Staatschefs. Bei einer Direktwahl durch das Volk verfügen sie über eine starke eigene Legitimationsbasis und eine gewisse Unabhängigkeit vom Parlament. Eine Wahl durch das Parlament betont dagegen dessen zentrale Stellung und die Rechenschaftspflicht der Exekutive. Hieraus ergeben sich wesentliche Konsequenzen für die Verteilung der Kompetenzen und für die politischen und rechtlichen Möglichkeiten von Parlament und Regierung aufeinander einzuwirken. In präsidentiellen Demokratien liegt in der Regel eine geeinte Exekutive vor. Der Präsident ist zugleich Staatsoberhaupt und Regierungschef. Er wird direkt vom Volk oder eigens bestellten Wahlmännern gewählt und kann vom Parlament nur im Fall nachweislichen Amtsmissbrauchs seines Amts enthoben werden. Dafür kann seinerseits der Präsident das Parlament nicht auflösen. Die Eigenständigkeit

[52] Montesquieu 2001, XI, 6, S. 232–228.

[53] Vgl. Hofmann 1996, S. 24 f.

der beiden Organe wird durch Inkompatibilitätsregeln unterstrichen: Präsident und Minister dürfen nicht zugleich Mitglied des Parlaments sein. Zudem sind die Wahlperioden häufig unterschiedlich lang, so dass im Parlament nicht zwangsläufig die Partei des Präsidenten über die Stimmenmehrheit verfügt (*divided government*). Häufig verfügt der Präsident über weite eigenständige Entscheidungsbefugnisse, in denen er nicht von der Unterstützung der Parlamentsmehrheit abhängt. Hierzu zählen oft außenpolitische Befugnisse und zum Teil sogar die Möglichkeit, rechtsverbindliche Dekrete zu erlassen, die keiner gesetzlichen Grundlage bedürfen. Um die Koordinierung der Arbeit von Exekutive und Parlament zu sichern, verfügt der Präsident zumindest über ein aufschiebendes, seltener über ein absolutes Vetorecht gegen Parlamentsgesetze. Das Parlament kann seinerseits über sein Haushaltsbewilligungsrecht maßgeblichen Einfluss auf die Regierungspolitik nehmen, wenn auch nicht in gestaltender, so doch in verhindernder Weise.

Eine entsprechende Form der Gewaltenteilung wurde in den USA durch die Übertragung von Montesquieus Modell auf demokratische Verhältnisse geschaffen. Unterschiedliche Bestellungsverfahren ersetzen hier die Zuweisung an bestimmte soziale Gruppen. So erreichten die amerikanischen Verfassungsväter einen jeweils eigenständigen Charakter der beiden Parlamentskammern, Senat und Repräsentantenhaus. Stützen sich die Senatoren auf die Bürger ihres jeweiligen Einzelstaates, stehen die Abgeordneten des Repräsentantenhauses für die Interessen der Gesamtnation. Und die (indirekte) Wahl des Präsidenten durch das Volk sichert zugleich seinen Rückhalt in der Partei als auch bei der Bevölkerungsmehrheit. Das Zweikammerparlament (Kongress) verfügt wie der Präsident also über eine je eigene, gleichwertige Legitimierung durch das Volk. Deshalb kann der Präsident weder den Kongress auflösen, noch der Kongress den Präsidenten aus politischen Gründen entlassen. Auch besitzt der Präsident kein Abgeordnetenmandat und gehört zuweilen auch nicht der aktuellen Mehrheitspartei an. Die beiden Organe sind insofern klar voneinander getrennt und institutionell unabhängig. Auf funktionaler Ebene zeigen sich allerdings die von Montesquieu empfohlen Überlappungen oder Vernetzungen. Zwar weist die Amerikanischen Bundesverfassung in Art. 1 dem Kongress die Gesetzgebung und in Art. 2 dem Präsidenten die vollziehende Gewalt zu. Aber dabei handelt es sich lediglich um die Benennung dessen, der die Federführung innerhalb der jeweiligen Funktion innehat, unbeschadet der Mitwirkung anderer Organe. Der Präsident als Hauptorgan der Exekutive besitzt mit dem Vetorecht nach Art. 1 Abs. 7 auch eine wichtige Befugnis innerhalb der Gesetzgebung und durch das Begnadigungsrecht und die Mitwirkung bei der Richterernennung nach Art. 2 Abs. 2 auch Aufgaben im Rahmen der Judikative. Der Kongress wiederum verfügt mit dem Haushaltsbewilligungsrecht (Art. I Abs. 9) über die Möglichkeit, politische Vorhaben der Regierung zu mäßigen oder zu stoppen. Ganz im Sinne von *Checks and Balances* korrespondiert eine Trennung und institutionelle

Unabhängigkeit der Organe mit wechselseitigen Kontrollmöglichkeiten durch gemeinsame oder überlappende Zuständigkeiten.

Die Entscheidung für eine präsidentielle Form der Demokratie bewirkt[54], dass der Schwerpunkt der Machtkontrolle zwischen Parlament und Präsident liegt. Deshalb kommt die präsidentielle Demokratie mit einem nur mäßig ausgeprägten Parteiensystem zurecht, sie fördert es wohl sogar dadurch, dass der einmal gewählte Präsident als Repräsentant des Landes auftritt und keine ausgeprägte, die Gesellschaft spaltende Parteipolitik betreibt. Personenorientierte Wahlentscheidungen werden dadurch wahrscheinlicher als rein parteiorientierte. Damit ist die präsidentielle Demokratie aber auch stark von der Persönlichkeit ihres Oberhaupts abhängig. In der Amtszeit eines schwachen Präsidenten kann das Parlament erheblichen Einfluss auf die Gestaltung der Politik erlangen, während es bei einem starken Präsidenten wesentlich auf seine Kontrollfunktion beschränkt ist.

3.2.1.2 Funktional-hierarchisches Modell

Das *Checks-and-Balances*-Modell sieht eine Hierarchie der Funktionen, aber zu ihrer Ausübung gleichrangige, voneinander relativ unabhängige Organe vor. Dagegen will das zweite Grundmodell konkurrierende Machtzentren vermeiden. Insbesondere Regierung und Verwaltung sollen im hierarchisch-funktionalen Modell keine vom Parlament unkontrollierbaren Befugnisse haben, sondern nur mit Billigung oder auf Weisung des Parlaments handeln können. Diese Idee liegt den heutigen parlamentarischen Demokratien zugrunde. Darin wählen die Bürger nur das Parlament, das wiederum aus seiner Mitte einen Regierungschef wählt. Parlamentsmehrheit und Regierungsparteien fallen damit zusammen; die Mitglieder der Regierung sind in aller Regel zugleich Abgeordnete im Parlament und der Regierungschef ist meist auch Mitglied der stärksten Fraktion. Vom Parlament gewählt, bleibt er von dessen Vertrauen abhängig und kann jederzeit mit Stimmenmehrheit abberufen werden, wenn auch ggf. wie in der Bundesrepublik nur bei gleichzeitiger Wahl eines neuen Regierungschefs (konstruktives Misstrauensvotum). Seinerseits hat der Regierungschef in einer parlamentarischen Demokratie wichtige Disziplinierungsmittel gegenüber dem Parlament in der Hand: Als Zugpferd der Partei kann er signalisieren, wo Fraktionsdisziplin nötig ist; vor allem aber kann er vom Staatsoberhaupt eine Auflösung des Parlaments verlangen, wenn ihm die Mehrheit in zentralen Fragen die Zustimmung verweigert (Vertrauensfrage). Wahltaktisch motivierter Missbrauch dieses Instruments ist nicht selten.

Dieses zweite Grundmodell der Gewaltenteilung geht ironischer Weise auf einen Denker zurück, der die Schaffung eines Parlamentes entschieden abgelehnt hat, den Genfer Philosophen Jean-Jacques Rousseau. Er war der Ansicht,

[54] Vgl. zu den Auswirkungen Schmidt 2010, S. 298–305.

dass in dem zu seiner Zeit als Vorbild an Freiheitlichkeit geltenden England das Volk ausschließlich im Moment der Parlamentswahlen frei sei, danach aber dessen Herrschaft genauso unterworfen wie der eines Monarchen. Im Übrigen sei die dort bestehende Gewaltenteilung unzulässig, weil Monarch und Richter darin die Möglichkeit haben, gesetzliche Vorgaben zu umgehen. Er spielt hier z. B. auf die königliche Prärogative bzw. das Billigkeitsrecht und *Common Law* an. Stattdessen forderte Rousseau im Sinne seines neuen Ideals der Volkssouveränität, dass nur das Volk selbst Gesetze erlassen dürfe und dass diese Gesetze dann ohne Ausnahmen von Regierung, Verwaltung und Gerichten anzuwenden seien. Ohne den Begriff zu verwenden, führt er deshalb eine neue, streng hierarchische Form der Gewaltenteilung ein. Oberstes Organ ist eine Vollversammlung der Staatsbürger, die für Verfassungsfragen und den Erlass allgemeiner Gesetze zuständig ist. Einzelfallentscheidungen darf sie dagegen nicht treffen, sondern muss dafür eine von ihr jederzeit wieder abberufbare Regierung einsetzen.[55] Das soll eine hohe Qualität der Gesetze und der bürgerlichen Freiheit sicherstellen. Kein Bürger, so Rousseau, würde für schlechte und drückende Gesetze stimmen, denen er selbst anschließend unterworfen ist. Solange er also die Art der Anwendungsfälle nicht absehen kann, wird er vorsichtshalber vernünftig und am Gemeinwohl orientiert abstimmen.[56] Unvernünftige und egoistische Stimmen dagegen würden in der Vielzahl untergehen.[57] Gleichzeitig ermöglicht die strikte Trennung der Aufgaben und Organe, dass die Bürger die Gesetzgebung tatsächlich selbst vornehmen können, während Rousseau sie zur direkten Ausübung der Regierungstätigkeit für nicht in der Lage hält. Eine solche demokratische Exekutive, d. h. die Zuständigkeit des Volkes für Sachfragen des politischen Alltags, könne es nur in einem Volk von Göttern geben, den Menschen entspräche sie nicht.[58] Die eingesetzte Regierung besitzt damit nur eine abgeleitete Legitimation und bleibt der Volksversammlung klar untergeordnet. Sie kann jederzeit abberufen oder die ihr zugeteilten Kompetenzen geändert werden.[59] Das Modell tendiert insofern zu einem Gewaltenmonismus,[60] der nur dann ausbleibt, wenn die Volksversammlung sich darauf beschränkt, allgemeine und grundlegende Gesetze zu erlassen, aber die Ausführung und Einzelfallentscheidungen der

---

[55] Vgl. zu dieser für Rousseau unverzichtbaren funktionalen Gewaltenteilung Kägi 1937, S. 74 f.

[56] Rousseau 2000, I, 8, S. 32 f.

[57] Vgl. Rousseau 2000, II, 3, S. 43.

[58] Rousseau 2000, III, 4, S. 95.

[59] Rousseau 2000, III, 1; III, 16; III, 18.

[60] Vgl. Horn 2002, S. 436, Seiler 1994, S. 23 ff.

Regierung überlässt.[61] In der Französischen Revolution ist Rousseaus Modell von dem französischen Politiker Emmanuel Sieyès aufgegriffen, aber statt der Volksversammlung ein Parlament als Gesetzgebungsorgan vorgesehen worden. Das Modell liegt z. B. der Französischen Verfassung von 1791 zugrunde.[62] Geblieben ist dabei die Idee, dass Regierung, Verwaltung und Rechtsprechung dem den Volkswillen repräsentierenden Gesetzgeber streng untergeordnet sein müssen.

Die deutsche Staatslehre hat dieses Modell der Gewaltenteilung später seiner republikanischen, d. h. sich auf die Souveränität des Volkes stützenden Begründung entkleidet und nur die drei logisch-formalen Säulen übernommen: die Trias der Rechtsfunktionen, die sich daraus logisch ergebende Hierarchie und die ebenfalls logische Konsequenz einer Trennung und Rangordnung der sie tragenden Organe.[63] Gewaltenteilung sieht dann ganz einfach aus: Die Staatsgewalt wird, um Machtmissbrauch zu verhindern, auf verschiedene Institutionen verteilt, die jeweils eigenständig eine zentrale Staatsaufgabe erfüllen. Das Parlament ist für die Gesetzgebung, die Regierung für die Ausführung und Durchsetzung der Gesetze und die Gerichte sind für die Rechtsprechung zuständig. So entstehen letztlich drei Gewalten, Legislative, Exekutive und Judikative, die klar voneinander getrennt werden, um ein Maximum an Machtbegrenzung zu erreichen. Gleichzeitig werden sie über das Medium des Rechts in eine bestimmte Beziehung zueinander gesetzt. Judikative und Exekutive stehen unter dem Gesetz, sollen es ausführen, anwenden oder auslegen, können es aber in seinem Wortlaut nicht ändern. Die Legislative dagegen kann Gesetze ändern, aufheben und neue erlassen und steht in diesem Sinn über dem Gesetz. Insofern besteht eine zweistufige Hierarchie der Gewalten, die die Legislative der Exekutive und Judikative überordnet. Begründet wird dies statt mit Volkssouveränität mit dem rechtsstaatlichen Grundsatz der Gesetzlichkeit der Herrschaft.

Diese durchaus verbreitete Vorstellung einer „eigentlichen" Form von Gewaltenteilung kann für sich beanspruchen, die doppelte Gliederung nach Funktionen und Organen anschaulich zu machen. Sie kann aber durch den auf die rechtslogische Herleitung der Rechtsfunktionen beschränkten Blick die Realität moderner Gewaltenteilung nicht erfassen. Freie Ermessensspielräume der Regierung müssen ebenso als systemfremd erscheinen wie Vernetzung der Organe oder überlappende Zuständigkeiten. Die Hierarchie und Trennung sieht aber vor allem keine ständigen Kontrollmöglichkeiten vor. Exklusive Zuständigkeiten im Kleinen tendieren jedoch

[61] Die Vorstellung, dass nur eine Herrschaft unter allgemeinen Gesetzen die Freiheit der Bürger garantiert zieht sich wie ein roter Faden durch Rousseaus Werke. Vgl. Rousseau 1977, S. 41; 1978a, S. 174; 1978b, II, 8, S. 189.

[62] Vgl. oben Kap. 2.3.1 Die Vorreiterrolle Frankreichs.

[63] Vgl. Horn 2002, S. 437 f, Siehe auch Racky 2005, S. 68–71.

nicht weniger zur Verselbständigung als im Großen. Das gefährdet die effiziente und sachgerechte Erledigung, Probleme sind erst spät erkennbar.[64] Auch eine echte Kooperation zwischen den Organen der Legislative und Exekutive ist ausgeschlossen, was die Koordinierung von politischen und rechtlichen Entscheidungen erschwert und den Erfordernissen moderner Staatsführung widerspricht. Deshalb ist zwar in parlamentarischen Demokratien die Idee der funktional-hierarchischen Gewaltenteilung durch die Bestellung und Abberufbarkeit der Regierung durch das Parlament noch erkennbar,[65] ansonsten sieht die staatsrechtliche und politische Wirklichkeit moderner parlamentarischer Demokratien aber ganz anders aus.

3.2.1.3 Horizontale Gewaltenteilung in parlamentarischen Demokratien heute

Die europäischen Rechtsstaaten organisieren ihre Gewaltenteilung überwiegend nach dem Muster der parlamentarischen Demokratie,[66] in der zwar die Judikative noch weitgehend entsprechend dem einfachen Schema gestaltet, aber eine klare Unterscheidung zwischen Legislative und Exekutive auf organschaftlicher und funktionaler Ebene oft nicht mehr möglich ist.

(1) Zum einen sind in parlamentarischen Demokratien die Organe personell und institutionell miteinander verwoben. Der Regierungschef und seine Minister sind i. d. R. gleichzeitig Mitglieder des Parlaments. Die Regierung besitzt keine direkte Legitimation durch das Volk, sondern geht aus der parlamentarischen Mehrheitsfraktion durch Wahl oder Bestellung hervor und wird vom Staatsoberhaupt oder vom Parlament entlassen und ersetzt, wenn sie das Vertrauen der Mehrheitsfraktion verliert. Hier deutet sich ein hierarchisches Verhältnis zwischen Parlament und Regierung an. In einigen Staaten, wie beispielsweise in Großbritannien, hat die Regierung aber die Möglichkeit, ihrerseits das Unterhaus des Parlaments aufzulösen, sodass Regierung und Unterhaus eher als gleichgeordnet zu betrachten sind.[67]

(2) Zum zweiten lassen sich die Organe Parlament und Regierung nicht mit den beiden Funktionen Gesetzgebung und Ausführung zur Deckung bringen. So

---

[64] Vgl. hierzu die interessante Unterscheidung von Walter Leisner 1969, S. 405 ff, zwischen quantitativer und qualitativer Gewaltenteilung. Quantitativ nennt er die bloße Verteilung von Funktionen auf verschiedene Organe, qualitativ wirksam wird Gewaltenteilung dagegen erst, wenn die Verteilung zu Kontrolleffekten führt, wie dies z. B. bei überlappenden Zuständigkeiten aber nicht bei strikter Trennung der Fall ist.

[65] Vgl. die gegenüberstellende Charakterisierung von präsidentiellem und parlamentarischem System bei Steffani 1979, S. 39–41, Hartmann 2005, S. 20 f, Schüttemeyer 2007, S. 5.

[66] Vgl. die Übersichtstabelle bei Schmidt 2010, S. 297.

[67] Vgl. hierzu und zum Folgenden die straffe Charakterisierung bei Schneider 1989, S. 82 f.

nennt beispielsweise das deutsche Grundgesetz sieben oberste Bundesorgane: Bundespräsident, Bundestag, Bundesrat, Bundesregierung, Gemeinsamer Ausschuss, Bundesversammlung und Bundesverfassungsgericht, die alle in unterschiedlichen Kombinationen an mehreren Funktionen beteiligt sind. Die Bundesregierung ist durch ihr Initiativrecht an der Gesetzgebung beteiligt (Art. 76 Abs. 1 GG); hat durch die Mitwirkung bei der Bestellung oberster Richter Einfluss auf die Judikative (Art. 95 Abs. 2 GG) und übt die Aufsicht über die Ausführung der Bundesgesetze aus (Art. 83 Abs. 3, Art. 85 GG). Der Bundespräsident hat durch die Ausfertigung der Gesetze (Art. 82 Abs. 1 GG) legislative und durch das Begnadigungsrecht (Art. 60 GG) auch judikative Funktion; die Länderregierungen wirken über den Bundesrat an der Legislative des Bundes mit (Art. 50). Außerdem haben die Regierungen von Bund und Ländern die Befugnis eigener Rechtssetzung in Form von Verordnungen und Satzungen. Sie lassen sich heute aber oft nur noch anhand ihrer Bezeichnung, ihres Trägers oder Entstehungsverfahrens von Gesetzen unterscheiden. Auch nimmt die exekutive Rechtssetzung durch Regierungsorgane, sei es auf Länder-, Bundes- oder EU-Ebene immer weiter zu.[68] Der Bundestag wirkt durch die Beteiligung an der Bestellung der Obersten und Verfassungsrichter auf die Judikative ein (Art. 94 Abs. 1, Art. 95 Abs. 2 GG) und das Verfassungsgericht hat im Zuge der Normenkontrolle erheblichen Einfluss auf dic Ncuformulierung von Gesetzen (Art. 93 Abs. 2 GG) – um nur die prägnantesten Beispiele zu nennen.

(3) Erschwerend kommt hinzu, dass sich die moderne Staatsgewalt nicht auf die drei Rechtsfunktionen beschränken lässt. Bis ins 17. Jahrhundert war es üblich, zwischen der Rechtsfunktion *juridictio* und der politischen Funktion *gubernaculum* zu unterscheiden.[69] Und auch heute propagieren Funkti:onsmodelle eine Art vierter Gewalt, um die Notwendigkeit eines genuin politischen Handelns auf der Basis freien Ermessens zu betonen. Der Schweizer Rechtswissenschaftler Werner Kägi erläutert dazu:

---

[68] Vgl. Horn (2002, S. 445–447). Seiner Ansicht nach kann nicht einmal von einem wesenhaften Unterschied zwischen Rechtssetzung und Rechtsanwendung gesprochen werden. Die Differenzierung zwischen Legislative und Exekutive sei damit keinesfalls eine rechtslogische Notwendigkeit sondern erscheint bei Horn als ein historisch bedingtes Konstrukt, um eine Geltungshierarchie zwischen den Entscheidungen des Parlaments und denen der Regierung anzuzeigen.

[69] Damit sollte die Ausübung der Staatsgewalt an bestimmte Voraussetzungen gebunden werden: In seiner Regierungstätigkeit, *gubernaculum*, besäße der Monarch volle Entscheidungsfreiheit. Bei der Rechtsanwendung, *juridictio*, dagegen sei er an das geltende Recht gebunden. Je mehr aber Herrschaft daraus bestand, nicht vorgefundenes Recht anzuwenden, sondern neues Recht zu setzen, verlagerte sich die Aufmerksamkeit von der politischen Funktion des Regierens auf die für eine Herrschaft nach gesatztem Recht erforderlichen Funktionen. Vgl. Vile (1998).

> Mit dem Begriff der „vierten Funktion" soll zunächst ganz allgemein die Gesamtheit jener verfassungsgesetzlich nicht a priori normierbaren, sondern bestenfalls andeutbaren staatlichen Machtemanationen beschrieben werden, die sich als Korrekturen und Ergänzungen des realen Verfassungslebens … am rechtsstaatlichen Dreiteilungsschema … darstellen.[70]

Dazu gehören meist die völkerrechtliche Vertretung, Kriegsführung, Notstandsrecht und Dekrete, aber auch das Führen und Planen. Sie markieren einen Tätigkeitsbereich der Regierung, in dem sie zwar nicht außerhalb des Rechts steht, aber als Organ eigenständig agiert und dem Parlament nicht nachgeordnet ist. Eine entsprechende Vorstellung findet sich auch im Nachrüstungsurteil des Bundesverfassungsgerichts von 1984, wonach die Auswärtigen Angelegenheiten im Wesentlichen eine Zuständigkeit der Regierung seien.[71]

(4) Zum vierten weisen parlamentarische Systeme meist ein starkes Parteiensystem auf. Gleiche Parteizugehörigkeit „überbrückt" die organschaftlichen Trennlinien und befördert eine enge Kooperation von Parlamentsmehrheit, Regierung und Ministerialbürokratie bei der Gesetzgebung. Die Grenzen zwischen legislativen und exekutiven Zuständigkeiten werden so relativiert. Gleichzeitig bringt ein starkes Parteiensystem aber eine neue Form innerparlamentarischer „Gewaltenteilung" hervor.[72] Einer *de facto* über die legislative und exekutive Entscheidungsmacht verfügenden Regierungsmehrheit steht eine parlamentarische Opposition gegenüber, die zwar eigene Initiativen kaum durchsetzen kann, aber durch Kritik, Information der Öffentlichkeit, Mobilisierung von Interessengruppen oder ggf. die Anrufung des Verfassungsgerichts ein Mindestmaß an Kontrolle und Mäßigung während der Legislaturperiode gewährleistet. Statt einer Trennung der Organe findet sich eine Trennung von institutionalisierten Gruppen.[73] Die maßgebliche Funktionentrennung ist nicht mehr die der Rechtsfunktionen Legislative und Exekutive, sondern die der politischen „Funktionen der *Initiative*, Verantwortung und Entscheidung einerseits und der *Alternative*, Kontrolle und Kritik andererseits".[74] Damit ändert sich auch die Rangordnung: Die Hierarchie der Rechtsfunktionen gilt nur noch formal, das Verhältnis der politischen Funktionen basiert auf einem Gleichgewicht, das sich je nach Stärke der Regierungsmehrheit zur Seite der Initiative oder Kontrolle verschiebt. Die organschaftliche Hierarchie ist beseitigt und einem flexiblen Nebenordnungsverhältnis von Regierung und Opposition gewichen.

---

[70] Kägi 1937, S. 180; vgl. die Darstellung verschiedener Funktionsmodelle ebd. S. 186–188, 174–179.

[71] BVerfG 68, 1 (86).

[72] Vgl. statt vieler Schneider (1989, S. 85 f).

[73] Vgl. Steffani (1997, S. 22–26).

[74] Schneider, 1989, S. 86, Hervorhebungen im Original.

Aus politischer Sicht mag das eine akzeptable Entwicklung sein, weil eine wechselseitige politische Mäßigung von Regierungsmehrheit und Opposition gravierenden Machtmissbrauch verhindert. Sie zeitigt sogar den aus demokratischer Warte positiven Effekt einer stärkeren Responsivität gegenüber gesellschaftlichen Interessen und öffentlicher Meinung, da die Opposition im ungleichen Streit mit der Regierungsmehrheit oftmals den Umweg über die Öffentlichkeit geht. Aus rechts- und verfassungsstaatlicher Perspektive allerdings ist die Entwicklung problematisch, weil durch die Verwischung der Grenzen zwischen Exekutive und Legislative das Gesetz an faktischer Steuerungs-, Beschränkungs- und Kontrollwirkung gegenüber Regierung und Verwaltung verliert. So sehr aber heute die Gewaltenverschränkung das Bild insbesondere der parlamentarischen Demokratie prägt, darf man nicht vergessen, was das zentrale Ziel solcher Verschränkung war: Checks and Balances, die wechselseitige Kontrollierbarkeit und Beeinflussbarkeit.[75] Auch aus pragmatischer Perspektive gilt deshalb, dass eine weitgehende Verwischung der Funktionsgrenzen problematisch ist. Aus normativer Perspektive kann man hinzufügen, dass auch die Symbolkraft des Gesetzes als authentischer Ausdruck des Volkswillens leidet.

Auch das Bundesverfassungsgericht hält an der im Grundgesetz in Art. 20 Abs. 2 festgelegten Gewaltentrias und ihrer hierarchischen Ordnung weiter fest und bemüht sich um eine zeitgemäße Begründung dieser Gewaltenteilungsdimension. Zentrales, wenn auch nicht unumstrittenes Argument ist dabei seit einigen Jahren die Wesentlichkeitstheorie, wonach wesentliche und grundlegende Angelegenheiten des Gemeinwesens, soweit sie nicht in der Verfassung geregelt sind, durch das Gremium mit der höchsten demokratischen Legitimation und Struktur, d. h. das Parlament geregelt werden dürfen. Es entspräche der grundgesetzlichen demokratisch-parlamentarischen Staatsverfassung, „daß die Entscheidung aller grundsätzlichen Fragen, die den Bürger unmittelbar betreffen, durch Gesetz erfolgen muß".[76] Der Gesetzgeber sei verpflichtet, „in grundlegenden normativen Bereichen, zumal im Bereich der Grundrechtsausübung … alle wesentlichen Entscheidungen selbst zu treffen".[77] Je unwesentlicher die Frage, desto geringer sind die Demokratieanforderungen an Struktur und Legitimation des Entscheidungsträgers, desto eher darf der Gesetzgeber sie also der Regierung oder Verwaltung überlassen. Der Marburger Rechtswissenschaftler Hans-Detlef Horn sieht darin sogar eine Tendenz, den Gewaltenteilungsgrundsatz aus dem Rechtsstaatsprinzip herauszulösen und stattdessen dem Demokratieprinzip zuzuschreiben:

[75] In diesem Sinne auch Lerche (2000, S. 89).

[76] BVerfGE 40, S. 237 (249).

[77] BVerfGE 49, S. 89 (126 f); vgl. auch – durchaus kritisch – Papier (1989, S. 95–103) mit weiteren Nachweisen. Auch Herzog 1999, S. 26; Hesse 1995, RN 488, 504.

> Damit wird deutlich, worin die Stoßrichtung dieser Gewaltenteilungskonzeption liegt: es geht nicht so sehr um die Teilung und Gliederung der einheitlichen Staatsgewalt. Sondern im Vordergrund steht eine Verteilung der politischen Aufgaben, die die Teilhabe der unmittelbaren Volksvertretung an der Aufgabenwahrnehmung sichert. Ziel ist die parlamentarisch-demokratische Konstituierung, Legitimierung und Steuerung der Staatsmacht, nicht so sehr deren Relativierung, Mäßigung und Balancierung. [78]

Tatsächlich nimmt das Bundesverfassungsgericht in seinem Urteil auf den demokratietheoretischen, nicht den rechtslogischen Hintergrund des hierarchischen Modells Bezug.[79] Das Gericht betont aber auch, dass daraus nicht der Schluss einer Allmacht des Parlaments gezogen werden dürfe und erkennt ausdrücklich den Eigenwert der Exekutive an. Sie wird aufgrund der gleichgewichtigen Nennung der drei Gewalten in Art. 20 Abs. 2 GG nicht als eine bloß abhängige Vollzugsagentur gesehen. Vielmehr besäße sie in einem exekutiven Kernbereich funktionale Eigenständigkeit und Eigenverantwortung, der von anderen Organen nicht besetzt werden dürfe.[80] Begründen lässt sich das verfassungsrechtlich mit der Zuweisung grundlegender politischer Aufgaben an die Exekutive, wie etwa die Richtlinienkompetenz des Kanzlers im Grundgesetz (Art. 65, 68, 81 GG). Das Gericht argumentiert an anderer Stelle, in dem schon erwähnten Nachrüstungsurteil, aber auch pragmatisch-funktional: Ein Ziel der Gewaltenteilung sei es, dass „staatliche Entscheidungen möglichst richtig, d. h. von den Organen getroffen werden, die dafür nach ihrer Organisation, Zusammensetzung, Funktion und Verfahrensweise über die besten Voraussetzungen verfügen".[81] Obwohl deshalb außenpolitische Fragen zweifellos von vitaler Bedeutung für die Bürger sein können, weist sie das Gericht nicht dem Wesentlichkeitsgrundsatz entsprechend dem Parlament zu, sondern der Regierung, die Verhandlungen mit anderen Staaten vertraulicher führen, mit einer Stimme sprechen und Entscheidungen rascher fällen kann. Jedes Organ, so Hans-Detlef Horn, repräsentiere durch seine Zusammensetzung, seinen Zuschnitt, seine Verfahrens und Handlungsweise eine „je bestimmte Richtigkeitsgewähr bzw. verfassungsrechtliche Legitimationsleistung."[82] Sie alle trügen zur Verwirklichung des komplexen Verfassungsprogramms bei und die konkrete Aufgabenzuweisung müsse sich danach richten, welche Aufgabe wie und von wem am besten im Sinn dieses Programms erledigt werden könne. So lässt sich die rechts- und verfassungsstaatlich unverzichtbare hierarchische Ordnung der Organe in Bezug auf die

[78] Horn 2002, S. 450. Vgl. ähnlich Hesse (1995, RN 484 ff), Schmidt-Aßmann 1987, RN 50.

[79] Zu den Gründen Papier 1989, S. 97 f.

[80] Besonders BVerfGE 68, S. 1 (86 f); vgl. Papier (1989, S. 98 f), Horn (2002, S. 439) mit weiteren Nachweisen.

[81] BVerfGE 68, S. 1, (86).

[82] Horn 2002, S. 455.

Rechtsfunktionen mit einer Nebenordnung der Organe in ihren speziellen anderen Zuständigkeiten zu einem Gesamtmodell moderner Gewaltenteilung kombinieren.

> Für die Formen gubernativer Rechtssetzung ebenso wie für die sogenannte Gewaltenverschränkung, wie die Beteiligung der Regierung an Verfahren der parlamentarischen Gesetzgebung, entsteht die konstruktive Möglichkeit, sie statt als von vornherein verdächtige, als verfassungskonforme Ausprägung gewaltenteiliger Organisation zu begreifen, weil und soweit sie alle die mit dem funktionellen Regierungsbegriff verbundenen Momente, wie die Hervorbringung politischer Initiativen und Alternativen, schöpferischer Aktivität und Dynamik, Sachkunde und Verantwortlichkeit im staatlichen Entscheidungsprozeß zur verfassungsgewollten Anschauung und Wirklichkeit bringt. Das Analoge gilt für die Verwaltung und ihre selbständigen Legitimationsbeiträge, wie Bürger- und Sachnähe, Fachkunde und Sachlichkeit, Unparteilichkeit und Dienstbarkeit, nicht zuletzt ihre kraft unmittelbarer Grundrechtsverantwortung und bürgerschaftlicher Verfahrensbeteiligung bewirkte Herstellung von Einzelfallgerechtigkeit. Solchermaßen eröffnet das gewaltenteilige Gefüge des demokratischen Staats die vielfältigen Richtigkeitsaspekte der verfaßten Staatsgemeinschaft, bewirkt ihre differenzierte Entfaltung in der Wirklichkeit des politischen Lebens und entzieht sie der Anmaßung unkontrollierter Macht.[83]

3.2.1.4 Das Konzept der Accountability

Trotz dieser durchaus vorhandenen Modernisierbarkeit des staatsrechtlichen Konzeptes der Gewaltenteilung mehren sich in der Politikwissenschaft die Forderungen nach einer genuin politikwissenschaftlichen Konzeption, die es erlaubt, alle in einer modernen Demokratie bestehenden Momente der Machtstreuung und der Kontrolle staatlicher Akteure in den Blick zu nehmen. Ein entsprechender Versuch des deutschen Politikwissenschaftlers Winfried Steffani zu einer „politologischen Gewaltenteilungslehre"[84] bezieht deshalb insgesamt sechs Dimensionen ein (Abb. 3.4).

Steffani kombiniert damit institutionelle Formen der Gewaltenteilung (staatsrechtliche, föderative und konstitutionelle) mit einer aus der demokratischen Beteiligung von Bürgern und Zivilgesellschaft entstehenden partizipativen Gewaltenteilung (temporal und dezisiv) und schließlich einer sozialen Komponente, die an das Konzept der Mischverfassung erinnert. In eine ähnliche Richtung einer Verbindung staatsrechtlicher und demokratischer Dimensionen von Gewaltenteilung verweisen jüngere Vorschläge, den Begriff der Gewaltenteilung durch den der Accountability im Sinne einer Rechenschaftspflicht zu ersetzen. Dieser Begriff zielt darauf, alle Möglichkeiten zu erfassen, Trägern von Herrschaftsgewalt einer solchen Rechenschaftspflicht zu unterwerfen. Diese kann in Form rechtlicher Erzwingbarkeit (Enforcability) oder in einem politischem Antwort- und Rechtfertigungsdruck

[83] Horn 2002, S. 457 f.

[84] Steffani 1997, S. 27–55.

Abb. 3.4 Gewaltenteilungslehre Steffanis und Accountability-Konzept

Steffanis Gewaltenteilungslehre		Accountability-Dimension
Dimension	**Bedeutung**	
staatsrechtliche (horizontale)	die klassische staatsrechtliche Gewaltenteilung zwischen Legislative, Exekutive und Judikative und ihre ein- oder gegenseitigen Kontrollmöglichkeiten,	rechtlich und horizontal
temporale	die nur zeitlich befristete Mandatserteilung und Besetzung der politischen Ämter, so dass die Bürger (oder die zuständigen Wahlinstanzen) die Möglichkeit der Nicht-Wiederwahl haben und eine neue politische Führung bestimmen können,	rechtlich und vertikal
föderative (vertikale)	die vertikale Gewaltenteilung zwischen Bund, Ländern und Gemeinden mit klarer Festlegung der exklusiven und ggf. gemeinsamen Zuständigkeiten,	rechtlich und horizontal (!)
konstitutionelle	die Bindung aller Staatsorgane an eine höherrangige Verfassung, auf die sie durch Revisionsschranken und Sperren nur begrenzten Zugriff haben,	rechtlich und horizontal
dezisive	die Beteiligung verschiedener Akteure, staatlich oder nicht-staatlich, einschließlich der Medien, Verbände etc. an den politischen Entscheidungsprozessen,	politisch und vertikal; bei verpflichtender Beteiligung gesellschaftlicher Akteure z.B. in kommunalen Planungsprozessen rechtlich und vertikal
soziale	die Möglichkeit von Angehörigen aus allen sozialen Schichten die vorhandenen Partizipationsmöglichkeiten zu nutzen.	politisch und vertikal

Quelle: Eigene Darstellung nach Steffani, 1997, S. 27–55, Schedler, 1999, Lauth, 2007

(Answerability) bestehen.[85] Zudem werden als Rechenschaftsprüfer nicht nur Staatsorgane, sondern auch nicht-staatliche Organisationen und Gruppen bis hin zum Bürger berücksichtigt. Das Konzept der Accountability ist damit sowohl hinsichtlich der Mittel als auch der Akteure weiter gefasst als das der Gewaltenteilung. Um die Möglichkeiten etwas zu strukturieren und die Anschlussfähigkeit an die staatsrechtliche Kategorie der Gewaltenteilung zu bewahren, empfiehlt sich neben der Unterscheidung von juristischer vs. politischer Rechenschaftspflicht die Unterscheidung zwischen vertikaler und horizontaler Accountability: Die politisch-partizipative Dimension, also die Kontrolle der Herrschaftsgewalt durch Gesellschaft

[85] Schedler 1999, S. 17; vgl. Lauth (2007, S. 48 f, 58–68) mit einer erhellenden Gegenüberstellung auf S. 62.

und Bürger wird meist als vertikale Accountability bezeichnet. Die Kontrolle der politischen Akteure untereinander wird dagegen meist horizontale Accountability genannt. Sie ist „a matter of interactions, not between rulers and ruled, but between arms or branches of the regime and state acting according to preset constitutional or legal rules."[86] Setzt man das Konzept der Accountability in Beziehung zu Steffanis Gewaltenteilungslehre (vgl. Abb. 3.4), umfasst die rechtliche und horizontale Accountability Steffanis staatsrechtlich-horizontale, föderative und konstitutionelle Gewaltenteilung. Steffanis dezisive und soziale Gewaltenteilung fallen dagegen i. d. R. unter die politische und vertikale Accountability; die temporale Dimension bei Steffani wäre aufgrund der verfassungsrechtlichen Verankerung des Wahlrechts und der Bestellungsverfahren politischer Organe der rechtlichen und vertikalen Rechenschaftspflicht zuzurechnen. Damit zeigt sich, dass sich staatsrechtliche Gewaltenteilungslehre und die beiden genannten politologischen Konzepte nicht ausschließen, sondern nur entsprechend dem jeweiligen Erkenntnisinteresse enger oder weiter gefasst sind. Dass in beiden politologischen Konzepten die staatsrechtliche horizontale Gewaltenteilungslehre ihren Platz hat, bekräftigt erneut ihren nur noch begrenzten, aber weiterhin unverzichtbaren Anteil an einer angemessenen Darstellung von Machtstreuung, Machtbegrenzung und Machtkontrolle in modernen Demokratien. Für den demokratischen Verfassungsstaat sind darüber hinaus zwei weitere, schon bei Steffani genannten Dimensionen der Gewaltenteilung zentral, auf die daher noch näher einzugehen ist: die föderative (oder in der staatsrechtlichen Begrifflichkeit „vertikale") und die konstitutionelle Gewaltenteilung.

3.2.2 Vertikale Gewaltenteilung

Die vertikale Dimension der Gewaltenteilung berücksichtigt die Verteilung von Entscheidungsbefugnissen auf verschiedene räumliche Ebenen. Sie schließt die Differenzierung zwischen nationaler Ebene und regionaler Selbstverwaltung (Regionalismus), soweit es sich um einen Bundesstaat handelt, zusätzlich zwischen Bundes- und Länderebene (Föderalismus) und schließlich zwischen Nationalstaat und supranationaler Ebene ein (vgl. Abb. 3.5).

Ähnlich wie bei der horizontalen Gewaltenteilung kann hinsichtlich des Verhältnisses der Ebenen zwischen verschränkenden und trennenden Formen unterschieden werden. So wird Föderalismus häufig in zwei Typen unterteilt. Der duale Föderalismus, wie er beispielsweise in den USA besteht, sieht eine klare Trennung zwischen den Kompetenzen und Organen von Bund und Ländern vor und es bestehen – mit Ausnahme der Verfassungsänderung – keine gemeinsamen Ent-

[86] Schmitter 2004, S. 53.

Abb. 3.5 Vertikale Gewaltenteilung in der Bundesrepublik

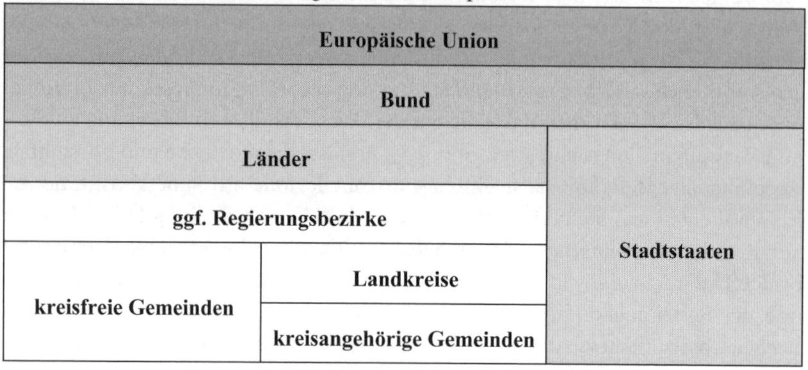

Quelle: Eigene Darstellung

scheidungsverfahren. Der kooperative oder Verbundföderalismus, wie er z. B. in Deutschland besteht, vernetzt dagegen die Organe beider Ebenen miteinander. Die Länderregierungen wirken über den Bundesrat an zahleichen Bundesgesetzen und jeder Verfassungsänderung mit.[87] Außerdem verfügt der Bund nur über eine begrenzte eigene Verwaltung und Gerichtsbarkeit, die Ausführung übernehmen weitgehend die Länder auch für das Bundesrecht (Art. 30 GG). Ebenso besteht bezüglich der Supranationalität die Möglichkeit, Entscheidungsbefugnisse ganz an übernational geschaffene Organe zu übertragen oder durch mehrstufige Verfahren die Kooperation nationaler und supranationaler Organe vorzusehen.

Ähnlich wie horizontale Gewaltenteilung zeitigt die vertikale verschiedene Effekte: Regionalismus verbreitert die Beteiligungsmöglichkeiten gesellschaftlicher Akteure, gibt dem Bürger zusätzliche Kontrollmöglichkeiten und erlaubt durch größere Alltagsnähe, Probleme leichter und schneller zu erkennen. Supranationalität ist in erster Linie auf die effizientere Erfüllung bestimmter Aufgaben durch die Verlagerung auf eine supranationale Ebene ausgerichtet, vor allem im Bereich der Sicherheits- und Wirtschaftspolitik. Der Reduzierung nationalstaatlicher Selbstverfügung steht hier ein Einflussgewinn auf andere Staaten gegenüber. Gleichzeitig wirkt sich die Verlagerung von Entscheidungsbefugnissen auf die supranationale Ebene auch auf die nationalstaatliche horizontale Gewaltenteilung aus, je nachdem welches Organ durch die Verlagerung Zuständigkeiten verliert oder Einfluss über die Beteiligung an den supranationalen Entscheidungen gewinnt. Der Föderalismus wiederum bewirkt eine zusätzliche Machtstreuung und fördert eine Berücksichtigung pluralistischer Interessen und regionaler Unterschiede. Darüber hinaus kann,

[87] Vgl. Kaiser (2000, hier S. 15).

je nach Ausgestaltung, der Föderalismus auch ein zusätzliches Kontrollinstrument im Sinne von Checks and Balances sein. Außerdem festigt er die funktional-hierarchische Teilung der Rechtsfunktionen, da die Länder nur auf die parlamentarische Gesetzgebung des Bundes, nicht aber auf den Erlass von Rechtsverordnungen der Bundesregierung unmittelbaren Einfluss haben.

Wo vertikale Gewaltenteilung besteht, muss sie rechts- und verfassungsstaatlichen Erfordernissen genügen. Das heißt zuallererst, dass die Rechtssicherheit gewahrt bleiben muss. In Bezug auf die regionale Selbstverwaltung ist das insofern einfach, als es sich dabei um von Land oder Bund zugewiesene, klar umrissene Befugnisse handelt, die ausschließlich unter den geltenden Landes- oder Bundesgesetzen ausgeübt werden; eine eigene Gesetzgebungsbefugnis besteht nicht. Für die Bundesstaatlichkeit haben sich zur Sicherung der Rechtsstaatlichkeit drei Prinzipien bewährt.

(1) Zum einen gilt das Subsidiaritätsprinzip, d. h. dass Gesetzgebung grundsätzlich bei den Ländern liegt und die Bundesebene nur dort nationale Gesetze erlässt, wo eine Regelung durch die Länder oder die Selbstverwaltung der Kommunen nicht zielführend wäre. Diese Bereiche müssen klar ausgewiesen werden; i. d. R. besteht eine abgeschlossene Liste der Bundeszuständigkeiten, alles nicht Genannte ist Sache der Länder (Art. 70 Abs. 1 GG).

(2) Das zweite Prinzip ist das der Normenhierarchie, wonach dort, wo Bundesrecht gilt, das Landesrecht keine Anwendung findet. Bundesrecht bricht Landesrecht – *lex superior derogat legi inferiori*. Das gilt im Übrigen nicht nur für Gesetze, sondern die Gesamtheit des Bundesrechts aus Verfassung, Gesetzen und Verordnungen, die alle dem Landesrecht einschließlich der Länderverfassung vorgehen.[88] Weil damit die Souveränität der Länder gravierend beeinträchtigt wird, gilt ein Drittes:

(3) Die vertikale Gewaltenteilung erfordert zwingend eine höherrangige Verfassung, die die verschiedenen Ebenen vor Eingriffen der anderen in ihre exklusiven Kompetenzen schützt und gleichzeitig ihre legitimen Einflussmöglichkeiten bei gemeinsamer Zuständigkeit sichert. Insbesondere für den Regionalismus und dualen Föderalismus ist hierfür eine Verfassungsrechtliche Grundlage nötig, weil ansonsten der Bundesgesetzgeber diese Kompetenzaufteilung im Alleingang und mit einfacher Mehrheit ändern könnte. Zusätzlich erfordert vertikale Gewalten-

[88] Vgl. Zur Notwendigkeit des Vorrangs Möllers (2005, S. 228–233). Wobei Möllers den Begriff der Hierarchie ablehnt, weil dies als generelle Überordnung der Bundesebene über die Landesebene missverstanden werden könne. Es handele sich aber a) nur um einen Vorrang in den dem Bund vorbehaltenen Rechtssetzungsbereich und b) seien die Länder vielfach an der Entstehung von Bundesgesetzen beteiligt. Das Problem entsteht m. E. aber nur, wenn man nicht zwischen einer Hierarchie des Rechts, der Funktionen und der Organe differenziert.

teilung eine Verfassungsgerichtsbarkeit oder eine Schiedsinstanz, die über Kompetenzstreitigkeiten und Rechtskollisionen entscheidet.[89]

3.2.3 Verfassungsfunktionale Gewaltenteilung

Somit muss eine weitere Dimension der Gewaltenteilung beachtet werden, die man mit Steffani als „konstitutionelle" bezeichnen könnte; mir scheint allerdings der Begriff „verfassungsfunktionale Gewaltenteilung" trennschärfer zu sein. Damit ist die gesonderte Erfüllung der die Verfassung betreffenden Funktionen des Erlasses, der Änderung und der Rechtsprechung gemeint. Dafür wird eine Trennung zwischen verfassunggebender und verfasster sowie verfassungsändernder und gesetzgebender Gewalt installiert. Gesamtziel ist, die Höherrangigkeit der Verfassung und ihre Bindung aller staatlichen Gewalt einschließlich des Gesetzgebers zu sichern. Hierfür werden zum Teil spezielle Organe geschaffen, wie ein Nationalkonvent zur Ausarbeitung und eine verfassunggebende Versammlung zur Verabschiedung einer neuen Verfassung. Auch für die Verfassungsrechtsprechung ist in vielen Staaten ein spezielles Gericht zuständig. Die Verfassungsänderung obliegt dagegen oft dem einfachen Gesetzgeber. Sie wird von der Gesetzgebung nur durch spezielle Verfahrensvorgaben geschieden, z. B. in Form höherer Quoren, Fristenregelungen, die Beteiligung weiterer bestehender Organe oder durch einen zusätzlichen Volksentscheid.[90] Föderale Staaten setzten, wie oben gezeigt, diese Form der Gewaltenteilung zwingend voraus, um ihre vertikale Gewaltenteilung zu sichern. Insofern war der Föderalismus, wie am Beispiel der USA schon zu sehen war, ein Motor des Voranschreitens vom Rechts- zum Verfassungsstaat. Anfangs beschränkten sich föderale Staaten in der Regel aber darauf, den Vorrang des Bundesrechts vor dem Landesrecht durch eine verfassungsgerichtliche Kontrolle des Landesrechts zu sichern. Der Bundesgesetzgeber wurde dagegen oft erst nachträglich der Normenkontrolle unterworfen. Nur wenige Staaten, wie die Schweiz, haben es bei der Kontrolle des Kantonsrechts belassen und erlauben keine Kontrolle der Bundeslegislative.

In Zentralstaaten dagegen ist das Bewusstsein für die verfassungsfunktionale Gewaltenteilung lange gering geblieben. Denn zum Schutz der horizontalen Gewaltenteilung kann unter Umständen auch eine nur gesetzliche oder gar gewohnheitsrechtliche Basis ausreichen: Basiert z. B. ein gewaltenteiliges Systems wie in England auf gewachsenen Strukturen und Gewohnheitsrecht, kann keiner der Beteiligten daran rühren, ohne seine eigene Legitimationsbasis und Kompetenzzu-

---

[89] Vgl. Steffani (1997, S. 46, 56–59).

[90] Vgl. dazu unten Kap. 3.4 Verfassung.

weisung damit in Frage zu stellen. Die Bereitschaft, sich an die Regeln zu halten ist also weniger Altruismus als Selbstschutz. Und auch eine durch eine kodifizierte Verfassung künstlich errichtete horizontale Gewaltenteilung kann durchaus ohne eine verfassungsgerichtliche Kontrolle allein durch ein starkes System wechselseitiger politischer Kontrolle Bestand haben. Geeignet ist dafür ein präsidentielles Checks-and-Balances-System mit einem Vetorecht der Exekutive, mit hohem Kooperationszwang zwischen Parlament und Präsident und einer eigenen demokratischen Legitimation des Präsidenten. Hat zudem die Judikative, wie in den USA, durch das Common Law und das Geschworenensystem eine feste Verankerung in der Gesellschaft, könnte ein solches Gewaltenteilungssystem auch dann nicht gravierend verändert werden, wenn es nur gesetzlich festgelegt ist. Falls dagegen eine parlamentarische Demokratie auf die Möglichkeit verzichtet, die Gewaltenteilung in Form einer höherrangigen Verfassung festzulegen und/ oder verfassungsgerichtlich zu schützen, ist das vermutlich kein Zufall. Hier muss man eher davon ausgehen, dass das Parlament als das wahre Artikulationsorgan des Volkswillens gilt und ganz im Sinne Rousseaus die Möglichkeit behalten soll, die Strukturen grundlegend zu ändern.[91] Hier müssten die innerparlamentarische Konkurrenz zwischen regierungstragender Mehrheit und Opposition, der Druck der Bürger und eine die eigene Unabhängigkeit verteidigende Judikative dafür Sorge tragen, dass die Hierarchie und Trennung der Rechtsfunktionen Bestand hat. Die Abhängigkeit vom guten Willen der Akteure ist aber so groß, dass hier eine Sicherung durch verfassungsfunktionale Teilung, eine höherrangige kodifizierte Verfassung und eine verfassungsgerichtliche Kontrolle oder neutrale Schiedsinstanz der angemessene Weg wäre.

Literaturtipps

Grundlagen

Horn, Hans-Detlef. 2002. Gewaltenteilige Demokratie, demokratische Gewaltenteilung. *Archiv des Öffentlichen Rechts*, Bd. 127 (3): 427-459.

Steffani, Winfried. 1997. *Gewaltenteilung und Parteien im Wandel*, 17-55, Opladen.

[91] In diesem Sinne Hofmann (1995, S. 22). „Der französische Gesetzeskult hat eine solche Gerichtsherrschaft über die Nationalversammlung denn auch lange verhindert und hemmt sie bis heute.“

Ausführlich

Möllers, Christoph. 2008. *Die drei Gewalten: Legitimation der Gewaltengliederung in Verfassungsstaat, europäischer Integration und Internationalisierung.* Weilerswist.

Vile, Maurice J. 1998. *Constitutionalism and the Separation of Powers.* 2. Aufl. Indianapolis.

3.3 Grundrechte

Grundrechte sind verfassungsrechtlich gewährleistete, individuelle Rechte, die als unabdingbar für die Freiheit und Gleichheit des Menschen angesehen werden und deshalb vom Staat zu achten und durchzusetzen sind.[92] Sie sind heute der Dreh- und Angelpunkt des Verfassungsstaats.[93] Er hebt sie aus der Menge anderer Rechte vor allem dadurch hervor, dass er sie mit einer Wesensgehaltsgarantie ausstattet, sie zum Teil sogar mit einer „Ewigkeitsgarantie" versieht und oft unter besonderen verfassungsgerichtlichen Schutz stellt. Grundrechte dienen nicht nur der Verwirklichung der Freiheiten und Ansprüche des Einzelnen, sondern sind zugleich Ausfluss und Ausdruck der Gerechtigkeits- und Wertvorstellungen einer Gesellschaft. Insofern bilden sie auch einen wichtigen Orientierungsmaßstab für die Ausrichtung der Politik, zusammen mit Staatszielbestimmungen und Ordnungsprinzipien wie Sozialstaatsprinzip, Rechtsstaatlichkeit und Demokratie. Ein Grundrechtskatalog ist deshalb, so sehr er denen anderer Länder gleichen mag, nie Stangenware, sondern kreiert ein je besonderes Verhältnis zwischen Bürgern und ihrem Staat aber indirekt auch zwischen dem Einzelnen und der Gemeinschaft. D. h. durch die Festschreibung in der Verfassung sichern Grundrechte Belange, die allein durch politischen Wettbewerb nicht geschützt werden könnten, weil der einzelne Träger der Rechte nicht genug politisches Gewicht hat, um seine Anliegen im Gesetzgebungsprozess verlässlich durchzusetzen. Er ist also auf rechtlichen und notfalls gerichtlichen Schutz angewiesen. Gleiches gilt für die Sicherung von vitalen Interessen von Gruppen, die sich aufgrund der sonstigen Heterogenität der Betroffenen nicht organisieren lassen. Geschlechtsspezifische oder altersabhängige Belange beispielsweise betreffen Menschen verschiedener Einkommensschichten, Berufe, Bildung, Religion, politischer Überzeugungen etc. Sie gehen damit über die klassischen gesellschaftlichen Cleavages hinweg, um die herum sich die modernen Parteien gebildet haben. Diese Konfliktlinien dominieren die öffentlichen Debatten derart, dass es zur Kooperation und Mehrheitsbildung in wichtigen gemeinsamen

[92] Vgl. zum Begriff Katz (2010, S. 280), Hufen (2009, S. 4), Pieroth und Schlink (2010, S. 13 f).

[93] Stern 1982, S. 117; Stern 1992, Rdnr. 14 f, 31, S. 12 f, 21.

Abb. 3.6 Grundrechte nach ihrer Wirkung

Wirkung von Grundrechten	Beispiel
Abwehr *status negativus*	bürgerliche Freiheiten: Eigentum, habeas corpus, Auswanderung, Religionsfreiheit …
Teilhabe *status activus*	v.a. politische Rechte wie Wahlrecht, Vereinigungs- und Versammlungsfreiheit …
Anspruch *status positivus*	soziale Rechte auf Sozialhilfe, Bildung …
Pflichten *status passivus*	Verpflichtung durch Eigentum, Solidarität, Wehrpflicht …

Quelle: Eigene Darstellung

Anliegen nur sporadisch kommt. Deshalb sind solche Belange kaum durch den politischen Wettbewerb schützbar. Daher gehört es zwingend zur Idee des Verfassungsstaates, entsprechende Rechte in die Konstitution aufzunehmen und sie der freien Verfügung der Staatsgewalten einschließlich des Gesetzgebers zu entziehen. Gleiches gilt für die Rechte spezieller (Dauer-) Minderheiten, die ebenfalls keine ausreichenden Mehrheiten hinter sich bringen können.

3.3.1 Typologie

Die Variationsmöglichkeiten von Grundrechtskatalogen sind durchaus groß. Das zeigt sich schon, wenn Grundrechte, wie in Abb. 3.6, nach der Wirkung unterschieden werden, die sie im Verhältnis Bürger – Staat entfalten.[94]

Liberale Grundrechtskataloge des 18. Jahrhunderts konzentrierten sich auf sogenannte Abwehrrechte (status negativus), die den Freiheitsraum des Einzelnen garantieren, in den der Staat nicht, oder nur begrenzt eingreifen darf, z. B. in die Freiheit von Eigentum und Gewissen. Hinzu kamen einige rechtsstaatliche Garantien, um diese Rechte wirksam werden zu lassen, wie der Anspruch auf rechtliches Gehör, der Schutz vor unrechtmäßiger Verhaftung u. v. m. Zusammen genommen werden diese Rechte auch als bürgerliche oder zivile Rechte bezeichnet. Bürgerliche und staatliche Sphäre waren durch sie deutlich getrennt. Das zeigte sich auch im Gegenstück der Grundrechte, den Grundpflichten (status passivus) der Bürger.

[94] Vgl. dazu Jellinek (1964, S. 86 f, 103, 114 ff, 136 ff), Detjen (2009, S. 64 f).

Sie waren in der Regel auf Wehrpflicht und Steuerpflicht begrenzt. Das Verhältnis änderte sich langsam Anfang des 19. Jahrhunderts: Zu den Abwehrrechten kamen politische Teilhaberechte (status activus) hinzu, v. a. ein immer allgemeiner werdendes Wahlrecht. Die Bürger begannen damit ihrerseits auf den Staat Einfluss zu nehmen und neue Leistungen von ihm zu fordern. So setzte Mitte des 19. Jahrhundert aufgrund einer wachsenden Verarmung der Arbeiterschaft eine Diskussion darüber ein, dass viele sozial benachteiligte Menschen ihre Rechte aufgrund eines Mangels an Geld und Wissen gar nicht nutzen könnten. Der Staat, so hieß es, müsse sie erst mit besonderen Hilfen dazu befähigen. Mit Sozial- und Wohlfahrtsprinzip hielten deshalb zahlreiche soziale Anspruchsrechte (status positivus) in die Verfassungen Einzug.[95] Gleichzeitig wurde die verpflichtende Wirkung von Eigentum betont und – in den ersten sozialistischen Verfassungen – oft weitergehende Solidarpflichten gegenüber Familie und Gesellschaft. In abgeschwächter Form finden sich solche Pflichten in vielen nach 1989 erlassenen Verfassungen ehemaliger Ostblockstaaten wieder. Ihre Betonung zeigt an, dass den Interessen des Einzelnen in diesem Staat kein prinzipieller Vorrang vor den Interessen der Gesellschaft zugestanden wird. Insgesamt kreieren Grundrechte und Grundpflichten damit ein ambivalentes Verhältnis von Bürger und Staat: Einerseits gefährdet der Staat potentiell die Freiheit des Einzelnen durch Eingriffe, andererseits schützt und ermöglicht er sie durch Frieden, Ordnung, Teilhabe, Transferleistungen etc. und schließlich tritt er als Vermittler im Spannungsverhältnis zwischen Einzelnem und Gesellschaft auf.

Die jüngere Grundrechtsentwicklung ist vor allem durch eine Ausweitung der Bereiche gerichtet, auf die sich die Rechte erstrecken. Bis Ende des 20. Jahrhunderts standen bürgerliche, politische und soziale Grundrechte im Vordergrund. Seitdem wird gerade in westeuropäischen Ländern angesichts anhaltender Migrationsströme über die Aufnahme kultureller Grundrechte[96] diskutiert, etwa auf muttersprachlichen Unterricht. Die neueste Entwicklung ist die Erwägung ökologischer Grundrechte auf eine intakte Umwelt etc. Interessant ist aus typologischer Hinsicht auch ein Blick auf die internationale Ebene: Hier ist die Rede von Menschenrechten erster, zweiter und dritter Generation, wobei die erste Generation wiederum die bürgerlichen Abwehr- und politischen Teilhaberechte bilden, die zweite die sozioökonomischen und kulturellen Rechte während Rechte der dritten Generation weniger die Person an sich, sondern eher die Rahmenbedingungen menschlichen

[95] Die Dreiteilung in bürgerliche, politische und soziale Grundrechte und die These einer historischen Entstehungsabfolge stammt von dem britischen Soziologen Thomas H. Marshall; vgl. Marshall (1992, S. 33 ff).

[96] Vgl. Parsons (2000).

Lebens in den Blick nehmen, z. B. ein Recht auf Entwicklung, auf Frieden, auf eine gesunde Umwelt etc.[97]

Welche Arten von Grundrechten in einem Staat besonders ausgeprägt sind, ist durch kulturelle und historische Einflüsse geprägt. Soziale Grundrechte nehmen in den jüngeren, v. a. den südosteuropäischen Verfassungen mehr Raum ein als in angloamerikanischen aber auch in älteren nordwesteuropäischen. V. a. Italien, Griechenland, Spanien und Portugal haben viele sozialstaatliche Grundrechtsgarantien aufgenommen (wie Rechte auf Arbeit, Wohnung, Gesundheitsfürsorge). Das Deutsche Grundgesetz zeigt dagegen noch einen Schwerpunkt auf den bürgerlichen Rechten, wie die Zuordnung in Abb. 3.7 zeigt. Dabei sind die im Grundrechtsteil von Art. 1 bis 19 genannten Rechte und einige an anderen Stellen des Grundgesetzes zu findenden sogenannten grundrechtsgleichen Rechte einbezogen.

3.3.2 Einschränkung von Grundrechten

Für heutige Verfassungsstaaten ist nicht nur entscheidend, dass Grundrechte in die Verfassung aufgenommen sind, sondern auch die Geltung und der Schutz, die ihnen darin zugestanden werden. In der Weimarer Reichsverfassung war zwar ein Grundrechtskatalog enthalten, er hatte aber nur programmatischen Charakter; jedes Recht bedurfte eines Ausführungsgesetzes, um Rechtswirkung zu erlangen. Auch den sozialen Grundrechten, die in der heutigen griechischen und der portugiesischen Verfassung verankert sind, fehlen im Unterschied zu den anderen darin enthaltenen Rechten die unmittelbare Rechtswirkung, d. h. der Einzelne kann sie nicht einklagen.[98] Der bahnbrechende Fortschritt des Verfassungsstaates liegt aber darin, erstens die gesamte Staatsgewalt an die Grundrechte zu binden (unmittelbare Bindewirkung, z. B. Art. 1 Abs. 3 GG), zweitens einen umfassenden Bestandsschutz der Grundrechte zu geben, z. T. durch Revisionssperren, mindestens aber durch eine Wesensgehaltsgarantie (z. B. Art. 79 Abs. 3 und 19 Abs. 2 GG), drittens die Einklagbarkeit der Grundrechte zu garantieren (z. B. Art. 19 Abs. 4 und 93 Abs. 1 GG) und viertens die Möglichkeiten des Eingriffs zu beschränken (Art. 19 Abs. 1 und 2).[99]

Verfassungsstaatlichkeit heißt aber nicht, dass die Grundrechte uneingeschränkt gelten. Zwangsläufig findet die Freiheit des Einzelnen ihre Schranken an den gleichrangigen Rechten anderer, aber auch an einigen kollektiven Zielen oder Staatsaufgaben wie Ordnung und Sicherheit (Gemeinschaftsvorbehalt oder ver-

[97] Vgl. Riedel (2004, S. 26–31).

[98] Skouris 2001, S. 102 f.

[99] Katz 2010, S. 282.

Abb. 3.7 Grundrechte im Grundgesetz nach Bereichen

Grundrechtsartikel	Bereich	Grundrechtsartikel
4 Glaubens- und Gewissensfreiheit, Kriegsdienstverweigerung	**Kulturelle Rechte**	
5 Meinungsfreiheit, Pressefreiheit, Kunstfreiheit	**Bürgerliche Rechte**	1 Menschenwürde 2 Leben und Freiheit der Person 3 Gleichheit vor dem Gesetz 10 Brief-, Post- und Fernmeldegeheimnis 11 Freizügigkeit 13 Unverletzlichkeit der Wohnung 14 Gewähr des Eigentums 15 Sozialisierung 16 u.17 Staatsangehörigkeit, Asylrecht, Auslieferung 17 Petitionsrecht 19 Rechtsweggarantie *grundrechtsgleiche Rechte:* 101 Anspruch auf gesetzlichen Richter 103 Anspruch auf rechtliches Gehör 104 Schutz vor willkürlicher Verhaftung und Folterverbot
8 Versammlungsfreiheit 9 Vereinigungs- und Koalitionsfreiheit	**Politische Rechte**	*grundrechtsgleiche Rechte:* 38 Wahlrecht 20 Widerstandsrecht 33 Zugang zu öffentlichen Ämtern
	Soziale Rechte	6 Schutz von Ehe und Familie, Gleichstellung unehelicher Kinder; 7 Elternrechte und Schule; 12 Freie Berufswahl

Quelle: Eigene Darstellung

fassungsimmanente Schranken). Einige Grundrechte gelten daher von vornherein nur im Rahmen der allgemeinen Gesetze oder sind ohne weitere Vorgaben durch Gesetz einschränkbar. Im Grundgesetz gilt das z. B. für die Meinungs- und Pressefreiheit (allgemeiner oder einfacher Gesetzesvorbehalt, Art. 5 Abs. 1 und 2 GG). So heißt es in Art. 5 Absatz 2 GG:

> Diese Rechte finden ihre Schranken in den Vorschriften der allgemeinen Gesetze, den gesetzlichen Bestimmungen zum Schutze der Jugend und in dem Recht der persönlichen Ehre.

Weitere Grundrechte sind durch oder aufgrund eines Gesetzes nur in bestimmten Fällen oder zu bestimmten Zwecken einschränkbar (spezieller Gesetzesvorbehalt, z. B. Art. 11 Abs. 2, Art. 13 Abs. 3 GG).

> Dieses Recht darf nur durch Gesetz oder auf Grund eines Gesetzes und nur für die Fälle eingeschränkt werden, in denen eine ausreichende Lebensgrundlage nicht vorhanden ist und der Allgemeinheit daraus besondere Lasten entstehen würden oder in denen es zur Abwehr einer drohenden Gefahr für den Bestand oder die freiheitliche demokratische Grundordnung des Bundes oder eines Landes, zur Bekämpfung von Seuchengefahr, Naturkatastrophen oder besonders schweren Unglücksfällen, zum Schutze der Jugend vor Verwahrlosung oder um strafbaren Handlungen vorzubeugen, erforderlich ist. (Art. 11 Abs. 2)

In diesen Fällen kann die Verwaltung durch ein Gesetz zu Eingriffen in ein Grundrecht ermächtigt werden. Eine andere Gruppe von Grundrechten kann durch Gesetze noch ausgestaltet werden (Regelungsvorbehalt, Art. 4 Abs. 3 GG). Eine fünfte Gruppe enthält in der Formulierung bereits eine Geltungseinschränkung, wie z. B. der Art. 8 Abs. 1 GG, der die Versammlungsfreiheit auf friedliche Versammlungen ohne Waffen beschränkt. Im Grundgesetz gilt nur eine kleine Gruppe ohne Vorbehalt und Einschränkung.[100] Hierzu gehört insbesondere der Art. 1 GG zur Unverletzlichkeit der Menschenwürde. Er wird verbreitet als eine Art Ur- Grundrecht betrachtet, aus dem heraus sich die übrigen Grundrechte ggf. auch ableiten ließen. Rechtsschutzlücken werden deshalb häufig mit Verweis auf Art. 1 geschlossen und er ist als einziger Grundrechtsartikel in Art. 79 Abs. 3 für unabänderlich erklärt.

Ausschlaggebend für die Möglichkeit von Einschränkungen ist dabei nicht unbedingt der Wert, der einem bestimmten Grundrecht beigemessen wird, sondern vor allem die zu vermutende Häufigkeit, mit der es mit anderen Grundrechten oder Staatsaufgaben dergestalt kollidiert, dass eine gleichzeitige Verwirklichung nicht möglich ist. Die Einschränkbarkeit ist dann der Preis dafür, dass ein Grundrecht überhaupt Verfassungsrang erhält, obwohl es konflikthaft, schwer verwirklichbar oder weniger zentral ist als andere Rechte oder Ziele.

Für einige Verfassungen muss aber auch die Möglichkeit in Betracht gezogen werden, dass der Verfassungsgeber sich durch die Gesetzesvorbehalte ein „Hintertürchen" offen halten will, um sich aus Schranken zu befreien. Die Intention des Verfassungsgebers ist am besten daran abzulesen, ob eine Wesensgehaltsgarantie gegeben wird. In diesem Fall kann zwar eine Formulierung geändert und der Um-

[100] Hierzu zählen beispielsweise die Grundgesetzartikel zur Würde des Menschen (Art. 1.1), das Willkürverbot (Art. 3.1—3), die Religions- und Gewissensfreiheit (Art. 4), die Freiheit von Wissenschaft, Lehre und Forschung, Kunst (Art. 5.3), die Freiheit der Berufswahl (Art. 12.1) oder die Grundrechte vor Gericht (Art. 101.1, 102, 103.1—3). Vgl. Kriele 1990, S. 604.

Abb. 3.8 Grundrechte mit unmittelbarer Drittwirkung

Grundrechte mit unmittelbarer Drittwirkung	
Grundgesetzartikel	**Inhalt**
Art. 9 Absatz 3 Satz 2 GG	bezieht sich auf das Grundrecht der Versammlungs- und Vereinigungsfreiheit und schreibt vor, dass alle Maßnahmen oder Vereinbarungen von Bürgern oder nicht-staatlichen Organisationen nichtig sind, die dazu dienen, die Bildung von Gewerkschaften oder Arbeitgeberverbänden zu verhindern;
Artikel 20 Absatz 4 GG	räumt jedem Bürger ein Widerstandsrecht gegen jeden ein, „der es unternimmt, diese Ordnung zu beseitigen." Gegen ihn „haben alle Deutschen das Recht zum Widerstand, wenn andere Abhilfe nicht möglich ist", also auch gegen jeden anderen nicht-staatlichen Akteur;
Artikel 38 Abs. 1 Satz 1 GG in Verbindung mit Artikel 48 Absatz 2 GG	verbietet einem Arbeitgeber die Kündigung oder Entlassung eines Arbeitnehmers, der ein Abgeordnetenmandat für den Bundestag annimmt.

Quelle: Eigene Darstellung nach Kraft, 2010, S. 312–315

fang eines Rechts reduziert, nicht aber das Recht im Kern angetastet werden. Wichtiger Hinweis ist auch, wie hoch die Hürden sind, um Grundrechte aberkennen oder sie im Fall des Notstandes aussetzen zu können. Ganz entscheidend ist aber immer die unmittelbare Einklagbarkeit der Rechte.[101]

3.3.3 Drittwirkung von Grundrechten

Bis weit in die 1980er Jahre war es in der deutschen Staatsrechtslehre herrschende Meinung, dass Grundrechte mit ganz wenigen, im Grundgesetz ausdrücklich genannten Ausnahmen, nur im Rechtsverhältnis von Staat und Bürger gelten, nicht aber im Verhältnis eines Bürgers zu einem anderen oder zu einer nicht-staatlichen Organisation. Die wenigen Ausnahmen im Grundgesetz sind Abb. 3.8 zu entnehmen.[102]

---

[101] Zum Schutz von Grundrechten vgl. Piazolo (1999, S. 94).

[102] Zum Folgenden vgl. Kraft (2010, S. 312–315).

Nur in diesen drei Fällen gilt demnach eine unmittelbare Drittwirkung, alle anderen Grundrechte sind nicht unmittelbar auf das Verhältnis zwischen nichtstaatlichen Akteuren übertragbar. Allerdings wird, ausgehend von einem Urteil des Bundesverfassungsgerichts von einer mittelbaren Drittwirkung aller Grundrechte ausgegangen. Demnach ergibt sich aus den zwei Generalklauseln im Bürgerlichen Gesetzbuch (§ 138 BGB „Gute Sitten" und § 242 BGB „Treu und Glauben"), dass auch im Privatrecht die Wertordnung zu beachten ist, die durch die Verfassung und namentlich die Grundrechte zum Ausdruck gebracht ist. Deshalb ist jedes ordentliche Gericht verpflichtet, bei privaten Rechtsstreitigkeiten zu beachten, ob diese Werte verletzt wurden. Das gilt insbesondere dort, wo zwischen den Streitparteien ein stark asymmetrisches Machtverhältnis besteht, das schon fast mit dem zwischen Staat und Bürger vergleichbar ist, etwa zwischen Arbeitgeber und Arbeitnehmer. Beachtet das Gericht eine Verletzung der Wertordnung nicht, kann der betroffene Streitpartner Verfassungsbeschwerde gegen das Urteil erheben. Aufgrund dieses Umwegs über das Versäumnis des Gerichts spricht man von einer nur mittelbaren Drittwirkung. Das Bundesverfassungsgericht hat diese Ansicht erstmals im Lüth-Urteil vertreten.[103]

Das Lüth-Urteil vom 15.01.1958 (BVerfGE 7, 198)

Der Hamburger Senatsdirektor und Vorsitzende des Presseklubs Erich Lüth legte beim Bundesverfassungsgericht Verfassungsbeschwerde gegen ein Gerichtsurteil ein. Das Landgericht Hamburg hatte ihm darin untersagt, zum Boykott gegen einen neuen Film des Regisseurs Veit Harlan aufzurufen. Harlan hatte einst bei einem nationalsozialistischen Propagandafilm Regie geführt und Lüth fürchtete um das Ansehen des bundesrepublikanischen Films, sollte Harlan weiterhin wirken. Während das Landgericht Hamburg den Boykottaufruf als sittenwidrig ansah (§ 826 BGB), gab das Bundesverfassungsgericht der Beschwerde Lüths nach. Das Landgericht habe bei der Anwendung geltender Gesetze den hohen Stellenwert des Rechts auf freie Meinungsäußerung nicht ausreichend berücksichtigt. „Das Bundesverfassungsgericht ist aufgrund dieser Erwägungen zu der Überzeugung gelangt, dass das Landgericht bei seiner Beurteilung des Verhaltens des Beschwerdeführers die besondere Bedeutung verkannt hat, die dem Grundrecht auf freie Meinungsäußerung auch dort zukommt, wo es mit privaten Interessen anderer in Konflikt tritt. Das Urteil des Landgerichts beruht auf diesem Verfehlen

[103] BVerfGE 7, 198.

Abb. 3.9 Grundrechte nach Trägern

Typ	Träger	Begründung	Beispiel im GG
Menschenrechte	alle Menschen	Naturrecht/ Vernunftrecht	Art. 1(1), 2(1), 3-5, 9 (3), 10, 12(2)(3), 13, 14, 17, 19(4), 103, 104
Bürgerrechte bzw. Deutschenrechte	alle Staatsangehörigen bzw. dt. Staatsangehörige und Personen mit dt. Abstammung nach Art. 116 GG	Volkssouveränität/ Solidarität, besondere Schutzpflicht	Art. 16(1), 28(1); Art. 8, 9(1), 11, 12(1), 16, 20 (4), 33 (1)-(3)
Gruppenrechte	z.B. politisch Verfolgte, Kinder, Eltern	besondere Schutzpflicht	Art. 6, 12, 16a, 38(2)

Quelle: Eigene Darstellung

grundrechtlicher Maßstäbe und verletzt so das Grundrecht des Beschwerdeführers aus *Art. 5 Abs. 1 S. 1 GG*. Es ist deshalb aufzuheben."

Strittig ist, ob im Fall von asymmetrischen Machtverhältnissen nicht sogar von einer unmittelbaren Wirkung der Grundrechte ausgegangen werden muss.[104] Diese Frage wird sich angesichts der Privatisierung ehemaliger Staatsaufgaben in Zukunft noch häufiger stellen. Für die Verwaltung gilt bereits der Grundsatz „keine Flucht ins Privatrecht", wenn z. B. Kommunen bestimmte Aufgaben der Daseinsvorsorge durch eigens geschaffene Unternehmen ausführen lassen (Energieversorgung, Wasserwirtschaft usw.). Hier gilt die Grundrechtsbindung in vollem Umfang. Für künftige weitere Fälle fordern einige Grundrechtsexperten bereits eine neue Lehre der Drittwirkung, die den Schutz der Grundrechte vor nicht-staatlichen Akteuren besser berücksichtigt.[105]

---

[104] Vgl. Kraft (2010, S. 315).

[105] So z. B. Skouris (2001, S. 101 f).

3.3.4 Grund- versus Menschenrechte

Grundrechte richten sich an unterschiedliche Träger (vgl. Abb. 3.9). Das Grundgesetz beispielsweise enthält Rechte für bestimmte Personengruppen, wie Kinder, Eltern, politisch Verfolgte. Aber es enthält auch Menschen- oder „Jedermannsrechte", die für alle Personen im Schutzbereich des Grundgesetzes gelten. Eine Reihe politischer Rechte gilt dagegen nur für Staatsangehörige. Hier wird eine besondere Beziehung zwischen Staat und Angehörigen des Staatsvolkes unterstellt. Das Volk soll über sich selbst bestimmen können, externe Einflüsse – in diesem Fall der von Nicht-Staatsangehörigen sollen unterbleiben.[106] Das Deutsche Grundgesetz weist dabei eine Besonderheit auf, weil es nahezu alle Bürgerrechte als Rechte „jedes Deutschen" formuliert, nicht als Recht jedes Staatsangehörigen. Dadurch sind nach Art. 116 GG auch alle Personen deutscher Abstammung eingeschlossen, die keine deutsche Staatsangehörigkeit besitzen. Damit sollte 1949 die Verantwortung der Bundesrepublik als Rechtsnachfolger des Deutschen Reiches auch für diejenigen Deutschen betont werden, die außerhalb der bundesdeutschen Staatsgrenzen lebten und die, sollten sie in die Bundesrepublik ziehen, keinen Ausländerstatus haben sollten. Betroffen waren davon v. a. Deutschstämmige aus Osteuropa und bis 1989 auch Bürger der ehemaligen DDR.

Der Unterschied zwischen Gruppen-, Deutschen-, Staatsbürger- und Menschenrechten resultiert z. T. auch aus ihrem Geltungsgrund. Menschenrechte werden oft naturrechtlich begründet; sie sind, was jedem Menschen schon allein aufgrund seines Menschseins zusteht, wie etwa die Menschenwürde oder das Recht auf körperliche Unversehrtheit. Die naturrechtliche Begründung ist aber insofern problematisch, als sich die Vorstellungen davon, welche Rechte bestehen müssen, mit der Zeit gewandelt haben. Es ist umstritten, ob sich zumindest ein Kerngehalt des Naturrechts bestimmen lässt. Zudem sind Grundrechte immer auch Ausdruck einer bestimmten Wertordnung.[107] Was als universell formuliert ist, ist z. T. nur in einem oder wenigen Kulturkreisen verortet. Ein gutes Beispiel hierfür sind verschiedene regionale Grundrechte-Chartas, die sich in Fragen der Gleichberechtigung von Mann und Frau, der Gewichtung von Rechten und Pflichten oder dem Umgang mit Minderheiten unterscheiden.[108]

---

[106] Deshalb gilt z. B. ein Ausländerwahlrecht auf nationaler Ebene als problematisch, nicht aber auf der kommunalen Ebene.

[107] Vgl. Kraft (2010, S. 286), Piazolo (1999, S. 93 f).

[108] Siehe etwa die Europäische Konvention zum Schutz der Menschenrechte von 1950, die Amerikanische Konvention über Menschenrechte von 1969, die afrikanische Banjul-Charta der Menschenrechte und Rechte der Völker von 1981, die Arabische Charta der Menschenrechte im Islam von 1994, die Konvention der Gemeinschaft Unabhängiger Staaten über die

Doch selbst die meisten Verfechter eines universell gültigen Kerngehalts der Menschenrechte räumen ein, dass solche Rechte stets der Konkretisierung durch eine „Verwirklichungsgemeinschaft" bedürfen, die darüber entscheidet, in welcher Form und welchem Ausmaß ein natürliches Recht in ihrem Gemeinwesen gelten kann. Für den Verfassungsstaat ist diese Übersetzung in positives Recht ohnehin unumgänglich. Aufgrund der Unschärfe und Interpretierbarkeit des Naturrechts kann es nicht als unmittelbar geltend angenommen werden, weil es die Rechtssicherheit unterlaufen und die positive Rechtsordnung destabilisieren würde. Dagegen trägt in verfassungsförmige Grundrechte übersetztes Naturrecht erheblich zur Legitimierung einer Herrschaftsordnung bei und zwar je mehr, desto mehr der naturrechtliche Kern noch ersichtlich ist.

Naturrecht

Das Naturrecht ist ein bis in die griechische Antike zurückreichendes rechtsphilosophisches Konzept.[109] Es beruht auf der Annahme, dass es Rechtssätze gibt, die nicht vom Menschen künstlich geschaffen sind, sondern „von Natur aus" bestehen. Sie beinhalten, was auch ohne Zutun des Menschen richtig und gerecht ist und jeden Menschen verpflichtet, sie einzuhalten und umzusetzen.[110] Das Naturrecht, oder natürliche Recht, dient in der politischen Theorie und Philosophie als ein universeller, weil überpositiver, kultur- und zeitübergreifender Maßstab. An ihm sollen die Gerechtigkeit der Grundstrukturen einer Gesellschaft und des geltenden positiven Rechts gemessen werden können. So dient das Naturrecht nicht nur zur Kontrolle des Verfassungs-und Gesetzgebers, sondern ermöglicht es ganz grundsätzlich, bestehende Verhältnisse zu hinterfragen. Darüber hinaus wird es beispielsweise in der Philosophie des Gesellschaftsvertrags genutzt, um geeignete politische Grundstrukturen, Verfassungsprinzipien und Kriterien gerechter Güterverteilung zu eruieren und zu rechtfertigen. Das ist besonders in pluralistischen Gesellschaften hilfreich, in denen sich die gemeinsamen Normen nicht aus einer von allen anerkannten Weltanschauung oder Wertordnung ableiten lassen. Naturrechtliche Begründungen finden sich deshalb

Rechte und Grundfreiheiten der Menschen von 1995 oder die Charta der Grundrechte der Europäischen Union von 2000. Texte in Bundeszentrale für Politische Bildung, 2004. Vgl. auch unten Kap. 4.3.1 Universalität der Menschenrechte.

[109] Grundlegend zum Konzept, seiner Entstehung und Probleme noch immer Welzel (1980).

[110] Vgl. Höffe(1980, S. 6).

aber auch für die Rechtfertigung der Universalität von Menschenrechten. In der Vergangenheit ist der Rekurs auf das „von Natur aus" Bestehende aber auch genutzt worden, um ein ideologisch geprägtes Rechtssystem zu stabilisieren und z. B. Sklaverei, Geschlechterhierarchie oder extreme soziale Ungleichheiten zu rechtfertigen.[111] Möglich war das aufgrund des diffusen Bezugspunkts „Natur". Er dient als Metapher für das, was vom Menschen nicht beeinflussbar ist oder zumindest nicht von seinen Interessen und Gefühlen abhängt. Im Naturrechtskonzept wurde er zuweilen gleichgesetzt mit der biologischen Natur des Menschen, mit naturwissenschaftlichen Gesetzmäßigkeiten, mit der von Gott in die Schöpfung gelegten Ordnung, mit angeborenem Gerechtigkeitssinn oder zuletzt mit Vernunft. Damit sind aber auf die konkreten Inhalte des Naturrechts nicht eindeutig bestimmbar. Es gibt bis heute keinen als universell anerkannten Katalog der natürlichen Rechte und es konkurrieren verschiedene Naturrechtslehren miteinander. Dadurch kann es die oben geschilderten Leistungen heute kaum erbringen. Als zu den Akten gelegt kann dagegen ein anderer zentraler Einwand gegen das Naturrechtskonzept gelten, der sogenannte „naturalistische Fehlschluss". Der schottische Philosoph David Hume[112] hatte argumentiert, dass es beim Schließen von einer auf eine andere Aussage keine Wahrheitserweiterung geben könne. Aus der Tatsachenfeststellung, dass etwas ist, könne man kein Gebot ableiten, dass es so sein soll. Dieser Einwand wird heute in der Regel mit einem sprachphilosophischen Argument zurückgewiesen: Sprache vermittle nicht nur Tatsachenfeststellungen, sondern auch Aussagen über die Bedeutung von Objekten und die damit verbundenen Handlungserwartungen. So lässt sich empirisch zeigen, dass Menschen mit dem Begriff „Recht" nicht nur positive Normen, sondern auch Gerechtigkeit und einen allgemein anzuerkennenden Anspruch auf Befolgung verbinden. Dementsprechend impliziert der Begriff des Naturrechts nicht nur das Bestehen eines überpositiven Rechts sondern auch seinen universellen Anspruch auf Befolgung.[113]

[111] Vgl. Heinelt (1980, S. 45).

[112] Hume 1978, S. 211 f; vgl. Stegmüller (1974).

[113] Einer der wichtigsten Vertreter der linguistischen Wende ist Willard Quine (1979), Vgl. Stegmüller (1969, S. 308 ff).

Literaturtipps

Stern, Klaus. 1992. Idee der Menschenrechte und Positivität der Grundrechte. In *Handbuch des Staatsrechts der Bundesrepublik Deutschland*. Bd. V, hg. von Josef Isensee, und Paul Kirchhof, 3–44. Heidelberg.
Hufen, Friedhelm. 2009. *Staatsrecht II: Grundrechte*. München.
Pieroth, Bodo, und Bernhard Schlink. 2010. *Grundrechte. Staatsrecht II*. Heidelberg.
Katz, Alfred. 2010. *Staatsrecht. Grundkurs im öffentlichen Recht*, Teil 5, Heidelberg.

3.4 Verfassung

3.4.1 Der Verfassungsbegriff des Verfassungsstaats

Der Begriff der Verfassung ist im Verlauf seiner Entwicklung sehr unterschiedlich definiert worden und auch heute bestehen diverse Verfassungsbegriffe nebeneinander.[114] Besonders weit gefasst ist das Verständnis von Verfassung als Daseinsform eines Landes, die das einschließt, was die Eigenart der historisch-politischen Existenz eines Landes, oder auch eines Volks oder einer Nation ausmacht. Zuweilen werden hier ein unveränderlicher Volksgeist oder die Sitte und das Wesen einer Nation postuliert, die die „wahre" Verfassung eines Landes ausmachen, wie sehr sich auch die politisch-rechtlichen Strukturen ändern mögen. Häufig stellt ein solcher Verfassungsbegriff als Daseinsform aber nur darauf ab, dass der Begriff der Verfassung nicht auf die politisch-rechtlichen Strukturen eines Staates reduziert werden darf, sondern die realen sozioökonomischen Verhältnisse mit einbeziehen muss. Dahinter steht die schon für das klassische Konzept der Mischverfassung zentrale Annahme, dass politisch-rechtliche Strukturen nur dann stabil sein werden, wenn sie allen maßgeblichen gesellschaftlichen Kräften eine angemessene Position zuweisen, bzw. wenn jedes verfassungsrechtliche Organ sich im Sinne Montesquieus auf das reale gesellschaftliche Machtpotential einer gesellschaftlichen Gruppe stützen kann.[115]

Von großer begriffsgeschichtlicher Bedeutung ist auch der Begriff der Verfassung als „Ordnung des Politischen".

[114] Zur Fülle der Begriffe in der Neuzeit siehe Grimm (1990b), Grimm (1991), Loewenstein (1969, S. 140–157), Schmitt (1983, S. 1–75).

[115] Bsp. siehe Grimm (1990b, S. 870 f).

> Jeder dauernde Verband bedarf einer Ordnung, der gemäß sein Wille gebildet und vollzogen, sein Bereich abgegrenzt, die Stellung seiner Mitglieder in ihm und zu ihm geregelt wird. Eine derartige Ordnung heißt eine Verfassung.[116]

In diesem Sinn hat jeder Staat eine Verfassung in Form von Institutionen und Verfahren, die sich empirisch erschließen lassen; der Begriff überschneidet sich mit dem des „politischen Systems".

Als konstitutives Element von Rechts- und Verfassungsstaaten meint „Verfassung" aber in einem noch engeren Sinn die Verfassung als Rechtsform, d. h. als System der „grundlegenden Rechtssätze, die Organisation, Aufgaben und Befugnisse der Staatsgewalt regeln."[117] Die bisher vorgestellten zentralen Elemente des Verfassungsstaats, also Rechtsstaatlichkeit, Gewaltenteilung und Grundrechte können ihre Wirkung nur entfalten, wenn sie „auf Dauer gestellt", d. h. dem täglichen politischen Entscheidungszugriff zumindest soweit entzogen sind, dass sie nur in Ausnahmefällen und mit besonderen Auflagen von einer breiten Mehrheit der Entscheidungsträger geändert werden können und nicht mit jedem Mehrheits- oder Regierungswechsel neu verhandelt werden können oder müssen. Sie in einer rechtsförmigen Verfassung zu verankern, heißt sie in gewissem Maß zu verrechtlichen oder zu entpolitisieren. Voraussetzung hierfür ist, dass die Verfassung als solche von allen übrigen im Staat geltenden Rechtsnormen klar unterscheidbar und ihnen übergeordnet ist. Das geschieht am einfachsten durch die Zusammenfassung aller grundlegenden Normen in einer Verfassung im formellen Sinn, einem sogenannten Verfassungsgesetz. Es ist eine gezielte Kunstschöpfung, die von einer gesonderten verfassunggebenden Instanz als zusammenhängender Komplex von Rechtssätzen entworfen und in einer besonderen Urkunde niedergelegt wird.[118] Sie bildet eine Art Masterplan, ein einheitliches Zentrum, aus dem heraus nicht nur die gesamte politisch-rechtliche Ordnung erwächst, sondern das auch die Leitlinien für die künftige Gestaltung vorgibt.[119]

Oft ist sie die Reaktion auf tiefgreifende gesellschaftliche Veränderungen oder gar Ergebnis einer Revolution, die eine Neudefinition weiter Teile der politischen Ordnung erforderlich machen. Um klarzustellen, welche bisherigen Teile des Verfassungsrechts weiter Bestand haben und welche geändert oder abgeschafft sind, werden dann alle künftig geltenden Verfassungsnormen systematisch erfasst, ko-

---

[116] Jellinek 1960, S. 505.

[117] Badura 1975, S. 2711.

[118] Vgl. zum modernen Verfassungsbegriff Badura 1975, S. 2708, Stern 1984, S. 63, Preuß 1994, S. 12.

[119] Vgl. zur Verfassung als determinierendem Zentrum Jellinek (1960, S. 521). Peter Häberle betont als Leitidee des modernen Verfassungsbegriffs, dass die Verfassung den Staat schafft und nicht umgekehrt. Es gäbe „nur so viel Staat wie die Verfassung konstituiert". Häberle 1998, S. 620.

difiziert und entweder im vollen Wortlaut in die Verfassungsurkunde integriert oder durch entsprechende Hinweise ausdrücklich in ihrer Geltung bestätigt. Ein Beispiel hierfür ist der in der Präambel der geltenden französischen Verfassung von 1958 zu findende Verweis auf die Erklärung der Grund- und Menschenrechte von 1789 und auf die Präambel der Verfassung von 1946, die damit zum rechtsverbindlichen Bestandteil der neuen Konstitution gemacht sind.[120] Alle Rechtssätze, die im Verfassungsgesetz enthalten sind, genießen nach heutiger Auffassung Vorrang vor einfachem Recht. Der Vorrang erstreckt sich auch auf Artikel, die inhaltlich nicht von grundlegendem Charakter sind und vielleicht zufällig oder nur der Vollständigkeit halber aufgenommen wurden. Durch die Kodifizierung kann mit großer Sicherheit gesagt werden, was Vorrang gegenüber einfachem Gesetz besitzt und somit von der Verfassungsgerichtsbarkeit der Legislative als Maßstab vorgehalten werden darf.[121] Sollen in einem Staat noch weitere Rechtsquellen gelten, die nicht erst durch die Verfassung errichtet sind, müssen auch sie in der Urkunde genannt und ihre Stellung im Rechtssystem definiert werden. Ein Beispiel hierfür ist die Regelung in Art. 25 des Grundgesetzes zur Integration des Völkerrechts in das deutsche Rechtssystem: „Die allgemeinen Regeln des Völkerrechtes sind Bestandteil des Bundesrechtes. Sie gehen den Gesetzen vor und erzeugen Rechte und Pflichten unmittelbar für die Bewohner des Bundesgebietes." Genauso könnten aber auch Gewohnheitsrecht, Richterrecht oder indigenes Recht genannt und in die Hierarchie eingeordnet werden. Wichtig ist, dass in einem Verfassungsstaat außerkonstitutionelle Rechtsquellen nur über diesen Umweg von staatlichen Organen angewendet werden dürfen. Hybride Rechtssysteme, in denen Legitimität einer Norm sowohl aus Verfassungsrecht, als auch *unmittelbar* aus religiösem, natürlichem, gewohnheitsmäßigem Recht etc. legitimiert werden kann, sind dagegen nicht vollständig als Verfassungsstaaten organisierbar, wie wohl sie durchaus eine Verfassung besitzen können. Sie kann dann aber nicht als eine den gesamten Staat umfassende Ordnung verstanden werden, sondern entweder als ein Programm mit politisch-appellativer Wirkung oder als eine Rechtsquelle neben anderen.

Grundlegung des modernen Verfassungsbegriffs bei Emer de Vattel

Kodifizierte, der Idee nach systematisch geschlossene und vollständige Verfassungen sind eine „Erfindung" des 18. Jahrhunderts. Die erste grundle-

[120] Es ist strittig, ob die Inhalte einer Präambel in vollem Umfang am Verfassungsrang teilhaben und somit verfassungsgerichtlich einklagbar sind. Für die Französischen Grundrechte hat der Verfassungsrat die Einklagbarkeit allerdings inzwischen anerkannt.

[121] Vgl. hierzu und zum Folgenden Wahl (1981, S. 486–488).

gende Herleitung und Darstellung des modernen Verfassungsbegriffs findet sich 1758 bei Emer de Vattel.[122] „Das Grundgesetz, das die Art und Weise der Ausübung der öffentlichen Gewalt bestimmt, bildet die *Verfassung* des *Staates*. In ihr zeigt sich die Form, unter der eine Nation in ihrer Eigenschaft als politischer Körper handelt, wie und durch wen das Volk regiert werden soll, welches die Rechte und Pflichten der Regierenden sind. Diese Verfassung ist im Grunde nichts anderes als die Aufstellung des Systems, nach welchem eine Nation gemeinschaftlich für die Erlangung der Vorteile arbeiten will, zu deren Erreichung die politische Gemeinschaft errichtet worden ist."[123]

Die Verfassung weist nach Vattel also Geschlossenheit und innere Logik auf, weil sie von einem einheitlichen Punkt, nämlich dem ursprünglichen Zweck der Staatsgründung ausgeht, die Existenz des Einzelnen zu sichern und seine Selbstvervollkommnung zu ermöglichen. Weil dies nur durch Kooperation mit anderen möglich ist, hat der Einzelne die Pflicht, zum Wohl und Gelingen der Gemeinschaft beizutragen usw.[124] Stück für Stück lassen sich aus dem Hauptzweck die notwendigen Realisierungsschritte ableiten. Die Nation entwickelt daraus unter Berücksichtigung der kulturellen und sonstigen Rahmenbedingungen und ggf. Hinzunahme weiterer Ziele das Gesamtsystem der Verfassung.[125] Damit schafft sich die Nation auch eine eigene Identität und vor allem gibt sie mit der Verfassung allem staatlichen Handeln eine klare Richtlinie vor. Denknotwendig ergibt sich daraus die Unterordnung und Beschränkung der Staatsgewalt gemäß allen Zielen.[126] Die Höherrangigkeit der Verfassung ergibt sich aber nicht nur aus ihrem grundlegenden Inhalt, sondern auch daraus, dass das Volk, i.e. die Nation, sie selbst erlassen hat. Die verfassunggebende Gewalt des Volkes ist bei Vattel ein untrennbarer Bestandteil des Verfassungsbegriffs. Daraus folgt für ihn aber auch, dass nur die Nation selbst oder ein dazu von ihr ausdrücklich ermächtigtes Organ die Verfassung ändern darf.[127] Gleiches gilt für die Aus-

[122] Vattel 1959. Vgl. zu Vattels Verfassungsbegriff die kurze Übersicht bei Wilhelm (1995, S. 101–108), Außerdem Guggenheim (1959), aktuell Christoph Good (2011).

[123] Vattel 1959, I, Kap. 3 § 27.

[124] Ebd., I, Kap. 2 §§ 13–23.

[125] Als zusätzliche Ziele nennt Vattel die Freiheit der Bürger, öffentliche Sicherheit und staatliche Effizienz. Vattel (1959, I, Kap. 3 § 28, § 30).

[126] Vattel 1959, I, Kap. 4 § 46.

[127] Vattel 1959, I, Kap. 3 §§ 31, 29, 33.

legung der Verfassung in Streitfällen.[128] An welche Verfahren und Institutionen Vattel dabei denkt, bleibt offen. Aus heutiger Sicht würde die Aussage heißen, dass in der Verfassung klare Vorgaben sowohl für Auslegung als auch Änderung gemacht werden müssen.

Für die Entwicklung des modernen Verfassungsbegriffs ist besonders wichtig, dass Vattel die Verfassung als eine positive Rechtsnorm begreift und verlangt, dass Gesetze und Grundgesetze den gleichen formalen Anforderungen genügen müssen: Insbesondere müssten sie deutlich und klar abgefasst sein und formell verkündet werden, um eine Umgehung oder Falschauslegung zu verhindern. So werde für Bürger und Staatsorgane gleichermaßen Transparenz und Rechtssicherheit hergestellt.[129] Was zur Verfassungsstaatlichkeit noch fehlt, ist ein Verfassungsgericht oder eine ähnliche Instanz, die die Hierarchie des Rechts gerichtlich erzwingen könnte. Stattdessen sieht Vattel als äußerstes Mittel zur Verteidigung der Verfassung ein Widerstandsrecht vor.

Nicht alle heutigen Staaten verfügen über eine solche formelle Verfassung, wie sie einem Verfassungsstaat idealerweise zugrunde liegt. Die bekannteste Ausnahme ist Großbritannien, mit seiner gewachsenen, nicht kodifizierten Verfassung, die aus geschriebenen und ungeschriebenen Rechtssätzen besteht und die über Jahrhunderte im Zuge normaler Rechtssetzung und Rechtsprechung entstanden ist. Sie hat dementsprechend auch keinen Vorrang vor einfachem Gesetz und bildet kein in sich geschlossenes System.[130]

Aber auch kodifizierte Verfassungen entsprechen nicht immer dem Ideal. Das gilt zuallererst für das Ideal einer systematischen Geschlossenheit der Verfassungsurkunde. Einige Verfassungen erreichen sie schon bei ihrer Geburt nicht, weil sie unter hohem Zeitdruck in Revolutionen entstehen, oder weil sie nur einige Lücken in einer bestehenden Rechtsordnung füllen sollen. Andere sind nach häufigen Änderungen in ihrer ursprünglichen Form und Systematik kaum mehr erkennbar.

[128] „Aus unseren grundsätzlichen Feststellungen (§ 31) ziehen wir den Schluß: Erhebt sich im Staat Streit über die Grundgesetze, die öffentliche Verwaltung, die Rechte der verschiedenen daran beteiligten Gewalten, so ist ausschließlich die Nation kompetent, den Streit zu entscheiden und mit verfassungsmäßigen Mitteln aus der Welt zu schaffen." Vattel 1959, I, Kap. 3 § 36.

[129] Vattel 1959, I, Kap. 3, § 29.

[130] Die Differenzierung zwischen kodifizierten und gewachsenen Verfassungen wurde eingeführt von James Bryce, 1901, Essay III; vgl. auch Vorländer (2004, S. 14–17), Badura (1975, S. 2712).

Viele Verfassungsurkunden sind also bloße Sammlungen von Normen zur Festlegung des Organisationsrahmens und zur Bestimmung des Verhältnisses Bürger – Staat, ohne dabei von einem einheitlichen normativen Grundgedanken auszugehen.[131]

Und auch die Forderung einer vollständigen Kodifizierung des Verfassungsrechts ist oft nicht erfüllt. Neben dem formellen, in die Urkunde aufgenommenen Verfassungsrecht bestehen oft zusätzliche Rechtssätze, die ihrem Inhalt nach die Errichtung und Ausübung der Staatsgewalt grundlegend regeln, aber nicht in die Verfassungsurkunde aufgenommen sind. Sie bilden zusammen mit dem formellen das sogenannte materielle Verfassungsrecht. Solche Rechtssätze sind zum Beispiel die Geschäftsordnungen der obersten Staatsorgane. Nach heute gängiger Sicht kommt aber ein Vorrang vor übrigen Rechtssätzen nur den Verfassungsnormen zu, die tatsächlich auch formell als Teil der Verfassung verankert und somit zweifelsfrei erkennbar sind.[132] Denn es wird unterstellt, dass für die Entscheidung, eine materielle Verfassungsnorm nur auf dem Wege der Gesetzgebung zu erlassen, konkrete Gründe vorliegen: Eventuell soll erst der reale Bedarf und Nutzen einer Norm beobachtet werden, bevor man sie in die nur schwer änderbare Urkunde aufnimmt oder man vermutet, dass der Regelungsgegenstand häufige Anpassungen erfordert. Da es dem Verfassungsgeber oder Revisor unbenommen ist, solche Normen zu einem späteren Zeitpunkt in die Urkunde aufzunehmen, stellt der Unterschied zwischen formellem und materiellem Verfassungsrecht kein Problem für die Vorrangfrage dar. Auch in einem anderen Punkt weichen viele Staaten mit einer kodifizierten Verfassung vom Ideal vollständiger und systematischer Erfassung ab: Vielfach bestehen ungeschriebene Verfassungsnormen. Sie sind Teil des materiellen Verfassungsrechts, insofern sie grundlegend zur rechtlichen Ordnung des Staates beitragen. Meist werden dazu Gepflogenheiten in Parlamentssitzungen oder bei der Besetzung von Ausschüssen gerechnet, aber auch allgemeine Gerechtigkeitsgrundsätze, Wertvorstellungen und Rechtsprinzipien, die im Verfassungstext selbst nicht näher ausgeführt, aber offensichtlich mitgedacht waren. So ist etwa das Rechtsstaatsprinzip im Deutschen Grundgesetz genannt, aber nicht weiter erläutert. Naheliegend wäre, diese Normen wie die geschriebenen, aber nicht in die formelle Verfassung aufgenommenen Rechtssätze des materiellen Verfassungsrechts, nicht am Vorrang vor übrigem Recht teilhaben zu lassen. Nach Auffassung einiger Verfassungsjuristen gelten diese Normen aber als Ergänzung der Verfassungsurkunde und nehmen daher am Geltungsvorrang der Verfassung im formellen Sinn sehr

---

131 Vgl. Schmitt (1983, S. 11–20). Schmitt nennt die unsystematischen Sammlungen „relative" Verfassungen. Kritisch zur Annahme einer systematischen Gesamtentscheidung auch Isensee (1995, S. 60 ff), ebenso skeptisch Depenheuer (1993, S. 171 f).

132 Badura 1975, S. 2712.

wohl teil.[133] Begründen ließe sich dies vielleicht damit, dass hier anders als beim geschriebenen, nur materiellen Verfassungsrecht keine bewusste Entscheidung für die Aufnahmeverweigerung unterstellt werden kann, sondern es sich um Normen handelt, die für die politisch-rechtliche Kultur eines Landes derart selbstverständlich sind, dass auf eine schriftliche Fixierung bewusst oder unbewusst verzichtet wurde. Denkbar wäre auch, dass sich entsprechende Gepflogenheiten erst nach dem Erlass der Urkunde entwickelt haben und sich seitdem die Notwendigkeit der Aufnahme nicht ergeben hat.

3.4.2 Aufbau, Inhalt und Funktionen moderner Verfassungen

Schon früh in der Entwicklung der modernen Verfassung hat sich ein typisches Schema für Aufbau und Inhalt herausgebildet. Eine Präambel legt eingangs Rechenschaft über die Wurzeln und Ziele der neuen Ordnung Rechenschaft ab. Aufgezeigt werden z. B. besondere historische Rahmenbedingungen, die die Notwendigkeit und Ausrichtung eines Neuanfangs verdeutlichen, etwa die Beseitigung einer Diktatur und den Wunsch nach Errichtung einer Demokratie. So heißt es in der Präambel der Verfassung Portugals vom 2. April 1976:

> Am 25. April 1974 krönte die Bewegung der Streitkräfte den langjährigen Widerstand des portugiesischen Volkes mit dem Sturz des faschistischen Regimes und gab damit dem größten Wunsch des Volkes Ausdruck.
>
> Portugal von Diktatur, Unterdrückung und Kolonialismus zu befreien, bedeutete einen revolutionären Wandel und den Beginn einer historischen Wende für die portugiesische Gesellschaft.
>
> Die Revolution gab den Portugiesen die Grundrechte und Grundfreiheiten zurück. In Wahrnehmung dieser Rechte und Freiheiten versammeln sich die legitimen Vertreter des Volkes, um eine den Bestrebungen des Landes entsprechende Verfassung auszuarbeiten. Die Verfassunggebende Versammlung bestätigt die Entschlossenheit des portugiesischen Volkes, die nationale Unabhängigkeit zu verteidigen, die Grundrechte der Staatsbürger zu garantieren, die wesentlichen Grundsätze der Demokratie festzulegen, den Vorrang der Rechtsstaatlichkeit zu sichern und den Weg für ein sozialistisches Gesellschaftssystem unter Beachtung des Willens des portugiesischen Volkes zu eröffnen, im Hinblick auf die Errichtung eines freien, gerechteren und brüderlichen Landes.

Außerdem gilt es, die Legitimationsgrundlage der neuen Verfassung darzustellen, bei modernen Verfassungen also das Selbstbestimmungsrecht des Volkes und seine

133 Badura 1975, S. 2712. Ebenso Kastari 1966, S. 55. Klar ist dagegen, dass auch Gesetze, die vom Inhalt der Verfassung „angestrahlt" sind, also etwa der Umsetzung eines bestimmten Freiheitsgrundsatzes dienen, nicht vorrangig sind.

souveräne, verfassunggebende Gewalt. Klassisches Beispiel ist die Eingangsformel der Amerikanischen Bundesverfassung „We the people". Staaten, die erstmals oder nach langer Fremdherrschaft wieder unabhängig werden, nehmen zusätzlich oft Bezug auf die frühere Eigenständigkeit, um die Sezession zu rechtfertigen. Viele ältere Präambeln berufen sich auch auf ihre Verantwortung vor Gott, eine gute Ordnung zu errichten und erbitten zugleich eine Bürgschaft für das Gelingen des neuen Anfangs. Besonders ausgeprägt ist das in der Präambel der irischen Verfassung vom 1. Juli 1937:

> Im Namen der Allerheiligsten Dreifaltigkeit, von der alle Autorität kommt und auf die, als unserem letzten Ziel, alle Handlungen sowohl der Menschen wie der Staaten ausgerichtet sein müssen, anerkennen
>
> Wir, das Volk von Irland,
>
> in Demut alle unsere Verpflichtungen gegenüber unserem göttlichen Herrn, Jesus Christus, der unseren Vätern durch Jahrhunderte der Heimsuchung hindurch beigestanden hat. In dankbarer Erinnerung an ihren heldenhaften und unermüdlichen Kampf um die Wiedererlangung der rechtmäßigen Unabhängigkeit unserer Nation und in dem Bestreben, unter gebührender Beachtung von Klugheit, Gerechtigkeit und Barmherzigkeit das allgemeine Wohl zu fördern, auf daß die Würde und Freiheit des Individuums gewährleistet, eine gerechte soziale Ordnung erreicht, die Einheit unseres Landes wiederhergestellt und Eintracht mit anderen Nationen begründet werde, nehmen wir diese Verfassung an, setzen sie in Kraft und geben sie uns.

In jungen Verfassungen ist diese *invocatio dei* seltener geworden. In den Vertrag zu einer Europäischen Verfassung wurde sie nach langen Diskussionen schließlich nicht aufgenommen. Polen, das sowohl eine starke Tradition des Katholizismus als auch eine jahrzehntelange antireligiöse Vergangenheit besitzt, nimmt zwar einen Gottesbezug auf, wählt aber für die Verfassung von 1997 eine eigenwillige Kompromissformel:

> In der Sorge um unser Vaterland und seine Zukunft, nachdem wir in 1989 die Möglichkeit wieder gewonnen haben, souverän und demokratisch über unser Schicksal zu bestimmen, beschließen wir, das Polnische Volk – alle Staatsbürger der Republik, sowohl diejenigen, die an Gott als die Quelle der Wahrheit, Gerechtigkeit, des Guten und des Schönen glauben, als auch diejenigen, die diesen Glauben nicht teilen, sondern diese universellen Werte aus anderen Quellen ableiten,… uns die Verfassung der Republik Polen zu geben …

Der Hauptteil moderner Verfassungen gliedert sich in einen grundrechtlichen und einen organisationsrechtlichen Teil. Der organisationsrechtliche Teil einer Verfassung erfüllt die älteste Aufgabe, die mit dem Begriff der Verfassung in Verbindung gebracht wird: Sie konstituiert überhaupt erst die politische Ordnung, in dem sie die Ämterordnung samt ihrer Bestellungsverfahren, Kompetenzen und der Beziehung der Institutionen untereinander festlegt. Dies in einer höherrangigen Verfassung und nicht nur per Gesetz zu tun bedeutet, die Ämterordnung dem Zugriff des Gesetzgebers zu entziehen. Somit kann er die Bedingungen seiner eigenen Existenz, aber auch die der anderen verfassten Gewalten nicht ändern. Es ist eine notwendige Voraussetzung der schon angesprochenen, mit dem Verfassungsvorrang verbundenen verfassungsfunktionalen Gewaltenteilung. So wird verhindert, dass der Gesetzgeber eine unbeschränkte Kompetenz der Verfassungsgebung an sich reißt und damit die Differenzierung zwischen Gesetz und Verfassung aufhebt. Außerdem werden im organisationsrechtlichen Teil wichtige Verfahren geregelt: Gesetzgebungsverfahren, Ratifizierung völkerrechtlicher Verträge, Zulässigkeit und Verfahren der Verfassungsänderung, das Wahlsystem und die Durchführung von Volksabstimmungen. Zur Ordnung des Politischen gehören außerdem Grundprinzipien ihres Aufbaus und ihrer Ausgestaltung. Sie sind meist in einem allgemeinen Teil zu Beginn der Verfassung genannt. Er enthält zum Beispiel das Bekenntnis zur Volkssouveränität und Demokratie, zur Rechts- und Sozialstaatlichkeit, zu Grundlagen des Völkerrechts und zum Gemeinwohl.

Einen besonderen Rang nimmt heute in modernen Verfassungen der grundrechtliche Teil ein. Häufig wird das durch seine Platzierung gleich hinter der Präambel noch vor dem organisationsrechtlichen Teil unterstrichen. Zwar ergibt sich daraus keine Hierarchisierung, aber doch eine symbolische Bekräftigung, dass der Staat um der Menschen willen da ist und nicht umgekehrt. Neben den schon im letzten Kapitel dargelegten Grundrechten nennt der grundrechtliche Teil meist auch die Bedingungen von Erwerb und Verlust der Staatsbürgerschaft und die dazu gehörigen Rechte und Pflichten. Zuweilen sind in einer Verfassung fundamentale Rechte nicht in dem so betitelten Grundrechtskatalog zu finden, sondern im organisationsrechtlichen Teil in Zusammenhang mit bestimmten Organen. So findet sich im Deutschen Grundgesetz das Wahlrecht bei den Bestimmungen zum Bundestag und die grundlegenden justiziellen Rechte im Kapitel Rechtsprechung. Diese Platzierung außerhalb des Grundrechtskatalogs hat gewichtige Folgen: Diese Rechte sind damit keine Grundrechte im Sinne des Grundgesetzes. Damit wären sie an sich nicht in die Wesensgehaltsgarantie und die Möglichkeit der Verfassungsbeschwerde eingeschlossen. Das Grundgesetz tritt dem zumindest insoweit entgegen, als es in Art. 93 Abs. 1 Nr. 4a GG alle Rechte einzeln aufführt, die, obschon sie außerhalb des Grundrechtsteils stehen, dennoch im Rahmen einer Verfassungsbeschwerde einklagbar sind. Es sind dies das Widerstandsrecht (Art. 20 Abs. 4 GG), der gleiche Zugang zu öffentlichen Ämtern (Art. 33 GG), das Wahlrecht (Art. 38 GG), der Anspruch auf den gesetzlichen Richter (Art. 101 GG), der Anspruch auf rechtliches Gehör (Art. 103 GG) sowie der Schutz vor willkürlicher Verhaftung und das Folterverbot (Art. 104 GG). Aufgrund ihrer verfassungsgerichtlichen Einklagbarkeit werden diese Rechte, wie schon erwähnt, als „grundrechtsgleich“

bezeichnet. Das Beispiel verdeutlicht noch einmal die Feststellung, dass im Verfassungsstaat jede Institution und jedes Recht nur den Rang und Umfang hat, den die Verfassung ihnen zuweist. Im Grundgesetz hat dies dazu geführt, dass Rechte, die für die historische Entwicklung des Rechts- und Verfassungsstaates von zentraler Bedeutung waren, wie gerade die Rechtsschutzgarantien in Art. 101, 103 und 104 in den organisationsrechtlichen Teil „ausgelagert" wurden.

Den Schluss der Verfassung bilden Bestimmungen, die z. B. angeben, wann die neue Verfassung in Kraft tritt, welche Übergangsfristen für die Geltung der bisherigen Verfassung gelten und manchmal auch wie ggf. eine neue Verfassung erlassen werden könnte.

Strittig ist, ob der dem demokratischen Verfassungsstaat zugrunde liegende Verfassungsbegriff über diese formalen Charakteristika und oberflächlichen inhaltlichen Bestimmungen hinaus auch zwingend ganz bestimmte Institutionen, Rechte, Werte etc. vorgibt, etwa einen Kernbestand bestimmter Grundrechte. In seiner Entstehungsgeschichte ist er zweifellos eng mit einem liberalen Freiheitsverständnis und der Garantie individueller Rechte verknüpft. In der modernen Verfassungstheorie überwiegt aber heute die Sicht, dass auch in demokratischen Verfassungsstaaten eine Vielzahl anderer Staatsziele, Werte, Rechte oder Gesellschaftsformen festgelegt sein können. Sogar ein anderer Volksbegriff und damit verbunden eine andere verfassunggebende Gewalt in den Händen einer speziell definierten „Nation", Klasse, Kaste oder Partei sind denkbar. In den letzten Jahrzehnten haben gerade die Verfassungen in einigen Ländern Lateinamerikas, Asiens und Osteuropas gezeigt, dass das Konzept moderner Verfassung und demokratischer Verfassungsstaatlichkeit durchaus mit anderen Wertvorstellungen und Zielen kombinierbar ist. Ansätze in der politischen Theorie, die andere oder weitere Ziele als den Schutz von Individualrechten formulieren, werden gelegentlich als „new constitutionalism" bezeichnet. Erweiterte Inhalte verbinden sich dabei oft auch mit einer Erweiterung der Mittel. Ulrich K. Preuß erläutert:

> Sie wollen die eingefahrenen Bahnen des traditionellen Konstitutionalismus, in denen die abwehrend-defensive Fixierung auf die ständig lauernden Gefahren des Machtmissbrauchs dominierte, verlassen und die Idee einer aktiven institutionellen Gestaltung der Gesellschaft verfolgen. Wertvolle gesellschaftliche Ziele wie ökonomische Effizienz, informierte demokratische Kontrolle oder bürgerschaftliche Teilnahme stehen dabei im Vordergrund. Methodisch soll der ‚neue Konstitutionalismus' vor allem die Individuen zu kompetenten Bürgern qualifizieren und ihre Fähigkeiten stärken, für ihre Probleme intelligente Lösungen zu finden.[134]

Insofern ist festzuhalten, dass die Idee der kodifizierten Verfassung zwar aus einem liberalen, naturrechtlichen Ordnungsideal heraus entwickelt wurde und hier größ-

[134] Preuß 1994 S. 27.

te systematische Kohärenz und Geschlossenheit erreichte. Aber sie kann „nicht mit dem Liberalismus und dessen Programm der Begrenzung staatlicher Macht in eins gesetzt werden".[135] Das Konzept einer höherrangigen, kodifizierten Rechtssammlung mit erschwerter Änderbarkeit kann flexibel überall dort eingesetzt werden, wo eine größere Dauerhaftigkeit angestrebt oder behauptet wird. „[D]er Typus des demokratischen Verfassungsstaates kennt eine größere Variationsbreite als manche Vertreter eines positivrechtlichen Status quo wahrhaben wollen", betont Häberle.[136] Der liberale, statische und auf Langlebigkeit ausgerichtete Verfassungsbegriff konkurriert in der aktuellen Debatte mit einem pluralistischen, dynamischen Verfassungsbegriff. Demnach ist die Verfassung das Ergebnis eines beständigen Prozesses wechselseitiger Beeinflussung und Integration von Wertvorstellungen, Machtverhältnissen, politischer Willensbildung und Ordnungsstrukturen. Die Verfassung ist also weder statisch noch das Ende einer historischen Entwicklung, sondern das Ergebnis interaktiver Gestaltung. Das heute z. B. bei Peter Häberle zu findende Konzept ergänzt sich mit dem neueren Begriff der politischen Kultur. Es kann durchaus in eine justiziable, höherrangige Verfassungsurkunde münden, solange sie für Veränderungen offen bleibt. Allerdings kann eine solche Urkunde stets nur einen Teil und nur eine Momentaufnahme des Verfassungsprozesses darstellen und auch die Ziele einer Verfassung allein nicht erreichen. Die soll nicht in erster Linie Rechtsgrundordnung sein, sondern Medium der Integration. Der einmalige Akt der Verfassungsgebung wird dadurch in einen unendlichen Prozess der Selbstvergewisserung verwandelt. Peter Häberle spricht von einer „offenen Gesellschaft der Verfassungsinterpreten".[137]

Dementsprechend werden modernen Verfassungen heute auch eine Vielzahl von Funktionen zugeschrieben, die eine vollständige Verfassung auch durchaus erfüllen kann (vgl. Abb. 3.10).[138,]

3.4.3 Verfassungsgebung und -änderung. Legitimation und Grenzen

3.4.3.1 Pouvoir Constituant

Die Funktionsfähigkeit einer Verfassung hängt, neben ihrer Rechtsgeltung, ihrem Vorrang und inhaltlichen Vollständigkeit noch von zwei weiteren Punkten ab:

---

[135] Preuß 1994, S. 26.

[136] Häberle 1986, S. 104.

[137] Häberle 1975, S. 297–305.

[138] Vorländer 2004, S. 17–20; ähnlich Denninger 1994, S. 97 f.

Abb. 3.10 Funktionen der modernen Verfassung

Verfassungsfunktion	geleistet durch
konstituierend	Schaffung der Ämterordnung, Festlegung der Verfahren und Kompetenzen und ihrer Beziehungen untereinander;
legitimierend	Nachweis der Notwendigkeit neuer Verfassung in Präambel, verfassunggebende Gewalt des Volkes, Sicherung der Grundrechte und allgemeiner Gerechtigkeit; individuelle Freiheiten, Naturrechtsbezug;
integrierend, identitätsstiftend	Selbstdefinition der Gesellschaft in ihren gemeinsamen Zielen und Überzeugungen (Präambel), Gewähr von Rechtsgleichheit und Minderheitenschutz, Symbolcharakter;
limitierend	Positivrechtliche Geltung der Verfassung, Abwehrrechte gegen den Staat, Rechtsstaatlichkeit, Kompetenzbegrenzung der staatlichen Organe, Gewaltenteilung;
streitschlichtend	Befriedung des politischen Prozesses durch Regulierung der Teilhaberechte und Verpflichtung auf Basiskonsens, Entlastung des politischen Alltags durch vorgelagerte Spielregeln;
motivierend, mobilisierend	Stiftung eines Gründungsmythos fördert gemeinsames Erinnern und Erleben der Gründung und die Praktizierung der gemeinsamen Überzeugungen, Mobilisierung von Unterstützung durch die versprochenen Leistungen.

Quelle: Eigene Darstellung

ihrer Legitimation und ihrer Beständigkeit. Für beides ist die analytische Unterscheidung zwischen der die Verfassung hervorbringenden verfassunggebenden Gewalt und den durch die Verfassung erzeugten verfassten Gewalten von großer Bedeutung. Diese Differenzierung gehört zu den unverzichtbaren Voraussetzungen des Verfassungsstaats. Die Unterscheidung macht klar, dass alle Staatsorgane ihre Legitimation aus der Verfassung ableiten und sie nur die Kompetenzen haben, die ihnen darin ausdrücklich zugewiesen sind. Zudem verweist die Unterscheidung darauf, dass kein erst durch die Verfassung installiertes Organ nach Belieben über sie verfügen und seine eigenen Existenzbedingungen nachträglich kann. Jede Verfassungsänderung kann nur in den durch die Verfassung selbst vorgegebenen Schranken erfolgen. Das bewirkt insbesondere den Nachrang des Gesetzgebers hinter allen Instanzen, die die Verfassung erlassen, ändern oder interpretieren können.[139] Der französische Politiker Emmanuel Joseph Sieyès prägte dafür 1789 die begriffliche Differenzierung zwischen dem *pouvoir constituant* und den *pouvoirs constitués,* also der verfassunggebenden und den verfassten Gewalten.[140]

Die verfassunggebende Gewalt ist letztlich ein Sinnbild für das Zurückgreifen auf eine originäre, nicht weiter hintergehbare Quelle von Recht.[141] Sie wird, gemäß den Prämissen der Aufklärung in dem natürlichen Recht eines jeden Individuums erkannt, über sich selbst zu bestimmen. Das schließt das Recht ein, teilweise auf die Ausübung dieses Selbstbestimmungsrechts zu verzichten und stattdessen eine politische Körperschaft mit dem Erlass einer allgemein verbindlichen Rechtsordnung zu beauftragen. Theoretisch könnte diese Körperschaft auch eine Person oder eine Gruppe sein. Durchgesetzt hat sich aber die Idee, nur das „Volk" als eine überzeitliche Einheit sei dafür sinnvoll geeignet. Die an die französische Bevölkerung gerichtete Kampfschrift des Angloamerikaners Thomas Paines „The Rights of Man" von 1791/92 und die Parolen der Französischen Revolution erhoben dies zum Dogma:

> A constitution is not the act of a government, but of a people constituting a government; and government without a constitution, is power without a right.[142]

> A constitution is the property of a nation, and not of those who exercise the government. All the constitutions of America are declared to be established on the authority of the people. In France, the word nation is used instead of the people; but in both cases, a constitution is a thing antecedent to the government, and always distinct from them.[143]

Nur eine vom Volk erlassene Verfassung kann allein aufgrund der Autorität des Verfassungsgebers einen über dem Gesetz stehenden Rang beanspruchen.[144] Sie wird bereits durch ihr Entstehungsverfahren legitimiert, bevor ihre Leistungskraft überhaupt erprobt ist. Dadurch kann sie vom ersten Tag an Gehorsam und Anerkennung verlangen.

---

139 Stourzh 1974, S. 20.

140 Sieyès 1988, S. 180 f. Sieyès beansprucht für sich, diese Lehre von der verfassunggebenden Gewalt des Volkes entworfen zu haben. Vgl. Zweig (1909, S. 1). Richtiger ist wohl, dass Sieyès ihr prominentester Vertreter ist und als erster die bis heute gültige begriffliche Unterscheidung in *pouvoir constituant* und *pouvoirs constitués* findet. In der Praxis umgesetzt war die Unterscheidung zwischen verfassunggebenden und verfassten Gewalten bereits früher im Entstehungsprozess der amerikanischen Bundesverfassung von 1787.

141 Vgl. Isensee (1995, S. 9 f).

142 Paine 1969, S. 207.

143 Paine 1969, S. 213.

144 Vgl. Böckenförde (1986, S. 26).

Verschiedene Möglichkeiten bestehen, die verfassunggebende Gewalt des Volkes zum Ausdruck zu bringen.[145] Unumstritten ist die Möglichkeit, die Verfassung durch einen speziell hierfür gewählten Verfassungskonvent ausarbeiten zu lassen und anschließend einer Volksabstimmung zu unterwerfen. Alternativ könnte der Konvent auch von Organen der bisherigen Verfassung, einer Besatzungsmacht oder ähnlichem berufen werden. Auch das alte Parlament könnte als ein solcher Konvent fungieren, solange die endgültige Verabschiedung durch Volksabstimmung erfolgt.[146] Ebenso legitim im Sinne der Doktrin des *pouvoir constituant* des Volkes ist ein repräsentatives Verfahren. Hierfür muss vom Volk eine mit einem ausdrücklichen Mandat ausgestattete verfassunggebende Versammlung gewählt werden, die einen Entwurf erarbeitet und selbst verabschiedet. Eine zusätzliche Bestätigung per Volksentscheid ist dann nicht erforderlich. Sie könnte die Legitimation der neuen Verfassung sogar beeinträchtigen, wenn die Bürger der von ihr zuvor bevollmächtigten Versammlung in der Endabstimmung widersprechen. Gelegentlich werden aber im Vorhinein zentrale strittige Fragen einer Volksabstimmung unterworfen und der Versammlung ein entsprechend gebundenes Mandat erteilt.[147] Föderale Staaten stellen einen Sonderfall dar. Soweit die Regionaleinheiten bereits vor dem Bund bestanden haben, wie in den USA oder Deutschland, gelten die Bürger bereits als an die Entscheidungsbefugnis ihres Landesvolks gebunden, so dass sie sich nicht als Einzelne zu einem Bundesvolk zusammenschließen können. Stattdessen würden sie Länderdelegierte für einen Konvent oder eine Verfassunggebende Versammlung wählen, ihr Landesparlament zur Ratifizierung ermächtigen oder getrennt nach Ländern über die Bundesverfassung abstimmen.

Abweichend von diesen dem Postulat des *pouvoir constituant* entsprechenden Verfahren war eine reale Beteiligung des Volkes an einem Verfassungsgebungsprozess bis ins 20. Jahrhundert die Ausnahme. Stattdessen waren es auch dort, wo Verfassungen unter Berufung auf die verfassunggebende Gewalt des Volkes erlassen wurden, meist selbsternannte Eliten, die die Verfassung erarbeiteten und erließen. Das „Volk" diente nur als „Referenzsubjekt".[148] Die Legitimationskraft der verfassunggebenden Gewalt des Volkes beruhte zwar auf der Annahme, dass eine selbst schon verfasste Gewalt logischerweise nicht Urheber der Konstitution sein kann.

145 Zu den demokratischen Möglichkeiten siehe Böckenförde (1986, S. 20–22), zu oktroyierten und paktierten Verfassungen vgl. von Beyme (1968, S. 26–48).

146 Vorlagen der Exekutive für solche Verfassungsplebiszite, wie im Fall der Napoleonischen Verfassungen oder der Französischen Verfassung von 1949 stoßen dagegen eher auf den Verdacht von Manipulation.

147 Vgl. von Beyme (1968, S. 36, 37, 40, 39) zu entsprechenden Diskussionen in Belgien, Italien, Frankreich und Deutschland.

148 Isensee 1995, S. 48.

Doch schon in den Verhandlungen der Französischen Nationalversammlung von 1791 wies der Abgeordnete Emanuel Sieyès darauf hin, dass ein unorganisiertes Volk nicht handlungsfähig sei und daher zwangsläufig vertreten werden müsse. Er rechtfertigte damit reine Repräsentativverfahren der Verfassungsgebung, gegebenenfalls auch durch den regulären Gesetzgeber.[149] Andere Parlamente verwiesen auf die besonderen Umstände der revolutionären Entstehungssituation, die es nicht erlaubt hätten, das Volk zu beteiligen. Implizit wurde damit eingeräumt, den *pouvoir constituant* des Volkes unberechtigterweise usurpiert zu haben. Eine solche Verfassung stellte einen Oktroi dar, der sich aus legitimationstheoretischer Sicht nicht von dem eines Monarchen, einer Besatzungsmacht, einer Partei oder Militärjunta unterschied. Auch dem Deutschen Grundgesetz haftet ein solcher „Geburtsmakel" fehlender Verfahrenslegitimation an. Kritiker gestanden zwar oft zu, dass der provisorische Charakter des Werkes den Verzicht 1949 entschuldigt habe, dass nach der Wiedervereinigung aber zwingend eine Volksabstimmung oder verfassunggebende Versammlung hätte stattfinden müssen.[150]

Dagegen verweisen andere Autoren darauf, dass von einem Makel nicht die Rede sein könne, weil die verfassunggebende Gewalt des Volkes letztlich unerheblich sei. So hätte sie auf die faktische Rechtsgeltung keinen Einfluss. Der deutsche Politologe Klaus von Beyme versuchte 1968 in einer kleinen Studie zur verfassunggebenden Gewalt zudem zu zeigen, dass sich rückblickend auf die europäische Verfassungsgeschichte „kein eindeutiger Zusammenhang zwischen einer demokratischen Legitimation der Verfassung durch das Volk und einem dauernden Bestand der Verfassung finden läßt".[151] Auch für die Akzeptanz in politischer Führung und Volk sei die Urheberschaft unerheblich. Reformkräfte und Bevölkerung seien in der Regel froh gewesen, überhaupt eine Verfassung zu haben. Und schließlich hätte die Urheberschaft auch kaum Einfluss auf die Inhalte der Verfassung gehabt; oktroyierte und paktierte Verfassungen wichen weniger als erwartet von demokratisch legitimierten ab. Prominente deutsche Verfassungsexperten wie Dieter Grimm und Josef Isensee zweifeln zudem an der Tragfähigkeit der gesellschaftsvertraglichen Legitimationsstrategie: Von einem freien Willen könne bei der Verfassungsgebung kaum die Rede sein, weil die meisten Inhalte einer Verfassung bereits durch den Rechtsbegriff, allgemeine verfassungsstaatliche Anforderungen und die histori-

[149] Auf eine Parlamentssouveränität nach englischem Muster, die Legislative und verfassunggebende Gewalt beinhaltet, stützen sich die Französische Verfassung von 1830 und die Italienische von 1860. Vgl. von Beyme (1968, S. 33–36).

[150] Gemäßigt Vorländer 2004, S. 95 ff; deutlicher Grimm 1990a, S. 34; Storost 1990, S. 325; Wahl 1990, S. 476.

[151] Von Beyme 1968, S. 48, zum Folgenden S. 48–55.

Abb. 3.11 Formen der Legitimation einer Verfassung

Legitimation einer Verfassung	
durch …	**Ausprägung**
Input	Erlass durch eine legitime verfassunggebende Gewalt (Volk oder gezielt ermächtigtes Gremium) und/ oder Aufnahme von per se als richtig und gerecht angesehenen Inhalten,
Throughput	legitimitätsstiftendes Verhalten seitens der politischen Organe und Bürger, i.e. Verfassungskonformität, offene Zustimmung, Teilnahme an Wahlen usw.,
Output	Verwirklichung der in der Verfassung gegebenen Versprechen.

Quelle: Eigene Darstellung

schen Rahmenbedingungen vorgegeben seien.[152] „Die Verfassung ist im Endeffekt nicht mehr ein Ergebnis von Übereinkunft, sondern von Notwendigkeit.“, so Grimm.[153] Dagegen spricht allerdings, dass dem Verfassungsgeber ein erheblicher Entscheidungsfreiraum bleibt: Zuerst muss anhand eines bestimmten Menschenbildes entschieden werden, welche Rechte Verfassungsrang erhalten sollen. Dann müssen sie eine justiziable Formulierung erhalten und die Wortwahl ist ebenfalls dem Willen der Autoren unterworfen. Gleiches gilt für die Einschränkungen, die um der Verträglichkeit mit Rechten anderer willen möglich sein müssen. Ohne demokratische Verfahren kann die Wahl zwischen den vielfältigen Alternativen nicht legitim getroffen werden.. Entscheidend ist also die Verbindung von legitimen Inhalten und der Möglichkeit originärer Rechtssetzung.

Richtig ist an den Einlassungen gegen die verfassunggebende Gewalt des Volkes aber, dass es mindestens drei Möglichkeiten der Legitimation einer Verfassung gibt (vgl. Abb. 3.11). Neben der *Input*-Legitimation durch eine verfassunggebende Gewalt und die Aufnahme von per se als richtig und gerecht angesehener Inhalte kommen auch eine *Throughput*- und eine *Output*-Legitimation in Frage. *Throughput*-Legitimation meint das legitimitätsstiftende Verhalten im Verlauf eines Geschehens, in diesem Fall das verfassungskonforme Verhalten von Staatsorganen und politischen Akteuren sowie explizite und implizite Zustimmung seitens der Bürger. Sie ist z. B. abzulesen an der Teilnahme an Wahlen, an Umfragewerten etc. So sehen bekannte deutsche Staatsrechtslehrer einen etwaigen Geburtsmakel des Grundgesetzes durch implizite Zustimmung durch die ersten Wahlen nach den

[152] Von Beyme 1968, S. 52–58.

[153] Grimm 1990b, S. 874.

Regeln der neuen Verfassung als geheilt an. Die Bürger, so wird argumentiert, haben dabei Gelegenheit, die Beteiligten zur Rechenschaft zu ziehen.[154] Entscheidend wäre demnach für eine Verfassung nicht die ursprüngliche Zustimmung, sondern die fortgesetzte Unterstützung während der Geltungsdauer. Und selbst in der Entstehungsphase sei es weniger wichtig, wer die formelle Entscheidung fällt, sondern dass alle gesellschaftlichen Kräfte in eine öffentliche Diskussion über die Inhalte einbezogen werden, so der Politologe Klaus von Beyme.[155] Ähnlich formuliert der Staatsrechtslehrer Peter Häberle: Es müsse „Abschied vom Dogma der Punktualität" genommen werden.[156]

Die dritte Legitimationsmöglichkeit besteht in einem legitimen Output, insbesondere durch die Einlösung der in der Verfassung gegebenen Versprechen von Freiheit, Gerechtigkeit, Sicherheit, Stabilität u.ä. Auch die Throughput-Legitimität hängt ein gutes Stück davon ab, dass dies zumindest mittelfristig gelingt.

Wird die verfassunggebende Gewalt des Volkes schon hinsichtlich ihrer Bedeutung für den Gründungsakt sehr unterschiedlich beurteilt, so strittig ist sie für die Fortdauer der Konstitution. Sie könne nicht, so die Darstellung in einem bekannten Staatsrechts-Lehrbuch von Martin Kriele, als permanent bestehend angenommen werden, weil dies alle verfassten Gewalten unter Vorbehalt stelle. Sie müsse sich vielmehr im einmaligen Akt der Verfassungsgebung erschöpfen.

> Der *demokratische Souverän* gibt, in dem er vom ‚pouvoir constituant' Gebrauch macht, seine Souveränität auf. Er ist *nicht mehr unmittelbar handlungsfähig*. Er ist als politischer Faktor nur latent vorhanden. Er tritt erst wieder in Funktion, wenn der Verfassungsstaat zusammenbricht. Man kann auch sagen: die demokratische Souveränität ruht, solange der Verfassungsstaat besteht.[157]

Ähnlich meint Josef Isensee:

> Das Volk agiert durch die verfassungsstaatlichen Normen und Institutionen und äußert seinen Willen nur über sie. Ein gegenläufiger Wille eines verfassungstranszendenten Volkes ergibt kein zulässiges juristisches Argument. Als unverfaßte Größe ist das Volk aus dem Geltungsbereich der Verfassung verbannt. Die Grunddistinktion zwischen pouvoir constituant und pouvoirs constitués dient dazu, die verfassunggebende Gewalt in die juristische Irrelevanz zu verweisen und den Vorrang der Verfassung vor den außerrechtlichen Potenzen, zumal vor den politischen zu sichern. Im Ergebnis wirkt die Distinktion darauf hin, den Rechtscharakter der Verfassung zu ermöglichen und zu verfestigen.[158]

---

[154] Für das Deutsche Grundgesetz in diesem Sinne Isensee (1995, S. 39 ff), Schneider (1954, S. 937 ff).

[155] Vgl. von Beyme (1968, S. 63 ff).

[156] Häberle 1975, S. 297; ähnlich Isensee 1995, S. 86 ff.

[157] Kriele 1994, S. 277.

[158] Isensee 1995, S. 33 f.

Werde dagegen die verfassunggebende Gewalt als weiterhin präsent und aktiv angesehen, sei die Konstitution als rechtliche Grundordnung ungeeignet, weil sie dem politischen Willen des Volkes jederzeit zur Verfügung stehe.[159]

Dagegen argumentiert Ernst-Wolfgang Böckenförde, die Erschöpfung der verfassunggebenden Gewalt des Volkes im Gründungsakt sei eine unhaltbare Idee. Einmal entfesselt, könne sie nicht im Nichts verschwinden, ohne dass damit angedeutet würde, sie sei für die Legitimation der Verfassung letztlich unerheblich und die Verfassung könne sich von nun an unabhängig von ihrem Urheber selbst tragen.[160]. Nur die verfassunggebende Gewalt könne den rechtsverbindlichen Geltungsanspruch der Verfassung hervorbringen, bewahren und auch wieder aufheben. Allerdings hält Böckenförde fest, dass die in der Konstitution formulierten Aufgaben des Volkes bei Wahlen und Abstimmungen, Gesetzgebung und auch der Verfassungsänderung als verfasste Gewalt verstanden werden müssten, keinesfalls als Ausdruck des *pouvoir constituant*. Für den Erlass einer neuen Verfassung seien Verfahren zu wählen, die sich von denen des staatlichen Alltags unterscheiden.[161] Gleichzeitig sei zu bedenken, dass sich das Volk als verfasste und als verfassunggebende Gewalt zwar juristisch unterscheiden ließen, es sich aber stets um dieselbe reale Gesamtheit handele. In allen formellen und informellen Artikulationen des Volkswillens sei daher auch der *pouvoir constituant* irgendwie anwesend, wenn auch nicht rechtswirksam. Werden hierfür ausreichend viele Kanäle geschaffen, erhält das die Lebendigkeit der Verfassung und sichert ihre Stabilität. Nur ein „lebendiges Rechtsbewußtsein, wirksame Ordnungsideen und ein ethisch-politischer Gestaltungswille" des Volkes könnten im Moment der Entscheidung eine wirksame Bindung erzielen.[162] Hier treffen sich die Ansichten Isensees und Böckenfördes wieder. Auch Isensee betont, der Verfassungsstaat könne sich vom Volk und dessen Zustimmung nie lösen und könne sich ihrer auch nie sicher sein.[163] Letztlich wird man sagen müssen, dass auch eine Throughput-Legitimation durch Zustimmung der Bürger nur Sinn macht, wenn man das Volk als Legitimationsinstanz der Verfassung anerkennt.

3.4.3.2 Verfassungsänderung

Auf den ersten Blick wäre der Dauerhaftigkeit und dem Vorrang der Verfassung am besten dadurch gedient, dass sie, einmal erlassen, nicht mehr angetastet werden

[159] Für die Möglichkeit des Volkes, trotz bestehender Verfassung erneut als *pouvoir constituant* tätig zu werden z. B. Heckel (1995, § 197, S. 489–555, Rn. 51 ff).

[160] Böckenförde 1986, S. 17.

[161] Ebd. 1986, S. 18–22.

[162] Böckenförde 1986, S. 23, 26–30.

[163] Isensee 1995, S. 30.

kann. Aus drei Gründen ist das aber nicht sinnvoll: Zum einen ist auch bei der Verfassungsgebung immer mit der Fehlbarkeit der Menschen zu rechnen; Bestimmungen, die sich nicht bewähren oder gar als kontraproduktiv oder nicht praktikabel erweisen, müssen geändert werden können. Außerdem kann die Veränderung von Rahmenbedingungen – wie z. B. der Eintritt einen supranationalen Verband – oder auch ein breiter gesellschaftlicher Wertewandel – Tierschutz, Umweltschutz – Anpassungen an die neuen Gegebenheiten erfordern. Bliebe das aus, würde eine Verfassung veralten, an Akzeptanz und realer Steuerungsfähigkeit für das Gemeinwesen verlieren. Der dritte Grund ist, dass eine Verfassungsänderung nicht nur durch eine Änderung des Wortlauts der Urkunde passiert, sondern bereits durch die alltägliche Auslegung dieses Wortlauts. Im Verfassungsstaat entscheidet eine Verfassungsgerichtsbarkeit letztinstanzlich darüber, was mit einer bestimmten Formulierung gemeint ist und was nicht. Da die Normen oft sehr allgemein gehalten sind, ist es möglich, das vom Verfassungsgeber Gemeinte zu ignorieren und den reinen Wortlaut anders zu deuten. Verfassungsgerichtsbarkeit impliziert also stets die Möglichkeit einer solchen stillschweigenden „Änderung" der Verfassung. Dies birgt das Risiko, dass sich das Gericht immer weiter von den ursprünglichen Intentionen des Verfassungsgebers entfernt und sie durch seine eigenen Vorstellungen ersetzt. Ebenso legt der Gesetzgeber die Verfassung aus, wenn er ihre Artikel durch Gesetze detaillierter ausführt, um sie umzusetzen. Um diese Auslegungen korrigieren zu können, muss sich der Verfassungsgeber eine Möglichkeit schaffen, durch ausdrückliche Änderung der Verfassung die Interpretation durch Gerichte und Gesetzgeber zu korrigieren und dem eigenen Willen wieder Geltung zu verschaffen.

Die Verfassungsänderung wird von der Gesetzgebung in heutigen Verfassungen meist nicht durch eigene Organe, sondern durch besondere Verfahren abgegrenzt. Voraussetzung sind dann jedoch gesonderte Anforderungen an das Verfahren und dass jede Verfassungsänderungsinitiative im Vorhinein als solche deklariert sein muss. Eine zunächst im Wege einer Gesetzesinitiative eingebrachte Norm darf nicht im Fall einer hohen Zustimmung als Verfassungsänderung verwendet werden. Eine legale Verfassungsänderung muss von einer Durchbrechung klar unterscheidbar sein.[164] Dies gilt auch dann, wenn die Verfassungsänderung dem Volk überlassen bleibt. Es kann nicht jede beliebige Meinungskundgebung als Revision gelten, wenn die Verfassung eine stabile Handlungsgrundlage bieten soll.

Um den Konflikt zwischen prinzipieller Änderbarkeit und dem Ziel der Dauerhaftigkeit der Verfassung zu mildern, sind dem Gesetzgeber oder Volk in aller Regel eine Reihe von Revisionsschranken auferlegt, durch die der Zugriff auf die Verfassung erschwert wird. Diese Schranken sind teils formaler, verfahrenstechnischer,

[164] Wahl 1981, S. 486 f.

teils materieller Art. Zu den formalen Schranken zählen Beteiligungs- und Zustimmungsquoren, eine Mindestzahl von Lesungen vor der endgültigen Abstimmung, Wartezeiten, die zwischen den Lesungen eingehalten werden müssen, obligatorische Neuwahlen zwischen einem Änderungsbegehren und der Abstimmung über den Antrag erst im neu konstituierten Parlament und schließlich die Einschaltung zusätzlicher Entscheidungsträger, wie des Volkes in Form eines fakultativen oder obligatorischen Referendums. Materielle Schranken benennen ausgewählte Inhalte der Verfassung, die nicht geändert werden dürfen.[165] Abbildung 3.12 gibt einen Überblick über die vielfältigen Schranken, die in Europa und den USA gebräuchlich sind.

Großbritannien weist unter diesen Ländern die geringsten Beschränkungen auf. Alle Gesetze, ob einfach oder mit Verfassungscharakter, können dort vom Zweikammerparlament mit einfacher Mehrheit geändert oder aufgehoben werden. Allerdings sorgt hier ein weitgehender Konsens in Politik und Gesellschaft dafür, dass zentrale staatsorganisatorische Normen und bürgerliche Rechte dennoch nicht vom Parlament geändert oder bei der Gesetzgebung ignoriert werden können.[166]

Alle anderen genannten Staaten haben sich für formale und zum Teil materielle Schranken entschieden, die durchaus unterschiedliche Wirkungen entfalten können. Die Verteilung der Entscheidungsbefugnis auf zwei Kammern und das erhöhte Mehrheitserfordernis von z. B. zwei Dritteln der Mitglieder bewirken, dass eine breite demokratische Zustimmung zur Revision vorhanden sein muss. Die formalen Schranken der Parlamentsauflösung sowie des obligatorischen und des fakultativen Referendums setzen dagegen eine Zustimmung der Bevölkerung voraus.

Manche Staaten gehen sogar soweit, einige Verfassungsbestimmungen ganz von Änderungen auszuschließen und sogenannte Revisionssperrklauseln oder „Ewigkeitsklauseln" in die Verfassung aufzunehmen. Im Deutschen Grundgesetz enthält der Art. 79 Abs. 3 eine solche Sperre. Er verbietet die grundsätzliche Abschaffung (nicht die Veränderung der Ausgestaltung) zentraler Prinzipien (Abb. 3.13).

In diesen Fällen kann man tatsächlich von einem Letztentscheidungsrecht der Verfassung oder des Verfassungsgerichts sprechen, weil die politischen Akteure einschließlich der Legislative und des Volks keine Möglichkeit haben, die verfassungsgerichtliche Auslegung dieser Artikel zu korrigieren. Hier müsste schon die Bereitschaft bestehen, einen vollständigen Neuanfang zu wagen, d. h. eine neue Verfassung zu schaffen.

---

165 Zu den verschiedenen Formen materieller Schranken siehe Häberle (1986, S. 81 ff), Pernice (1995, S. 230 ff).

166 Zum britischen Verfassungssystem Krumm und Noetzel 2006, Jennings und Ritter 1970, Doeker und Wirth 1982, Birch 1998.

Abb. 3.12 Beschränkung der Verfassungsrevision

Revisionsschranke	Länderbeispiele
2. Kammer	
	Belgien, Deutschland, Frankreich, Großbritannien und Nordirland, Irland, Italien, Niederlande, Österreich, Spanien, Tschechien, USA
Quoren	
• 1/2- einschließlich 3/5 der Stimmberechtigten	Frankreich, Griechenland, Italien, Schweiz, Slowakei, Tschechien
• bis einschließlich 2/3	Belgien, Deutschland, Estland, Finnland, Irland, Lettland, Luxemburg, Niederlande, Norwegen, Österreich, Polen, Portugal, Slowenien, Spanien, Ungarn, USA
• mindestens 3/4	Litauen,
Fristen	
• mehrwöchige Wartefristen zwischen Abstimmungen	Belgien, Deutschland, Italien, Litauen, Polen
• Endabstimmung erst in nächster Abstimmungen Legislaturperiode	Estland, Finnland, Norwegen
• keine neue Änderung oder Neuvorlage binnen mehrerer Jahre	Griechenland, Portugal
Parlamentsauflösung	
obligatorisch und Neuwahlen zwischen der Einbringung des Änderungsvorschlags und der Endabstimmung	Belgien, Dänemark, Estland, Griechenland, Luxemburg, Niederlande, Schweden, Schweiz, Spanien
Volksentscheid	
• obligatorisch bei jeder Änderung	Dänemark, Irland, Schweiz
• obligatorisch bei der Änderung bestimmter Teile	Estland, Frankreich, Lettland, Litauen, Österreich, Spanien
• fakultativ von Opposition oder Bürgern auszulösen	Italien, Polen, Schweden, Slowakei, Slowenien, Ungarn
• fakultativ von Parlamentsmehrheit auszulösen	-
Materielle Revisionssperren	
• für die Staatsform	Frankreich, Italien, Schweiz, USA
• für einige Prinzipien	Norwegen, Tschechien
• für zentrale Prinzipien und einige Grundrechte	Deutschland, Griechenland, Portugal

Quelle: eigene Auswertung, Stand Mai 2008

Daran, was hier unter speziellen Schutz gestellt ist, können wir aber auch sehen, warum manche Länder den Schritt von einem materiellen Rechtsstaat zum Verfassungsstaat tun. Sie stellen zum Beispiel landestypische Strukturen unter besonderen Schutz, wie etwa die Bewahrung relativer Autonomie von Regionen oder zuvor

Abb. 3.13 Revisionssperren im Grundgesetz nach Art. 79 Abs. 3

Revisionssperren nach Art. 79 Abs. 3 GG		
• Gliederung des Bundes in Länder, • grundsätzliche Mitwirkung der Länder bei der Bundesgesetzgebung.	**Art. 20 GG** • Demokratie und Volkssouveränität, • Republik (Verbot der Wiedereinführung der Monarchie), • Sozialstaatlichkeit, • Bundesstaatlichkeit, • horizontale Gewaltenteilung, • Rechtsbindung aller Staatsgewalt, • unmittelbare, positive Rechtsgeltung der Grundrechte	**Art. 1 GG:** • Unverletzlichkeit der Menschenwürde, • Unverletzlichkeit und Unveräußerlichkeit der Menschenrechte.

Quelle: Eigene Darstellung

selbständigen Staaten. Es werden außerdem historische Erfahrungen verarbeitet, wie die nationalsozialistische Missachtung der Menschenwürde. Oft geht es auch um die Bewahrung der Demokratie vor einer Selbstabschaffung und damit den Erhalt des Selbstbestimmungsrechts für nachfolgende Generationen. Und schließlich können durch Revisionssperren weitere Funktionsvoraussetzungen bürgerlicher Freiheit gesichert werden, wie Sozialstaatlichkeit und Rechtsstaatlichkeit. Es geht in den Schranken also darum, die versehentliche oder absichtliche Zerstörung der organisatorischen und moralischen Grundlagenentscheidungen zu verhindern. Man kann sie als „autopaternalistische Regeln" bezeichnen.[167] Darüber hinaus kann die Aufnahme in eine besondere Sperrklausel dazu dienen, bestimmte unlösbare oder nicht politische verhandelbare Fragen in einen „streitfreien Raum" zu verschieben, um überhaupt gesellschaftliche Kooperation zu ermöglichen. Beispiele wären Laizismus und Religionsfreiheit, Autonomierechte für bestimmte Volksgruppen u. v. m. Solche Bestimmungen werden auch als *gag rules* oder *strategic self-censorship* bezeichnet.[168] Sie sichern nicht die Staatsstruktur oder Grundrechte, sondern die Handlungs- und Kooperationsfähigkeit eines politischen Zusammenschlusses und haben eher gesellschaftsvertraglichen als Verfassungscharakter.[169]

Die Verhinderung des politischen Zugriffs auf die Verfassung darf allerdings nicht so weit gehen, dass die Entscheidungen des Verfassungsgebers oder Ausle-

[167] Holmes 1994, S. 156 ff.

[168] Holmes 1988.

[169] Kielmansegg 2005, S. 29.

Abb. 3.14 Idealtypische Charakteristika einer modernen Verfassung

Charakteristika der modernen Verfassung
➢ positivrechtliche Wirkung
➢ originäre Begründung und Unterwerfung aller Staatsgewalt
➢ Bindung der Staatsgewalt durch vorpositives Recht nur über den Umweg der Verfassung
➢ eindeutige Unterscheidbarkeit vom übrigen positiven Recht und der höchste Rang
➢ institutionelle Sicherung des Vorrangs durch eine Trennung zwischen verfassunggebender Gewalt und Legislative sowie zwischen Legislative und Exekutive
➢ erschwerte, aber mögliche Änderung der Verfassung
➢ im Verfassungsstaat zudem: Justiziabilität des Verfassungsvorrangs, d.h. verfassungsgerichtliche Prüfung

Quelle: Eigene Darstellung

gungen des Verfassungsgerichts gar nicht mehr korrigierbar sind. Getreu der Frage „Wer wacht über die Wächter?" muss die Verfassung in ganz überwiegenden Teilen änderbar bleiben. Dabei ist durchaus strittig, ob durch eine Totalrevision oder Neuschöpfung einer Verfassung nicht auch die Ewigkeitsklauseln aufgehoben werden können. Das Deutsche Grundgesetz lässt das beispielsweise offen. In Art. 146 GG heißt es lediglich, dass es seine Gültigkeit verliere, wenn eine Verfassung geschaffen würde; über das nähere Procedere und die Fortgeltung der Revisionssperren schweigt der Text und ein präzisierendes Ausführungsgesetz wurde bis heute nicht erlassen. Gewiss scheint zumindest, dass die Totalrevision oder Neuschöpfung nicht der herkömmlichen verfassungsändernden Gewalt, nämlich Bundestag und Bundesrat überlassen sein soll, stattdessen ist von „dem deutschen Volke in freier Entscheidung" die Rede. Auch in Verfassungen einiger anderer Staaten werden Totalrevision und Teiländerungen deutlich voneinander geschieden, sei es durch zusätzliche formale Schranken (Spanien) oder auch das Verbot einer Totalrevision (Norwegen) und die Betonung, dass Änderungen nur unter Bewahrung des Geistes und der Grundsätze der bestehenden Verfassung erlaubt sind. Die meisten Verfassungen enthalten jedoch keine Aussage dazu, wie eine Totalrevision und Neuschöpfung legitim entstehen können. Das zeigt an, dass die verfassunggebende Gewalt per Definition keiner Reglementierung unterworfen sein kann.

Zusammenfassend ergibt sich aus diesem Kapitel ein recht konkretes Bild dessen, was eine moderne Verfassung, wie sie einem demokratischen Verfassungsstaat zugrunde liegt ausmacht. Abbildung 3.14 fasst die Merkmale nochmals zusammen.

Literaturtipps

Zum Nachlesen

Vorländer, Hans. 2004. *Die Verfassung. Idee und Geschichte,* 2. Aufl. München.

Wahl, Rainer,1981, Der Vorrang der Verfassung. Der Staat 20 (4): 485–516.

Weiterführend

Beiträge im Sammelband von Ulrich K. Preuß, Hg. 1994. *Zum Begriff der Verfassung. Die Ordnung des Politischen* Frankfurt a.M.

Isensee, Josef. 1995. *Das Volk als Grund der Verfassung. Mythos und Relevanz der Lehre von der verfassunggebenden Gewalt.* Opladen.

Zur historischen Entwicklung des Verfassungsbegriffs

Grimm, Dieter. 1991. Der Verfassungsbegriff in historischer Entwicklung. In *Die Zukunft der Verfassung,* 101–155. Frankfurt a. M.

3.5 Verfassungsgerichtsbarkeit

3.5.1 Chancen und Risiken

Aufgabe einer Verfassungsgerichtsbarkeit ist es, die Verfassung gegenüber der gesamten Staatsgewalt einschließlich des Gesetzgebers rechtswirksam durchzusetzen. Dabei geht es nicht nur darum, offene Widersprüche zu verhindern, sondern eine weitest gehende Übereinstimmung von Verfassungswirklichkeit und Verfassungstext zu bewahren.[170] Alle dazu errichteten Verfahren werden hier in Anlehnung an eine Definition Ulrich Scheuners „Verfassungsgerichtsbarkeit" genannt. Sie ist „Gerichtsbarkeit über Fragen des Verfassungslebens…, die aber nur solche Verfahren umfaßt, die echte Rechtsprechung, d. h. verbindliche Entscheidung über bestrittenes oder verletztes Verfassungsrecht, nicht Vermittlung oder Aufsicht darstellen und in denen die Entscheidung über Rechtsfragen der Verfassung einen Hauptpunkt bedeutet".[171] Dass Verfassungsgerichtsbarkeit immer echte Rechtsprechung ist, lässt sich an mehreren Kriterien festmachen: Der Streitfall wird an einem Rechtsmaßstab, nämlich dem geltenden Verfassungsrecht gemessen und es findet

[170] Vgl. Säcker (2003, S. 18).

[171] Scheuner 1976, S. 5.

ein gerichtsförmiges Verfahren statt. Es werden also Kläger und Beklagte angehört und der Sachverhalt umfassend gewürdigt. Urteile werden autoritativ gesprochen, sind rechtsverbindlich und mit einer angemessenen rechtlichen Begründung versehen.[172] Träger der Verfassungsgerichtsbarkeit kann nur eine Instanz sein, die mit der üblichen richterlichen Unabhängigkeit und Neutralität ausgestattet ist. Dabei kann es sich um ein oberstes ordentliches Gericht handeln, um ein speziell eingerichtetes Verfassungsgericht oder einen aus nicht berufsmäßigen Richtern bestehenden Rat. So lässt sich auch ausschließen, was nicht unter den Begriff der Verfassungsgerichtsbarkeit fällt, nämlich unverbindliche Rechtsgutachten, auf freiwilliger Anerkennung beruhende Schlichtungsverfahren oder Mehrheitsentscheidungen Beteiligter, etwa in Form einer gemeinsamen Sitzung zweier Parlamentskammern oder eines Vermittlungsausschusses. Es geht also nicht um freiwillige Selbstkontrolle der Politik oder unverbindliche Schlichtersprüche.[173]

Verfassungsgerichtsbarkeit ist aber nicht nur zwingend echte Rechtsprechung, sie ist auch immer letztentscheidend. Mit dem Gerichtsurteil findet eine für alle Organe der Legislative, Exekutive und alle anderen Gerichte abschließende, rechtsverbindliche Auslegung der Verfassung statt. Nicht zur Verfassungsgerichtsbarkeit zählen daher beispielsweise Gerichtsurteile, die selbst der Revision unterliegen können. Verfassungsgerichtsbarkeit ist insofern immer die „Instanz des letzten Wortes".[174] Dass heißt nicht, dass untere Gerichte und Verwaltungsgerichte für die Durchsetzung der Verfassung unwesentlich seien. So formuliert das Bundesverfassungsgericht: „Es gehört zu den vornehmsten Aufgaben aller Gerichte, im Rahmen ihrer Zuständigkeiten bei Verfassungsverletzungen Rechtsschutz zu gewähren."[175] Entsprechend ist z. B. jedes Verwaltungsgericht aufgefordert, nicht nur gesetzwidrige sondern auch verfassungswidrige *Verwaltungsakte* aufzuheben. Aber untere Instanzen können keine endgültige und für alle gleichen Fälle geltende Entscheidung treffen und sie können *keine Gesetze* für verfassungswidrig oder nichtig erklären; dies ist der Verfassungsgerichtsbarkeit vorbehalten. Insofern bildet die Verfassungsgerichtsbarkeit den Schlussstein des verfassungsstaatlichen Gefüges. Erst durch sie wird der Verfassung unverbrüchliche Geltung als oberste Rechtsnorm verschafft und ihre Einheit und Widerspruchsfreiheit gesichert.

Dagegen, sollte man meinen, kann es in einem auf einer Verfassung basierenden Staat keine Einwände geben. Tatsächlich aber breitet sich das Institut der Verfassungsgerichtsbarkeit erst seit den 1970er Jahren weltweit aus. Bis dahin verfügten

---

172 Vgl. zu solchen Kriterien von verfassungsgerichtlicher Rechtsprechung mit weiteren Literaturhinweisen Wintrich (1976, S. 215 f).

173 Vgl. Scheuner (1976, S. 5).

174 Kielmansegg 2005.

175 BVerfGE 47, 144, 145.

nur die USA seit 1803, die Schweiz seit 1874, Österreich seit 1920, Irland laut Verfassung von 1937, die Bundesrepublik Deutschland seit 1949 bzw. 1951 und Italien seit 1948 bzw. 1956 über eine solche Gerichtsbarkeit.[176] Es sind vor allem vier Einwände, die in den politischen und wissenschaftlichen Debatten immer wieder vorgebracht wurden.[177]

Ein Einwand lautet, dass eine Verfassungsgerichtsbarkeit gegen den Grundsatz der Gewaltenteilung verstößt. Das Gericht bindet und kontrolliert die anderen Staatsorgane ohne selbst einer Kontrolle zu unterliegen. Es kann sogar die Autorität der Organe in Frage stellen, wenn es wiederholt deren Entscheidungen für verfassungswidrig erklärt. In der Öffentlichkeit muss der Eindruck von Machtmissbrauch, bestenfalls Unfähigkeit dieses Organs entstehen. Verfassungsgerichtsbarkeit könnte sogar das bestehende Gewaltengleichgewicht zerstören, in dem sie sich von einer Seite instrumentalisieren lässt.

Strittig ist auch, ob es sinnvoll ist, eine so wichtige Aufgabe Juristen statt Politikern zu übertragen. Immerhin entscheiden sie abschließend zentrale Streitfragen über die Kompetenzverteilung, die staatliche Wertordnung oder auch Grundentscheidungen zur Wirtschafts- und Sozialordnung. Sind Richter dazu fachlich in der Lage? Verfassungsgerichtsbarkeit könnte sonst die Funktionstüchtigkeit der politischen Ordnung durch fehlende Fachkenntnis der Richter zu Verwaltungs- und Regierungsfragen lähmen. Denn sie verstellt durch ihre rechtsverbindliche Interpretation der Verfassung den anderen Staatsorganen, insbesondere dem Gesetzgeber, den Weg für andere Auslegungen. Diese Fragen nötiger Fachkenntnis und Bevormundung der anderen Gewalten haben insbesondere in Deutschland im 19. Jahrhundert die Errichtung einer Verfassungsgerichtsbarkeit verhindert.[178]

Es wird aber noch eine weitere Spannung zwischen Politik und Recht gesehen und eingewendet, dass die rechtsverbindliche Auslegung der Verfassung durch ein Gericht die bewusst offen gehaltenen Formulierungen des Verfassungstextes mit immer kleinteiligeren Inhalten ausfüllen wird. Für freie politische Entscheidungen bleibt dann mit den Jahren immer weniger Raum. Der Gesetzgeber könnte dann kaum noch eigene Akzente setzen, das Verfassungsgericht würde durch die Detailauslegung zu einer Art Vorgesetzgeber. Der frühere Bundesjustizminister Hans-

---

176 Vgl. Wahl (2001a). Ab den 1970er Jahren breitete sich das Institut weltweit aus; neben weiteren Staaten Europas und Skandinaviens wurde es auch in Australien, Canada, Lateinamerika, Afrika und Ostasien und schließlich ab 1989 in vielen Staaten Ost- und Südosteuropas eingeführt. Es sind also besonders Staaten mit föderalen Strukturen und Staaten mit Diktaturerfahrung, die sich für eine Verfassungsgerichtsbarkeit entscheiden.

177 Vgl. zum Folgenden die Übersicht vielfältiger Einwände bei Haltern (1998, S. 204–241). Außerdem den Überblick von Häberle (1976) und die darin genannten Beiträge des Sammelbandes von Schmitt, Kaufmann, Leibholz, Massing und Thoma.

178 Vgl. dazu Ogorek (1986) sowie Scheuner (1976).

Jochen Vogel spricht zum Beispiel von einer „allzu kleinen Münze", in die das Verfassungsgericht das Grundgesetz einwechsle, dass es oft autoritativ eine von vielen Umsetzungsmöglichkeiten zur Wahrheit erkläre und sich ohne Not zu Fragen äußere, die es auch auf sich hätte beruhen lassen können. Auch habe das Gericht nicht darüber zu entscheiden, ob ein vom Gesetzgeber gewähltes Mittel zur Erreichung eines verfassungsmäßigen Ziels geeignet oder tauglich sei. Hierüber entscheide allein das Parlament.[179]

Gleichzeitig ist die Verfassungsgerichtsbarkeit dank der Unabhängigkeit der Richter[180] die einzige Instanz in modernen Verfassungsstaaten, die nicht an den Willen der Wähler rückgebunden ist. In den USA dominiert in der Debatte um die Verfassungsgerichtsbarkeit daher der Vorwurf, sie widerspreche dem Demokratieprinzip, sei eine *counter-majoritarian difficulty*, zumal die verfassungsgerichtliche Prüfung von Bundesgesetzen auf einer Selbstermächtigung des *Supreme Court* beruht und die Richter nicht gewählt, sondern vom US-Präsidenten ernannt werden. Aber auch für die Verfassungsgerichtsbarkeit anderer Länder gilt, dass nicht kontrolliert werden kann, ob die Richter in ihrer Verfassungsauslegung den Willen der verfassunggebenden Gewalt angemessen oder verzerrt darstellen. Und eine Verfassungsgerichtsbarkeit kann sich gegen Korrekturen durch verfassungsändernde Gesetze oder von Volksentscheiden immunisieren, indem sie sie kassiert, also für verfassungswidrig oder nichtig erklärt. Auch für die französische Debatte spielt dieser Einwand der Demokratie-Unverträglichkeit eine große Rolle.

3.5.2 Hüter, nicht Herr der Verfassung

Alle potentiellen Risiken zusammengenommen hat eine Verfassungsgerichtsbarkeit tatsächlich das Potential, durch letztinstanzliche Verfassungsauslegung und Unkontrollierbarkeit zu einem heimlichen Souverän im Verfassungsstaat zu werden. Deshalb muss sie solche Bedenken entkräften können, will sie ihre Aufgaben wirksam erfüllen. Denn letztlich besteht ihre „Macht" in ihrer Glaubwürdigkeit und ihrem breiten Rückhalt in der Bevölkerung und bei den politischen Akteuren. Nur solange sie als sachkundiger, gewissenhafter und weitsichtiger Hüter der Verfassung gilt, wird sie angerufen werden und werden ihre Urteile auch über die unmittelbare Rechtsfolge hinaus wirken und die Verfassungswirklichkeit prägen.[181]

---

[179] Vgl. Vogel (1978).

[180] Vgl. dazu die Vorkehrungen für das Bundesverfassungsgericht unten S. 115.

[181] Zu Akzeptanz und Selbstverständnis des deutschen Bundesverfassungsgerichts vgl. Lembcke (2004).

Um also der durchaus vorhandenen Tendenz zu einer „Verfassungsgerichtssouveränität" vorzubeugen, muss die Verfassungsgerichtsbarkeit zum einen durch klare konstitutionelle und ggf. gesetzliche Vorgaben begrenzt sein, zum zweiten muss sich eine solche Instanz in ihrer Spruchpraxis um generellen Respekt, wenn auch nicht Zustimmung zu jedem einzelnen Urteil bemühen.

Zu den rechtlichen Mindestanforderungen gehört, dass die Verfassungsrechtsprechung tatsächlich in einem gerichtsförmigen Verfahren erfolgt, d. h. unter Anhörung von Klägern und Beklagten und mit umfassender Würdigung des Sachverhaltes. Die Urteile müssen sich am Maßstab des geltenden Verfassungsrechts orientieren und mit einer angemessenen rechtlichen Begründung versehen sein.[182] Dem Wesen eines Gerichts entspricht es außerdem, dass eine Verfassungsgerichtsbarkeit nur reaktiv, d. h. auf Aufforderung durch Klageberechtigte oder aufgrund einer in der Verfassung vorgeschriebenen obligatorischen Prüfung bestimmter Fälle tätig werden kann. So bleibt es bei einer Reihe von Verfahrensarten den politischen Akteuren überlassen, ob sie sie politisch oder juristisch klären lassen. Vor allem aber ist die Verfassungsgerichtsbarkeit daran gehindert, im Vorgriff den Handlungsspielraum der Politik zu begrenzen oder in die Kompetenzen der Legislative nach Belieben einzugreifen. Dem Schutz der Legislative dient es auch, dass nur die explizit dazu ermächtigte Verfassungsgerichtsbarkeit das Recht hat, verfassungswidrige Gesetze aufzuheben. Die übrigen Gerichte können zwar die Aufgabe haben, verfassungsrechtlich fragwürdige Gesetze zur Prüfung an die Verfassungsgerichtsbarkeit zu überweisen. In einigen Staaten können sie auch die Anwendung in einem anliegenden Prozess verweigern. Kassieren können sie sie aber nicht. Ansonsten wäre die Gesetzesbindung der Judikative zerstört und die Einheit der Verfassung durch drohende Widersprüche in der Verfassungsauslegung gefährdet. Eine andere wichtige Vorkehrung wurde schon im Zusammenhang mit dem Institut der Verfassung angesprochen: Die Konstitution muss weitestgehend durch das Volk oder eine bevollmächtigte politische Instanz änderbar sein, um eine Verselbständigung verfassungsgerichtlicher Auslegung zu verhindern, bzw. die ein oder andere Interpretation durch die Neufassung einer Verfassungsnorm zu korrigieren.

Besondere Aufmerksamkeit gilt der Sicherung der Unabhängigkeit und Unparteilichkeit der Verfassungsrichter: Sie dürfen keinerlei Weisung, auch nicht der eines anderen Richters unterliegen. Außerdem müssen sie durch die Art ihrer Bestellung und ggf. Form der Abberufung als unabhängig und neutral gelten können. Dennoch werden Verfassungsrichter aufgrund der großen politischen Bedeutung des Gerichts in den meisten Staaten von politischen Gremien, nicht etwa durch einen Richterbund oder Kooptierung bestimmt. In der Bundesrepublik wählen

---

182 Vgl. zu solchen Kriterien von verfassungsgerichtlicher Rechtsprechung mit weiteren Literaturhinweisen Wintrich (1976, S. 215 f).

der Bundestag indirekt und der Bundesrat direkt je zur Hälfte die 16 Richter des Bundesverfassungsgerichts. Gewählt ist, wer zwei Drittel der Stimmen erhält. Das Vorschlagsrecht besitzen die Fraktionen des Bundestags, Bundes- und Landesregierungen. So ist zwar ein deutlicher politischer Einfluss gegeben, durch die erforderliche Zweidrittelmehrheit aber in der Regel ein parteiübergreifender Konsens erforderlich. Die Amtszeit ist heute auf 12 Jahre beschränkt und eine Wiederwahl oder Abwahl nicht möglich.[183] Der Sitz des Bundesverfassungsgerichts in Karlsruhe, d. h. in deutlicher räumlicher Entfernung vom politischen Entscheidungszentrum Bonn, bzw. heute Berlin, unterstreicht den Unabhängigkeits- und Neutralitätsanspruch symbolisch. Die „Bannmeile" im Umkreis des Gebäudekomplexes hält zudem öffentliche Versammlungen und Aufzüge auf Distanz und weist gleichfalls symbolisch öffentlichen Druck auf das Gericht zurück.

Über diese Mindestanforderungen hinaus ist es für die Akzeptanz einer Verfassungsgerichtsbarkeit durch die politischen Akteure und auch die Öffentlichkeit hilfreich, wenn abgestufte Sanktionsmöglichkeiten bestehen. In einigen Ländern obliegt es dem Gericht, die Folgen der Verfassungswidrigkeit selbst zu bestimmen, in anderen bestehen genaue Vorgaben. Das deutsche Bundesverfassungsgerichtsgesetz (BVerfGG) nennt beispielsweise die Möglichkeiten, ein Gesetz für vereinbar, unvereinbar oder nichtig zu erklären, ohne dies im Detail zu erläutern. Die Entscheidung, ob ein verfassungswidriges Gesetz unvereinbar oder nichtig ist, trifft deshalb das Gericht nach seinem Ermessen. Der wesentliche Unterschied zwischen den Möglichkeiten besteht darin, dass die Nichtigerklärung eines Gesetzes oder einzelner Bestimmungen darin zur Annullierung der betreffenden Passagen führt. Dies kann ab einem in der Zukunft liegenden Zeitpunkt (*ex futuro*), ab dem Urteilszeitpunkt (*ex nunc*) oder sogar rückwirkend (*ex tunc*) gelten und im letzten Fall Auswirkungen auf die Geltung von auf der kassierten Norm basierenden Gerichtsurteilen haben. Schwächer in ihrer Wirkung ist die Unvereinbarkeitserklärung. Sie geht einher mit einer Verpflichtung des Gesetzgebers zur Regelung oder Neuregelung eines Sachverhalts, kann aber eine weitere Anwendbarkeit des Gesetzes bis zu einem bestimmten Zeitpunkt vorsehen. 2011 besaß die Bundesrepublik dadurch zum Beispiel kurzzeitig kein gültiges Bundeswahlgesetz, weil es dem Gesetzgeber nicht gelungen war, bis zum Verstreichen einer vom Bundesverfassungsgericht gesetzten Frist eine Neuregelung beanstandeter Passagen zu erreichen.[184] Häufig ist eine Unvereinbarkeitserklärung aber mit dem Verbot einer weiteren Anwendung der beanstandeten Teile durch Judikative und Exekutive verbunden. In seltenen Fällen wird vom Gericht eine Übergangsregelung getroffen. Die schwächste Form ist die Aufforderung des Gesetzgebers zur Regelung oder Neuregelung (Appell-

[183] Vgl. Säcker (2003, S. 50–54).

[184] BVerfGE 2 BvC 1/07, 2 BvC 7/07 vom 03. Juli 2008.

entscheidung), wobei die beanstandete Regel jedoch weiter angewendet werden darf.[185]

Viele verfassungsgerichtliche Instanzen haben zusätzlich Gepflogenheiten der Selbstbeschränkung (*judicial self restraint*) ausgebildet.

Verfassungsgerichtliche Bekenntnisse zum *judicial self restraint*

Judicial self restraint des amerikanischen Supreme Court (1936)
„Das richterliche Prüfungsrecht ist durch zwei fundamentale Prinzipien gekennzeichnet, die im Bewußtsein der Richter niemals in Vergessenheit geraten sollten. Das eine dieser Prinzipien lautete, daß die Gerichte es lediglich mit der Frage zu tun haben, ob der Erlaß eines Gesetzes zulässig ist und nicht mit dessen Weisheit. Das andere Prinzip lautet, daß während die verfassungswidrige Ausübung staatlicher Hoheitsgewalt seitens der Exekutive und der Legislative richterlichen Einschränkungen unterworfen ist, die einzige Kontrolle, die uns bei der Ausübung der uns anvertrauten Gewalt gesetzt ist, unserem eigenen Gefühl für Selbstbeschränkung überlassen bleibt. Der Appell zur Außerkraftsetzung törichter Gesetze geht nicht an die Gerichte, sondern an den Wähler und an ein funktionierendes demokratisches Regierungssystem."[186]

Bekenntnis des Bundesverfassungsgerichts zur Selbstbeschränkung (1973)
„Der Grundsatz des judicial self restraint, den sich das Bundesverfassungsgericht auferlegt, bedeutet … den ‚Verzicht Politik' zu treiben, d. h. in den von der Verfassung geschaffenen und begrenzten Raum freier politischer Gestaltung einzugreifen. Er zielt also darauf ab, den von der Verfassung für die anderen Verfassungsorgane garantierten Raum freier politischer Gestaltung offen zu halten."[187]

Zur richterlichen Selbstbeschränkung gehören vor allem folgende Regeln: (1) Soweit möglich werden Gesetze verfassungskonform ausgelegt, um eine Kassation zu vermeiden. (2) In rein politischen Streitfragen werden keine Sachentscheidungen getroffen und der Freiraum politischen Entscheidens geachtet, der von der

[185] Vgl. zu den „Tonierungsmöglichkeiten" Graßhof (2005).

[186] United States v. Butler 297 US 1 78/9 (1936); zitiert in der deutschen Übersetzung bei Fraenkel (1953, S. 70).

[187] BVerfGE 36, 1, 14 f.

Verfassung gelassen und gewollt ist (*political question doctrin*).[188] (3) Bei der Beurteilung werden die politische Ausgangssituation und das realistisch Machbare berücksichtigt, insbesondere bei internationalen Verträgen. (4) Die politischen Folgen einer Kassation werden abgewogen und die schwächste hinreichende Sanktion gewählt. (5) Die Zweckmäßigkeit von Gesetzen wird nicht beurteilt; wenn es um die Zulässigkeit von Grundrechtseingriffen geht, kann die Beurteilung aber nicht ausbleiben. (6) Es werden geeignete Verfahren der Verfassungsauslegung gewählt.

Was als geeignete Verfahren der Verfassungsauslegung erachtet wird, hängt allerdings stark vom Verfassungsverständnis der Richter ab. Die grundlegendste Methode ist die grammatische Auslegung, die sich am reinen Wortlaut orientiert. Die systematische Auslegung soll den Inhalt einer Norm anhand ihrer logischen und systematischen Stellung im Gesamtzusammenhang der Verfassung erschließen. Eine dritte häufige Methode ist die teleologische Auslegung, d. h. die Frage nach dem Sinn und Zweck, den eine Norm unter gegenwärtigen Bedingungen hat. Dagegen fragt die historische Methode nach dem ursprünglich vom Verfassungsgeber Gemeinten, dem *original intent*. Und schließlich besteht die Möglichkeit einer rechtsvergleichenden Auslegung, bei der eine Verfassungsnorm mit Parallelvorschriften z. B. aus anderen Rechtsgebieten, anderen nationalen oder supranationalen Rechtsordnungen verglichen wird.[189] Das Bundesverfassungsgericht hat sich mehrfach zu einer Kombination der ersten drei Methoden bekannt, die historische Auslegung dagegen wird nur hinzugezogen, wenn die anderen Wege nicht zum Ziel führen oder als Bestätigung des Ermittelten.[190] Deutlich zunehmen wird vermutlich die mit EU-Recht und der Europäischen Menschenrechtskonvention (EMRK) vergleichende Auslegung. Außerdem werden für die Urteilsfindung in Verfassungsstreitigkeiten auch häufig weitere Kriterien hinzugezogen. Da Verfassungen im Unterschied zu anderen Rechtsnormen offener und nicht nur in juristisch gebräuchlichen Formulierungen abgefasst sind, sondern auch philosophische, politische, soziologische u.ä. Bezüge enthalten, werden auch Kriterien aus diesen Bereichen zur Interpretation genutzt. Dabei werden sich die Richter i. d. R. bemühen, diese Kriterien klar und nachvollziehbar darzulegen.[191] Sie geben aber häufig Anlass zur Kritik, wie etwa die vom Bundesverfassungsgericht entwickelte Werttheorie der Grundrechte.

---

[188] Zur *political question doctrin* in den USA und Einwänden gegen eine Übertragung der Doktrin auf Deutschland siehe Haltern (1998, S. 214 f mit FN 163).

[189] Vgl. die kurze Übersicht mit weiteren Nachweisen bei Katz (2010, S. 49–51).

[190] BVerfGE 1, 299, 312; 35, 293, 268 ff; 79, 106, 121; 110, 226, 248 ff.

[191] Vgl. Katz (2010, S. 49, 51).

Die Werttheorie der Grundrechte

Nach der vom Bundesverfassungsgericht erstmals im Lüth-Urteil von 1958 vorgebrachten Auslegungsmethode sind Grundrechte Ausfluss einer dem Grundgesetz inhärenten Wertordnung, von der aus allen Rechtsnormen Legitimation zufließe. Gesetzliche Eingriffe in Grundrechte seien daher nur soweit zulässig, wie der Wertgehalt des Rechts gewahrt bleibe, selbst dann, wenn ein Grundrecht unter einem allgemeinen Gesetzesvorbehalt steht.[192] Diese Praxis des Bundesverfassungsgerichts ist vielfach als „Gerechtigkeitsexpertokratie"[193] oder Einfallstor subjektiver und zeitbedingter Wertauffassungen der Richter[194] oder unzulässige „Moralisierung des Rechts" kritisiert worden, die die freiheits- und friedensstiftende Funktion von Recht gefährde.[195]

3.5.3 Einheits- versus Trennungsmodell

Die Macht, die eine Verfassungsgerichtsbarkeit innerhalb des staatlichen Gesamtgefüges hat, ist von Staat zu Staat sehr unterschiedlich. Ausgehend vom jeweiligen Politik- und Demokratieverständnis aber auch historischen Vorerfahrungen können sich die Verfassungsgeber zwischen verschiedenen Grundmodellen der Verfassungsgerichtsbarkeit entscheiden und zudem individuell deren Kompetenzen festlegen. Eine Einheitslösung gibt es nicht. Gängig ist die Unterscheidung zwischen einem Einheitsmodell und einem Trennungsmodell.[196] In dem nach dem Vorbild der amerikanischen Verfassung von 1787 entstandenen Einheitsmodell werden Verfassungsstreitigkeiten nicht durch ein besonderes Gericht, sondern im Rahmen der allgemeinen Rechtsprechung vor dem Obersten Gerichtshof verhandelt. Das Einheitsmodell besteht z. B. in den USA, Norwegen, der Schweiz und auch Estland.

Das Trennungsmodell beinhaltet die Schaffung eines speziellen Gerichts außerhalb der ordentlichen Gerichtsbarkeit, das ausschließlich für Fragen des Verfassungsrechts zuständig ist. Es ist letztlich die Reaktion auf die im deutschen Rechts-

[192] BVerfGE 7, 198, 208 f. Zum Fall vergleiche Säcker (2003, S. 105 ff).

[193] Maus 1976, S. 11 f; dies. 1992, S. 174 f.

[194] Vogel 1978, S. 665–668.

[195] Böckenförde 1991b, S. 79 f, 80 f, 83.

[196] So unterscheidet Wahl (2001a, S. 46). Böckenförde differenziert Einheitsmodell, österreichisches und deutsches Modell. Siehe Böckenförde (1999, S. 13 f).

raum heftig geführte Debatte über eine im Einheitsmodell drohende Politisierung des Rechts oder eine Justifizierung der Politik. Der bekannte und umstrittene deutsche Staatsrechtslehrer Carl Schmitt ging dabei sogar so weit, Verfassungsgerichtsbarkeit als „Negierung des Rechtsstaates" zu bezeichnen, weil durch sie die funktionale Unterscheidbarkeit und Eigenständigkeit der Justiz zerstört werde. Durch eine Ausweitung der Justiz auf Verfassungsrecht werde „nicht etwa die Politik juridifiziert, sondern die Justiz politisiert" und damit ihr Wesensmerkmal der Neutralität zerstört.[197] Den Ausweg aus dem Dilemma suchten zahlreiche europäische Staaten im Trennungsmodell. Eine rechtliche Behandlung politischer Fragen werde darin möglich, weil man der besonderen Stellung der Verfassungsrechtsprechung durch besondere Regeln für Berufung und Zusammensetzung der Richterbank Rechnung trage. Zwar sei eine entsprechende Zuständigkeit der ordentlichen Gerichte nicht geeignet, doch durch ein spezielles Verfassungsgericht, eine größtmögliche Objektivierung des Verfahrens und ein Mindestmaß an freiwilliger Zurückhaltung der Richter könnte die unbestreitbare Versuchung für den Richter, selbst Politik zu betreiben, aufgefangen werden.[198] Ein erster Vorschlag, einen Staatsgerichtshof zu errichten, der mehrere verfassungsgerichtliche Aufgaben in sich vereinigen sollte, insbesondere den Bund-Länderstreit und die Normenkontrolle, entstand schon 1885 in Österreich.[199] 1920 wurde dort erstmals ein Verfassungsgericht nach dem Trennungsmodell verwirklicht. Die ordentlichen Gerichte übernehmen dabei eine erste Prüfung der Verfassungsmäßigkeit von Gesetzen, um Problemfälle dann zur Beurteilung an das allein dafür zuständige Verfassungsgericht zu überweisen. Der ordentliche Richter bleibt so strikt an Gesetze gebunden. Die Interpretationsgewalt über die Verfassung wird nicht von der dritten Gewalt als Ganzes, sondern sozusagen von einer vierten Gewalt, dem Verfassungsgericht ausgeübt.[200] Die Legislative bleibt im Trennungsmodell über der herkömmlichen Judikative und ist nur der Kontrolle durch das Verfassungsgericht als einer Art „vierten Gewalt" unter-

---

[197] Schmitt 1976, S. 128.

[198] So Triepel (1976, S. 59–62).

[199] Jellinek 1885.

[200] Gegen die Charakterisierung eines Verfassungsgerichts als vierte Gewalt Stern (1980, S. 22 mit FN 59). Böckenförde differenziert hinsichtlich dieser Frage innerhalb des Trennungsmodells noch einmal zwischen dem österreichischen Verfassungsgerichtshof und dem deutschen Bundesverfassungsgericht. Erster kontrolliert nur Akte der Exekutive und Legislative, aber keine Gerichtsurteile. Daher sei der Verfassungsgerichtshof eine allen anderen Gerichten nebengeordnete Institution mit einem speziellen Aufgabengebiet und insofern aus der normalen Judikative nicht herausgehoben. Dagegen könne das Bundesverfassungsgericht auch Gerichtsurteile prüfen und als verfassungswidrig aufheben. Es stünde daher über der übrigen Judikative. Der Autor verwendet hier den Begriff einer „vierten Gewalt" nicht, argumentiert aber in diesem Sinn. Vgl. Böckenförde (1999, S. 14 f).

worfen. So lassen sich einerseits die Sorgen vor einer Politisierung der Justiz als Ganzes entkräften. Andererseits ist der Konflikt mit der Gewaltenteilungsdoktrin dadurch reduziert. Befürworter der Verfassungsgerichtsbarkeit weisen den Einwand, die Kontrolle der Judikative über die übrigen Gewalten verstoße gegen die für den Rechtsstaat unverzichtbare funktionale Gewaltenteilung, seit jeher als eine zu einseitige oder falsche Auffassung von Gewaltenteilung zurück. Verstehe man den Sinn von Gewaltenteilung entweder in der gemeinsamen Aufgabe der Wahrung der Verfassung oder erachte die Judikative von vorne herein als die Kontrollgewalt über Exekutive und Judikative zum Schutz von Recht und Verfassung, führe sehr wohl ein Weg vom Gewaltenteilungsprinzip zur Verfassungsgerichtsbarkeit.[201] Wesentlich einfacher ist eine solche Argumentation, wenn die Aufgabe durch die Verfassung einer speziellen Instanz zugewiesen ist, die alle drei herkömmlichen Gewalten gleichermaßen und nur hinsichtlich ihrer Verfassungsmäßigkeit kontrolliert. Ernst-Wolfgang Böckenförde sieht deshalb nur für die nach dem Trennungsmodell gebildeten Verfassungsgerichte einen strikten Vorrang der Verfassung als gegeben an:

> In diesem Modell wird die Verfassungsgerichtsbarkeit ganz vom Vorrang der Verfassung her organisiert. Dieser Vorrang gilt für die Staatsgewalt in allen ihren Funktionen, er soll durch ein eigenes Organ entsprechend gesichert werden. Das Verfassungsgericht wird, wiewohl es rechtsprechende Tätigkeit ausübt, aus dem Zusammenhang der Rechtsprechung herausgehoben. Es tritt in den Kreis der Verfassungsorgane und dies in der Weise, daß es allgemein und auch gegenüber der Rechtsprechung sozusagen zum Organ der Verfassung wird, diese im Streitfall zur Geltung bringt und in ihrem Vorrang behauptet. Geht die Vermutung fehl, daß der Gedanke der Souveränität der Verfassung dabei im Hintergrund steht?[202]

Eine besondere Variante des Trennungsmodells sei noch kurz erwähnt: die präventive Prüfung von Gesetzentwürfen vor ihrer Verabschiedung durch ein besonderes Organ. Der Politikwissenschaftler Peter Graf Kielmansegg betrachtet diese Lösung aus politikwissenschaftlicher Sicht sogar als ein eigenes Modell, da sie die Verfassungsgerichtsbarkeit zu einem Bestandteil der gesetzgebenden Gewalt werden lasse. Eine solche Verfassungsgerichtsbarkeit prüft lediglich Gesetzentwürfe, wobei das bei Organgesetzen[203] obligatorisch, bei anderen Gesetzen fakultativ auf Anrufung der Exekutive oder der Opposition geschieht. Ihr Spruch ist zwar verbindlich, durch die Integration in das Gesetzgebungsverfahren erschiene ein solches Ge-

[201] Triepel 1976, S. 59–62.

[202] Böckenförde, 1999, S. 14.

[203] Organgesetze sind eine Besonderheit des französischen Staatsrechts. Sie bestimmen die Organisation und Funktionsweise von höchsten Staatsorganen näher. Vgl. Härtel (2006, S. 183 f).

richt aber weder als Teil der dritten, noch als eine vierte Gewalt.[204] Die präventive Prüfung macht eine konkrete Normenkontrolle unmöglich. In Rechtsstreitigkeiten ist immer das geltende Gesetz anzuwenden. Exekutive und Opposition haben durch ihren Prüfantrag dafür zu sorgen, dass es zu verfassungswidrigen Gesetzen gar nicht kommen kann. Dadurch steht eine solche Verfassungsgerichtsbarkeit in ihrer Macht anderen Verfassungsgerichten nicht unbedingt nach. Dennoch wird im Präventivmodell der Eindruck einer Kontrolle der Legislative durch die präventive Prüfung vermieden und vor allem bleiben die ordentlichen Gerichte der Legislative strikt untergeordnet. Eine Konfrontation zwischen dem demokratisch gewählten Gesetzgeber und einem Verfassungsgericht wird damit so weit wie möglich vermieden. Die präventive Prüfung kann aber auch die Akzeptanz verfassungsgerichtlicher Prüfung von Volksabstimmungen erleichtern: So werden in Italien und Portugal die von Bürgern eingebrachten Gesetzentwürfe vom Verfassungsgericht schon präventiv überprüft und ggf. nicht zur Volksabstimmung zugelassen. Dadurch wird die unmittelbare Konfrontation von Volkswillen und Verfassungsgerichtsbarkeit vermieden. Würden bei einer nachträglichen Prüfung die Stimmen der Volksmehrheit zurückgewiesen, so sind es hier nur die der Initiatoren.

Prototyp für das Präventivmodell war – bis zur Verfassungsreform von 2008– der französische Verfassungsrat (*Conseil Constitutionnel*). Dabei handelt es sich um ein richterlich-politisches Mischgremium aus allen ehemaligen Staatspräsidenten sowie neun vom Staatspräsidenten, bzw. den Präsidenten der Parlamentskammern auf neun Jahre ernannten und nicht wiederwählbaren Mitgliedern. Meist sind dies verdiente Politiker mit juristischer Vorbildung, nur selten aktive Richter, Rechtsanwälte oder Rechtslehrer. Der Verfassungsrat erscheint dadurch weniger als ein professionelles Gericht, denn als ein Gremium politischer Selbstkontrolle. Die Kompetenzen des Verfassungsrats waren bis 2008 sehr beschränkt. Insbesondere konnte eine Normenkontrolle nur abstrakt und präventiv erfolgen, weder eine konkrete Normenkontrolle noch eine Verfassungsbeschwerde waren möglich, was auf das schon geschilderte instrumentelle Verfassungsverständnis und die besondere Stellung des Parlaments zurück zu führen war.[205] Die präventive Prüfung erfolgte bei Organgesetzen obligatorisch, bei übrigen ursprünglich auf Antrag des Staatspräsidenten, des Premierministers oder des Präsidenten von Senat oder Nationalversammlung. Seit den 1970er Jahren gewannen der Verfassungsrat – und damit

[204] Vgl. Kielmansegg (2005, S. 24–26).

[205] Daneben ist der Verfassungsrat für Wahlprüfungsverfahren und Amtsenthebungsverfahren gegen den Präsidenten zuständig. Seit 1999 prüft er außerdem die Verfassungskonformität der Gesetzgebung in Neukaledonien und Zuständigkeitsstreitigkeiten zwischen Frankreich und seinen überseeischen Gebietskörperschaften. Er kann außerdem von Präsident oder Parlament um Rechtsgutachten gebeten werden.

die Bindung des Gesetzgebers – in Frankreich sukzessive an Bedeutung. Seit 1971 bezog der Verfassungsrat auch die Erklärung der Bürger- und Menschenrechte als Maßstab in seine Normenkontrolle ein und 1974 wurde die Antragsberechtigung auf die Parlamentsminderheit, nämlich eine Mindestzahl von 60 Abgeordneten einer der beiden Kammern erweitert. Die Zahl der Normenkontrollverfahren stieg dadurch erheblich an: „Von Januar bis März 1994 hat der Verfassungsrat in drei Monaten ebenso viele Urteile im Rahmen der Verfassungsmäßigkeitskontrolle der Normen gefällt wie in den 25 Jahren zwischen 1958 und 1974."[206] Entscheidend verändert wurde die Stellung des Verfassungsrats schließlich mit der Verfassungsänderung vom 23. Juli 2008. Sie schuf über ein zweistufiges Verfahren die Möglichkeit einer nachträglichen Prüfung von Normen: Der am 1. März 2010 in Kraft getretenen Art. 61–1 gibt jedem Prozessbeteiligten die Möglichkeit, den Verfassungsrat anzurufen, wenn er glaubt, im anhängigen Fall durch eine gesetzliche Bestimmung in seinen durch die Verfassung garantierten Rechte und Freiheiten verletzt zu sein oder wenn er meint, ein Gesetz verletze die ihm aus völkerrechtlichen Verpflichtungen Frankreichs entspringenden Rechte. Die Anrufung des Verfassungsrats erfolgt über den Richter: Je nachdem, ob der Fall bei einem Verwaltungsgericht oder bei einem ordentlichen Gericht anhängig ist, prüft dann der Staatsrat (*Conseil d'Etat*) oder der Kassationsgerichtshof (*Cour de cassation*) die Klage und legt sie innerhalb einer Frist von drei Monaten gegebenenfalls dem Verfassungsrat vor. Ein Rechtsmittel gegen die Ablehnung der Vorlage beim Verfassungsrat gibt es nicht. Erklärt der Verfassungsrat dann eine gesetzliche Bestimmung für verfassungswidrig, tritt sie mit der Bekanntgabe der Entscheidung außer Kraft. Bis der Verfassungsrat entschieden hat, ruht das ursprüngliche Gerichtsverfahren.[207] Zumindest bzgl. des Grundrechtsschutzes tritt damit der französische Gesetzgeber endgültig unter die Verfassungsgerichtliche Kontrolle. Der Französische Staatspräsident Nikolas Sarkozy erklärte zu dieser fundamentalen Neuausrichtung „Der 1. März 2010 wird als Tag einer tiefgreifenden Änderung in unserem Rechtssystem in Erinnerung bleiben." Die Reform entspräche den Erfordernissen heutiger Demokratie.[208]

---

[206] Vgl. die offizielle Website des Verfassungsrats http://www.conseil-constitutionnel.fr/conseil-constitutionnel/deutsch/verfassungsrat/verfassungsrat.25770.html.

[207] Vgl. zu den näheren Bestimmungen Art. 61 Abs. 1 Französischen Verfassung sowie Art. 1 des verfassungsergänzenden Gesetzes Nr. 2009–1523, Kap. 2a.

[208] So eine Pressemitteilung der Französischen Botschaft in Deutschland vom 23.04.2010, „Frankreich erweitert das Recht auf Anrufung des Verfassungsrats", in: http://www.botschaft-frankreich.de/spip.php?article4690, letzter Zugriff 06.06.2011.

Abb. 3.15 Normenkontrolle im Einheits- versus Trennungsmodell

Merkmal / Modell	Einheitsmodell (amerikanisches Modell)	Trennungsmodell (kontinentaleuropäisches Modell)
Instanz	oberstes (ordentliches) Gericht,	Verfassungsgericht,
Zuständigkeiten im Bereich der Normenkontrolle	konkrete Normenkontrolle, als Inzidentkontrolle in einem anhängigen Rechtsstreit,	voll ausgebildet: konkrete und abstrakte Normenkontrolle,
Rechtsfolge	Nichtanwendung im konkreten Fall; durch Präzedenzwirkung für Zukunft praktische Nichtdurchsetzbarkeit beanstandeter Gesetze,	Nichtanwendung im konkreten Fall oder sofortige oder rückwirkende Annullierung oder keine/ befristete weitere Anwendung,
Beispiele	USA, Japan, Australien, Neuseeland, Kanada, Indien, Norwegen, Schweiz, einige Länder Südamerikas, Estland.	Belgien, Deutschland, Frankreich, Italien, Österreich, Portugal, Spanien, nahezu alle ostmitteleuropäischen Länder, Südafrika, Taiwan.

Quelle: Eigene Darstellung

3.5.4 Verfassungsgerichtliche Kompetenzen

Die Wahl eines Grundmodells stellt, wie schon angeklungen, auch eine Vorentscheidung für die Kompetenzfülle der Verfassungsgerichtsbarkeit dar. Die Kompetenzen von Gerichten nach dem Einheitsmodell sind, wie Abb. 3.15 zeigt, in der Regel sehr begrenzt, da sie als ordentliche Gerichte nicht zu sehr aus der herkömmlichen Gewaltenteilung heraustreten sollen. Zudem können sich die Richter nicht ausschließlich auf verfassungsrechtliche Fragen spezialisieren. Sehr häufig beschränkt sich ihre verfassungsgerichtliche Zuständigkeit deshalb auf Aufgaben, die in engem Zusammenhang mit ihren übrigen stehen. Das gilt zuallererst für die konkrete Normenkontrolle. Verfassungsgerichte nach dem Trennungsmodell stehen dagegen außerhalb des normalen Rechtsweges; die ordentliche Gerichtsbarkeit bleibt strikt an die Gesetze gebunden; die Verfassungsrichter sind hochspezialisiert und so eignen sich die Verfassungsgerichte als Sammelstelle für alle denkbaren Verfassungsstreitigkeiten.

Das deutsche Bundesverfassungsgericht gilt noch immer als Prototyp einer umfassenden Verfassungsgerichtsbarkeit, deren Schutzfunktion sich auf die gesamte Verfassungswirklichkeit erstreckt. Sie umfasst im Einzelnen die abstrakte und konkrete Normenkontrolle, Organ- und Bund- Länderstreitigkeiten, Verfassungsbeschwerde, Parteiverbote, Grundrechtsaberkennung, Amtsenthebung von Richtern und des Bundespräsidenten, Wahlprüfung und Gutachterverfahren. In Kombination all dieser Verfahren erhält die Verfassung einen gerichtlichen Rundumschutz. Derart umfangreiche Kompetenzen sind jedoch die Ausnahme.[209] Alle Verfahrensformen des Bundesverfassungsgerichts detailliert vorzustellen, ginge hier deshalb zu weit. Aber die Kernaufgaben müssen aufgrund ihrer Bedeutung für die Sicherung der Verfassungsstaatlichkeit zumindest in ihren Grundzügen erläutert werden.

3.5.4.1 Normenkontrolle

Herzstück verfassungsgerichtlicher Kompetenzen ist die Prüfung der Verfassungsmäßigkeit von Gesetzen und ggf. anderer Normen. Historisch hat sie sich aus dem richterlichen Prüfungsrecht entwickelt, das überall dort relevant wird, wo sich Normen aufgrund sich überschneidender Rechtssetzungsbefugnisse widersprechen können und daher in einem konkreten Fall zu prüfen ist, welche Norm vom Gericht bevorzugt anzuwenden ist. Das gilt heute in Deutschland vor allem für Konflikte von Gesetzen mit der Verfassung, zwischen Bundes- und Landesrecht oder Bundes- und EU-Recht. In einigen präsidentiellen Demokratien oder Monarchien sind auch Konflikte zwischen Gesetzen des Parlaments und Dekreten der Exekutive zu prüfen. Vorläufer verfassungsgerichtlicher Normenkontrolle bilden sich bereits vor den ersten Verfassungen vor allem dort, wo zur Wahrung der Rechtseinheit in einem Reichsverband oder der Sicherung der lehnsrechtlichen Hierarchie die Normen der Glieder an denen des Reiches gemessen wurden. Erwähnt seien hier nur das Reichskammergericht im alten Deutschen Reich[210] oder das schon erwähnte *Privy Council* im Britischen Empire.[211] Und auch für die ersten modernen Verfassungen lässt sich sagen, dass föderale Strukturen der Auslöser für die Errichtung verfassungsgerichtlicher Normenkontrolle waren und in der Regel nur eine Normenkontrolle für Landesrecht vorgesehen war.[212] Beispiele hierfür sind die Verfassungen der USA (1787), Argentiniens (1860), Kanadas (1867), der Schweiz (1874), Brasiliens (1891), Australiens (1900), Mexikos (1917), Deutschlands (1919) und Österreichs (1920).[213] Unkritisch ist die Normenkontrolle für Landesgesetze für die meisten Beobachter schon deshalb, weil mit dem Zusammenschluss der Gliedstaaten bereits ein grundsätzlicher Wille zur Einheit und damit zu einem Mindestmaß an Unterordnung unter die Bundeseinrichtungen bekundet ist. Höherrangigkeit der Bundesverfassung ist dann keine philosophische, sondern eine rein pragma-

---

209 Eine kurze Übersicht zu den verschiedenen Zuständigkeiten gibt Steinberger (1994).

210 Vgl. zum alten Reich Herrmann (2001, S. 24–41), sowie grundlegend Wulffen (1968).

211 Vgl. Haines (1973, S. 45 mit Fn. 1, S. 44 f), skeptisch bezüglich des Umfangs Westin (1962, S. 6).

212 Jellinek 1885, S. 60, 62, 32 ff.

213 Haines 1973, S. 7 f; Vgl. zu früher Verfassungsgerichtsbarkeit auch die Übersichten bei Wendenburg (1984, S. 9–35). Sowie zu Deutschland Hartmann (2007).

Abb. 3.16 Verfassungsgerichtliche Normenkontrolle

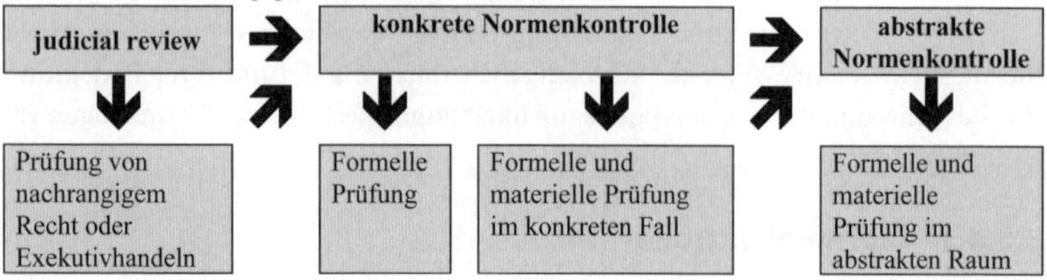

Quelle: nach Glatzmeier, 2005

tische Frage, die rational begründet wird und, den freiwilligen Beitritt zum Bund vorausgesetzt, auch kein Legitimationsproblem aufwirft. Dass heißt aber auch, dass Bundesstaaten nicht zwingend den Schritt zu einer Normenkontrolle des Bundesrechts tun. Die Schweiz etwa hat es bis heute bei der Kontrolle von Kantonsrecht belassen. In den USA und in der Weimarer Republik gelang die Ausweitung auf Bundesrecht erst durch eine Selbstermächtigung des Obersten Gerichts.[214]

Die Prüfung von Bundesrecht an der Verfassung geschieht heute in zwei Formen, der konkreten und der abstrakten Normenkontrolle (vgl. Abb. 3.16).

Die konkrete Normenkontrolle ist „richterliche Kontrolle einer Rechtsnorm am Maßstab höherrangigen Rechts, insbesondere der Verfassung, aus Anlaß eines konkreten Rechtsstreits."[215] Sie wird ausgelöst, wenn in einem konkreten Rechtsstreit die Verfassungskonformität einer für das Urteil erforderlichen Rechtsnorm in Zweifel steht und das betroffene Gericht die Norm zur Prüfung an die verfassungsgerichtliche Instanz überweist. Es handelt sich also immer um eine „Inzidentkontrolle" in Zusammenhang mit einem anhängigen Fall. Häufig führt dann die Feststellung der Verfassungswidrigkeit nur dazu, dass das Gesetz im konkreten Fall nicht angewendet wird, aber für weitere Fälle vorerst in Kraft bleibt. Allerdings wird der Gesetzgeber das beanstandete Gesetz in der Regel ändern, wenn er sieht, dass er es nicht zuverlässig durchsetzen kann. Das gilt besonders für Staaten mit Richterrecht, in denen nachgeordnete Gerichte Präzedenzfälle aus höheren Instanzen zu beachten haben. Staaten ohne Richterrecht müssen sich, um eine gleiche Wirkung zu erzielen, für die Nichtigkeit einer beanstandeten Norm entscheiden. Die konkrete Normenkontrolle ist die Kernaufgabe der Verfassungsgerichtsbarkeit im Einheitsmodell, gliedert sie sich doch noch recht verträglich in die Logik

---

[214] Vgl. zur entsprechenden Entscheidung des Reichsgerichts von 1925, der nur kurze Wirkung beschieden war Hartmann (2007, S. 168–171).

[215] Herrmann 2001, S. 15. Bis in die Weimarer Republik wurde die konkrete Normenkontrolle unter dem Begriff „richterliches Prüfungsrecht" diskutiert. Er ist die Entsprechung für das angloamerikanischen *judicial review.*

richterlicher Prüfungspflichten ein; dagegen wird auf die abstrakte Normenkontrolle im Einheitsmodell meist verzichtet, wie etwa in den USA. Einen Sonderfall bildet Estland, das sich zwar aufgrund der geringen Größe des Landes gegen ein zusätzliches Verfassungsgericht und für das Einheitsmodell entschieden hat, dem Obersten Gericht aber neben der konkreten auch eine abstrakte präventive Normenkontrolle obliegt. Es gibt aber durchaus auch Verfassungsgerichte nach dem Trennungsmodell, die nur die konkrete Normenkontrolle durchführen, so z. B. in Italien und Griechenland.

Im Rahmen der abstrakten Normenkontrolle wird die Verfassungsgerichtsbarkeit von bestimmten Akteuren aufgefordert, unabhängig von einem konkreten Rechtsstreit eine Norm auf ihre Verfassungskonformität zu prüfen. Antragsberechtigt sind in vielen Staaten das Staatsoberhaupt, die Regierung, die Parlamentsopposition und untere Gerichte, nur sehr selten wie in Slowenien auch die Bürger. Organe und Minderheiten, die sich im Gesetzgebungsverfahren nicht einbringen oder nicht durchsetzen konnten, sollen ihre Zweifel an der Verfassungskonformität eines Gesetzes artikulieren können. In einigen Staaten geschieht dies *präventiv* vor der Verkündigung eines Gesetzes (z. B. in Estland, Frankreich und Portugal), in anderen *repressiv*, also nachsorgend, zur Annullierung bereits geltender Gesetze (z. B. in Belgien, Deutschland, Lettland, Litauen, Österreich, Spanien, der Slowakei, Slowenien und Tschechien). Einige Länder (z. B. Irland, Polen, Portugal und Ungarn) lassen beide Möglichkeiten zu.

Eine Sonderaufgabe im Rahmen der Normenkontrolle ist das Normqualifizierungsverfahren (Art. 100 Abs. 2 GG). Darin entscheidet das Bundesverfassungsgericht auf Antrag eines anderen Gerichts darüber, ob und wie weit eine völkerrechtliche Regel Teil des geltenden Bundesrechts ist und angewendet werden muss. Gleiches gilt für die Frage der Fortgeltung alten Rechts (Art. 126 GG).[216]

3.5.4.2 Verfassungsbeschwerde und Popularklage

Bei der Entstehung der Verfassungsgerichtsbarkeit hat der Grundrechtsschutz eine geringe Rolle gespielt, weil Individualrechte im Wesentlichen gesetzlich statt verfassungsrechtlich garantiert waren und deshalb vor ordentlichen oder Verwaltungsgerichten eingeklagt werden mussten. In vielen Staaten sind bis heute Grundrechtsverletzungen nur vor ordentlichen Gerichten einklagbar.[217] Andere geben den Bürgern die Möglichkeit, gegen ein geltendes Gesetz Verfassungsbeschwerde

[216] Vgl. Säcker (2003, S. 67 f).

[217] Dies gilt für Dänemark, Estland, Finnland, Griechenland, Irland, Italien, Litauen, die Niederlande, Norwegen, die Schweiz, Schweden und die USA. Dies gilt nicht für Frankreich und Luxemburg.

beim Verfassungsgericht einzulegen.[218] Sie ist heute die quantitativ größte Aufgabe des Deutschen Bundesverfassungsgerichts. Im Grundgesetz ist sie erst seit 1969 aufgenommen (Art. 93 Abs. 1 Nr. 4a GG); bis dahin war sie nur im Bundesverfassungsgerichtsgesetz enthalten. Die Beschwerde kann von jedermann erhoben werden, der sich in einem seiner Grundrechte oder einem grundrechtsähnlichen Recht durch einen Akt öffentlicher Gewalt verletzt sieht. Dabei kann es sich z. B. um einen Verwaltungsakt oder auch ein Gerichtsurteil handeln; in Ausnahmefällen sogar um ein Gesetz.[219] Voraussetzung ist jeweils, dass der Kläger die üblichen Einspruchsmöglichkeiten und den Rechtsweg bereits ausgeschöpft hat; das Bundesverfassungsgericht wird erst danach tätig. Das dient einerseits der Eindämmung der ohnehin noch großen Flut der Verfassungsbeschwerden und andererseits der Beschleunigung des Verfahrens: Bis eine Beschwerde vor dem Bundesverfassungsgericht verhandelt wird, ist das Tatsachenmaterial schon aufbereitet, mehrfach gerichtlich geprüft und die unterschiedlichen Anschauungen ausführlich dargelegt.[220] Mehrere Ziele sind mit der Möglichkeit zur Verfassungsbeschwerde verknüpft. „Sie ist zunächst ein außerordentlicher Rechtsbehelf, der dem Staatsbürger zur Verteidigung seiner Grundrechte und grundrechtsähnlichen Rechte eingeräumt … ist … Die Bedeutung der Verfassungsbeschwerde erschöpft sich jedoch nicht im individuellen Grundrechtsschutz des Bürgers. Neben dem ‚kasuistischen Kassationseffekt' hat sie einen ‚generellen Edukationseffekt' … Darüber hinaus hat sie die Funktion, das objektive Verfassungsrecht zu wahren und seiner Auslegung und Fortbildung zu dienen."[221] Klageberechtigt sind sowohl natürliche als auch juristische Personen. Speziell genannt sind im Grundgesetz Kommunen und Kommunalverbände, die gegen eine Verletzung des Rechts auf Selbstverwaltung durch Bundes- oder Landesgesetze klagen können (Art. 93 Abs. 1 Nr. 4b GG).

Aufgrund ihrer Seltenheit ist noch die Popularklage als spezielle Form der Verfassungsbeschwerde erwähnenswert, die zwar nicht vor dem Bundesverfassungsgericht, aber z. B. vor dem Bayerischen Verfassungsgerichtshof möglich ist. Sie erlaubt es jedem Bürger, die Prüfung einer Norm zu verlangen, egal ob ihm daraus ein Schaden entstanden ist oder nicht. Sie eignet sich vor allem für die Bürgerschaft, ihre Vorstellungen vom Gehalt einer Verfassungsnorm gegen die offizielle Interpre-

---

[218] Verfassungsbeschwerde kann eingelegt werden in z. B. Belgien, Deutschland, Lettland, Österreich, Polen, Portugal, der Slowakei, Slowenien, Spanien, Tschechien und Ungarn.

[219] Vgl. Sodan (2010, S. 64 f) mit weiteren Nachweisen; Säcker (2003, S. 57 f).

[220] So die Begründungen des Bundesverfassungsgerichts in z. B. BVerfGE 4, 193, 198; 33, 247, 258; 68, 384, 388; 78, 155, 160.

[221] BVerfGE 33, 247, 258 f.

tation zu stellen. Die Popularklage hat aber nicht nur demokratisches Potential. Sie ist auch als ein Instrument des Protestes insbesondere für Minderheiten geeignet.

3.5.4.3 Organstreitverfahren und Bund-Länder-Streitigkeiten

Die Sicherung der gewaltenteiligen Kompetenzordnung bildet den dritten Schwerpunkt der Verfassungsgerichtsbarkeit. Das Bundesverfassungsgericht wacht zum einen über die vertikale Gewaltenteilung zwischen Bund und Ländern (Bund-Länder-Streitigkeiten nach Art. 93 Abs. 1 Nrn. 3 und 4 GG), schützt aber auch die horizontale Gewaltenteilung und Kompetenzordnung bei Streitigkeiten über Rechte und Pflichten von Bundesorganen (Organstreitverfahren nach Art. 93 Abs. 1 Nr. 1 GG) und sogar die Kompetenzordnung in Ländern (Landesverfassungsstreitigkeiten nach Art. 93 Abs. 1 Nr. 4 GG), falls kein Landesverfassungsgerichtshof besteht oder ein Land dem Bundesverfassungsgericht die Aufgabe übertragen hat (Art. 99 GG). Auch hier besteht eine lange Tradition, die bereits vor die Entstehung der ersten Verfassungen zurückreicht. Im Heiligen Römischen Reich etwa konnte der Landesherr von den Ständen vor der Reichsgerichtsbarkeit für Verstöße gegen das Recht, insbesondere auch gegen die Herrschaftsverträge verklagt werden. Er hatte im Gegenzug das gleiche Klagerecht gegen die Stände, ein Vorläufer des Organstreitverfahrens also. Nach dem Zusammenbruch des Reiches füllten in einigen Ländern Staatsgerichtshöfe die Lücken, bis schließlich auf Bundes- bzw. Reichsebene besondere Organe geschaffen wurden. An sie ließen sich viele verfassungsgerichtliche Fragen überweisen, etwa an das Bundesschiedsgerichts im Deutschen Bund oder den Bundesrat im Deutschen Kaiserreich. In der Weimarer Verfassung wurde dann ein Organstreitverfahren errichtet, das auch die Länder nutzen konnten, so dass viele deutsche Länder ihre eigenen Staatsgerichtshöfe wieder abschafften.[222]

3.5.4.4 Sonstige Kompetenzen

Daneben können einer Verfassungsgerichtsbarkeit zahlreiche weitere Aufgaben zugewiesen werden, die die Anwendung von Verfassungsrecht betreffen. Das Bundesverfassungsgericht hat z. B. eine Reihe von Aufgaben, die vor allem auf die Sicherung der Verfassung als Ganzes gerichtet sind. Parteiverbote (Art. 21 Abs. 2 GG) und Verfahren zur Verwirkung von Grundrechten (Art. 18 GG) richten sich gegen Gruppen und Personen, die ihre verfassungsmäßigen Rechte nutzen, um die rechtsstaatlichen oder demokratischen Grundlagen der Verfassung zu bekämpfen.

[222] Vgl. Triepel (1976, S. 55 f). Vgl. zum Organstreit auch Luther (2002, S. 290 f).

Diese Mittel einer „wehrhaften Demokratie“ resultieren aus den Erfahrungen der Weimarer Republik.[223]

Weitaus ältere Wurzeln hat die Aufgabe der Amtsenthebung von Personen, die in Ausübung ihrer Pflichten gegen die Verfassung oder Gesetze verstoßen, aber aufgrund ihrer besonderen Stellung nicht von herkömmlichen Gerichten belangt werden sollen. In Deutschland betrifft dies den Bundespräsidenten (Art. 61 GG) und Richter (Art. 98 GG). Beides ist bisher nicht vorgekommen. Historischer Vorläufer solcher Amtsenthebungsverfahren ist die Ministeranklage, die auf das in England schon im späten Mittelalter bestehende Recht des Unterhauses zurück geht, Berater des Königs und führende Persönlichkeiten vor dem Oberhaus anzuklagen. Eine parlamentarische Verantwortlichkeit der Regierung bestand nicht, und so bot die Anklage die Chance, wenigstens Rechtsbrüche zu verfolgen.[224] Gleiches galt für spätere monarchische Regierungen auf dem Kontinent. Über die Anklage der die Geschäfte führenden Minister sollte mittelbar der Monarch an Verfassungsbrüchen gehindert werden. Je umfangreicher dabei die Kompetenzen des Monarchen, desto größer war letztlich die Reichweite der verfassungsgerichtlichen Kontrollwirkung der Ministeranklage. Sie ersetzte im 19. Jahrhundert sogar teilweise Organstreit, Normenkontrolle und Verfassungsbeschwerde. Da eine Prüfung durch das Parlament eine für den Monarchen inakzeptable Machtverschiebung bedeutet hätte, wurde die Aufgabe der Ministeranklage dem obersten Gericht oder einem Staatsgerichtshof übertragen.[225]

Weitere Sonderaufgaben betreffen den Schutz demokratischer Verfahren, nämlich das Wahlprüfungsverfahren (Art. 41 Abs. 2 GG) und die Beschwerde gegen Ergebnisse oder die Gültigkeit von Volksentscheiden. Abgeschafft wurde dagegen 1956 die Möglichkeit, das Bundesverfassungsgericht um Rechtsgutachten zu verfassungsrechtlichen Streitfragen zu ersuchen.[226]

Literaturtipps

Zum Nachlesen

Böckenförde, Ernst-Wolfgang. 1999. Verfassungsgerichtsbarkeit: Strukturfragen, Organisation, Legitimation. *Neue Juristische Wochenschrift* 52 (1): 9–17.

Säcker, Horst. 2003. *Das Bundesverfassungsgericht.* Bonn.

[223] Vgl. die Einleitung und Beiträge von Markus Thiel in dem von ihm herausgegebenen Band, Thiel (2003, S. 1–24, 129–172; 173–208).

[224] Vgl. Scheuner (1976, S. 8).

[225] Luther 2002, S. 279–305.

[226] Vgl. zum Hintergrund kurz Säcker (2003, S. 73 f).

Kielmansegg, Peter Graf. 2005. *Die Instanz des letzten Wortes. Verfassungsgerichtsbarkeit und Gewaltenteilung in der Demokratie.* Stuttgart.

Wahl, Rainer. 2001. Das Bundesverfassungsgericht im europäischen und internationalen Umfeld. In *Aus Politik und Zeitgeschichte B* 37–38:45–54.

Zur historischen Entwicklung

Herrmann, Nadine E. 2001. *Entstehung, Legitimation und Zukunft der konkreten Normenkontrolle im modernen Verfassungsstaat. Eine verfassungsgeschichtliche Untersuchung des richterlichen Prüfungsrechts in Deutschland unter Einbeziehung der französischen Entwicklung.* Berlin (Schriften zur Verfassungsgeschichte, Bd. 64).

Luther, Jörg. 2002. Vorstufen europäischer Verfassungsgerichtsbarkeit um 1900. In *Der Verfassungsstaat vor den Herausforderungen der Massengesellschaft. Konstitutionalismus um 1900 im europäischen Vergleich,* hg. von Martin Kirsch, u. a., 279–305. Berlin.

Scheuner, Ulrich. 1976. Die Überlieferung der deutschen Staatsgerichtsbarkeit im 19. und 20. Jahrhundert. In *Bundesverfassungsgericht und Grundgesetz. Festgabe aus Anlaß des 25jährigen Bestehens des Bundesverfassungsgerichts.* Bd.I, hg. von Christian Starck, 1–62. Tübingen.

3.6 Demokratie

3.6.1 Was ist Demokratie im Rahmen des Demokratischen Verfassungsstaats?

3.6.1.1 Etymologischer Zugang

Rechtsstaatlichkeit, Gewaltenteilung, Verfassung und Verfassungsgerichtsbarkeit sind zwingende Elemente des Verfassungsstaats. Dagegen ist die Verbindung mit der Demokratie eine mögliche, aber nicht zwingende Kombination. Solange alle Amtsinhaber ihre Kompetenzen vollständig aus der Verfassung zugewiesen bekommen und ihre Verantwortlichkeit sichergestellt ist, kann ein Verfassungsstaat auch als Aristokratie organisiert werden. Das ist heute allerdings eine bloß theoretische Möglichkeit, da die Demokratie in immer weiteren Teilen der Welt als unhintergehbare Mindestanforderung legitimer Ordnung gilt. Insofern tritt uns heute der Verfassungsstaat ausschließlich in Form des Demokratischen Verfassungsstaats entgegen. Was aber heißt „demokratisch" in Bezug auf diese Ordnungsform?

Die Ansichten, was unter Demokratie zu verstehen ist, gehen weit auseinander. Wenig Klärung bringt die reine Begriffsbedeutung. Demokratie meint wörtlich die

Abb. 3.17 Unterscheidung der Staatsformen der Antike

Quantität	Qualität	
	gut/ gemeinwohlorientiert	schlecht/ eigennützig
Einherrschaft	Monarchie	Tyrannei
Herrschaft Weniger	Aristokratie	Ochlokratie/ Elitenherrschaft
Herrschaft Vieler oder Aller	Politie/ Republik	Demokratie/ Pöbelherrschaft

Quelle: Eigene Darstellung

Herrschaft des Volkes. Der Begriff entstand in der griechischen Antike bei dem Versuch, verschiedene Staatsformen zu unterscheiden. Kriterium der Unterscheidung war, wie viele Menschen an der Herrschaft beteiligt waren. Häufig wurde zusätzlich nach der Qualität der Herrschaft differenziert, wobei die Begriffe je nach Zeit und Autor variierten (vgl. Abb. 3.17).

Erstes Anwendungsbeispiel war die griechische Polis, d. h. der Stadtstaat, in dem die Gesetzgebung einer Versammlung der Bürger zustand – mit der Einschränkung freilich, dass nur die freien, aus ortsansässigen Familien stammenden, grundbesitzenden, erwachsenen und männlichen Bürger gemeint waren. Sogar die Ausführung der Staatsgeschäfte, also Regierung und Verwaltung oblag den Bürgern. Einzelne Bürger wurden dabei im Rotationsverfahren, durch Ämterkauf oder auch durch Bestellung mit bestimmten Aufgaben betraut und nach einiger Zeit abgelöst. Diese Ideen gingen mit dem Untergang der antiken Philosophie bis zum Ende des 6. Jahrhunderts n. Chr. aber verloren. Erst im 13. Jahrhundert wurde die griechische Philosophie langsam wieder entdeckt und auch der Demokratiebegriff wurde neu aufgegriffen. Dabei erfuhr er eine wichtige Umdeutung: Er wurde aus dem engen Zusammenhang mit der ursprünglichen Form der griechischen Stadtstaaten gelöst und setzte nun der Phantasie, wer das Volk sei und wie es seine Herrschaft ausübt, keine Grenzen. Seither ist jeder Versuch, sich der Bedeutung von Demokratie etymologisch, d. h. aus der Begriffsgeschichte, zu nähern zum Scheitern verurteilt.[227] Stattdessen finden sich nun die verschiedensten Definitionen, was Demokratie sei, immer stark von den persönlichen Überzeugungen des Autors und seinem zeitgeschichtlichen Hintergrund geprägt:

> Demokratie ist „government of the people, by the people, for the people".
>
> (Abraham Lincoln)

[227] So z. B. Sartori (1992, S. 45).

Demokratie ist „diejenige Ordnung der Institutionen zur Erreichung politischer Entscheidungen, bei welcher einzelne die Entscheidungsbefugnis vermittels eines Konkurrenzkampfs um die Stimmen des Volkes erwerben".

(Joseph A. Schumpeter)

Die Demokratie ist die schlechteste Staatsform, ausgenommen alle anderen.

(Winston Churchill)

Demokratie ist „wenn eine schlechte Regierung abgewählt werden kann.

(Karl Popper)

3.6.1.2 Empirisch vergleichender Zugang

Auch ein Blick auf die demokratischen Verfahren und Institutionen heutiger westlicher Demokratien zeigt, wie vielfältig selbst innerhalb eines Kulturkreises die Erscheinungsformen sind. Schon die Verfassungen westlicher Demokratien regulieren höchst unterschiedlich, wie das Gebot der Demokratie umzusetzen ist. Nehmen wir das deutsche Grundgesetz als Beispiel: Dort heißt es im Art. 20 Abs. 2: „Alle Staatsgewalt geht vom Volke aus. Sie wird vom Volke in Wahlen und Abstimmungen und durch besondere Organe … ausgeübt". Gemeint ist, dass die Staatsbürger die einzig legitimen Träger der Staatsgewalt sind und alle politischen Entscheidungsträger und Entscheidungen sich auf eine ursprüngliche Bevollmächtigung durch das Votum der Bürger zurückführen lassen müssen, wie viele Stufen der Mittelbarkeit auch immer dazwischen liegen mögen. Außerdem nennt das Grundgesetz in einigen andern Artikeln die zentralen Institutionen und Verfahren, in denen das Volk unmittelbar und mittelbar seine Staatsgewalt ausübt, nämlich durch Wahl und Abwahl von Bundestagsabgeordneten und in sehr begrenztem Umfang auch durch Abstimmungen über Sachfragen.[228]

Die Portugiesische Verfassung dagegen führt die Demokratie viel genauer aus. Sie legt die Volkssouveränität und die Volksherrschaft fest (Art. 2; Art. 3 Abs. 1). Sie bezieht das Demokratiegebot aber nicht nur auf den politischen, sondern auch den wirtschaftlichen, sozialen und kulturellen Bereich. Sie verpflichtet die Staatsgewalt auch inhaltlich auf den Volkswillen (Art. 1). Zur Umsetzung legt sie sich im Kern auf die repräsentative Demokratie fest (Art. 2), führt aber 1989 in den heutigen Art. 108 auch den Volksentscheid und 1997 sogar die Volksinitiative ein. Die Portugiesische Verfassung betont zudem (Art. 109) die Bedeutung der direkten und aktiven politischen Partizipation der Bürger für die Festigung der Demokratie.

[228] Siehe Artikel 29 (Volksentscheid zur Neugliederung des Bundes), 38 (Wahlrecht zur Wahl des Bundestages), 77 (Gesetzgebung durch das Parlament), 54 (Wahl des Staatsoberhauptes durch die auch aus dem Parlament hervorgehende Bundesversammlung), 63 (Bestellung der Regierung durch den Bundestag als erster Parlamentskammer) und 67 (Kontrolle und Abberufung der Regierung durch den Bundestag).

Abb. 3.18 Beispiele moderner Demokratietypologien

Demokratietypen	Unterscheidungs-kriterium	Vertreter und Beispiele
Direkte vs. repräsentative	Politische Entscheidungsträger: Bürger oder Repräsentanten	Silvano Möckli, Uwe Wagschal, Schweiz vs. Japan
Parlamentarische vs. präsidentielle Demokratie	Verhältnis zw. Parlament und Regierung: Interdependenz oder relative Eigenständigkeit,	Karl Loewenstein, Winfried Steffani, Kanada vs. USA
Konsens- bzw. Konkordanz vs. Konkurrenz- bzw. Mehrheitsdemokratie	Art der Konfliktregelung: Aushandlung oder Wettbewerb ,	Gerhard Lehmbruch, Arend Lijphart, Niederlande vs. Großbritannien
Defekte Demokratie vs. liberale Demokratie	Effizienz/ Legalität/ Demokratisierungsgrad: niedrig oder hoch.	Wolfgang Merkel et al. Russische Föderation vs. Tschechien

Quelle: Schulz, 2003, S. 2; Schmidt 2010, S. 292–355, 297, 323 f, 341, 392–397

In Art. 113 werden ausführlich die Anforderungen an demokratische Wahlen und Wahlkämpfe dargestellt und zur Grundlage der Besetzung aller politischen Ämter und Organe von der kommunalen bis nationalen Ebene gemacht.

Offensichtlich liegt hier nicht die gleiche Idee von Demokratie zu Grunde wie dem bundesdeutschen System. Der Demokratiebegriff der Portugiesischen Verfassung ist viel weiter. Er verlangt nicht nur eine formelle, sondern auch inhaltliche Rückbindung an das Volk und versteht Demokratie als gesellschaftliches, nicht nur als politisches Prinzip.

Die vergleichende Demokratieforschung bestätigt die enorme Variationsbreite moderner Demokratie. Die Systeme unterscheiden sich nicht nur in einem, sondern in mehreren Merkmalen, was sich in einer Fülle von Typologisierungsversuchen niederschlägt (vgl. Abb. 3.18). Zu den bekanntesten gehören die Unterscheidungen zwischen direkten und repräsentativen, parlamentarischen und präsidentiellen Demokratien, wettbewerblich orientierten Konkurrenz-/ Mehrheitsdemokratien und verständigungsorientierten Konsens-/ Konkordanzdemokratien. Für all diese Typen finden sich in Europa und Amerika diverse Beispiele.[229] Wenn sich auch gewisse Häufungen finden, wie z. B. in Europa eine klare Dominanz parlamentarischer Systeme, ändert das nichts an dem Ergebnis, dass sich die Demokratie in der Staatenwelt sehr vielfältig präsentiert.

[229] Vgl. hierzu die tabellarischen Übersichten bei Schmidt (2010, S. 297, 323 f, 341).

3.6.1.3 Normativ theoretischer Zugang

Noch größer ist die Spannbreite, wenn man normative Demokratietheorien konsultiert, die jeweils eine Idealvorstellung dessen präsentieren, was Demokratie sein soll. Sie basieren auf höchst unterschiedlichen Menschenbildern und verbinden deshalb mit demokratischen Verfahren ebenso divergierende Zwecke: Liberale Demokratietheorien sehen darin vor allem ein zusätzliches Moment der Herrschaftskontrolle. Pluralistische Theorien betonen die Möglichkeit der Artikulation und der friedlichen Koordinierung verschiedenartiger Interessen. Radikaldemokratische Theorien betrachten demokratische Verfahren als Möglichkeit jedes Einzelnen durch die Mitwirkung an der Gesetzgebung nur dem eigenen Willen statt fremder Herrschaft unterworfen zu sein. Republikanische Theorien verste hen Demokratie regelrecht als eine Lebensform, in der allein der Mensch durch das gemeinsame Handeln mit seinen Mitbürgern volle Erfüllung finden kann. Prozedurale Demokratietheorien schreiben demokratischen Verfahren eine Richtigkeitsgewähr zu, d. h. sie sehen darin eine institutionalisierte Möglichkeit, zu möglichst sachgerechten und vernünftigen Entscheidungen zu gelangen.[230]

Aus den unterschiedlichen Zwecken folgen in einem nächsten Schritt unterschiedliche Mittel, z. B. was die Entscheidung für eine rein repräsentative Demokratie oder die Möglichkeit direktdemokratischer Abstimmungen anbelangt. Liberale und pluralistische Theorien befürworten eine überwiegend repräsentative Form der Demokratie, in der die Sachentscheidungen nicht direkt von den Bürgern, sondern von ihren gewählten Vertretern getroffen werden. Radikaldemokratische Theorien verlangen die Verfassungs- und Gesetzgebung durch die Bürger selbst. Republikanische und prozedurale Theorien sehen meist eine Kombination direktdemokratischer und repräsentativer Verfahren vor, zielen dabei aber auf größtmögliche Partizipation der Bürger an der Willensbildung, selbst wenn die eigentliche Entscheidung dann durch ihre Repräsentanten getroffen wird. Man könnte die Liste divergierender Demokratievorstellungen beliebig fortsetzen. Wichtig ist für unseren Zusammenhang die daraus zu ziehende Schlussfolgerung, dass man Demokratie nicht auf nur eine Definition reduzieren kann. Der deutsche Staatsrechtslehrer Klaus Stern warnt dementsprechend:

> Demokratie muß sich auf Grund der Ausdehnung des Begriffs und ihrer Vielgestaltigkeit in der Wirklichkeit der Gegenwart gefallen lassen, **spezifisch erläutert** zu werden, in der Regel **durch adjektivische Zusätze** oder andere Kriterien. [231]

---

[230] Vgl. zu den vielen Spielarten Schmidt (2010).

[231] Stern 1984, S. 590. Weitere Argumente Sterns gegen einen allgemeinen Demokratiebegriff sind, dass dies die Subsumierung der unvereinbaren Regime freiheitlicher und totalitärer Demokratie unter einem Begriff erlaube und zudem, dass man dann versuchen müsse, zwischen

Jeder Versuch, einen allgemeinen Begriff der Demokratie zu finden, müsse ihn auf einen Abstraktionsgrad heben, der ihn völlig blutleer und für die Bewältigung konkreter Probleme leistungsunfähig sein ließe.

Letztlich folgt aus dieser Vielfalt demokratischer Erscheinungsformen, dass nicht eine bestimmte Form der Demokratie, sondern lediglich ein allen Demokratien zugrunde liegendes „Prinzip" als fester Bestandteil des Demokratischen Verfassungsstaats gelten kann. Die oben in Abb. 3.18 aufgeführten Typologien 1 bis 3 oder auch die geschilderten Bestimmungen im Deutschen Grundgesetz und der Portugiesischen Verfassung sind dagegen Ausgestaltungen dieses Prinzips. Sie sind im Rahmen eines Demokratischen Verfassungsstaats gleichermaßen möglich, aber nicht zwingend. Zum Demokratieprinzip sind lediglich folgende Anforderungen zu zählen: 1) Die wesentlichen politischen Entscheidungen werden vom Volk selbst oder seinen gewählten Vertretern getroffen. Mindestens lassen sie sich mittelbar auf ein Bürgervotum zurückführen (z. B. indirekte Wahl), so dass eine ununterbrochene Legitimationskette besteht. 2) Die Mitglieder von Parlament und Regierung sind nur auf Zeit bestellt und können nach Ablauf per Wahl durch andere Personen ersetzt werden. 3) Verfahrensgrundlage aller demokratischen Entscheidungen ist ein freies, gleiches, allgemeines und geheimes Stimmrecht. Häufig genannte weitere Bestandteile, wie z. B. freie Meinungsbildung, Kandidaten- oder Parteienwettbewerb lassen sich aus den genannten drei Bestandteilen des Demokratieprinzips ableiten.

Der Begriff des Volkes ist in Zusammenhang mit dem Demokratieprinzip übrigens nicht ethnisch oder territorial zu verstehen, sondern rechtlich. Gelegentlich wird deshalb statt des Begriffes „Volk" der Begriff „Demos" verwendet. Gemeint ist die Gesamtheit derer, die nach geltendem Recht das aktive Wahl- und Stimmrecht genießen. Der Personenkreis ist dabei von der Entscheidungsebene abhängig. Das Demokratieprinzip gibt nämlich durch den Grundsatz der Allgemeinheit vor, dass dieses Wahlrecht allen Angehörigen eines Rechtsverbandes zusteht. Anerkannte Ausnahmen von der Forderung nach Allgemeinheit des Wahlrechts sind eine Mindestaltersgrenze, die gerichtliche Feststellung von Unzurechnungsfähigkeit oder der nur vorübergehende Gaststatus in einem Verband. Innerhalb eines Nationalstaats wird also der Demos in der Regel von den Erwachsenen gebildet, die die Staatsangehörigkeit besitzen. Auf EU-Ebene sind dagegen die erwachsenen

einem „Typuskern", „unabdingbaren Elementen", „Randzonen" und „Elementen mit geringer Zuordnungsintensität" zu unterscheiden. Stern versucht trotz seiner Ablehnung gegen eine allgemeine Demokratiedefinition aber zumindest drei Grundbestandteile jeder Demokratie zu nennen: die Volkssouveränität als Gegensatz zur Allein- oder Elitenherrschaft, Monarchie und Aristokratie, die Gleichheit im Sinne eines gleichen Wahlrechts, aber auch ein Mindestmaß an ökonomischer und sozialer Entwicklung als Voraussetzung für die Funktionsfähigkeit von Demokratie. Siehe Stern 1984, S. 592, 594, 595.

EU-Bürger der Demos, der das EU-Parlament wählt. Und auf kommunaler Ebene sind in vielen EU-Ländern inzwischen auch Ausländer und Jugendliche wahlberechtigt und somit Teil des Demos. Aber auch auf politische Gremien oder Organisationen kann das Demokratieprinzip durch die Loslösung vom Volksbegriff übertragen werden. Es meint dann die Forderung, demokratischen Grundsätzen zu genügen. D. h. insbesondere, Personal- und Sachentscheidungen nur auf der Basis freier, gleicher, allgemeiner und geheimer Abstimmungen zu treffen. Rechtlich vorgeschrieben ist das in der Bundesrepublik beispielsweise für Parteien und mit kleineren Abstrichen für Vereine.

3.6.2 Wechselseitige Ergänzung von Demokratie und Verfassungsstaat

Die Verbindung von Demokratieprinzip und Verfassungsstaatlichkeit ist nicht einfach der Tatsache geschuldet, dass beide in der (westlichen) Tradition politischen Denkens gleichermaßen anerkannt sind und man nach dem Motto „doppelt hält besser" verfahren wäre. Vielmehr lässt sich anhand von vier gängigen Funktionen politischer Systeme zeigen, dass Demokratieprinzip und Verfassungsstaatlichkeit sich ideal ergänzen und der Demokratische Verfassungsstaat sich deshalb im 20. Jahrhundert als *der* Maßstab stabiler und guter Ordnung durchsetzen konnte. Beide Elemente bilden eine Symbiose zum wechselseitigen Vorteil.

3.6.2.1 Legitimation

Demokratie legitimiert sich aus der freien und gleichen politischen Teilhabe aller Bürger. Die muss aber auch in für alle verbindliche Entscheidungen münden, die nicht immer einmütig getroffen werden können. Egal ob dann das Einstimmigkeitsprinzip gilt und ein einziger Verweigerer alle anderen überstimmt, oder ob nach dem Mehrheitsprinzip die Majorität über eine Minderheit mit verfügt, immer bleiben einige, deren Stimme am Ende unterlegen ist. Je weitreichender aber eine Entscheidung ist oder je mehr sich Dauerminderheiten herauskristallisieren, desto mehr bedarf es für demokratische Entscheidungen einer zusätzlichen Legitimation. In solchen Fällen kommt es darauf an, dass zumindest eine generelle Zustimmung zum politischen System besteht. Sie kann z. B. durch eine insgesamt befriedigende Leistungsbilanz und/ oder einen Grundkonsens über Rechte, Werte und Ziele des Gemeinwesens erreicht werden. Der Verfassungsstaat verfügt mit Konstitution und Verfassungsgerichtsbarkeit über die geeigneten Mittel, diesen Grundkonsens dauerhaft zu erhalten. Anders herum helfen dem Verfassungsstaat demokratische Verfahren, Entscheidungen zu legitimieren, die sich nicht mit Wert- oder Gerechtigkeitsargumenten begründen lassen, sondern nur eine von vielen legitimen

Alternativen darstellen. Das gilt praktisch für die gesamte Ausgestaltung der Ämterordnung und alle zu treffenden Personalentscheidungen. Es schließt auch die Entscheidung zwischen föderalem oder zentralem Staatsaufbau ein, die im Grundgesetz immerhin unter die Ewigkeitsgarantie des Art. 79 Abs. 3 fällt. Dass dies eine Vorgabe der Alliierten war und auch der starken eigenen Tradition der Länder entspricht, rechtfertigt noch nicht, dass das so bleiben muss. Hierfür gibt erst die von den Ländern gegebene Zustimmung den Ausschlag.

3.6.2.2 Entscheidungsfindung

Deutlich wird das für beide Ordnungsformen nützliche Zusammenspiel auch in der Frage angemessener Entscheidungsverfahren. Der antiken Versammlungsdemokratie, aber auch allen Formen direkter Sachabstimmung durch die Bevölkerung, haftet bis heute der Ruf demagogischer Verzerrung, Irrationalität und Verantwortungsfreiheit an. Erst die Organisation in komplexen, stufenförmigen Verfahren hat die Demokratie salonfähig gemacht. Das Volk behält sich darin nur noch wenige Sachentscheidungen vor und überträgt das politische Alltagsgeschäft an gewählte Vertreter aus den eigenen Reihen. Alle Aufgaben werden so als Amt verstanden, für dessen angemessene Ausübung jeder Inhaber verantwortlich ist. Der Verfassungsstaat bietet die Möglichkeit, die Ämterordnung einschließlich der Bestellungs- und Abberufungsverfahren. der Zuständigkeiten und Entscheidungswege genau festzulegen. Durch die erschwerte Änderbarkeit der Verfassung können die betroffenen Amtsinhaber nur bedingt auf die Ämterordnung zugreifen. Dadurch wird das Risiko der Übertragung von Aufgaben an Repräsentanten kalkulierbar und erlaubt zudem, Verfahren so zuzuschneiden, dass sie mit einer hohen Wahrscheinlichkeit angemessene Entscheidungen hervorbringen. Tatsächlich wird modernen demokratischen Verfahren aufgrund der Vielzahl der Stimmen, Interessen und Erfahrungshintergründe, die im Verlauf des Entscheidungsprozesses einfließen, ein hohes Maß an Richtigkeitsgewähr zugesprochen.[232] Dem Verfassungsstaat und seinem Schutzsystem kommt die wichtige Aufgabe zu, die Voraussetzungen für das Funktionieren dieser Verfahren zu sichern. Das umfasst den Schutz von aktivem und passivem Wahlrecht ebenso, wie den der Vereinigungs-, Presse- und Meinungsfreiheit und der Verfahrensregeln an sich. Letzten Endes sorgt der Verfassungsstaat dafür, dass die Demokratie sich nicht selbst abschaffen oder funktionsunfähig machen kann.

3.6.2.3 Kontrolle

Auch im Bereich der Kontrolle der Staatsgewalt greifen Demokratie und Verfassungsstaat ineinander. Einige Missbrauchstendenzen können in einer Demokra-

[232] Vgl. Bleckmann (1998).

tie durch das Kräftespiel zwischen Regierungsparteien und Opposition schon in einem frühen Stadium aufgedeckt und gestoppt werden. Regelmäßige Wahlen bieten eine weitere Sicherung, solange ein Mindestmaß an Pluralität der Parteien und Kandidaten gegeben ist. Doch es kann vorkommen, dass die demokratischen Kontrollmechanismen versagen, weil z. B. die Opposition sehr schwach ist oder die politische Elite geschlossen agiert und die Medien nicht mobilisiert werden können. In diesem Fall bieten Verfassungsbeschwerde und Popularklage zumindest gegen verfassungswidrigen Machtmissbrauch eine letzte Kontrollchance für Einzelne und Minderheiten. Organklage und Normenkontrolle können selbst von einer kleinen Parlamentsopposition initiiert werden.

Weil die Demokratie eine zentrale Legitimationsquelle des Demokratischen Verfassungsstaats darstellt, birgt sie zusätzlich informelle Kontrollmöglichkeiten. Alle Amtsinhaber stehen unter dem Druck öffentlicher Rechtfertigung für ihre Handlungen. Das ist gerade dort von Bedeutung, wo eine formelle Kontrollmöglichkeit nicht besteht, wie etwa im Fall der Verfassungsrichter. Im Kapitel zur Verfassungsgerichtsbarkeit wurde schon klar, dass sie letztlich nur durch den drohenden Verlust öffentlichen Ansehens dazu gebracht werden können, sich an ihre selbstauferlegten Regeln des *judicial self restraint* zu halten und ein offenes Ohr für geänderte Wert- und Gerechtigkeitsvorstellungen der Gesellschaft zu haben. Das Demokratieprinzip bildet somit die einzig mögliche Antwort auf die Frage "Sed quis custodiet ipsos custodes?" „Aber wer wird über die Wächter selbst wachen?“[233]

3.6.2.4 Artikulation

Eine für das Zusammenwirken von Demokratie und Verfassungsstaatlichkeit zentrale Frage ist die nach der authentischen Artikulation des Volkswillens. In einer reinen Demokratie kommt er allein durch die aktuellen Ergebnisse von Wahlen und Abstimmungen zum Ausdruck. In einem Verfassungsstaat konkurrieren dagegen drei verschiedene Artikulationsformen miteinander: 1) der aktuelle „empirische Volkswille“ aus Wahlen etc., 2) der historische Volkswille, wie er in der Verfassung niedergelegt ist und schließlich 3) ein „hypothetischer Volkswille“, d. h. das, was das Volk nach gründlichem Nachdenken wollen würde – oder vielmehr nach Ansicht anderer wollen sollte. Ein Verfassungsgericht ist für die Artikulation des historischen und bedingt auch des hypothetischen Volkswillens zuständig. Das Parlament hat die schwierige Aufgabe, den empirischen Volkswillen zu antizipieren und mit dem hypothetischen zu vermitteln. Anschließend können die Bürger dieser Interpretation in Wahlen und Abstimmungen widersprechen. Im Unterschied zur alten Versammlungsdemokratie wird der Volkswille in verschiedenen Formen

[233] Bei dem römischen Satirendichter Juvenal (um 60–140) zielte das auf die Männer, durch die ein eifersüchtiger Ehemann seine Frau überwachen lassen wollte. Juvenal 1993, VI, 347–48.

mit sich selbst konfrontiert und – so die Idee – von vorschnellen, irrationalen, kurzsichtigen etc. Zügen geläutert. Je weniger Sachentscheidungen dabei von den Bürgern selbst getroffen werden und je enger der von der Verfassung gezogene Entscheidungsrahmen, desto stärker ist diese Läuterung.

3.6.3 Vereinbarkeitsprobleme

Der Preis, den Demokratie und Verfassungsstaatlichkeit für die wechselseitigen Vorteile zahlen ist, dass sie dafür auf eine Verwirklichung in Reinform verzichten müssen. Der Verfassungsstaat kann sich nicht allein auf bewährte und vermeintlich universelle Grundrechte und Organisationsformen berufen, um dann in der einmal gefunden Form zu verharren. Er muss eingangs von der Verwirklichungsgemeinschaft nach ihren Vorstellungen gestaltet werden können und im weiteren Verlauf für neue Sachverhalte, Wertewandel und in gewissem Umfang auch für neue Mehrheitsinteressen offen bleiben. Für die Demokratie bedeutet die Verbindung mit dem Verfassungsstaat, nicht reine Mehrheitsherrschaft sein zu können und ihre Entscheidungsfreiheit völlig frei auszuüben. Stattdessen kann sie sich nur innerhalb eines Rahmens materieller und formaler Vorgaben entfalten. Insofern verträgt sich der Verfassungsstaat nicht mit einer als absolute Verfügungsgewalt verstandenen Souveränität des Volkes oder der Mehrheit. Deshalb ist das Verhältnis von Demokratieprinzip und Verfassungsstaatlichkeit oft als ein latenter Konflikt angesehen worden, in dem sich demokratische Entscheidungsfreiheit und verfassungsstaatliche Begrenzung entgegenstehen. Hieraus hat sich eine jahrzehntelange Debatte darüber entwickelt, wie viel Demokratie ein Verfassungsstaat und wie viel Verfassungsstaat eine Demokratie verträgt. Dabei ging es (1) um die Frage der Verträglichkeit direktdemokratischer Elemente mit den übrigen Elementen des Verfassungsstaats, insbesondere der verfassungsgerichtlichen Normenkontrolle und (2) um die Vereinbarkeit von Ewigkeitsklauseln mit dem Ideal demokratischer Selbstbestimmung.

3.6.3.1 Direkte Demokratie und verfassungsgerichtliche Normenkontrolle

In einer rein repräsentativen Demokratie ist die Entscheidungsgewalt der Bürger auf Personalentscheidungen beschränkt, also z. B. auf die Wahl der Parlamentsabgeordneten oder des Staatsoberhaupts. Sie erscheint insofern als ideale Ergänzung des Verfassungsstaats, als sich jede Wahl mit klaren Kompetenzzuweisungen und Auflagen verbinden lässt, etwa einer befristeten Amtszeit, abgeschlossenem Zuständigkeitsbereich, Rechenschaftspflicht u. v. m. Bei jeder Entscheidung ist damit auch klar, wer daran mitgewirkt und mit dafür verantwortlich ist. Außerdem kann das passive Wahlrecht je nach Amt mit besonderen Voraussetzungen wie beruflicher Qualifikation oder Alter verbunden sein, um zu steuern, welcher Kreis von Personen bestimmte Entscheidungen treffen darf.

Anders verhält es sich im Fall direkter Demokratie, in der Sachentscheidungen, insbesondere über Gesetze und Verfassungsänderungen von den Bürgern selbst getroffen werden. Die Bürger geben ihre Stimme anonym ab. Niemand kann ihnen vorschreiben, nur informiert, sachkundig und verantwortungsbewusst zu entscheiden und kein Bürger kann für eine problematische Entscheidung persönlich zur Verantwortung gezogen werden. Da er am Ende selbst unter schlechten Gesetzen leiden wird, kann man immerhin auf seine Sorgfalt hoffen, aber nicht mehr. Kritiker wenden deshalb ein, dass direkte Demokratie und Verfassungsstaat nicht recht zusammenpassen und stützen sich auf weitere Probleme. Dazu gehört vor allem die Gefahr einer direkten Konfrontation zwischen Volksvotum und Verfassungsgericht. Es wird befürchtet, dass ein Verfassungsgericht aufgrund des hohen Stellenwerts der Demokratie davor zurückschrecken würde, einen verfassungswidrigen Volksentscheid zu kassieren, so dass auf längere Sicht Minderheitenrechte, Privatsphäre, Gewissensfreiheit und andere liberale Errungenschaften der unkontrollierbaren Mehrheitsdominanz zum Opfer fallen könnten. Das gälte nicht nur für rein direktdemokratische Systeme, sondern auch für solche, die direktdemokratische und repräsentative Elemente kombinieren. Wäre hier das Verfassungsgericht einmal in seinem Ansehen geschwächt, weil es einen Volksentscheid für verfassungswidrig erklärt hätte, könnte es auch dem Parlament nicht mehr mit gleicher Autorität entgegen treten. Das Parlament könnte dann versucht sein, Verfassungsgerichtsentscheidungen nicht mehr in gebotenem Umfang zu beachten.

Ein weiterer Einwand bezieht sich auf die Gewaltenteilung und das Kräfteverhältnis von Regierungsmehrheit und Opposition. Volksabstimmungen könnten im politischen Machtkampf missbraucht werden, um die eigene Position entgegen dem in der Verfassung verankerten Gewaltenteilungsmodell zu stärken.

Diese und andere Probleme lassen sich jedoch weitgehend vermeiden, wenn Verfassungsgerichtliche Verfahrensarten, Gewaltenbalance und direktdemokratische Entscheidungswege gut aufeinander abgestimmt werden. Der Phantasie des Verfassungsgebers sind hier wenig Grenzen gesetzt, zumal es lediglich um eine Ergänzung repräsentativer Demokratie durch direktdemokratische Elemente gehen kann. Keine moderne Demokratie kann ohne die weitgehende Planung, Vorbereitung und Erledigung der Aufgaben durch Repräsentanten auskommen. Reine Direktdemokratien würden angesichts der Komplexität der Staatsaufgaben schon an der Arbeits- und Zeitüberlastung der Bürger scheitern. Worum es aber gehen kann, ist einen Teil der Entscheidungen obligatorisch oder fakultativ den Bürgern zu überlassen. Hierfür bieten sich vor allem grundlegende Fragen, wie Verfassungsänderungen an, die auf einer breiten Legitimationsbasis ruhen sollen. Aber auch

Abb. 3.19 Direktdemokratische Verfahren

Direktdemokratische Verfahren	Auslösung	Gegenstand	Herkunft des Entwurfs	Folgen der Abstimmung
obligatorisches Referendum	automatisch	Verfassungsnorm, Verträge	Parlament	verbindlich
fakultatives Referendum	durch Volk	Gesetz oder Verfassungsnorm	Parlament	verbindlich
Volksinitiative/ -Begehren/ -Entscheid-	durch Volk	Gesetz oder Verfassungsnorm, selten Finanzen oder Verträge	Volk	verbindlich, selten als unverbindlicher Befassungsantrag
affirmatives Plebiszit	durch Parlamentsmehrheit	Gesetz oder Verfassungsnorm, selten Finanzen oder Verträge	Parlament	verbindlich
oppositionelles Plebiszit	durch Parlamentsminderheit, Staatspräsident o.a. nicht mit Parlamentsmehrheit verbundene Instanz	Gesetz oder Verfassungsnorm, selten Verträge	Parlament oder auslösende Instanz	verbindlich
konsultatives Plebiszit	durch Parlamentsmehrheit	beliebige Sachfrage	Parlament oder Regierung	unverbindlich

Quelle: Eigene Darstellung

Richtungsentscheidungen, die unter den Parteien höchst umstritten sind, können dem Volk überlassen werden, um parteipolitisch motivierte Blockaden aufzubrechen. Nicht zu vergessen ist die durch direktdemokratische Verfahren bestehende Möglichkeit der Bürger, eine Diskrepanz zwischen ihren eigenen Anliegen und den von den politischen Parteien und Organen vertretenen zu verdeutlichen. Je nach Art des Verfahrens können eigene Themen auf die politische Tagesordnung gesetzt und entschieden oder Positionen der Parteien und Organe korrigiert werden.

Tatsächlich bietet die geschickte Auswahl der zu integrierenden direktdemokratischen Verfahren eine gute Möglichkeit, Konflikte zwischen Demokratieprinzip und Verfassungsstaatlichkeit zu vermeiden. Wichtige Fragen sind v. a., wer eine Volksabstimmung auslösen kann, ob über eine bereits vom Parlament beschlossene Regelung oder einen Entwurf abgestimmt wird, ob einige Fragen ausgenommen sind und welche Verbindlichkeit ein solches Votum für die Staatsorgane hat. Abbildung 3.19 gibt einen Überblick über die häufigsten Verfahren.[234]

234 Zur Benennung und Einteilung vgl. Jung (2001, S. 13–15).

Die Auswirkungen auf die gesamte Funktionsweise des politischen Systems unterscheiden sich von einem Verfahrenstyp zum anderen erheblich. Fakultative Referenden über bereits verabschiedete Gesetze fördern beispielsweise die Entwicklung einer sogenannten Konkordanzdemokratie, in der sich die politischen Entscheidungsträger schon im Vorfeld ihrer Entscheidung intensiv untereinander abstimmen und soweit wie möglich zivilgesellschaftliche Akteure in den Willensbildungsprozess einbeziehen. Der vorab gesicherte breite Rückhalt soll die Zahl der Referendumsbegehren reduzieren. Gleichzeitig wird eine stärkere Rückbindung an den Wählerwillen erreicht und die Dominanz starker Parteiensysteme verringert. Im Unterschied dazu sind oppositionelle Plebiszite wesentlicher Teil des Machtspiels innerhalb der politischen Akteursebene. Sie stärken potentiell die Opposition, sind aber in präsidentiellen Demokratien auch ein wichtiges Machtinstrument des Präsidenten. Die Parlamentsmehrheit kann durch den Rückgriff auf das Volksvotum umgangen werden. Die Volksinitiative schließlich bietet den Bürgern die Möglichkeit, neue Themen auf der politischen Agenda zu platzieren, parteipolitisch motivierte Entscheidungsblockaden des Parlaments zu brechen oder Neuorientierungen gegen den Willen einer sich verschließenden politischen Elite zu erzwingen. Diese wenigen Beispiele zeigen, dass der Verfassungsgeber ganz gezielt solche Verfahren zulassen kann, die die Machtbalance innerhalb des Repräsentativsystems in gewünschter Weise verändern, ohne die horizontale *Accountability* zwischen den Organen auszuhebeln. Ziel wird sein, dass die Bürger zwar eine realistische zusätzliche Artikulationsmöglichkeit haben, aber das Instrument nicht von Akteuren des politischen Machtkampfes missbraucht werden kann. So könnte man z. B. nur Abstimmungen auf eigene Initiative der Bürger zulassen, nicht aber die Anberaumung von Referenden oder Plebisziten „von oben" durch Regierungsmehrheit, Staatspräsident oder Opposition. Gerade in einem präsidentiellen System wird man darauf achten, dass die austarierte Machtbalance nicht nachhaltig gestört wird. Als unproblematisch können dort alle Abstimmungen gelten, die der Verfassungsgeber für bestimmte Fragen, z. B. Verfassungsänderungen, als obligatorisch festgelegt sind. Da sie automatisch ausgelöst werden, lassen sie sich nur schlecht instrumentalisieren. In einer parlamentarischen Demokratie wird man vor allem versuchen, eine unmittelbare Konkurrenz zwischen Parlament und Volk dadurch zu vermeiden, dass die Bürger nicht über bereits erlassene Regeln, sondern nur über eigene Vorschläge oder Gesetzentwürfe abstimmen.

In die Gesamtrechnung der Gewaltenbalance muss dann noch die Verfassungsgerichtsbarkeit einbezogen werden. Denn in einem Verfassungsstaat müssen auch Volksentscheide vom Verfassungsgericht überprüft werden können, selbst wenn sie eine besondere Legitimation als ungefilterter Ausdruck der Volkssouveränität zu besitzen scheinen. Tatsächlich aber sind auch Volksabstimmungen Teil der verfassten, nicht der verfassunggebenden Gewalt und unterliegen damit strikt den Vorgaben der Verfassung. Somit ist auch eine verfassungsgerichtliche Überprüfung unabdingbar. Aber dies könnte noch vor der Abstimmung präventiv geschehen, so dass verfassungswidrige Initiativen gar nicht zur Abstimmung kommen. Das Verfassungsgericht würde dann nicht artikulierten Volkswillen, sondern lediglich die Initiative einer Gruppe prüfen und ggf. kassieren. Zu erwarten wäre, dass das Verfassungsgericht den Bürgern Spielraum gibt, eine bisher durch das Gericht oder den Gesetzgeber vertretene Auslegung der Verfassung durch die Volksabstimmung zu korrigieren, solange diese neue Interpretation dem Wortlaut oder systematischen Zusammenhang der Verfassung nicht widerspricht. Auf eine teleologische und historische Auslegung der Verfassung würde das Gericht dann wohl verzichten. Problematisch sind dagegen Vorschläge, das Verfassungsgericht solle sich bei der Urteilsfindung an der öffentlichen Meinung orientieren oder aber Verfassungsrichter sollten aus politischen Gründen abwählbar sein. Beide Vorschläge laufen den zentralen Prinzipien der verfassungsgerichtlichen Neutralität und der Gerichtsförmigkeit der Verfassungsrechtsprechung entgegen. Statt durch Populismus muss das Gericht sich Achtung durch gut begründete und sachgerechte Entscheidungen verschaffen. Unter den Bedingungen von mehr direkter Demokratie würde man die Rolle des Verfassungsgerichts aber neu definieren. Im Vordergrund stünde weniger der Aspekt der Kontrolle, sondern die Aufgabe eines Tutors, der eine bewusste Auseinandersetzung mit den potentiellen Folgen einer Verfassungsänderung bewirkt.

Eine weitere Möglichkeit zur verträglichen Gestaltung besteht darin, bestimmte Themenbereiche nicht zu Volksabstimmungen zuzulassen, wie das in vielen Ländern für den Staatshaushalt der Fall ist. Daneben werden in der Regel für Volksabstimmungen alle inhaltlichen Schranken gelten, die auch dem Parlament auferlegt sind.

3.6.3.2 Ewigkeitsklauseln

Wurde in Deutschland bis Ende des 20. Jahrhunderts vorwiegend aus verfassungsstaatlicher Perspektive argumentiert, gegenüber der die Demokratie ihre Unschädlichkeit zu belegen hatte, hat sich im 21. Jahrhundert die Beweislast umgekehrt: Gerade in den politikwissenschaftlichen Debatten ist die Demokratie das unumstrittene Basismodell, in das verfassungsstaatliche Elemente integriert werden. Die damit einhergehenden Beschränkungen demokratischer Entscheidungsfreiheit werden daraufhin untersucht, ob sie sich als ermöglichende Voraussetzungen oder stabilisierende Wegbegleiter rechtfertigen lassen. Das gilt insbesondere für die Verankerung von Revisionssperren, die das Volk und seine gewählten Vertreter daran hindern, bestimmte Verfassungsnormen zu ändern oder zu streichen. Weitgehend anerkannt sind dabei auch bei Verfechtern möglichst ungehinderter demokratischer Entscheidungsfreiheit Verfassungsschranken, die die Demokratie daran hindern, sich selbst abzuschaffen. So lässt sich der Schutz des Republikprinzips, der Gewaltenteilung und auch zentraler politischer Grundrechte legitimieren. Europäische Staaten beschränken sich in aller Regel auf solche wenigen Sperren. Eine Ausnahme bildet Portugal, dessen Verfassung die meisten Grundrechte und viele sozioökonomische Basisentscheidungen des Staates unter Ewigkeitsgarantie stellt. Eine so weitgehende Festschreibung lässt sich angesichts der Veränderlichkeit politischer und sozioökonomischer Bedingungen und der schon gezeigten Zeit- und Kulturabhängigkeit der Grundrechte heute kaum rechtfertigen. Man bedenke etwa, wie stark sich die politische Landschaft Europas seit 1989 geändert hat, wie sehr sich die demographische, ethnische und religiöse Zusammensetzung der Bevölkerung wandelt. Dementsprechend werden auch hier Forderungen an die Verfassungsgerichtsbarkeit laut: Gerade die durch Revisionssperren geschützten Verfassungsnormen solle es nicht weiter ausgestalten, sondern den Bürgern oder ihren gewählten Vertretern den ursprünglich gelassenen Raum für eigene und sich ändernde Interpretationen lassen.

3.6.4 Exkurs: Zwei Modelle des Demokratischen Verfassungsstaats

Ein demokratischer Verfassungsstaat ist somit ein komplexes Gefüge aus Elementen, die jedes für sich mehrere Möglichkeiten der Ausgestaltung bieten. Dies eröffnet die Chance, die einzelnen Elemente so aufeinander abzustimmen, dass sie sich zu einem in sich stabilen Gesamtmodell ergänzen. *Den* demokratischen Verfassungsstaat gibt es deshalb genauso wenig wie die Demokratie. Um abschließend zu verdeutlichen, wie groß die Variationsmöglichkeiten auch innerhalb dieser Ordnungsform sein können, sollen in einem längeren Exkurs zwei divergierende Modelle eines demokratischen Verfassungsstaats vorgestellt werden.[235] Sie beruhen jeweils auf anderen Grundideen guter Ordnung. Deshalb verfolgt der demokratische Verfassungsstaat jeweils andere Zielsetzungen, an die das demokratisch-verfassungsstaatliche Regime durch geschickte Auswahl innerhalb der alternativen Ausgestaltungsmöglichkeiten angepasst werden kann. Aufgezeigt werden sollen jeweils die zu den Grundideen passenden Formen der Gewaltenteilung, der Verfassungsgerichtsbarkeit, der Grundrechte und Ewigkeitsklauseln sowie ergänzbare direktdemokratische Verfahren.

[235] Zu zwei weiteren Modellen vgl. Enzmann (2011).

3.6.4.1 Das liberale Modell

Für den Liberalismus ist die Freiheit des Einzelnen sowohl oberstes Staatsziel als auch vorstaatliches Recht. Sie kann nicht von den politischen Mehrheitsverhältnissen abhängig gemacht werden. Sie muss in der Form, in der sie dem Staat ursprünglich aufgegeben ist, verlässlich durchsetzbar sein, selbst dann, wenn nur eine einzige Person darauf beharrt. Das ist angesichts des verschwindend geringen Gewichts einer Einzelstimme im politischen Prozess unmöglich. Die Notwendigkeit des Verfassungsrechts ergibt sich im liberalen Modell somit aus der auch einem Einzelnen offen stehenden gerichtlichen Klagemöglichkeit.[236] Hieraus folgt, 1) dass die Verfassung einen Katalog der zu sichernden Freiheiten enthalten muss; 2) dass diese Rechte in ihrer konkreten Formulierung, nicht aber in ihrem Wesensgehalt änderbar sind; 3) dass daher eine strikte Trennung zwischen der über der Verfassung stehenden verfassunggebenden Gewalt und den an sie gebundenen verfassten Gewalten besteht und auch die Verfassungsänderung in Zukunft nur noch eine beschränkte Befugnis ist. Damit legale Änderung von illegaler Durchbrechung unterscheidbar ist, erfordert sie gesonderte Verfahren.[237] 4) Des Weiteren muss die Verfassung zwingend auch das Prinzip formaler Rechtsstaatlichkeit auf Dauer sicherstellen, damit unabhängige Gerichte und Rechtsweggarantie bestehen.

Da der Liberalismus nun aber grundsätzlich von der Fehlbarkeit des Menschen und der Missbrauchbarkeit von Macht ausgeht, wäre es für ihn untypisch, sich allein auf den gerichtlichen Schutz zu verlassen. Die Macht der Gerichte ist, so betonte schon Montesquieu, aufgrund ihrer fehlenden politischen Machtbasis „en quelque façon nulle".[238] Daher wird die ohnehin schon durch die Trennung von verfassunggebender Gewalt, Legislative und Judikative angelegte Gewaltenteilung ausgebaut. Die in jedem Staat zu erfüllenden Aufgaben der Rechtsetzung, Regierung, Verwaltung und Rechtsprechung werden dafür nicht an je eigene Organe übertragen (funktionale Gewaltentrennung), sondern es werden mehrere Organe an einer Aufgabe beteiligt. So entsteht ein *Checks-and-Balances*-System sich wechselseitig kontrollierender und mäßigender Organe.[239] Mehrstufige Entscheidungsverfahren, Vetorechte, unterschiedliche Bestellungsmodi bis hin zu Rechten der Auflösung oder Amtsenthebung eines anderen Organs sorgen dafür, dass drohende Rechtsverstöße oft schon im Vorfeld erkannt und verhindert werden können. Dass die vollständige Ämterordnung in der Verfassung, nicht nur auf gesetzlicher

---

[236] Verschiedentlich wird im Liberalismus die Verfassungsgerichtsbarkeit daher auch als institutionalisierter friedlicher Ersatz für das Widerstandsrecht angesehen; vgl. Friesenhahn (1976), Stourzh (1974).

[237] Vgl. Wahl (1981), Stourzh (1974, S. 20).

[238] Montesquieu 2001, XI, 6, S. 221.

[239] Zur Unterscheidung von Gewaltenteilung als *checks and balances* und funktional-hierarchischer Trennung vgl. Kap. 3.2 Gewaltenteilung.

Ebene festgeschrieben wird, dient dazu, die an der Legislative beteiligten Organe daran zu hindern, ihre eigenen Existenzbedingungen ändern und sich somit selbst programmieren zu können.

Die unverzichtbaren Grundlagen des liberalen Modells sind damit gelegt. Darüber hinaus ist es der Entscheidung des jeweiligen Verfassungsgebers überlassen, ob er bspw. die Verfassungsänderung der herkömmlichen Legislative unter der Maßgabe besonderer Auflagen überlässt, oder ob er sie einer gesonderten Instanz überträgt. Da hier letztlich in die Bedingungen eingriffen wird, unter denen sich die Bürger ursprünglich der Staatsgewalt unterworfen haben, entspräche dem Liberalismus am besten ein mehrstufiges Verfahren aus einem Änderungsgesetz mit erhöhten Quoren durch die Legislative und einem abschließenden obligatorischen Referendum. Dass die Verfassung in weiten Teilen änderbar bleiben muss, ergibt sich aus der Einschaltung unabhängiger Gerichte als Schiedsinstanz. Sie erhalten dadurch das Recht, die genaue Bedeutung einer Verfassungsbestimmung verbindlich zu deuten. Angesichts der oft sehr allgemeinen Formulierungen eröffnet sich damit ein enormer Spielraum. Er kann zu Auslegungen führen, die der ursprünglichen Intention zuwider laufen und das käme einer stillschweigenden Änderung der Verfassung gleich. Ist eine formale Änderung der Bestimmung durch die eigentliche verfassungsändernde Gewalt nicht erlaubt, besteht keine Korrekturmöglichkeit. Revisionssperren sollten daher nur den Verfassungskern schützen. Ein gutes Beispiel ist die Ewigkeitsklausel in Art. 79 Abs. 3 des Deutschen Grundgesetzes, die neben einigen organisationsrechtlichen Bestimmungen nur ein einziges Grundrecht, die Menschenwürde nach Art. 1 GG einschließt.

Dagegen galt im Klassischen Liberalismus der gesamte grundrechtliche Teil als Positivierung universell gültiger natürlicher Rechte und damit als unveränderlich. Heute werden liberale Kataloge zwar immer noch eine umfassende Reihe gleicher Abwehr- und Teilhaberechte und wenige soziale Anspruchsrechte enthalten, aber die meisten davon gelten als kontextabhängig, oder mit einem Begriff eines bekannten amerikanischen Vertreters des Liberalismus, Ronald Dworkins, als „präferenzempfindlich" und damit änderbar. Ewigkeitsklauseln können nur grundlegende Ordnungsprinzipien und sehr wenige zentrale Grundrechte umfassen, die als „präferenzunempfindlich" gelten können. Gemeint ist, dass sie auf der Basis sachlicher und vernünftiger Kriterien als richtig gelten können, unabhängig von der Präferenzverteilung in der Gesellschaft. Hier ist es zulässig und sinnvoll, die einmal gefundenen Antworten dem demokratischen Zugriff dauerhaft zu entziehen.[240] John Rawls, der wohl bekannteste amerikanische liberale Denker des 20. Jahrhunderts meint, dass im Bereich der Grundrechte nur noch der Anspruch auf gleiche Freiheitsrechte eines jeden innerhalb einer Rechtsgemeinschaft als unabän-

[240] Dworkin1994, S. 181 f.

derlich gelten kann.[241] Nach Dworkin ist nur das Recht auf gleiche Rücksicht und Respekt unverhandelbar.[242]

Eine weitere zentrale Frage, die der liberale Verfassungsgeber entscheiden muss, ist die nach der Ausgestaltung der demokratischen Verfahren. Aufgrund der liberalen Sorge vor einer Tyrannei der Mehrheit passt eine rein direktdemokratische Gesetzgebung beispielsweise nicht gut in das Modell. Entscheidungen sind hier nicht bestimmten Personen oder Gruppen zurechenbar; damit besteht keine politische Verantwortlichkeit. Nichts spricht m. E. aber gegen die Zulassung ergänzender direktdemokratischer Verfahren, die bottom up über Volksbegehren, Volksinitiative und -entscheid von den Bürgern selbst initiiert werden könnten, wenn ihre Repräsentanten wichtige Anliegen und Themen zu vernachlässigen scheinen. Bei sehr zentralen Fragen sind auch obligatorische Referenden zu zentralen Fragen denkbar oder fakultativ von Opposition oder Regierung anberaumbare Referenden für den Fall, dass zwischen zwei gleichermaßen legitimen und gleichwertigen Alternativen entschieden werden muss. Für alle direktdemokratischen Verfahren gilt aber, dass ihnen im liberalen Modell weder ein höherer Wert zukommt als repräsentativen, noch für sie Verfassungsschranken ausgesetzt werden. Die Bürger sind in ihrem Amt als Stimmbürger vollständig in das Sicherungssystem eingebunden. Volksabstimmungen haben darin rein instrumentellen Nutzen: Sie sorgen mit dafür, dass das Parlament nicht aus dem Gewaltengleichgewicht heraustreten kann und schaffen eine zusätzliche Möglichkeit der Interessenartikulation. Einen Souverän oder eine höchste Gewalt aber gibt es aufgrund der Nebenordnung der Organe und der grundrechtlichen Beschränkung staatlichen Handelns innerhalb dieser Staatsordnung nicht.

Die letzte anstehende wichtige Entscheidung ist die für eine bestimmte Form der Verfassungsgerichtsbarkeit. Für das liberale Modell des demokratischen Verfassungsstaats ist das Trennungsmodell[243] besser geeignet. Zum einen bleibt so die ordentliche Gerichtsbarkeit in das Checks-and-Balances-System integriert, zum anderen erlaubt nur das Trennungsmodell einen Rundumschutz der Verfassung vor Übergriffen egal welcher Seite. Zum dritten ist im Trennungsmodell für direktdemokratische Entscheidungen, insbesondere für obligatorische Verfassungsreferenden eine präventive Normenkontrolle möglich, die weniger Konfliktpotential birgt als eine repressive Prüfung. Viertens schließlich ist das öffentliche Bekanntwerden aller verfassungsgerichtlichen Entscheidungen Voraussetzung dafür, dass die Bürger sich ggf. zu einer Verfassungsänderung entschließen; im Fall eines nur für Verfassungsrecht zuständigen Gerichts kann sich der Bürger schneller infor-

[241] Rawls 2003, S. 496 f.

[242] Dworkin 1984.

[243] Vgl. Kap. 3.5.3 Einheits- versus Trennungsmodell.

mieren, Öffentlichkeit ist leichter herzustellen. Zu betonen ist, dass das Misstrauen des Liberalismus gegenüber jeder Form von Macht auch vor dem Verfassungsgericht nicht Halt macht: Die für eine wirksame Kontrolle staatlichen Handelns, insbesondere der Legislative nötige Unabhängigkeit der Richter lässt sie als einzige Machtinhaber außerhalb des Systems wechselseitiger Kontrolle stehen. Gemildert wird dies nur durch die weitgehende Änderbarkeit der Verfassung. Zusätzlich wird von den Richtern eine strikte politische und weltanschauliche Zurückhaltung, judicial self restraint, erwartet. Bei der Verfassungsauslegung können sie aber auf die dem Text zugrundeliegenden allgemeinen Gerechtigkeitsprinzipien zurückgreifen, wenn damit die Intention der Freiheitssicherung besser verwirklicht werden kann.

Die Bilanz des liberalen Modells des demokratischen Verfassungsstaats kann damit lauten, dass Demokratie und die typischen verfassungsstaatlichen Elemente Gewaltenteilung, Rechtsstaatlichkeit und Grundrechte widerspruchsfrei vereinbar sind, weil sie alle nur relativen Wert haben und durch den Dienst für das gleiche Ziel miteinander verbunden sind.

3.6.4.2 Prozedurale Demokratie als Verfassungsstaat

Das zweite Modell, das ich vorstellen möchte, basiert auf der klassischen Doktrin der Volkssouveränität, wie sie insbesondere von Jean-Jacques Rousseau im Vorfeld der Französischen Revolution entwickelt wurde. Kerngedanke ist die Unveräußerlichkeit des natürlichen, uneingeschränkten Verfügungsrechts jedes Menschen über sich selbst.[244] Soll er sich mit anderen Personen gemeinsamen Gesetzen unterwerfen, ist das nur auf der Basis gleichberechtigter Teilhabe an der Gesetzgebung möglich, so dass der Einzelne weiterhin nur den Gesetzen gehorchen muss, die er sich selbst auferlegt hat. Individuelle Autonomie wird teilweise in kollektive Selbstgesetzgebung überführt. Damit entspringt das Recht auf politische Teilhabe letztlich der gleichen naturrechtlichen Quelle wie die individuelle Autonomie. Dadurch unterscheidet sich Recht von bloßem Zwang und erhält einen freiheitlichen Charakter. Leider bleibt aber ein legitimatorischer Rest: Wenn im Mehrheitsverfahren entschieden wird, herrscht die Mehrheit über die Minderheit; ist Einstimmigkeit gefordert, bestimmt die Minderheit durch die Blockierung von Beschlüssen über die Mehrheit. Und was ist mit Unmündigen oder ausländischen Bürgern im Rechtsgebiet? Die Lösung liegt für Vertreter des Volkssouveränitätskonzepts in einer doppelten Strategie: Zum einen wird am Mehrheitsverfahren festgehalten und bereits die gleichberechtigte Teilnahme als eine angemessene Gegenleistung für die im Staat verlorene individuelle Autonomie gesehen, auch wenn man bei Abstimmungen gelegentlich unterliegt. Zum anderen wird anerkannt, dass die Mitverfügung über Dritte nur legitim sein kann, wenn die getroffenen Entscheidungen

---

[244] Kielmansegg 1994, S. 230.

inhaltlich auch für sie akzeptabel, weil sachgerecht und vernünftig sind. Die bei der Mitverfügung fehlende Input-Legitimation[245] würde so durch eine Output-Legitimation kompensiert. Da es mit der Souveränität des Volkes aber nicht vereinbar wäre, die Qualität der Entscheidungen nachträglich von Dritten prüfen und ggf. kassieren zu lassen, bleibt nur der dritte Weg einer Throughput-Legitimation: Gesetze sollen in einem Verfahren erlassen werden, das aufgrund seiner Konstruktion eine Art Verallgemeinerungstest für die Akzeptabilität der Entscheidungen enthält und aufgrund genauer formaler Vorgaben ein Höchstmaß an Richtigkeitsgewähr bietet. Liegen die Regeln des Verfahrens offen und werden eingehalten, ist die Mitverpflichtung von Dritten legitim.[246] Das klassische Konzept der Volkssouveränität mündet damit in das einer prozeduralen, also rein auf Verfahren beruhenden Demokratie. Deren Zielsetzung formuliert die deutsche Politikwissenschaftlerin Ingeborg Maus folgendermaßen:

> [G]erade indem die apriorische Idee des Rechts die Faktizität der Beteiligung aller Rechtsunterworfenen an der Rechtsetzung verlangt, macht sie nicht etwa die Richtigkeit des Rechts von zufälligen empirischen Bewußtseinsinhalten der Abstimmenden abhängig, sondern eliminiert das bloß Zufällige durch die Struktur des Verfahrens, in dem die Beteiligten zur Konsensbildung, oder doch wenigstens zur Objektivierung subjektiver Interessen, durch argumentative Anstrengungen gezwungen sind.[247]

Während bei Rousseau als einziges Verfahren der ohne vorherige Aussprache stattfindende Volksentscheid war, soll heute ein möglichst breiter und offener Diskurs möglichst vieler Beteiligter die Richtigkeitsgewähr bieten.

Ähnlich wie für das liberale Modell reichen schon diese kurzen Bemerkungen aus, um das Ziel zu erkennen, dem die Errichtung eines demokratischen Verfassungsstaats dienen würde: Da die gesamte Legitimation kollektiver Entscheidungen an der Funktionstüchtigkeit der demokratischen Verfahren hängt, sind es gerade die Verfahrensbestimmungen und ihre Funktionsvoraussetzungen, die nicht „von zufälligen empirischen Bewußtseinsinhalten der Abstimmenden" abhängen dürfen. Führende Prozeduralisten, wie Ingeborg Maus und der amerikanische Verfassungsrechtler John Hart Ely befürworten daher verfassungsstaatliche Sicherungen auch in einer prozeduralen Demokratie. Anders als im Liberalismus ist es aber undenkbar, dass die hierfür notwendigen Regeln von einem neutralen Agenten erlassen werden. Die auf Dauer angelegte Festschreibung solcher Vorgaben ist in dem prozeduralen Modell nur als Selbstverpflichtung des Volkes möglich.

---

245 Vgl. zu den drei Legitimationsformen S. 103 Abb. 3.11.

246 Vgl. Enzmann (2009, S. 271 ff).

247 Maus 1992, S. 156.

Die hierfür erforderliche sorgfältige Differenzierung zwischen verschiedenen Normarten und den dafür zulässigen Rechtssetzungsverfahren ist zumindest im klassischen Konzept der Volkssouveränität schwierig, weil es jeweils die Volksversammlung ist, die in einem einfachen Mehrheitsentscheid die Verfassung erlässt, ändert und Gesetze beschließt. Rousseau hat sich damit beholfen, dass jeweils schon beim Zusammentreten der Versammlung klar ist, welche Funktion ausgeübt wird: Die erste Versammlung ist naturgemäß eine verfassunggebende, die nur wenige Dinge festlegt: Es sollen künftig zu festen Daten automatisch Volksversammlungen zusammentreten, die im ersten Teil der Sitzung Verfassungsänderungen, im zweiten Gesetze beschließen. Darüber hinaus von der Verwaltung einberufene Versammlungen dürfen dagegen nur Gesetze erlassen. Die Funktionen der Regierung, Verwaltung und Rechtsprechung sind auf dafür noch von den regulären Versammlungen zu schaffende Organe zu übertragen. Die Urversammlung verankert außerdem noch das Prinzip formaler Rechtsstaatlichkeit, insbesondere der ausschließlich gesetzlichen Herrschaft und zwei Grundrechte: das Recht auf gleiche politische Teilhabe aller Bürger und das Auswanderungsrecht für diejenigen, die sich nicht dem Gemeinwillen unterwerfen wollen.[248] Die Vorgaben reichen aus, um eine Selbstprogrammierung der Legislative zu verhindern. Die verfassunggebende Versammlung kann sich auflösen und ruht, bis sich das Volk zu einer neuen Verfassung entschließt. Welche weiteren organisations- und grundrechtlichen Bestimmungen die Verfassung enthält, muss jede Generation selbst entscheiden können, sie bleiben also den regelmäßig stattfindenden Versammlungen überlassen.

Moderne Prozeduralisten setzen auf einen komplexen Mix aus repräsentativen und direktdemokratischen Verfahren und die Einhaltung vieler Voraussetzungen, so dass gesonderte Festlegungen für verschiedene Normarten kein Problem darstellen. Wichtig ist nur, dass illegale Verfassungsdurchbrechungen von legalen Änderungen klar zu unterscheiden sind, damit die Gesetzgebung der Verfassung untergeordnet bleibt. Verfassungsänderungen können in einer prozeduralen Demokratie nach wie vor nur durch obligatorisches Referendum beschlossen werden, um eine Selbstprogrammierung des Parlaments zu verhindern. Als Faustregel kann gelten, dass umso mehr Stufen und Beteiligungsformen bestehen sollten, je höher die Norm. Denn damit steigt die Vielfalt und Zahl der eingebrachten Argumente und umso größer ist bei einer Einigung die Richtigkeitsvermutung für die Entscheidung.[249] Mehrheitsentscheidungen gewinnen ihre Legitimität somit heute durch ein inklusives Verfahren, bei dem abweichende Meinungen angemessen gehört, erwogen und nach Möglichkeit berücksichtigt wurden.

[248] Vgl. Enzmann (2009, S. 265 ff).

[249] Vgl. Maus (1992, S. 172 f).

Die anspruchsvolleren Verfahren, so könnte man meinen, machen auch weitere verfassungsförmige Garantien erforderlich. So fordert John Hart Ely die Absicherung der Offenheit der politischen Kanäle, die Ermöglichung von gleichberechtigter Teilhabe durch umfassende politische Grundrechte, die Rückverlagerung der zentralen Entscheidungen von der Exekutive und informellen Zirkeln in die Legislative und Transparenz der Verfahren.[250] Zudem räumen Maus und Ely ein, dass selbst die besten Entscheidungsverfahren zu Fehlern führen können. Ely verweist auf die Möglichkeit, die Mehrheit könnte ihre quantitative Überlegenheit ausnutzen und sich besseren Argumenten aus Egoismus verweigern.[251] Maus geht eher von der generellen Fehlbarkeit menschlicher Entscheidung aus.[252] Auch dies würde dafür sprechen, umfangreiche verfassungsförmige Garantien vorzusehen. Doch beide Autoren bleiben dem Erbe des klassischen Konzepts der Volkssouveränität treu, indem sie inhaltliche Vorfestlegungen in der Verfassung weitgehend ablehnen. Der Einzelne wird zwar als Träger unveräußerlicher natürlicher Rechte betrachtet; aber in welcher Formulierung die in die Verfassung aufgenommen werden, obliegt der Entscheidung des Verfassungsgebers und muss auch nachfolgenden Generationen freistehen. Ebenso darf zwar nicht die Demokratie an sich in Frage gestellt, sehr wohl aber dürfen demokratische Verfahren geändert werden. Und das Fehlbarkeitsargument wendet sich im prozeduralen Modell am Ende nicht für, sondern gegen zusätzliche Garantien: Die Verfassung muss einer Korrektur durch neue Mehrheiten oder nachfolgende Generationen weitgehend zugänglich bleiben. Eine Ewigkeitsklausel in der Verfassung einer modernen prozeduralen Demokratie würde daher nur das Demokratie- und das Rechtsstaatsprinzip, die Auswanderungsfreiheit und ein generelles Bekenntnis zur Rechtsgleichheit aller Bürger enthalten.[253] Die Ausgestaltung der Gewaltenteilung bliebe damit, wie schon bei Rousseau, im Prinzip frei wählbar. Bei genauer Betrachtung kommt aber ein *Checks-und-Balances*-System nicht in Frage, sondern nur eine auf klar getrennten Aufgaben und einer Rangordnung beruhende funktional-hierarchische Gewaltenteilung.[254] Die Legislative muss unterhalb der Verfassungsebene die höchste Gewalt im Staat sein, denn nur bei der Legislative haben die Bürger ein Teilhaberecht. Wären Exekutive und Judikative nicht streng an die Gesetze gebunden, ohne selbst Einfluss darauf nehmen zu können, könnte nicht mehr davon die Rede sein, dass der Bürger nur selbsterlassenen Gesetzen unterworfen ist. Exekutive und Judikative haben damit keine direkt aus der Verfassung fließende eigene, sondern nur eine

250 Ely 1980, S. 101, 105–134, 136 ff.

251 Ely 1980, S. 135.

252 Maus 1992, S. 157 f.

253 Maus 1992, S. 281 ff; Ely 1980, S. 136 ff.

254 Kägi 1937, S. 74 f.

über die getreue Anwendung der Gesetze der Legislative vermittelte Legitimation. So besteht eine für das Konzept der Volkssouveränität unverzichtbare einsträngige Legitimationskette, die in der individuellen Autonomie ihren Ausgang nimmt.[255]

Die Möglichkeiten politischer Sicherung der Verfassungsmäßigkeit kollektiver Entscheidungen sind bei der hierarchisch-funktionalen Gewaltentrennung deutlich geringer, als im *Checks-und-Balances*-System. Deshalb ist eine umfassende Verfassungsgerichtsbarkeit gerade für das prozedurale Modell des demokratischen Verfassungsstaats eine unverzichtbare Ergänzung. Noch stärker als im Liberalismus ist sie allerdings hinsichtlich der Nutzung verschiedener Rechtsquellen und den Methoden der Verfassungsauslegung beschränkt: Damit die Legitimationskette nicht durchbrochen wird, darf sich das Gericht in seiner Rechtsprechung ausschließlich auf den Wortlaut des geltenden Verfassungsrechts stützen. Das Hinzuziehen von ethischen, moralischen und naturrechtlichen Grundsätzen ist unzulässig.[256] Allenfalls kann sich der Richter bei der Auslegung des Verfassungstextes an den ursprünglichen Intentionen der Verfassungsgeber orientieren.[257] Das Gericht soll keinesfalls als eigenständiger Akteur, sondern nur als Sprachrohr der Verfassung auftreten. In dieser Rolle leistet es aber zum Modell der prozeduralen Demokratie einen wichtigen Beitrag: Die Logik eines gerichtlichen Verfahrens mit seiner systematischen Sammlung und Abwägung von Fakten, der Anhörung und des Versuchs fairen Schlichtens und Urteilens fördert die Versachlichung des öffentlichen Diskurses und verhilft auch Minderheitenmeinungen zu Gehör. Für John Hart Ely ist es damit besonders geeignet, Fehler und Versäumnisse in Gesetzgebungsverfahren aufzuzeigen. Da er aber keine Möglichkeit sieht, die Richter wirksam an die Rolle des bloßen Sprachrohrs der Verfassung zu binden, will er auch nur eine rein formale Normenkontrolle zulassen.[258] Zumal die amerikanische Verfassung die Änderung von Formulierungen nicht vorsieht, hätte in der Tat das Volk keine Möglichkeit, die Auslegung einer Verfassungsnorm durch den *Supreme Court* durch Verfassungsänderung zu korrigieren. Wo diese Möglichkeit aber für fast alle Verfassungsartikel besteht, ist m. E. auch eine inhaltliche Normenkontrolle mit der prozeduralen Demokratie vereinbar. Um die gewünschten Effekte auf den öffentlichen Diskurs zu erzielen und der funktional- hierarchischen Gewaltenteilung zu entsprechen, ist eine Verfassungsgerichtsbarkeit nach dem Trennungsmodell sinnvoll. Die ordentlichen Gerichte bleiben so den Gesetzen der Legislative klar unter-

[255] Vgl. zu einem prozeduralistischen Verständnis der Gewaltenteilung Habermas (1998, S. 212–215; 229–237).

[256] Maus 1998.

[257] Zur Diskussion über die demokratieverträglichen Auslegungsmethoden vgl. Haltern (1998), Brugger (1987).

[258] Ely 1980, S. 101 f; 181.

geordnet und ein gesondertes Verfassungsgericht ist durch seine Sonderstellung öffentlich sichtbarer, transparenter und lässt sich zumindest durch moralischen Druck an seine Sprachrohrrolle binden. Die Urteilsverkündung sollte als Input für den demokratischen Willensbildungsprozess öffentlich erfolgen. Leitsatz für das prozedurale Modell des demokratischen Verfassungsstaats kann damit sein, die Richtigkeitsgewähr des demokratischen Prozesses durch den rechtlichen Schutz seiner Funktionsvoraussetzungen zu erhalten. Demokratie und Verfassungsvorrang werden vereinbar, weil er ganz in ihrem Dienst steht.

Literaturtipps

Zum Nachlesen

Bleckmann, Albert. 1998. *Vom Sinn und Zweck des Demokratieprinzips. Ein Beitrag zur teleologischen Auslegung des Staatsorganisationsrechts.* Berlin.

Enzmann, Birgit. 2011. Auf dem Weg zu einer pluralistischen Theorie des demokratischen Verfassungsstaats. In *Staat – Souveränität – Nation. Beiträge zur aktuellen Staatsdiskussion,* hg. von Rüdiger Voigt, und Samuel Salzborn. http://www.staatsdiskussion.de/wp-content/uploads/2011/01/WP4_enzmann.pdf. Zugriff 10 Dec 2011.

Weiterführend

Kielmansegg, Peter Graf. 1994. *Volkssouveränität Eine Untersuchung der Bedingungen demokratischer Legitimität.* Neudruck Stuttgart.

Sartori, Giovanni. 1992. *Demokratietheorie.* Darmstadt.

Schmidt, Manfred G. 2010. *Demokratietheorien. Eine Einführung.* Bonn.

3.7 Fakultative Elemente und Funktionsvoraussetzungen

3.7.1 Bundesstaatlichkeit, direkte Demokratie, Sozialstaatlichkeit

Die dargestellten Bestandteile des Demokratischen Verfassungsstaats sind die, die sich logisch aus dem Ziel einer Rechtsbindung der gesamten Staatsgewalt einschließlich des verfassungsändernden Gesetzgebers ergeben. Über die weitere inhaltliche Ausrichtung der Ordnung ist damit aber noch nichts gesagt. Jeder Verfassungsgeber setzt hier durch die Festschreibung konkreter Staatsziele und Wertvorstellungen, durch die Zusammenstellung des Grundrechtskatalogs und die Förderung einer bestimmten Form politischer Kultur (z. B. partizipatorisch und konsensorientiert oder aber repräsentativ und mehrheitsorientiert) eigene Akzente. Zum Teil wird dabei nur die Wahl zwischen alternativen Ausgestaltungsmöglichkeiten notwendiger Elemente getroffen, etwa bei der Entscheidung zwischen parlamentarischem und präsidentiellem System. Es werden aber auch zusätzliche Elemente und Ordnungsprinzipien aufgenommen, die nicht zur „Grundausstattung" gehören.

Zwei solcher fakultativen Elemente wurden schon genannt: Die Bundesstaatlichkeit geht über das Mindestmaß vertikaler Gewaltenteilung in kommunale Selbstverwaltung und staatliche Kompetenzen hinaus und ist insofern fakultativ. Gleichwohl ist sie in Staaten, die sich dafür entschieden haben, oft eines der unter Ewigkeitsgarantie stehenden Ordnungsprinzipien, wie etwa in der Bundesrepublik durch Art. 79 Abs. 3 GG.

Das zweite bereits vorgestellte fakultative Element ist die direkte Demokratie. Die repräsentativen Alltagsverfahren reichen als Grundausstattung aus, um die im Demokratieprinzip enthaltenen Anforderungen zu erfüllen. Sie gewährleisten auch die für den Verfassungsstaat wichtigen Leistungen vertikaler *Accountability*, Richtigkeitsgewähr und Legitimation von Entscheidungen zwischen gleichwertigen Alternativen. Die Entscheidung für direkte Demokratie ergibt sich erst aus besonderen zusätzlichen Erwartungen an Demokratie, die nicht von jedem Verfassungsgeber gestellt werden. Sie ist insofern ein fakultatives Element, wird dann aber in der Regel, ebenso wie die Bundesstaatlichkeit, ein Kernbestand der Identität einer Verfassungsordnung sein.

Ein noch nicht behandeltes fakultatives Element des Demokratischen Verfassungsstaats ist das Sozialstaatsprinzip. Zum Kernbestand der Ordnungsform gehören soziale Grundrechte, die es dem Einzelnen erst ermöglichen, seine übrigen Rechte zu nutzen und von weiteren Leistungen der Ordnungsform zu profitieren.[259] Gewährleistet sein muss deshalb mindestens der Schutz des Lebens jedes Bürgers durch Nothilfe in Form von Obdach, Nahrung und medizinischer Notversorgung. Um an den rechtsstaatlichen Garantien partizipieren zu können, ist ein kostenloser Rechtsbeistand in Strafsachen notwendig. Hierfür und für die demokratische Teilhabe ist außerdem ein Recht auf Bildung unverzichtbar. Jeder Bürger muss Informationen über die Rechtslage und die politischen Alternativen erfassen können. Sozialstaatlichkeit geht über diese Grundausstattung hinaus. Auch sie bleibt zwar auf die sozialen, rechtlichen und politischen Teilhabemöglichkeiten von Bedürftigen konzentriert, sieht aber umfassendere Unterstützung vor als reine Nothilfe. Sie beruht deshalb meist nicht nur auf staatlichen Zuwendungen, sondern zumindest

[259] Zu einer umfassenden Theorie einer „sozialen Demokratie" vgl. Meyer (2009); zum Sozialstaatsprinzip im Deutschen Grundgesetz siehe Heinig (2008, S. 134–148).

teilweise auf einem Versicherungssystem, in das Erwerbstätige einen Pflichtbeitrag einzahlen. Versicherungsbasiert sind in der Bundesrepublik z. B. die gesetzliche Kranken-, Unfall- und Arbeitslosenversicherung. Das Arbeitslosengeld II (Hartz IV) beruht dagegen auf einer staatlichen Leistung aus Steuergeldern. Mit steigendem Wohlstandsniveau der Gesellschaft steigt in Sozialstaaten die Leistungshöhe. Sie bemisst sich nicht mehr an einem existenziellen Minimum, sondern z. B. an einem Prozentsatz des Durchschnittseinkommens oder einer an den allgemeinen Lebensverhältnissen orientierten Grundversorgung mit Gütern. Noch weiter gehende Leistungen, die sich nicht mehr nur an Bedürftige richten, sondern darauf zielen, extremes soziales Gefälle innerhalb der Gesellschaft zu mildern oder sogar einen allgemeinen Wohlstand zu ermöglichen, werden im deutschen Sprachgebrauch meist als Wohlfahrtsstaatlichkeit bezeichnet. Hier ist beispielsweise ein gesetzliches Rentensystem zu nennen.[260] Im Deutschen Grundgesetz ist das Sozialstaatsprinzip in 28 Absatz 1 GG und auch in Art. 20 GG genannt. Es fällt damit unter die Ewigkeitsgarantie des Art. 79 Abs. 3, ohne aber inhaltlich im Grundgesetz weiter ausgeführt zu sein. Es ist deshalb seit jeher Gegenstand politischer und juristischer Kontroversen. Strittig ist vor allem die Frage, ob und wie weit Freiheitsrechte zugunsten des Sozialstaatsprinzips eingeschränkt werden dürfen, etwa um durch steuerliche Umverteilung soziale Ungleichheit zu reduzieren. Befürworter betonen die zentrale unterstützende Rolle sozialer Rechte für die Realisierung übriger Grundrechte. Kritiker fürchten, das Sozialstaatsprinzip könnte als eine generelle Eingriffsrechtfertigung in Freiheitsrechte missbraucht werden.[261]

Empirisch lässt sich der Streit nicht entscheiden. Vergleichende Untersuchungen zeigen immerhin, dass eine gute wirtschaftliche Lage in einem Staat die Wahrscheinlichkeit erhöht, dass eine demokratische Ordnung errichtet oder bewahrt werden kann. Dies gilt umso mehr, je breiter die sozialen und wirtschaftlichen Ressourcen gestreut sind, d. h. je mehr Menschen Anteil v. a. an Bildung und Eigentum haben.[262] Auch zwischen der Gewährleistung politischer und bürgerlichter Rechte besteht ein enger statistischer Zusammenhang zur breiten Streuung der sozialen und wirtschaftlichen Ressourcen.[263] Aber ob wir es hier mit ein- oder wechselseitigen Abhängigkeiten zu tun haben, ist offen, und zudem verraten die Daten nicht, ob die Ressourcenstreuung Ergebnis gezielter sozialstaatlicher Intervention ist. Unter den stabilen Demokratischen Verfassungsstaaten finden sich solche mit ausgeprägten

---

260 Siehe zu den Grundlagen und Ausgestaltungen von Sozial- und Wohlfahrtsstaatlichkeit Schmid (2002).

261 Vgl. einige Stimmen zur Debatte bei Schmidt (2010, S. 231–235).

262 Vgl. Przeworski (2006), Vanhanen (2003, S. 28, 130 f).

263 Vgl. die Berechnung von Korrelationen verschiedene Indizes zur Demokratiemessung bei Schmidt (2010, S. 417).

(Deutschland) und solche mit sehr schwachen sozialstaatlichen Sicherungen (USA, Schweiz). Insgesamt wird man daher Sozial- und Wohlfahrtsstaatlichkeit zu den fakultativen Elementen rechnen müssen, während die Notsicherung zwingend ist.

3.7.2 Der Demokratische Verfassungsstaat als *embedded democracy*

Selbst die Berücksichtigung der fakultativen Elemente macht das Bild des Demokratischen Verfassungsstaates noch nicht vollständig. Er ist, in Abwandlung eines Diktums des früheren Bundesverfassungsrichters Ernst-Wolfgang Böckenförde, zusätzlich auf Voraussetzungen angewiesen, die er selbst nicht herstellen kann. Verfassung und Verfassungsgerichtsurteile beispielsweise besitzen nur die Autorität, die ihnen durch Bürgerschaft und politische Akteure zugesprochen wird. Ohne eine bei ihnen eingelebte Wertschätzung des Rechts, ohne eine grundsätzliche Kooperationsbereitschaft der Interessengruppen und politischen Gegner kann der Demokratische Verfassungsstaat mit seinem Spezifikum eines justiziablen Verfassungsvorrangs nicht aufgebaut oder zumindest nicht konsolidiert werden. Das lässt sich beispielsweise aus Ergebnissen der Transformationsforschung ablesen, die die Umwandlung von Diktaturen in Demokratien untersucht. Zwar wird der Demokratische Verfassungsstaat darin nicht als spezifischer Demokratietypus berücksichtigt – wie übrigens in der gesamten vergleichenden Politikwissenschaft. Aber zahlreiche Merkmale der im Rahmen dieser Forschung untersuchten „liberalen" oder „eingebetteten" Demokratie entsprechen denen des Demokratischen Verfassungsstaats so weit, dass man die für sie gewonnenen Ergebnis übertragen kann.

Diese Möglichkeit hat sich erst mit den Jahren ergeben, weil man die Demokratisierungsfortschritte zunächst mit einem minimalistischen Demokratiekriterium erfragt hatte: Als Demokratie galt demnach jeder Staat, in dem regelmäßig allgemeine, freie und faire Wahlen zur Besetzung der wichtigsten politischen Machtpositionen stattfanden. Es sind *electoral democracies*, wie sie die deutschen Demokratieforscher Hans-Jürgen Puhle und Wolfgang Merkel nennen. Anfänglich hatte man gehofft, dass sich, ähnlich wie in Demokratisierungsprozessen in Westeuropa nach 1945, mit der Zeit auch eine funktionierende Rechts- und Verfassungsstaatlichkeit etablieren würde. Dieser Schritt blieb in der „Dritten Welle" aber in vielen Ländern aus.

Zwar entsprachen die meisten Verfassungstexte den modernen Anforderungen, aber die Verfassungswirklichkeit blieb, gerade was die tatsächliche Gewährleistung bürgerlicher Rechte anbelangte, oft weit hinter den Erwartungen zurück. Zudem folgte auf jede Demokratisierungswelle eine Gegenwelle, die zu autokratischen Rückfällen führte (vgl. Abb. 3.20). Dies führte in der Demokratieforschung

Abb. 3.20 Wellen und Gegenwellen der Demokratisierung

Zeitraum	Demokratisierungs-fortschritt	Beispiele
1828 -1922/26	erste lange Demokratisierungs-welle	Argentinien, Australien, Belgien, Chile, Dänemark, Deutschland, Estland, Finnland, Frankreich, Großbritannien, Irland, Island, Italien, Japan, Kanada, Kolumbien, Litauen, Lettland, Neuseeland, Niederlande, Norwegen, Österreich, Polen, Portugal, Schweden, Spanien, Schweiz, Tschechoslowakei, Ungarn, Uruguay, USA
1922/26-942	erste autokratische Gegenwelle	Argentinien, Belgien, Dänemark, Deutschland, Frankreich, Italien, Japan, Kolumbien, Niederlande, Norwegen, Österreich, Polen, Portugal, Spanien, Tschechoslowakei, Ungarn, Uruguay
1943-1962	zweite kurze Demokratisierungs-welle	Argentinien, Belgien, Bolivien, Brasilien, BRD, Botswana, Costa Rica, Bahamas, Barbados, Dänemark, Ecuador, Frankreich, Griechenland, Indonesien, Indien, Italien, Israel, Jamaika, Japan, Kolumbien, Niederlande, Nigeria, Norwegen, Österreich, Pakistan, Peru, Philippinen, Sri Lanka, Südkorea, Trinidad und Tobago, Tschechoslowakei, Türkei, Ungarn, Uruguay, Venezuela Zypern.
1958/62-1974	zweite autokratische Gegenwelle	Argentinien, Bolivien, Brasilien, Chile, CSSR, Ecuador, Griechenland, Paraguay, Peru, Indonesien, Nigeria, Pakistan, Peru, Philippinen, Südkorea, Türkei, Ungarn, Uruguay
1974 – 1995	dritte Demokratisierungs-welle	Albanien, Argentinien, Armenien, Bangladesch, Benin, Belarus, Bolivien, Brasilien, Bulgarien, Chile, DDR, Ecuador, El Salvador, Estland, Georgien, Ghana, Griechenland, Guatemala, Guinea-Bissau, Haiti, Honduras, Indonesien, Jugoslawien, Kambodscha, Kapverden, Kroatien, Lettland, Litauen, Madagaskar, Malawi, Mali, Mauritius, Mazedonien, Mexiko, Moldowa, Mongolei, Namibia, Nepal, Niger, Nigeria, Nicaragua, Pakistan, Panama, Philippinen, Polen, Portugal, Russland, Rumänien, Sao Tome und Principe, Senegal, Seychellen, Spanien, Sudan, Südafrika, Südkorea, Surinam
1996- ?	dritte Gegenwelle?	Armenien, Belarus, Georgien, Haiti, Fidschi, Kambodscha, Niger, Nigeria, Pakistan, Peru, Sudan, Surinam, Thailand, Ukraine, Zentralafrikanische Republik.

Quelle: nach Merkel 2010, S. 130 f in Abwandlung und Ergänzung von Huntington, 1991, S. 15 f zu der Erkenntnis, dass der Beginn einer Demokratisierung keine Einbahnstraße ist und keine Erfolgsgarantie beinhaltet. Es begann eine intensive Suche nach den Faktoren, die eine einmal errichtete Demokratie gegen solche Rückfälle immunisieren. Gleichzeitig wurde präzisiert, was unter einer gelungenen Transformation zu verstehen wäre: nicht allein die Einführung regelmäßiger Wahlen, sondern eine freiheitliche Ordnung letztlich nach westlichem Vorbild: Eingangs wurde nur *ex negativo* unterschieden zwischen liberalen, semi-liberalen und illiberalen Demokratien, ohne dass immer ganz klar gewesen wäre, was unter einer „liberalen Demokratie" genau zu verstehen wäre. Als Gegenstück wurde unter dem Begriff der „defekten Demokratie" verschiedene Arten von Mängeln herauszuarbeiten, die ein demokratisches System aufweisen kann. Und schließlich feierte das alte Modell des demokratischen Verfassungsstaats unter neuem Namen seinen Einzug in die Demokratieforschung als empirisch belegtes Vorbild in sich stabiler und freiheitlicher Demokratie. Dabei vollzog sich ein Perspektivenwechsel: Statt wie in der Staatslehre und Politischen Theorie den Demokratischen Verfassungsstaat von der Verfassungsstaatlichkeit her zu denken, steht in der vergleichenden Demokratieforschung das Demokratieprinzip im Mittelpunkt, das durch rechts- und verfassungsstaatliche Elemente ergänzt wird. Wolfgang Merkel, Hans-Jürgen Puhle und andere sprechen deshalb von einer *embedded democracy*, einer eingebetteten Demokratie.[264] Das Modell umfasst einerseits die in den letzten Kapiteln geschilderten obligatorischen Elemente des Demokratischen Verfassungsstaats, es erhellt aber zusätzlich, auf welche externen Unterstützungsfaktoren er darüber hinaus angewiesen ist.

Herzstück der eingebetteten Demokratie ist nach wie vor die *electoral democracy*, oder wie es in Abb. 3.21 heißt, das Wahlregime A. Die zentralen Merkmale eines demokratischen Wahlregimes sind: (1) das allgemeine aktive und passive Wahl- bzw. Stimmrecht, (2) die Stimmengleichheit, (3) die Periodizität der Wahlen, (4) Freiheit und Fairness der Wahlen und (5) die Besetzung aller zentralen Herrschaftspositionen durch Wahlen.

Das Wahlregime A hat mehrere Funktionen und Verbindungen zu anderen Teilregimen. Es sorgt dafür, dass der Zugang zu öffentlichen Machtpositionen nur auf der Basis offener, wettbewerblicher Wahlen möglich ist. Pluralität und Konkurrenz bilden den Hauptunterschied zur Autokratie und verknüpfen das Wahlregime in seiner Funktion mit dem Teilregime D, der horizontalen Gewaltenteilung. Außerdem sichert das Wahlregime eine vertikale Verantwortlichkeit, in dem es Macht an das Wählervotum bindet. Hieraus ergibt sich die notwendige Ergänzung zu dem Teilregime B, den politischen Teilhaberechten. Über den Wunsch der Amtsinhaber

---

[264] Vgl. Merkel (2004), Merkel u.a. (2003, S. 48 ff).

Abb. 3.21 Embedded Democracy

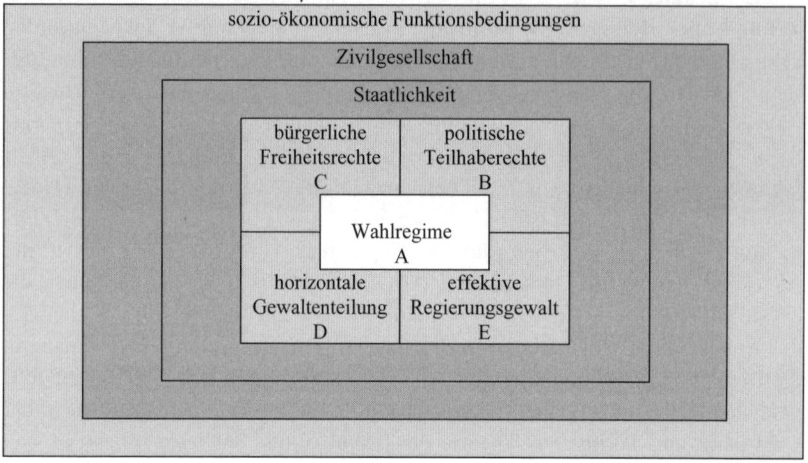

Quelle: nach Merkel, 2004, S. 37 und Merkel et al., 2003, S. 50

und Mandatsträger, wieder gewählt zu werden, ermöglicht das Wahlregime eine indirekte Herrschaftskontrolle. Und schließlich ist das Wahlregime Ausdruck der Volkssouveränität, weil es auf gleichzeitiger Partizipation der Bürger und dem gleichen Gewicht ihrer Stimmen bzw. Präferenzen beruht.[265]

Das Teilregime B der eingebetteten Demokratie bilden die politischen Teilhaberechte. Hierzu zählen nicht nur das Stimm- und Wahlrecht, sondern auch Rechte der politischen Kommunikation und Organisation wie Presse- und Meinungsfreiheit, Versammlungsfreiheit und Demonstrationsrecht, Vereinigungsfreiheit und das Petitionsrecht. Merkel et al. nennen für das Teilregime B wiederum mehrere Funktionen: (1) Die politischen Teilhaberechte ermöglichen und fördern die Bildung einer öffentlichen Sphäre, in der sich unabhängig von staatlichen Institutionen und formalisierten Prozessen eine eigene organisatorische und kommunikative Macht der Zivilgesellschaft herausbilden kann. Gemeint ist einerseits, dass sich durch die gleichen Teilhaberechte und Vereinigungsfreiheit die Konkurrenz um Herrschaftspositionen belebt. Andererseits ermöglichen insbesondere die Kommunikationsrechte eine (staats)freie Willensbildung. (2) Das Teilregime unterstützt aber auch das Wahlregime durch die Rückbindung an öffentliche Willensbildung und organisierten Interessenpluralismus. (3) Schließlich bietet das Teilregime B zusätzliche Partizipations-, Vermittlungs- und Kontrollfunktionen, die Merkel et al.

[265] Merkel et al 2003, S. 50 f.

als „weiche" Kontrolle zusätzlich zu der „harten" Kontrolle durch die Wahlen bezeichnen.[266] Zusammengenommen entsprechen das Wahlregime A und Teilregime B dem Demokratieprinzip als Teil des demokratischen Verfassungsstaats.

Teilregime C umfasst in dem Modell im engeren Sinn die klassischen bürgerlichen Freiheitsrechte, wie das Recht auf Leben, Eigentum, körperliche Unversehrtheit, Schutz vor unrechtsmäßiger Verhaftung, die Rechtsweggarantie, Gleichheit vor dem Gesetz und Rechtsgleichheit etc. Sie ziehen, so Merkel, Puhle und andere aber notwendigerweise zusätzliche rechts- und verfassungsstaatliche Vorkehrungen nach sich, um überhaupt wirksam zu werden. Insofern gehören zum Teilregime C nach ihrer Ansicht auch die gesetzliche und gesetzmäßige Herrschaft, die Unabhängigkeit der Richter, die verfassungsgerichtliche Normenkontrolle und die gerichtliche Kontrolle der Verwaltung. Die Funktion der bürgerlichen Rechte und der dazugehörigen Garantien sehen die Autoren nicht nur in der Abwehr staatlicher Eingriffe in die individuelle Freiheitssphäre, sondern auch im Schutz des Einzelnen vor einer Tyrannei der demokratischen Mehrheit.[267]

Die horizontale Gewaltenteilung des Teilregimes D „schließt eine zentrale Kontrolllücke, welche die übrigen Teilregime im demokratischen Grundgerüst hinterlassen".[268] Denn während Wahlen und die öffentliche Sphäre nur eine punktuelle Kontrolle ausüben, institutionalisiert und veralltäglicht die gewaltenteilige Ordnung die Verantwortlichkeit allen staatlichen Handelns.

Zusätzlich zu diesen uns schon hinlänglich bekannten Vorkehrungen enthält das Konzept der eingebetteten Demokratie zusätzlich ein Teilregime E, effektive Regierungsgewalt. Das führt uns zurück zu einer schon in Kapitel I zur Abgrenzung von Rechts- und Verfassungsstaat gemachten Feststellung, dass Verfassungsstaatlichkeit alle außerhalb des verfassungsmäßigen Systems stehenden Akteure oder Rechtsnormen ausschließt. Bei Merkel et al. heißt es:

> Es bestimmt, dass außerkonstitutionelle Akteure, wie das Militär oder andere machtvolle Kräfte, die keiner demokratischen Verantwortlichkeit unterworfen sind, nicht die Verfügungsgewalt über bestimmte Politikbereiche besitzen dürfen. Das bezieht sich sowohl auf die Existenz sogenannter reservierter Politikdomänen, also politische Materien, über die Legislative und Regierung keine ausreichende Entscheidungsbefugnis haben, als auch auf die besondere Problematik einer unzureichenden zivilen Kontrolle über Militär, Polizei oder andere Bürokratien und Gruppen.[269]

Das heißt nicht, dass die Verfassung nicht bestimmte Bereiche einer demokratischen Verfügung entziehen oder einer nicht demokratisch kontrollierbaren Instanz

266 Ebd. S. 51 f.

267 Ebd. S. 52 f.

268 Ebd. S. 54.

269 Ebd. S. 55.

zuweisen kann, wie das z. B. im Fall einer Verfassungsgerichtsbarkeit ist. Ausgeschlossen ist aber jede Selbstermächtigung oder Errichtung von außerkonstitutionellen Entscheidungsdomänen aufgrund Elitenabsprachen etc. Vor allem ist bei Merkel et al. gemeint, dass die gewählten Mandatsträger die reale Macht mit nur wenigen verfassungsmäßigen Ausnahmen in den Händen haben müssen. Wahlen, so könnte man sagen, müssen Bedeutung haben.[270]

Die Teilregime A bis E bilden das, was man als interne Einbettung oder Vernetzung bezeichnen kann. Das Konzept der *embedded democracy* enthält darüber hinaus drei weitere „externe" Komponenten, die zwar nicht als Definitionsbestandteile der *embedded democracy*, aber als fördernde Rahmenbedingungen gelten. Hierzu zählt, dass es eine klare Festlegung geben muss, in welchen personellen und territorialen Grenzen das demokratische Regime Geltung haben soll und dass die Staatsgewalt auch tatsächlich in der Lage ist, alle Regeln innerhalb dieser Grenzen effektiv durchzusetzen.

> Eine Demokratie kann nicht oder nur partiell errichtet werden, wo entweder kein Staat besteht oder er politisch so sehr von einer anderen Macht abhängt, dass ihm die Autonomie fehlt. Wo das Herrschafts- und Gewaltmonopol nicht institutionell gesichert ist, kann Herrschaft bestenfalls nur partiell demokratisiert werden.[271]

Das schränkt das Konzept der *embedded democracy* nicht notwendiger Weise auf einen Nationalstaat ein; wenn dort effektive Durchsetzungsmöglichkeiten bestehen, kann es z. B. auch auf die supranationale Ebene übertragen werden.

Die zweite Rahmenbedingung ist eine funktionierende Zivilgesellschaft. Das Problem ist in Zusammenhang mit dem Teilregime B schon angesprochen worden: Die eingebettete Demokratie ist von unten nach oben aufgebaut; sie basiert auf dem freien Willen und der realen Macht der Bürger, die sie aus ihrer Kooperation in der öffentlichen Sphäre erzeugen. Aus freien Vereinigungen und Interessengruppen bildet sich im Idealfall eine vom Staat zumindest analytisch klar zu trennende Gesellschaft, die sich ggf. auch schützend vor der Einzelnen stellen und die die gewählten Repräsentanten zwingen kann, die gesellschaftlichen Interessen aber auch die Rechtsordnung zu beachten. Sie kann im Sinne Tocquevilles aber auch eine Schule der Demokratie sein, das gesellschaftliches Verantwortungsbewusstsein der Bürger fördern und Sozialkapital aufbauen. Sie stellt, wie schon erwähnt, auch eine Alternative zu formalisierten Willensbildungsprozessen dar, die ggf. auch marginalisierten Stimmen Artikulationsmöglichkeiten bietet.[272] Die Garantie der politischen Teilhaberechte schafft die Voraussetzung für die Bildung einer solchen Zivil-

---

[270] Ebd. S. 55 f.

[271] Merkel et al 2003, S. 58.

[272] Merkel 2004, S. 45–47.

gesellschaft; ob sie tatsächlich entsteht, hängt aber wesentlich vom Engagement der Bürger und der politischen Kultur eines Landes ab; insofern ist es sinnvoll, eine funktionierende Zivilgesellschaft auch als externe Rahmenbedingung aufzuführen.

Die dritte, sehr traditionsreiche Rahmenbedingung der *embedded democracy* ist eine stabile sozio-ökonomische Basis. Merkel verweist als Begründung auf das Mindestmaß an wirtschaftlichem und Bildungskapital jedes Bürgers als Voraussetzung dafür, dass seine sonstigen Rechte nicht nur auf dem Papier stehen, sondern von ihm auch realisiert, also tatsächlich genutzt werden können. Außerdem ist eine nur mäßige soziale Ungleichheit Voraussetzung dafür, dass alle Stimmen gleich viel wiegen. Ist diese Grundausstattung gesichert, sei es nach heutigem Erkenntnisstand aber nicht von Belang, wie hoch das Bruttosozialprodukt eines Landes ist, sprich, mehr Wohlstand heißt nicht auch mehr Demokratie.[273]

Für das Verständnis und die Erforschung des Zusammenspiels von Demokratie, Rechts- und Verfassungsstaatlichkeit leistet das Konzept der eingebetteten Demokratie einen wichtigen Beitrag. Während der traditionelle Begriff des Demokratischen Verfassungsstaats sehr unspezifisch gebraucht wird und sich deshalb für die empirische Forschung nur schlecht eignet, erlaubt der neue Begriff der eingebetteten Demokratie eine klare, wissenschaftlichen Erfordernissen genügende Definition. Er macht zudem deutlich, dass regelmäßige Wahlen ein für die moderne Demokratieforschung unzureichendes Kriterium sind, weil es über die tatsächliche Entscheidungsmacht und Entscheidungsfreiheit der Bürger nichts aussagt.

Literaturtipps

Zum Nachlesen

Merkel, Wolfgang. 2004. Embedded and Defective Democracies. *Democratization* 11(5):33–58.
Schmidt, Manfred G. 2010. *Demokratietheorien. Eine Einführung.* 225–235, 412–430, Bonn.

Weiterführend

Meyer, Thomas. 2009. *Soziale Demokratie. Eine Einführung.* Wiesbaden.
Schmid, Josef. 2002. *Wohlfahrtsstaaten im Vergleich.* Opladen.
Forsthoff, Ernst. 1968. *Rechtsstaatlichkeit und Sozialstaatlichkeit. Aufsätze und Essays.* Darmstadt.

[273] Merkel 2004, S. 44 f.

Herausforderungen

4

Will man die Zukunftschancen einer Ordnungsform abschätzen, sind die für die Vergangenheit empirisch belegten Funktionsvoraussetzungen von großer Bedeutung. Aber auch sich andeutende neue Herausforderungen müssen berücksichtigt werden. Tatsächlich haben sich in den letzten Jahrzehnten die nationalen, supranationalen und internationalen Rahmenbedingungen für die bestehenden Demokratischen Verfassungsstaaten in Europa und den USA erheblich verändert. 1) Neue Dimensionen grenzüberschreitender Kriminalität und die Häufung von Terroranschlägen haben zu einer breiten Debatte über die Wehrhaftigkeit der westlichen Demokratien geführt. Muss nicht, so die Frage, die Rangfolge von Freiheit vor Sicherheit überdacht und umgekehrt werden, um die wesentlichen grundrechtlichen Errungenschaften langfristig sichern zu können? Konkret wird dabei die Zulässigkeit von Eingriffen in bürgerliche Freiheiten im Bereich justizieller Rechte und des Datenschutzes thematisiert. Auch das längst überwunden geglaubte Instrument der Folter erscheint wieder auf dem Tableau. 2) Erheblich veränderte Rahmenbedingungen für die Funktionsweise Demokratischer Verfassungsstaaten haben sich auch durch eine zunehmende Bewältigung von Aufgaben in intergouvernmentaler und supranationaler Kooperation ergeben. Hier stellt sich die Frage, wie die auf nationalstaatlicher Ebene geltenden Standards in den Bereichen Demokratie, Rechtsstaatlichkeit und Grundrechtsschutz auch auf diesen Handlungsebenen gesichert werden können und welche Koordinierungsprobleme sich daraus ergeben könnten. 3) Auf globaler Ebene schließlich stellt sich die Frage nach der Universalisierbarkeit des Demokratischen Verfassungsstaats. Wurde er nach dem Zusammenbruch des Sowjetsystems zunächst als einzig verbliebenes Ordnungsideal gehandelt, gaben schon bald neue Ordnungsformen zwischen Diktatur und Demokratie Anlass zur Sorge. Sie hatten sich nach anfänglichen Demokratisierungsanstrengungen in einer Hybridform stabilisiert und präsentieren sich heute mit großem Selbstbewusstsein als alternatives Ideal erfolgreicher Ordnung. Gleichzeitig stößt das westliche Men-

B. Enzmann, *Der Demokratische Verfassungsstaat*,
DOI 10.1007/978-3-531-18952-9_4,

schenrechtsverständnis in der muslimischen Welt weiterhin auf Widerstand. So stellt sich für die in den letzten Jahrzehnten intensiv betriebene Demokratieförderung der USA und Europas die Frage, ob sich der Demokratische Verfassungsstaat noch als Exportartikel in alle Weltregionen und Kulturkreise oder zumindest als regulative Idee für die Völkerrechtliche Ordnung eignet.

4.1 Rechtsstaatlichkeit und Terrorismus. Verschärfung des Dilemmas zwischen Freiheit und Sicherheit

4.1.1 Neue Bedrohungen – neue Sicherheitsgesetze

Staat und Freiheit stehen in der westlichen Denktradition der Aufklärung in einem ambivalenten Verhältnis. Einerseits schützt der Staat durch sein Gewaltmonopol die individuelle Freiheit, in dem er innere (und äußere) Sicherheit gewährleistet und damit den nötigen Raum für die Entfaltung der individuellen Freiheit eröffnet. Andererseits stellt er durch sein Gewaltmonopol eine potentielle Gefahr für die Freiheit des Einzelnen dar. Dieses Dilemma ist im Demokratischen Verfassungsstaat durch eine klare Grenzziehung entschieden: Die Staatsgewalt wird durch Recht und Gewaltenteilung gleichzeitig legitimiert und eingehegt. In der Bundesrepublik hatte sich dabei ein Vorrang der Freiheit vor der Sicherheit ergeben. Das zeigte sich in Vorgaben wie dem Erfordernis einer gesetzlichen Grundlage für Eingriffe in ein Grundrecht, in der Gesetzesbindung der Verwaltung, in der Unschuldsvermutung, an den hohen Hürden der Grundrechtsaberkennung oder auch an der Begrenzung und Befristung von Notstandsbefugnissen. Wurde damit vor allem die Rolle des Staates als potentielle Bedrohung der Freiheit in den Blick genommen, tritt seine Rolle als deren Beschützer besonders dann deutlich hervor, wenn massive andere Gefahrenquellen auftreten, etwa durch Krieg, zunehmende organisierte Kriminalität oder Terrorismus. Die beiden letzteren Fälle werfen regelmäßig die Frage auf, ob der Vorrang der Freiheit vor der Sicherheit zumindest in Teilen aufgehoben und dem Staat neue Mittel zur Gefahrenabwehr an die Hand gegeben werden müssen.

In der Bundesrepublik wird eine solche Veränderung der Bedrohungslage bereits seit Mitte der 1990er Jahre konstatiert. Ein Anlass war die Einstellung der Grenzkontrollen an EU-Binnengrenzen im März 1995 in Folge des Schengener Abkommens. Grenzüberschreitende Kriminalität würde damit, so die Sorge, erheblich erleichtert. Erste Änderungen von Polizeigesetzen zur Erleichterung von Fahndungs- und Durchsuchungsmaßnahmen waren die Folge. Den Anfang machte 1995 die sogenannte Schleierfahndung, also eine Personenkontrolle, die ohne Verdachtsmomente oder konkreten Anlass in Gebieten nahe den Bundesgrenzen durchgeführt werden darf. Sie soll den Wegfall der regulären Grenzkontrollen teilweise kompensieren. Eingeführt durch entsprechende Polizeigesetze in Bund und Ländern rief sie heftige Kritik und zahlreiche Verfassungsklagen hervor, hat aber trotz einiger Beanstandungen weiter Bestand. 1998 folgte die Einführung des „großen Lauschangriffs", d. h. der Möglichkeit, Gespräche in Wohnräumen abzuhören. Hierfür wurde 1998 der Art. 13 GG zur Unverletzlichkeit der Wohnung um die Abs. 3 bis 6 ergänzt, um die „akustische Wohnraumüberwachung" zum Zwecke der Strafverfolgung zu ermöglichen. Artikel 13 Abs. 4 GG enthält dabei eine sehr allgemein gehaltene Eingriffsbefugnis: „4) Zur Abwehr dringender Gefahren für die öffentliche Sicherheit, insbesondere einer gemeinen Gefahr oder einer Lebensgefahr, dürfen technische Mittel zur Überwachung von Wohnungen nur auf Grund richterlicher Anordnung eingesetzt werden." Durch ein „Gesetz zur Verbesserung der Bekämpfung der Organisierten Kriminalität" wurden dann die entsprechenden gesetzlichen Grundlagen geschaffen. Die damit erlaubten weitreichenden und vor allem ohne konkreten Tatverdacht möglichen Abhörmaßnahmen wurden vom Bundesverfassungsgericht 2004 untersagt. Seit 2005 liegt eine gesetzliche Neuregelung vor, die darauf abzielt, zumindest rein private Gespräche und Angehörige bestimmter geschützter Berufe (Geistliche, Journalisten) aus dem großen Lauschangriff auszunehmen.[1]

Der zweite wesentliche Anlass zur Neudefinition der Bedrohungslage waren die Terrorakte vom 11. September 2001 in den USA und die Drohung islamistischer Gruppierungen mit weiteren Anschlägen. Damals wurden vier amerikanische Passagierflugzeuge entführt und zum Absturz gebracht. Zwei der Flugzeuge zerstörten das World Trade Center in New York, eines beschädigte das US-Verteidigungsministerium, eines stürzte vermutlich nach Interventionsversuchen von Passagieren in Pennsylvania ab. Die hohe Zahl von etwa 3000 Opfern und die genaue Videodokumentation erzeugten einen enormen öffentlichen Handlungsdruck, eröffneten aber auch das Gelegenheitsfenster, um bereits geplante Vorhaben durchzusetzen.[2] In kurzer Zeit wurden von Bund und Ländern zahlreiche Sicherheitsgesetze neu erlassen oder geändert. Viele davon dienen der präventiven Sammlung von Daten, auf die später zur Aufklärung von Straftaten zurückgegriffen werden kann. Zu nennen ist hier beispielsweise die Rasterfahndung, bei der präventiv Personen mit bestimmten gleichen Merkmalen (Beruf, Geschlecht, nationale Herkunft) erfasst werden. Hinzu kommen die präventive Telefonüberwachung, verdeckte Online-Durchsuchung, Vorratsdatenspeicherung und die automatische Kfz-Kennzeichenerfassung.[3] Die meisten dieser neuen Mittel wurden vom Bundesverfassungs-

[1] Vgl. zum großen Lauschangriff Warntjen 2007; das Urteil ist BVerfGE 109, 279 (2004).

[2] In diesem Sinne Lepsius 2010, S. 26 f.

[3] Siehe dazu Lepsius 2010, S. 24–27.

gericht aufgrund zu weitreichender oder nicht verhältnismäßiger Eingriffe in die Grundrechte der Betroffenen beanstandet und mussten nach seinen Vorgaben eingeschränkt werden.[4]

Eine anders gelagerte Initiative zur Bekämpfung des Terrorismus war die Änderung des Luftsicherheitsgesetzes (LuftSiG) im Jahr 2005. Europaweit hatten die Terroranschläge vom 11. September 2001 zu Anstrengungen geführt, den Luftverkehr gegen solche Taten zu sichern. Dennoch war es im Januar 2003 in Deutschland einem geistig verwirrten Nachahmungstäter gelungen, ein Sportflugzeug zu kapern und zu drohen, es in das Hochhaus der Europäischen Zentralbank im Frankfurter Bankenviertel zu steuern. Obwohl die Hintergründe der Entführung nichts mit den terroristischen Anschlägen in den USA gemein hatten und es nicht zum Absturz kam, zeigte der Vorfall, dass verstärkte Kontrollen allein solche Taten nicht verhindern können. Die Änderung des Luftsicherheitsgesetzes sollte es deshalb ermöglichen, ein Flugzeug ggf. gezielt abzuschießen und das Leben der Insassen zu opfern, um noch mehr Opfer am Boden zu verhindern. Dabei wäre es also nicht um eine präventive Maßnahme zur Gefahrenverhinderung, sondern eine Maßnahme der Gefahrenabwehr in einem konkreten Fall gegangen. Dennoch erklärte das Bundesverfassungsgericht auch diese Ermächtigung für verfassungswidrig und nichtig.[5] Zum einen sah es in dem gezielten Abschuss einen Verstoß gegen die Menschenwürde der Passagiere, zum anderen aber auch hier einen Verstoß gegen den rechtsstaatlichen Grundsatz der Verhältnismäßigkeit: Der für die Einzelentscheidung zuständige Minister verfüge aller Voraussicht nach im Ernstfall nicht über die erforderlichen Informationen, um die Frage zu beantworten, ob es sich um eine geeignete, erforderliche und in Abwägung der sicheren Opfer in der Luft und der ungewissen Zahl der Opfer am Boden angemessene Maßnahme handele.[6]

Als ein für beide Bedrohungslagen verstärkendes Moment sind die neuen Möglichkeiten der Telekommunikation durch Mobilfunk und Internet zu nennen. Sie erlauben eine schnelle, globale Vernetzung zur Planung und Organisation von Straftaten und auch die Anwerbung neuer Mitglieder. Für polizeiliche Ermittlungen und Überwachung musste hier eine neue Rechtsgrundlage geschaffen werden, um „Waffengleichheit" herzustellen. Andererseits bieten diese Medien auch den Strafverfolgungsbehörden die Möglichkeiten der Sammlung großer personenbezogener Datenmengen und das Verfolgen „der Spur", die jeder Nutzer im Internet

---

[4] BVerfGE 115, 320 (2006) zur Rasterfahndung, BVerfGE 113, 348 (2005) zur präventiven Telefonüberwachung; BVerfGE 120, 274 (2008) zur Online Durchsuchung; BVerfGE 120, 378 (2008) zur automatischen Kennzeichenerfassung; BVerfGE, 125, 260 (2010) zur Vorratsdatenspeicherung.

[5] BVerfGE 115, 116 (2006).

[6] Vgl. Lepsius 2010, S. 48 f.

hinterlässt. Die Datensammlungen kommerzieller Akteure, wie Online-Händler, Suchmaschinen, Provider etc. aber auch die freiwillige Preisgabe von Daten in Sozialen Netzwerken erleichtern potentiell die Arbeit der Ermittler. Je mehr sich zudem die Kommunikation auf internetgestützte Medien verlagert, desto umfassender wird die im Netz zur Verfügung stehende Datenmenge zu jeder Person.

4.1.2 Auswirkungen auf Rechts- und Verfassungsstaatlichkeit

Die dargestellten neuen Sicherheitsgesetze haben vielfältige Auswirkungen auf den Rechts- und Verfassungsstaat. Das liegt weniger am Ausmaß als an der Art der darin liegenden Überwachungs- und Eingriffsmöglichkeiten.[7]

(1) Die hervorstechendste Veränderung ist, dass die meisten neuen Maßnahmen nicht der Abwehr einer konkreten Gefahr dienen, sondern auf der Basis einer diffusen, allgemeinen Bedrohungslage der Gefahrenprävention dienen. Das wirkt sich erheblich auf die Möglichkeit der Gerichte aus, die Zulässigkeit solcher Maßnahmen zu prüfen. Eingriffe in die Grundrechte müssten nach dem rechtstaatlichen Gebot der Verhältnismäßigkeit darauf geprüft werden, ob sie erforderlich und geeignet sind, um das angestrebte Ziel zu erreichen und ob sie angemessen sind, was i. d. Regel als Verbot übermäßiger Eingriffe verstanden wird. Wenn aber das Ausmaß und die genaue Art der Gefahr nicht bekannt sind, ist eine solche Prüfung nicht möglich.[8] Sie kann dann allenfalls auf Prognosen beruhen, die aber auch nur möglich sind, wenn ausreichende Informationen zur Verfügung stehen. Gerade bei Maßnahmen zur Terrorabwehr ist das aber oft nicht der Fall. Zum einen sind die Täterprofile viel unschärfer als im Fall herkömmlicher und organisierter Kriminalität. Zum anderen kann man seit dem 11. September 2011 nicht mehr hoffen, alle möglichen Formen der Anschläge zu kennen und vorauszuahnen.[9] Des Weiteren sind im Bereich der Terrorismusbekämpfung nationale und ausländische Nachrichtendienste involviert, deren Informationen den Strafverfolgungsbehörden und Gerichten nur zum Teil zugänglich sind oder nicht auf ihre Verlässlichkeit geprüft werden können.[10] Die Neuorientierung zur Gefahrenprävention statt Gefahrenabwehr unterminiert somit eine zentrale Rechtsschutzvorkehrung des Rechtsstaats:

[7] Vgl. hierzu und zum Folgenden Huster und Rudolph 2008, Denninger 2008, Lepsius 2010.

[8] Vgl. Lepsius 2010, S. 33–35.

[9] Vgl. hierzu Scheckener (2007, S. 37 ff), wenn auch das Gros der Anschläge bekannten Mustern folgt.

[10] Vgl. Gusy 2008, S. 121, 126 f.

das Verhältnismäßigkeitsgebot.[11] Das Bundesverfassungsgericht hat deshalb mehrfach angemahnt, dass Grundrechtseingriffe nur im Falle konkreter Gefahren und Verdachtsmomente erlaubt sein können. Im Fall der Vorratsdatenspeicherung würde das bedeuten, dass Daten zwar aufgrund einer diffusen Bedrohungslage gesammelt und gespeichert, aber dann ohne konkreten Verdacht gegen eine Person nicht abgerufen und genutzt werden dürfen:

> Der Abruf und die unmittelbare Nutzung der Daten sind nur verhältnismäßig, wenn sie überragend wichtigen Aufgaben des Rechtsgüterschutzes dienen. Im Bereich der Strafverfolgung setzt dies einen durch bestimmte Tatsachen begründeten Verdacht einer schweren Straftat voraus. Für die Gefahrenabwehr und die Erfüllung der Aufgaben der Nachrichtendienste dürfen sie nur bei Vorliegen tatsächlicher Anhaltspunkte für eine konkrete Gefahr für Leib, Leben oder Freiheit einer Person, für den Bestand oder die Sicherheit des Bundes oder eines Landes oder für eine gemeine Gefahr zugelassen werden.[12]

(2) Die neue Qualität der Maßnahmen zeigt sich außerdem in der Heimlichkeit von Eingriffen. Einige der Maßnahmen, wie etwa die Videoüberwachung öffentlicher Plätze und Einrichtungen, werden erst dadurch aus rechtsstaatlicher Sicht bedenklich, dass die heimlich stattfinden. Das bedeutet, dass der Einzelne sein Verhalten nicht darauf abstellen kann, keinen Anlass zur Überwachung zu geben. Im Rechtsstaat bieten Transparenz und Rechtssicherheit dem Bürger die Möglichkeit zu normkonformem Verhalten und damit auch zu einem vom Staat weitgehend unbehelligtem Leben. Im neuen „Präventionsstaat" dagegen, so die Bochumer Rechtswissenschaftler Stefan Huster und Karsten Rudolph, errege womöglich gerade unauffälliges Verhalten Verdacht.[13]

(3) Zu den besonderen Merkmalen der neuen Maßnahmen zählt auch ihre hohe Streubreite. Sie konzentrieren sich nicht mehr auf verdächtige Personen und Gruppen (potentielle „Störer"), sondern erfassen auch in erheblichem Umfang unbeteiligte und nicht verdächtigte Bürger („Nichtstörer").[14] Das gilt für die automatisierte Überwachung öffentlicher Plätze, Verkehrsmittel etc. und auch für die präventive

---

[11] In diesem Sinne auch Huster und Rudolph 2008, S. 18 f.

[12] BVerfGE 125, 260 (261) 2008 zur Vorratsdatenspeicherung.

[13] Huster und Rudolph 2008, S. 17; zum Präventionsstaat siehe ausführlich Frankenberg 2010, S. 119 ff.

[14] Die Unterscheidung von „Störer" und „nicht verantwortlicher Person" kurz „Nichtstörer" dient beispielsweise im deutschen Polizeirecht dazu, in einer Gefahrensituation zwischen denen zu unterscheiden, die diese Gefahr mit verursacht haben und denen, die unbeteiligt anwesend sind. Sie können unter bestimmten Bedingungen von der Polizei verpflichtet werden, zur Beseitigung der Gefahr beizutragen (§ 20 Bundespolizeigesetz (BPolG)).

Registrierung von Personen im Rahmen der Rasterfahndung, der Telefondaten- und Kennzeichenspeicherung. Außerdem werden bei der Telefonüberwachung und Online-Durchsuchung der Rechner Verdächtigter auch alle Kontaktpersonen registriert. Anders als verdächtige Person müssen sie im Nachhinein nicht einmal darüber informiert werden, dass ihre Telefonate oder E-Mails untersucht wurden.[15] Um der Überwachung gänzlich zu entgehen – und sei es bloß aus dem persönlichen Unbehagen heraus, in alltäglichen Verhaltensweisen beobachtet zu werden – müsste man öffentliche Räume und alle Formen der Telekommunikation vermeiden. Oder man müsste sich aufwändig durch Verschlüsselungstechnologien oder die Nutzung von Anonymisierungsverfahren der ungewünschten Überwachung entziehen. Doch während es für die eigentlich Gesuchten genug technische Möglichkeiten gibt, sich der Überwachung zu entziehen, sind „die Unschuldigen und Unverdächtigen letztlich die Dummen …, weil sie sich nicht gegen Registrierung und Überwachung schützen."[16] Deshalb berge, so der Bundesbeauftragte für den Datenschutz, Peter Schaar, jede Maßnahme … die Begründung für weiter gehende Überwachungsbefugnisse in sich, um die Gesuchten doch noch zu erfassen. Im Bereich der Informationstechnologie habe dies zu einem regelrechten „Rüstungswettlauf" zwischen Überwachern und Überwachten geführt. Der unlängst durch den „Chaos-Computer-Club" aufgedeckte illegale Einsatz von „Staatstrojanern" zur Ausspähung von Rechnern ist hierfür beredtes Beispiel.[17]

Streubreite und Heimlichkeit verursachen nach Überzeugung des Bundesverfassungsgerichts einen Einschüchterungseffekt, den das Gericht schon mehrfach zum Anlass genommen hat, Grundrechtseingriffe als schwerwiegend einzustufen, die auf den ersten Blick gering wirkten.[18] Gefährdet werden damit mehrere Prinzipien des Demokratischen Verfassungsstaats: Der Einschüchterungseffekt beeinträchtigt insbesondere die reale Nutzung der politischen Grundrechte wie der Meinungsfreiheit, der Versammlungs- und Vereinigungsfreiheit und stört damit den für das Demokratieprinzip zentralen öffentlichen Willensbildungsprozess. In Frage gestellt wird durch die anlasslose Überwachung von Personen außerdem das rechtsstaatliche Prinzip der Unschuldsvermutung. Im Falle der Rasterfahndung droht sogar die im Rechtsstaat zwingend beim Kläger, nicht beim Beklagten liegende Beweislast umgekehrt zu werden.[19]

---

[15] Vgl. Schaar 2008, S. 56 f, Lepsius 2010, S. 29.

[16] Schaar 2008, S. 57; sowie S. 45, 58 f.

[17] Vgl. Reißmann 2011.

[18] So in BVerfGE 120, 274 (323 f) 2008 zur Online-Durchsuchung; BVerfGE 120, 378 (398 f) 2008 zur Kfz-Kennzeichenabfrage.

[19] Lepsius 2010, S. 31.

(4) Auffallend ist an den neuen Maßnahmen auch, wie weit sie in die Privatsphäre des Bürgers reichen, in seine Wohnung, seine private Kommunikation, seine alltäglichen Verhaltensweisen. In mehreren Urteilen seit 1957 hatte das Bundesverfassungsgericht einen Kernbereich privater Lebensgestaltung konstatiert, in den der Staat zu keinem Zweck eingreifen dürfe, auch nicht, wenn dies im Rahmen einer Verhältnismäßigkeitsprüfung zulässig erschiene.[20] 2004 unternahm das Gericht einen Versuch, diesen Kernbereich näher zu definieren. Im Urteil zum Großen Lauschangriff heißt es:

> Zur Entfaltung der Persönlichkeit im Kernbereich privater Lebensgestaltung gehört die Möglichkeit, innere Vorgänge wie Empfindungen und Gefühle sowie Überlegungen, Ansichten und Erlebnisse höchstpersönlicher Art zum Ausdruck zu bringen, und zwar ohne Angst, dass staatliche Stellen dies überwachen. Vom Schutz umfasst sind auch Gefühlsäußerungen, Äußerungen des unbewussten Erlebens sowie Ausdrucksformen der Sexualität. Die Möglichkeit entsprechender Entfaltung setzt voraus, dass der Einzelne über einen dafür geeigneten Freiraum verfügt. Auch die vertrauliche Kommunikation benötigt ein räumliches Substrat jedenfalls dort, wo die Rechtsordnung um der höchstpersönlichen Lebensgestaltung willen einen besonderen Schutz einräumt und die Bürger auf diesen Schutz vertrauen. Das ist regelmäßig die Privatwohnung, die für andere verschlossen werden kann. Verfügt der Einzelne über einen solchen Raum, kann er für sich sein und sich nach selbst gesetzten Maßstäben frei entfalten. Die Privatwohnung ist als „letztes Refugium" ein Mittel zur Wahrung der Menschenwürde. Dies verlangt zwar nicht einen absoluten Schutz der Räume der Privatwohnung, wohl aber absoluten Schutz des Verhaltens in diesen Räumen, soweit es sich als individuelle Entfaltung im Kernbereich privater Lebensgestaltung darstellt.[21]

(5) Völlig neu ist nach Ansicht von Kritikern außerdem die Vollständigkeit des Bildes einer Person, dass sich durch die Summierung der gesammelten Daten erstellen lasse. Es können Persönlichkeitsprofile der Überwachten erstellt werden einschließlich der Menschen in ihrer direkten Umgebung. Insbesondere durch die Erfassung und Kombination von elektronisch gespeicherten Daten können Informationen, die sich auf verschiedene Lebens- und Tätigkeitsbereiche einer Person beziehen zu einem Gesamtbild verbunden werden. Weil ein Mensch bei seinen normalen Sozialkontakten in der Regel je nach Lebensbereich nur einen Teil seines Rollen- und Verhaltensrepertoires verwendet, ist das kombinierte Bild breiter, als

[20] BVerfGE 6, 32 (41) 1957 – Elfes Urteil; BVerfGE 34, 238 (245) 1973 – Tonband; BVerfGE 80, 367 (373) 1989 – Tagebuch.

[21] BVerfGE 109, 279 (313 f) 2004 zur akustischen Wohnraumüberwachung. Oliver Lepsius konstatiert, dass mit Lauschangriff und Telekommunikationsüberwachung auf der einen und anlasslosen Überwachung öffentlicher Räume auf der anderen Seite die Freiheit in die Zange gerate. Man könne weder ins Private noch ins Soziale ausweichen, um Freiheitsverluste durch andere Verhaltensschwerpunkte zu kompensieren. Lepsius 2010, S. 28.

es selbst nahe Vertraute erstellen könnten. Menschen könnten, so der Bayreuther Staatsrechtslehrer Oliver Lepsius, in einer Weise ausgespäht werden, die im normalen Sozialkontakt unmöglich wäre.[22] Damit würde nicht nur der Mensch in seinem Verhaltenspluralismus entdifferenziert, es würde auch der Schutz der Grundrechte erschwert, weil der oftmals gerade an die Unterscheidung der verschiedenen Rollen und Lebensbereiche anknüpft. Um nur ein Beispiel zu nennen: Eine Person des öffentlichen Lebens muss es sich gefallen lassen, das Fotos und Videoaufnahmen von ihr veröffentlicht werden, wenn sie sich im öffentlichen Raum bewegt. Eine nicht-prominente Person muss das nicht. Für Bilder aus dem privaten Raum kann aber auch der Prominente einen höheren Schutz beanspruchen. Das Bundesverfassungsgericht hat in der Entdifferenzierung, v. a. der Möglichkeit von Persönlichkeitsprofilen mehrfach eine gesteigerte Gefahrenlage für die Persönlichkeitsrechte konstatiert.[23]

Die neuen Eingriffsmöglichkeiten bewirken somit eine Einschränkung wesentlicher Elemente des Rechtsstaatsprinzips, insbesondere des Verhältnismäßigkeitsgebots, der Unschuldsvermutung, Rechtssicherheit und Transparenz aber auch der wirksamen Rechtsbindung der Verwaltung. In der Summierung ergeben sich zusätzliche Folgen für die Verfassungsstaatlichkeit: So verändert sich das Verhältnis von Sicherheit und Grundrechten. War in der liberalen Grundrechtstheorie die Sicherheit ein Instrument der Freiheitssicherung, wird sie nun zu einem eigenständigen kollektiven Ziel oder objektiven Staatszweck erhoben. Die Freiheit dagegen, so Oliver Lepsius, bleibe auf der Ebene individueller Grundrechte. Sie stehe nun auf einer scheinbar nachgeordneten Ebene und müsse bei Abwägungen zwischen Freiheit und Sicherheit zwangsläufig ins Hintertreffen geraten.[24] Der Rechtsphilosoph Erhard Denninger sieht den Stellenwert der Grundrechte ebenfalls beeinträchtigt, erklärt dies aber mit einer Neudefinition der Grundrechte. Seien sie zuvor individuelle Freiheiten und Abwehrrechte gegen staatliche Eingriffe gewesen, würden sie nun als „primäre Schutzpflichten des Staates" und damit als regelrechte Eingriffsermächtigungen verstanden. Im Rahmen der Verhältnismäßigkeitsprüfung gilt damit nicht mehr der geringstmögliche Eingriff als angemessen, sondern der wirksamste. „Diente das rechtsstaatliche Übermaßverbot dazu, einen freiheitsbeschränkenden Gesetzgeber zu zügeln, so ermuntert jetzt das … präventionsstaatlich gewendete *Untermaßverbot* den Gesetzgeber zu

22 Lepsius 2010, S. 29 f.

23 In BVerfGE 65, 1 (42) 1983 zur Volkszählung; BVerfGE 113, 29 (45 f) 2005 zur Computerdurchsuchung bei Rechtsanwälten; BVerfGE 115, 320 (342) 2006 zur Rasterfahndung; BVerfGE 118, 168 (184 f) 2007 zur Abfrage von Kontostammdaten; BVerfGE 120, 378 (398) 2008 zur Kfz-Kennzeichenabfrage.

24 Lepsius 2010, S. 34 f.

unermüdlicher Aktivität."[25] Beide Autoren gehen letztlich davon aus, dass die Grundrechte bereits deutlich an Schutzwirkung für die individuelle Freiheit verloren haben.

Diskutiert werden auch die möglichen Auswirkungen auf das Ansehen des Bundesverfassungsgerichts. Es hat durch seine Rechtsprechung der letzten zehn Jahre eine Vernachlässigung zentraler rechtsstaatlicher Prinzipien aufgehalten und Eingriffe in Grundrechte abgeschwächt. Daneben hat es durch die Konkretisierung der Art. 1 und 2 den Grundrechtsschutz auf die neuen Medien ausgeweitet, insbesondere durch das 1983 mit dem Volkszählungsurteil eingeführte „Recht auf informationelle Selbstbestimmung". Es hat insbesondere seit 2001 den pauschalen Hinweis auf erhöhten Sicherheitsbedarf als Begründung für Eingriffe abgelehnt und vom Gesetzgeber die Nennung konkreter Zielsetzungen eingefordert. Letztlich hat das Gericht dadurch an Ansehen gewonnen.

> Die Tendenz zu mehr Sicherheit auf Kosten von Freiheitsrechten nahm nach den Terroranschlägen in New York und Washington am 11. September 2001 zu. Während in den USA die Dämme brachen – beispielsweise mit der Einrichtung des Gefangenenlagers Guantanamo auf Kuba – hatte die Bundesrepublik das Bollwerk ihres Verfassungsgerichts. Ihm gelang es, das Schlimmste zu vermeiden, auch wenn es manches durchgewunken hat, was es noch 1983, als es sein Urteil zum Volkszählungsgesetz und zum Datenschutz verkündete, höchstwahrscheinlich nicht getan hätte.[26]

Dieses mit kleinen Einschränkungen versehene Lob des Rechtswissenschaftlers Uwe Wesel deutet an, dass das Gericht durchaus Zugeständnisse an das gesteigerte Sicherheitsbewusstsein gemacht hat. Es befindet sich in der undankbaren Lage, einerseits seinem Ruf als Hüter der Grundrechte gerecht zu werden und sich andererseits nicht Schuldzuweisungen auszusetzen, dem Terrorismus durch die Beanstandung der Sicherheitsgesetze in die Hände zu arbeiten.[27] Nicht zu eigen gemacht hat sich das Bundesverfassungsgericht allerdings die Perspektive, aus der heraus der Gesetzgeber eine Verschärfung der Sicherheitsgesetze begründet: Er geht von einer bereits bestehenden äußersten Bedrohungslage, von einem Ausnahmezustand aus, in dem auch gravierende Einschnitte hingenommen werden müssen. Das Grundgesetz sieht aber selbst für den Verteidigungsfall (Art. 115 GG) enge Grenzen vor. Niedrigere Standards aufgrund einer nur diffusen Bedrohungs-

[25] Denninger 2008, S. 95.

[26] Wesel 2011, S. 44.

[27] Lepsius spricht vom einem „Schwarzen Peter", den der Gesetzgeber dem Bundesverfassungsgericht zuschiebe, Lepsius 2010, S. 31, 43–46.

lage zuzulassen, ist dementsprechend problematisch.[28] Zwar waren auch viele der Sicherheitsgesetze befristet, wurden aber auf der Basis einer Selbstevaluation der Sicherheitsbehörden bereits verlängert. Welche Folgen eine für Ende 2011 geforderte unabhängige wissenschaftliche Evaluation haben wird, bleibt abzuwarten. Der Bundesdatenschutzbeauftragte Schaar mahnt zumindest an: „[O]hne aussagekräftige Nachweise über die Notwendigkeit der Anti-Terror-Befugnisse sind weder die Effizienz in der Bekämpfung von Terrorismus noch der Schutz unserer Grundrechte gewährleistet."[29] Zur Sorge veranlasst ein Denken vom Ausnahmezustand her auch, weil damit Überlegungen zu Maßnahmen Einzug gehalten haben, die an den Grundfesten der Rechtsstaatlichkeit rütteln: Überlegungen zur Zulässigkeit einer „Rettungsfolter", Internierungslager für mutmaßliche Terroristen und ein „Feindstrafrecht", das selbst minimale Anforderungen an Rechtsschutz missen lässt.[30]

„Rettungsfolter" im Rechtsstaat?

2011 machte in Deutschland der Fall eines Entführers und Mörders Schlagzeilen, dem ein Beamter während des Ermittlungsverfahrens Folter angedroht hatte in der Hoffnung, das entführte Kind noch lebend finden zu können. Der Bedrohte klagte und erhielt vom Hessischen Landgericht eine Entschädigung zugesprochen. Deutsche Medien sahen in dem Urteil das Gerechtigkeitsempfinden der Hinterbliebenen verletzt, während das Gericht den Grundsatz der Gleichheit vor dem Gesetz betonte; er müsse auch für einen Straftäter gelten:

„Bei dieser Beurteilung ist es gänzlich unerheblich und darf schlechthin nicht berücksichtigt werden, dass der Kläger zuvor eine Straftat begangen hat. Das Recht auf Achtung seiner Würde kann auch dem Straftäter nicht abgesprochen werden, mag er sich in noch so schwerer und unerträglicher Weise gegen die Werteordnung der Verfassung vergangen haben."[31]

---

[28] Zu diesem Denken vom Ausnahmezustand her vgl. Huster und Rudolph 2008, S. 19 f, Augsberg 2009.

[29] Schaar 2011.

[30] Vgl. hierzu befürwortend Depenheuer 2007, kritisch Frankenberg 2010.

[31] Auszug aus der Urteilsbegründung des Landgerichts Hessen in Tagesspiegel online 2011.

Literaturtipps

Zum Nachlesen:

Lepsius, Oliver. 2010. Sicherheit und Freiheit - ein zunehmend asymmetrisches Verhältnis. In *Der Rechtsstaat unter Bewährungsdruck,* hg. von Gunnar Folke Schuppert, Wolfgang Merkel, Georg Nolte, und Michael Zürn, 23–54. Baden-Baden.
Denninger, Erhard. 2008. Prävention und Freiheit. Von der Ordnung der Freiheit. In *Vom Rechtsstaat zum Präventionsstaat,* hg. von Stefan Huster, und Karsten Rudolph, 85–106. Frankfurt a. M.

Zur Diskussion:

Depenheuer, Otto. 2007. *Selbstbehauptung des Rechtsstaates,* 2. Aufl. Paderborn u. a.
Frankenberg, Günter. 2010. *Staatstechnik. Perspektiven auf Rechtsstaat und Ausnahmezustand.* Berlin.

4.2 Supranationale Verfassungsstaatlichkeit

4.2.1 Staatlichkeit und Verantwortung jenseits des Nationalstaats

Die Bezeichnung „Demokratischer Verfassungsstaat" verweist darauf, dass die Prinzipien der Rechtsstaatlichkeit, der Gewaltenteilung, des Grundrechtsschutzes, des justiziablen Verfassungsvorrangs und der Demokratie an eine spezielle Organisationseinheit angelagert sind: den Staat. Er zeichnet sich dadurch aus, dass er für ein bestimmtes Territorium (Staatsgebiet) und eine bestimmte Gruppe von Personen (Staatsvolk) autoritativ verbindliche Regeln erlassen und durchsetzen kann (Staatsgewalt). Dabei unterscheidet er sich von anderen Formen der Herrschaft dadurch, dass er über ein von Staatsvolk und anderen Staaten anerkanntes Gewaltmonopol in seinem Gebiet verfügt. Er besitzt innere und äußere Souveränität, die es anderen Staaten verbietet, sich in seine inneren Angelegenheiten einzumischen und die es ihm ermöglicht, über seine Beziehungen zu anderen Staaten selbst zu entscheiden.[32] Außerdem verbindet sich mit dem Staat die Erwartung, dass er in der Lage ist, bestimmte Funktionen aus eigener Kraft zu bewältigen. Hierzu gehört die Bereitstellung kollektiver Güter wie Recht, Sicherheit, Konfliktlösungsmechanismen u. v. m. Voraussetzung ist freilich, dass die zu bewältigenden Aufgaben

[32] Vgl. Menzel 1999, S. 2 f.

überhaupt isoliert für einen Staat zu bewältigen sind. Das ist in Zeiten der Globalisierung der Märkte, der Umwelt- und Technikrisiken aber immer weniger der Fall. Die Reichweite der staatlichen Regelungsbefugnis deckt sich nicht mehr mit der Ausdehnung der zu bewältigenden Aufgaben. So entsteht die Notwendigkeit, mit anderen Entscheidungsträgern zu kooperieren, um mit den vereinten Kompetenzen den gesamten regelungsbedürftigen Raum umfassen zu können.[33] Hierfür gibt es diverse Möglichkeiten: 1) Die erste besteht in einer fallweisen Kooperation der Nationalstaaten auf intergouvernementaler Ebene und ist begrenzt auf bestimmte Problembereiche (Klimaschutzprotokoll, G8-Sicherheitskonferenzen). 2) Staaten können sich aber auch dauerhaft durch die Mitgliedschaft in internationalen Organisationen (Europarat, UNO, WTO, NATO) vernetzen. 3) Eine weitere Möglichkeit besteht in „Neuen Formen des Regierens", die unter dem Begriff „Governance" diskutiert werden. Mit Governance ist die Gesamtheit des politischen Entscheidens und der Regelsetzung über gesellschaftliche Belange gemeint. Im Unterschied zu den beiden zuerst genannten Möglichkeiten sind an Governance auch nichtstaatliche Akteure mitregierend beteiligt. Das kann im Rahmen von öffentlich-privaten Kooperationspartnerschaften (Public-Private-Partnership) geschehen, es können aber auch klassische Regierungsaufgaben an Nicht- Regierungs-Organisationen (NGO's) übertragen werden. Staatliche Zwangsgewalt steht in den „Neuen Formen des Regierens" nur als letztes Mittel zur Verfügung, wichtiger sind nicht- autoritative Durchsetzungsmittel durch Kompromiss, Überzeugungsarbeit oder Anreize.[34] Beispiele auf internationaler Ebene finden sich im Bereich der Flüchtlingshilfe, Gesundheits- und Entwicklungspolitik. 4) Eine weitere Möglichkeit besteht in der Vernetzung staatlicher Akteure innerhalb und zwischen Entscheidungsebenen zu Mehrebenensystemen. Als Mehrebenensysteme werden in der Politikwissenschaft politische Systeme verstanden, in denen Kompetenzen und Ressourcen auf verschiedene territoriale Einheiten verteilt sind. Die beteiligten Institutionen sind dabei nicht nur durch die arbeitsteilige Erfüllung von Funktionen miteinander verflochten, sondern stehen durch Bestellungsverfahren, imperative Mandate, Veto- und Kontrollrechte auch in Abhängigkeitsverhältnissen zueinander.[35] Schon Bundesstaaten bilden Mehrebenensysteme; im Fall der Europäischen Union (EU) tritt zur subnationalen und nationalen Ebene eine supranationale Ebene mit vielen weiteren Akteuren hinzu (vgl. Abb. 4.1).

All diese Möglichkeiten zur Überwindung nationalstaatlicher Steuerungsprobleme haben gemeinsam, dass Staat und effiziente Herrschaftsgewalt nicht mehr deckungsgleich sind, sondern zu differenzieren ist zwischen dem Staat als einer Or-

---

[33] Vgl. Benz 2009, S. 205.

[34] Vgl. Risse und Lehmkuhl 2007, S. 6.

[35] Vgl. Benz 2009, S. 17 f.

Abb. 4.1 Akteure im Mehrebenensystem EU

Ebene / Akteure	Träger von Hoheitsrechten	andere Akteure
internationale Ebene	Internationale Organisationen, Drittstaaten	
supranationale Ebene	Europäisches Parlament, Rat der EU (Ministerrat), Europäischer Rat (Rat der Staats- und Regierungschefs, Europäische Kommission	Unionsbürger, Staatsbürger, Parteien
	Europäischer Gerichtshof; Europäischer Rechnungshof; Europäische Zentralbank	Ausschuss der Regionen, Wirtschafts- und Sozialausschuss
nationale Ebene	nationale Regierungen, Parlamente, Verwaltung, Gerichte, Rechnungshöfe, Zentralbanken,	Parteien, Staatsbürger, Verbände
subnationale Ebene	Länder, Regionen, Gemeinden	Stimmbürger

Quelle: Eigene Darstellung

ganisationseinheit und Staatlichkeit als der Fähigkeit autoritativer, effizienter und anerkannter Herrschaftsgewalt. Staat und Staatlichkeit verhalten sich zueinander dabei nach einer Definition der Politologen Philipp Genschel und Bernhard Zangl folgendermaßen:

> Als *Staat* bezeichnen wir einen politischen Herrschaftsverband, der darauf spezialisiert ist, für ein bestimmtes Gebiet – das Staatsgebiet – und für eine bestimmte Gruppe von Menschen – die Staatsbürger – die Versorgung mit Kollektivgütern zu sichern. Damit der Staat Herrschaft zum Zwecke der Kollektivgutproduktion ausüben kann, braucht er bestimmte Fähigkeiten, die wir als *Staatlichkeit* bezeichnen. Staatlichkeit umfasst drei für die effektive Herrschaftsausübung unerlässliche Kompetenzen:
>
> - *Entscheidungskompetenz,* das heißt die Macht, kollektiv-verbindliche Entscheidungen zu treffen;
> - *Organisationskompetenz,* also das Vermögen, kollektiv-verbindliche Entscheidungen verlässlich umzusetzen;
> - *Letztverantwortung,* das heißt die Fähigkeit, faktische Anerkennung als höchste politische Autorität zu finden, in deren Namen Herrschaft ausgeübt wird, und die die Folgen einer mangelhaften Kollektivgutproduktion zu verantworten hat.[36]

Der Begriff der Staatlichkeit ist also nicht an ein bestimmtes Territorium und auch nicht an ein einheitliches Volk gebunden. Entscheidend ist nur eine an die Staatsgewalt heranreichende autoritative Entscheidungs- und Umsetzungskompetenz und

[36] Genschel und Zangl 2007, S. 10. Beide Autoren sind Mitarbeiter des Bremer Sonderforschungsbereichs „Staatlichkeit im Wandel“.

hinzu kommen, wieder im Unterschied zur reinen Zwangsgewalt, die Verantwortlichkeit, die Legitimität und Effizienz der Herrschaftsgewalt.

Weite Teile dieser Staatlichkeit bleiben auch unter den neuen Bedingungen beim Staat, aber einige können im Rahmen der Kooperation auch auf internationale Organisationen oder gar auf private Akteure übertragen werden. Beispiele für Ansätze von Staatlichkeit jenseits des Nationalstaats sind die Welthandelsorganisation WTO oder der Internationale Gerichtshof.[37] Legen wir aber die drei Kriterien der Staatlichkeit – Entscheidungskompetenz, effektiven Umsetzung und Letztverantwortung – zugrunde, wird deutlich, dass sich die Gewalt solcher Institutionen von der umfassenden Staatlichkeit eines Nationalstaates in zweierlei Hinsicht unterscheidet. Zum einen erstreckt sie sich nur auf bestimmte Bereiche, etwa Wirtschaft, Gesundheit, Verkehr u.ä. Zum anderen finden sich außerhalb eines Nationalstaates, wie Genschel und Zangl betonen, nie alle drei Komponenten von Staatlichkeit in einer Hand. Internationale Institutionen erhalten zwar wichtige Entscheidungs-, aber kaum Organisationskompetenzen. Dagegen erhalten private Instanzen zwar wichtige Organisations-, aber kaum Entscheidungskompetenzen. Die Letztverantwortung wird weder den einen noch den anderen überlassen sondern bleibt ungeteilt beim Staat. Das Ergebnis dieser gegenläufigen Bewegungen ist eine „Zerfaserung von Staatlichkeit".[38]

Im Zuge der Internationalisierung von Politik hieß das bislang vor allem, dass internationale Organisationen den Entscheidungsrahmen steckten oder die Richtungsentscheidungen trafen. Nationalstaaten überführten sie in nationales Recht und übernahmen damit die Letztverantwortung. Die Umsetzung oblag den nationalen Verwaltungen oder privaten Anbietern, wobei der Staat auch hier die Verantwortung gegenüber den Bürgern für eine effiziente Umsetzung behielt, von der Liquidität privater Rentenversicherungen bis zur umweltgerechten Müllentsorgung.[39] Durch den Reformvertrag von Lissabon hat sich das für die Mitgliedstaaten der EU erheblich verändert. Die Organisation EU und ihre Mitgliedstaaten bilden seitdem zusammen das integrierteste politische Mehrebenensystem der Welt. Ihre rechtlichen Grundlagen bilden zum einen völkerrechtliche Verträge,[40] durch die

[37] Vgl. Genschel und Zangl 2007, S. 12.

[38] Vgl. ebd. 2007, S. 13.

[39] Vgl. ebd. 2007, S. 14.

[40] Die heute geltenden wesentlichen Grundlagen sind: der Vertrag über die Arbeitsweise der Europäischen Union (AEUV) und der Vertrag über die Europäische Union (EUV). Der AEUV basiert auf dem 1957 geschlossenen EWG-Vertrag, der dann mehrfach durch Folgeverträge geändert und zweimal umbenannt wurde (seit 1992 EG-Vertrag, seit 2007 AEUV). Der EU-Vertrag wurde 1992 in Maastricht geschlossen und ebenfalls mehrfach geändert, insbesondere durch den Vertrag von Amsterdam 1997 und den Vertrag von Nizza 2001. 2004

die Unionsorgane und ihre Kompetenzordnung geschaffen wurden. Zum anderen haben die Mitgliedstaaten durch Verfassungsänderungen in nennenswertem Umfang Hoheitsrechte auf die supranationalen Organe übertragen. Einzigartig ist dabei, dass die EU die Kompetenz erhalten hat, Recht zu setzen, das in den Mitgliedstaaten unmittelbar gilt, also nicht mehr von den nationalen Gesetzgebern in nationales Recht überführt werden muss. In der letzten großen Novellierung der Verträge durch den Lissabon-Vertrag ist sogar vorgesehen, dass diese Rechtsakte auch im Rat mit Stimmenmehrheit beschlossen werden können.[41] Dadurch rückt die EU von dem klassischen völkerrechtlichen Verfahren der Einstimmigkeit ab und wird zu einem autonomen Rechtssetzungssystem. Außerdem überwacht mit dem EuGH eine eigenständige Gerichtsbarkeit die Einhaltung der Rechtsakte. Im Fall der Kollision mit nationalem Recht kommt dem EU-Recht i. d. R. ein Anwendungsvorrang zu. Autonomie der Rechtssetzung, gerichtliche Durchsetzung und Vorrang des Rechts prägen die Definition der EU als einen supranationalen Staatenverbund,[42] der sich auf der einen Seite von Staatenbund und internationaler Organisation, auf der anderen von einem Bundesstaat abgrenzt.[43] Für die Mitgliedstaaten bedeutet die Suprastaatlichkeit der EU vor allem, dass sie gegenüber vielen Unions-Entscheidungen keine Vetomöglichkeit mehr haben. Sie sind zu Umsetzung und Einhalt des EU-Rechts verpflichtet, behalten aber dennoch als ein Relikt völkerrechtlicher Zusammenarbeit die Letztverantwortung gegenüber ihren Bürgern. Denn die Bürger können die EU selbst nur in sehr geringem Umfang zur Rechenschaft ziehen. Von den drei mächtigen Akteuren bei der EU-Gesetzgebung können sie nur das EU-Parlament durch Wahlen direkt beeinflussen. Und auch die gerichtlichen Klagemöglichkeiten sind deutlich geringer als in nationalen Verfassungsstaaten. Das führt zu der in unserem Zusammenhang zentralen Frage,

sollten EG- und EU-Vertrag in dem Vertrag über eine Verfassung der Europäischen Union zusammengeführt werden, was an abschlägigen Referenden in Frankreich und den Niederlanden scheiterte. Stattdessen wurde 2009 mit der 2007 beschlossenen Änderung des EU-Vertrags in Lissabon die EG aufgelöst, die EU zu ihrem Rechtsnachfolger erklärt und der EG-Vertrag als AEUV zusammen mit dem EU-Vertrag zur primärrechtlichen Grundlage der EU.

[41] Erforderlich ist für Beschlüsse des Rates der EU nur noch eine qualifizierte doppelte Mehrheit, die mindestens 55 % der Mitgliedstaaten und 65 % der Bevölkerung der EU repräsentiert. Es bestehen Übergangsfristen zur Abschaffung des Einstimmigkeitsverfahrens bis 2017.

[42] Vgl. zur Definition von Supranationalität Seiler 2005, S. 244 f; zur Einordnung der EU Knauff 2010, S. 76–80.

[43] Vgl. die entsprechende Einordnung der EU als teilweise supranationalen Staatenverbund durch das Bundesverfassungsgericht in BVerfGE 89, 155. Die Gemeinsame Außen- und Sicherheitspolitik (GASP) gilt nach wie vor nicht als supranational, sondern basiert auf intergouvernementaler Zusammenarbeit.

wie sich unter diesen Umständen die Standards demokratischer Verfassungsstaatlichkeit sichern lassen. Das Grundgesetz beantwortete sie in Art. 23 Abs. 1 mit der Anforderung, dass Hoheitsrechte nur an eine EU übertragen werden dürfen, die schon auf supranationaler Ebene Rechtsstaatlichkeit, soziale Grundsicherung, Demokratie und Grundrechte sichert und zudem die Ewigkeitsgarantien des Art. 79 Abs. 3 GG nicht unterläuft.

> Zur Verwirklichung eines vereinten Europas wirkt die Bundesrepublik Deutschland bei der Entwicklung der Europäischen Union mit, die demokratischen, rechtsstaatlichen, sozialen und föderativen Grundsätzen und dem Grundsatz der Subsidiarität verpflichtet ist und einen diesem Grundgesetz im wesentlichen vergleichbaren Grundrechtsschutz gewährleistet. Der Bund kann hierzu durch Gesetz mit Zustimmung des Bundesrates Hoheitsrechte übertragen. Für die Begründung der Europäischen Union sowie für Änderungen ihrer vertraglichen Grundlagen und vergleichbare Regelungen, durch die dieses Grundgesetz seinem Inhalt nach geändert oder ergänzt wird oder solche Änderungen oder Ergänzungen ermöglicht werden, gilt Art. 79 Abs. 2 und 3.

Am Beispiel der EU lässt sich zeigen, wo die Möglichkeiten, Grenzen und Risiken demokratischer Verfassungsstaatlichkeit jenseits des Nationalstaats liegen.

4.2.2 Ansätze supranationaler Verfassungsstaatlichkeit in der Europäischen Union

Tatsächlich gibt es bereits viele Entwicklungstendenzen in Richtung einer Art supranationaler Verfassungsstaatlichkeit der Union. Sie lassen sich anhand einiger in Teil 3 vorgestellter Elemente des Demokratischen Verfassungsstaats gut aufzeigen, so der Gesetzlichkeit der Herrschaft, begrenzter Machtzuweisung und Gewaltenteilung, gerichtlichem Rechtsschutz, der Garantie von Grundrechten und schließlich dem Demokratieprinzip.

4.2.2.1 Gesetzlichkeit der Herrschaft

Die Gesetzlichkeit der Herrschaft ist auch auf der supranationalen Ebene der EU ein anerkanntes Prinzip, auch wenn der Begriff aufgrund der abweichenden Bezeichnungen und Formen von Recht der EU nicht ganz passt. Die Grundidee bleibt, dass Herrschaft nur durch oder auf der Basis von feststehenden, allgemeinen Rechtsnormen ausgeübt werden darf. Diese Normen müssen in einem dafür festgelegten Verfahren gesetzt worden sein und müssen den, der sie ausführen und durchsetzen muss, wirksam binden, d. h. er darf sie nicht allein ändern können. Im Demokratischen Verfassungsstaat wird das durch eine Hierarchie des Rechts und getrennte Zuständigkeiten erreicht. Im Großen und Ganzen trifft das auch auf die EU zu. Sie versucht die Gesetzlichkeit der Herrschaft auf der supranationalen Ebene durch ein komplexes dreistufiges Rechtssystem zu sichern (vgl. unten Abb. 4.3). Die oberste Ebene bildet das *Primärrecht*, heute bestehend aus den völkerrechtlichen Verträgen einschließlich aller Änderungsverträge, Anhänge, Protokolle und vergleichbaren Übereinkommen. Außerdem werden häufig EU-Rechtsakte dazu gerechnet, die wesentliche organisationsrechtliche Bestimmungen regeln sowie Urteile des Europäischen Gerichtshofes (EuGH), die wichtige rechtsstaatliche Prinzipien oder Grundrechtsauslegungen enthalten.[44] Zu solchen allgemeinen Prinzipien werden z. B. gerechnet die Eigenständigkeit, die unmittelbare Anwendbarkeit und der Vorrang des Unionsrechts, die Gewährleistung der Grundrechte, die Grundsätze der Verhältnismäßigkeit, des Vertrauensschutzes, des rechtlichen Gehörs und der Haftung der Mitgliedstaaten für Verletzungen des Unionsrechts.[45] Das Primärrecht ist mit einer Verfassung zwar nicht gleichzusetzen, in Form, Inhalt und Entstehung hat es aber durchaus Ähnlichkeit mit der Verfassung eines Bundesstaates.[46] Es ist zum einen allgemein und unmittelbar rechtsverbindlich für alle Mitgliedsstaaten. Es ist erschwert änderbar durch die in der Regel erforderliche Einstimmigkeit bei Änderungen des Primärrechts sowie die in einigen Ländern erforderlichen hohen Ratifizierungsquoren oder zusätzlichen Volksabstimmungen. Das Primärrecht dient als Prüfmaßstab für weiteres EU-Recht und genießt insofern Vorrang gegenüber den anderen Rechtsformen der EU. Inhaltlich entspricht es einer Verfassung durch die Verankerung einer Wertordnung mit den Bekenntnissen zur Achtung der Menschenwürde, zu den Werten der Freiheit, Demokratie, Gleichheit und Rechtsstaatlichkeit (Art. 2 EUV). Es enthält eine eigene Grundrechtecharta (GrCh) und einen elaborierten organisationsrechtlichen Teil. Darin werden u.a. eine klare Kompetenzordnung geschaffen und den Organen Rechte und Pflichten zugewiesen. Hierzu gehört auch die Kompetenz zu einer eigenständigen Rechtsetzung der EU, der Schaffung des sogenannten Sekundärrechts als zweiter Stufe des EU-Rechts.[47]

Die aus supranationaler Perspektive wichtigste Sekundärrechtsform sind die EU-Verordnungen (Art. 288 Abs. 2 AEUV). Sie gelten unmittelbar in allen Mitgliedstaaten und eignen sich deshalb vor allem für politisch wenig strittige Fragen. Sie schaffen eine allgemeine abstrakte Regelung für einen Bereich und sind

[44] Vgl. Knauff 2010, S. 84.

[45] Vgl. Borchardt 2010, S. 96.

[46] In der Literatur wird das Primärrecht teils als Völkerrecht, teils als Verfassung eingestuft, vgl. Knauff 2010, S. 84 mit weiteren Nachweisen in Fn. 433, 434.

[47] Vgl. zum Folgenden Borchardt 2010, S. 91 f, 99–106; Knauff 2010, S. 86–89.

somit vergleichbar mit allgemeinen Gesetzen. Sie machen etwa ein Drittel aller EU-Rechtsakte aus.

Die zweite Sekundärrechtsform sind die EU-Richtlinien (Art. 288 Abs. 3 AEUV). Sie sind am ehesten mit der Rahmengesetzgebung innerhalb eines Bundesstaats vergleichbar. Die EU gibt mit den Richtlinien den Mitgliedstaaten rechtsverbindlich Ziele vor, überlässt die Form und Mittel der Umsetzung aber den nationalen Gesetzgebern. Sie löst eine Rechtsetzungspflicht innerhalb einer bestimmten Frist aus. Die Richtlinien werden für die Bürger nur mittelbar über diese nationalen Umsetzungsnormen wirksam. Lässt ein Staat allerdings die Frist untätig verstreichen, drohen Strafen. Ende 2011 versäumte beispielsweise die Bundesrepublik eine solche Frist zur Umsetzung einer EU-Richtlinie zur Vorratsdatenspeicherung. Das Bundesverfassungsgericht hatte 2010 ein Umsetzungsgesetz kassiert und die Koalition aus CDU/CSU und FDP hatte sich nicht auf eine Neufassung einigen können. Als Sanktionen kommen Geldstrafen aber, wenn eine Richtlinie selbst schon hinreichend bestimmt ist, auch die unmittelbare Geltung der Richtlinie in Frage.[48] Der Fall illustriert den Sinn der Rechtsform „Richtlinie". Bei politisch strittigen, aber regelungsbedürftigen Fragen sollen die Mitgliedstaaten Gestaltungsspielraum haben, um Rücksicht auf die politischen und rechtlichen nationalen Rahmenbedingungen nehmen zu können. Dienen EU-Verordnungen der Rechtsvereinheitlichung, dienen EU-Richtlinien lediglich der Rechtsangleichung.

Beschlüsse nach Art. 288 Abs. 4 AEUV sind die dritte wichtige Sekundärrechtsform. Sie treffen im Unterschied zu Verordnungen und Richtlinien meist keine abstrakten, sondern konkrete Einzelfallregelungen, oft sogar gerichtet an einen bestimmten Adressaten. Seit dem Lissaboner Reformvertrag sind aber auch allgemein gefasste Normierungsbeschlüsse möglich, die Rechtswirkung für den gesamten EU-Raum haben.[49]

Obwohl keine der Sekundärrechtsformen die Bezeichnung „Gesetz" trägt, klassifiziert Art. 289 AEUV Verordnungen, Richtlinien und Beschlüsse als „Gesetzgebungsakte". Seit dem Lissabon-Vertrag werden sie ganz überwiegend in dem mehrstufigen ordentlichen Gesetzgebungsverfahren geschaffen. Der zentrale Unterschied gegenüber den Gesetzgebungsverfahren auf nationalstaatlicher Ebene liegt in der Position des Parlaments: In Demokratischen Verfassungsstaaten gilt, wie schon erläutert, der Parlamentsvorbehalt. Alle für die Bürger wesentlichen Belange dürfen nur durch das Parlament reguliert werden, insbesondere, wenn dabei in individuelle Freiheiten eingegriffen wird. Gesetze und untergesetzliches Recht

---

[48] Vgl. Knauff 2010, S. 87, 192 f. Vgl. EuGH Slg. 1970, 1213 Rdnr. 9– *SACE*.

[49] Dabei können die Unionsorgane selbst entscheiden, in welche Rechtsform sie eine Entscheidung kleiden.

(Verordnungen und Satzungen) lassen sich somit durch die Träger unterscheiden. Erstere werden maßgeblich durch ein gewähltes Parlament beschlossen. Sie können aus den Reihen des Parlaments, aber auch durch die Regierung initiiert werden. Ggf. ist das Parlament in der Lage, ein Gesetz mit qualifizierter Mehrheit auch gegen den Willen der Regierung zu realisieren. Untergesetzliches Recht wird dagegen i. d. R. von der Regierung oder der Verwaltung geschaffen. Anders ist das im Fall der EU-Gesetzgebung.[50] Hier besitzt das zentrale Verwaltungsorgan der EU, die Kommission, das alleinige Initiativrecht. Nur sie bestimmt, welche Gesetzentwürfe überhaupt auf der Agenda des Parlamentes erscheinen. Bei der Beschlussfassung kann der Ministerrat einen Gesetzgebungsakt durch die Verweigerung seiner Zustimmung verhindern (vgl. Abb. 4.2). Das Parlament ist nur ein maximal gleichrangiger Akteur unter anderen und hat vor allem eine kontrollierende Funktion. Gestaltend kann es nur durch die Abänderung von Kommissionsvorschlägen wirken.

Die Verträge sehen darüber hinaus Fälle vor, in denen Recht in besonderen Rechtssetzungsverfahren geschaffen werden kann.[51] Dabei entscheidet in der Regel der Rat allein über einen Vorschlag der Kommission, wobei er sich mit dem EU-Parlament zumindest beraten muss (Konsultationsverfahren) oder das Parlament ein Vetorecht besitzt, ohne den Inhalt des Vorschlags ändern zu können (Zustimmungsverfahren). Das Konsultationsverfahren mag man als ein Relikt aus der Zeit vor dem Lissabon-Vertrag ansehen, als Gesetzgebungsakte weitgehend ohne die Beteiligung des Parlaments beschlossen werden konnten. Heute sind die Möglichkeiten, das Parlament bei der Rechtssetzung zu umgehen, deutlich geringer. Damit ist die erste Voraussetzung gesetzlicher Herrschaft geschaffen.

Die zweite Voraussetzung ist, dass die Vollzugsorgane die „Gesetze" nicht ändern können dürfen. Das rückt die Kommission als zentrales Verwaltungsorgan in den Focus. Sie besitzt das alleinige Initiativrecht für die Gesetzgebungsakte und hat dadurch die Möglichkeit, sich bereits mit Blick auf den Vollzug eine „passende" Rechtsgrundlage zu formulieren. Erzwingen kann sie sie aber nicht und Rat und Parlament haben die Möglichkeit, sie zu ändern und die Änderungen auch gegen den Willen der Kommission zu beschließen.

Problematischer sind aus der Perspektive gesetzlicher Herrschaft die Möglichkeiten der Regierung und Verwaltung, selbst Recht zu setzen. Diese Möglichkeit exekutiver Rechtsetzung besteht auch auf der Ebene der EU durch die dritte Stufe

[50] Vgl. hierzu Borchardt 2010, S. 109–114.

[51] Vgl. Borchardt 2010, S. 109, 114 f.

Abb. 4.2 Das ordentliche Gesetzgebungsverfahren der EU nach Art. 294 AEUV

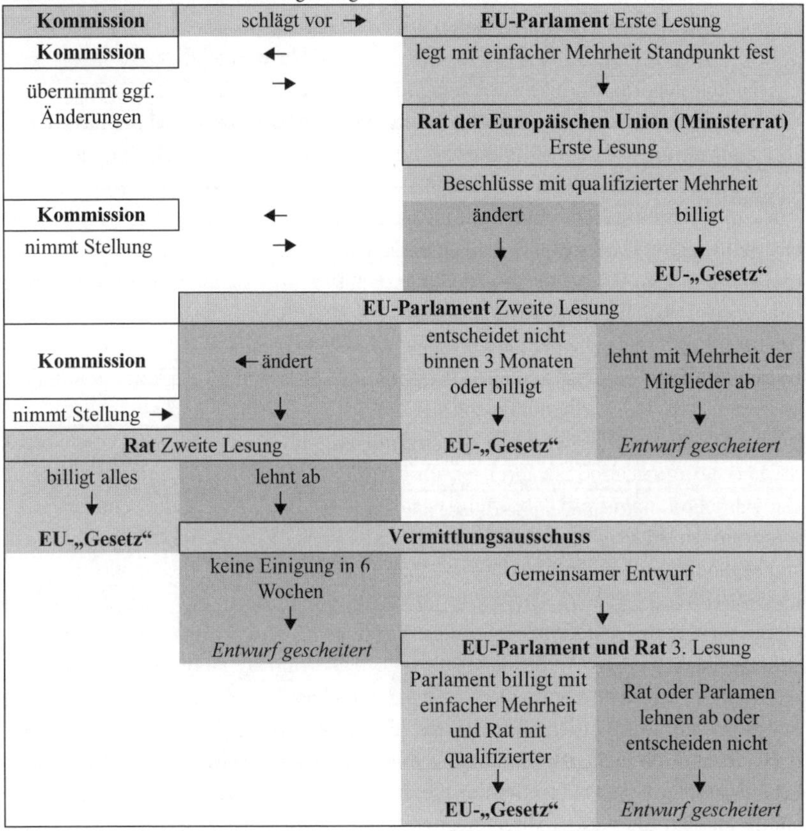

Quelle: Eigene Darstellung

des supranationalen Rechts.[52] Dieses tertiäre Recht basiert nicht auf bereits in den Verträgen festgelegten Kompetenzen, sondern beruht auf Ermächtigungen durch die „Gesetzgeber“ Rat und Parlament. Eine Form sind die delegierten Rechtsakte. Hierfür werden im Rahmen des ordentlichen Gesetzgebungsverfahrens Rechtssetzungskompetenzen an die Kommission übertragen, vergleichbar mit Verord-

[52] Es wird in der Literatur oft als „besondere“ Rechtsform bezeichnet und unter dem Sekundärrecht subsummiert, seltener wird es als „tertiäres“ Recht bezeichnet. Aus gewaltenteiliger Perspektive erscheint der Begriff des tertiären Rechts angemessener und wird deshalb im Folgenden übernommen. Zur Einordnung von Rechtsverordnungen und Satzungen als tertiäres Recht siehe Knauff 2010, S. 110–118.

Abb. 4.3 Rechtsformen im Mehrebenensystem der EU

Ebene / Rechtsstufe	supranationale Ebene	nationalstaatliche Ebene	subnationale Ebene
Primärrecht	EUV, AEUV, mit Anhängen, Änderungen und Protokollen, zentrale Ordnungsprinzipien	formelles und materielles Bundesverfassungsre cht	formelles und materielles Landesverfassungs recht
Sekundärrecht	Gesetzgebungsakte nach Art. 294 AEUV (Verordnungen, Richtlinien, Beschlüsse) und untergesetzliche Rechtsnormen auf der Basis der Verträge	Gesetze	Gesetze
Tertiäres Recht	Rechtsnormen auf der Basis gesetzlicher Ermächtigung (delegierte Rechtsakte und Durchführungsrechtsakte in Form von Verordnungen, Richtlinien, Beschlüsse mit Zusatz „delegiert“ oder Angabe des Urhebers, z.B. „(KOM)“)	Verordnungen; Satzungen	Verordnungen; Satzungen

Quelle: Eigene Darstellung

nungsermächtigung in der Bundesrepublik gemäß Art. 80 Abs. 2 GG.[53] Delegierte Rechtsakte dienen „zur Ergänzung oder Änderung bestimmter nicht wesentlicher Vorschriften des betreffenden Gesetzgebungsaktes“ (Art. 290 Abs. 1 AEUV). Dafür müssen die wesentlichen Aspekte eines Bereichs aber bereits durch einen Gesetzgebungsakt reguliert sein und die Ermächtigungsgrundlage für die Kommission muss Ziele, Inhalt, Geltungsbereich und Dauer der Kompetenzdelegierung ausdrücklich festlegen (Art. 290 Abs. 1, 291 Abs. 2 AEUV). Das entspricht den Vorgaben in Deutschland, um die Regierung zum Erlass einer Verordnung zu ermächtigen. Beide Male bleibt ein erheblicher Spielraum für die Kommission bzw. die Regierung, zusammen mit dem alleinigen Initiativrecht der Kommission im ordentlichen Gesetzgebungsverfahren ist auf EU-Ebene die Gefahr einer Selbstprogrammierung aber noch deutlich größer.

Anders ist dies bei einer zweiten Form des tertiären Rechts, den Durchführungsrechtsakten. Hier hat die Kommission nach Maßgabe des Lissabon-Vertrages

[53] Vgl. Oeter 2009, S. 109.

nur noch die Aufgabe und Befugnis, die Mittel zu Umsetzung und Vollzug eines inhaltlich schon hinreichend bestimmten Gesetzgebungsaktes festzulegen.[54]

Nicht Transparenz fördernd ist, dass auch diese tertiären Normen die Form und Bezeichnung Verordnung, Richtlinie und Beschluss haben können, obwohl sie in Legitimation und Geltung nachrangig sind. Immerhin müssen sie in der schriftlichen Niederlegung deutlich als delegiertes oder Durchführungsrecht gekennzeichnet werden (Art. 290 Abs. 3 und 291 Abs. 4 AEUV). Eine gewisse Sicherung gegen Missbrauch bietet die Möglichkeit, die gesetzliche Ermächtigung jederzeit zurückzuziehen oder Korrekturen z. B. der Durchführungsverordnungen zu verlangen. Außerdem haben die Mitgliedstaaten über Fachausschüsse die Möglichkeit, die Inhalte der Durchführungsverordnungen zu beraten und Einwände zu erheben.[55]

Eine andere Sicherung liegt darin, dass die Kommission zwar das zentrale Verwaltungsorgan der EU ist, aber den Vollzug in der Regel nur kontrolliert, aber nicht selbst durchführt. Stattdessen sind grundsätzlich die Verwaltungen der Mitgliedstaaten für die Ausführung zuständig. Für den abweichend davon möglichen direkten Vollzug von EU-Recht kann die Kommission rechtlich eigenständige Agenturen einrichten, die den Vollzug mit dem Ziel größerer Einheitlichkeit koordinieren. Der direkte Vollzug wird von der Kommission zentral geleitet, während sie die Ausführung durch die Verwaltungen der Mitgliedstaaten lediglich kontrollieren und bei Vertragsverletzungen ein Verfahren vor dem EuGH anstrengen kann.[56]

Bilanzierend ist festzuhalten, dass die Gesetzgebung der EU anders als in den Mitgliedstaaten nicht vorrangig beim Parlament liegt. Auch das neue ordentliche

---

[54] Vgl. Knauff 2010, S. 99.

[55] Abgeschafft wurde durch den Lissaboner Reformvertrag das Komitologie-Verfahren. Es sah vor, dass von den Mitgliedstaaten beschickte Fachausschüsse (Komitees) unter dem Vorsitz der Kommission die Durchführungsverordnungen zu den meisten Sekundärrechtsnormen ausarbeiten und beschließen sollten. Das Verfahren findet nur noch für eine Übergangszeit bis zur abschließenden Anpassung des EU-Rechts an die neuen Vertragsgrundlagen statt. Die neuen Möglichkeiten der Mitgliedstaaten, auf die Durchführungsverordnungen der Kommission einzuwirken, regelt die Verordnung (EU) Nr. 182/2011 vom 14. Februar 2011. Sie sieht für die Arbeit der Fachausschüsse das Prüfverfahren (examination procedure) und das Beratungsverfahren (advisory procedure) vor. Im Beratungsverfahren entscheidet der Ausschuss mit einfacher Mehrheit und die EU-Kommission muss das Ergebnis nur „soweit wie möglich" berücksichtigen. Im Prüfverfahren besteht Berücksichtigungspflicht, wenn der Ausschuss mit qualifizierter Mehrheit entscheidet. Ausnahmen bestehen nur, wenn erhebliche Störungen und Gefahren aus der vom Ausschuss vorgeschlagenen Lösung zu erwarten wären. In diesen Fällen kann die Kommission einen neuen Vorschlag vorlegen oder ein Vermittlungsverfahren einleiten.

[56] Huber 2007.

Gesetzgebungsverfahren räumt den Vertretern von Regierungen und der EU-Kommission erheblichen Einfluss ein. Die Gesetzlichkeit der Herrschaft, insbesondere die Gesetzesbindung der Verwaltung bleibt aber durch die begrenzte und widerrufliche Ermächtigung zu tertiärer Rechtsetzung und vor allem die überwiegend dezentrale Verwaltung durch die Mitgliedstaaten gewahrt.

4.2.2.2 Begrenzte Machtzuweisung und horizontale Gewaltenteilung

Die begrenzte Machtzuweisung ergibt sich für die supranationale EU-Ebene schon allein daraus, dass sie anders als Nationalstaaten über keinerlei originäre Macht verfügt. Ihre Befugnisse wurden von den Mitgliedstaaten delegiert oder geschaffen und im Primärrecht abschließend fixiert.[57] Vier Prinzipien prägen diese Delegation: 1) Nach dem *Prinzip der begrenzten Einzelermächtigung* (Art. 5 Abs. 2 EUV) besitzt die EU nur die ihr in den Verträgen zugewiesenen Zuständigkeiten und ist verpflichtet, sie nur zur Erreichung der dort formulierten Ziele auszuüben. 2) Alle der EU nicht in den Verträgen übertragenen Zuständigkeiten verbleiben bei den Mitgliedstaaten; die EU kann keine weiteren Aufgaben an sich ziehen oder kreieren. Sie besitzt also keine *Kompetenz-Kompetenz* (Art. 5 Abs. 2 EUV). 3) Wo die Verträge eine geteilte Zuständigkeit von EU und Mitgliedstaaten vorsehen, gilt der Grundsatz der *Subsidiarität*. Die EU darf nur tätig werden, wo die definierten Ziele durch die Mitgliedstaaten nicht ausreichend und von der EU besser verwirklicht werden können (Art. 5 Abs. 3 EUV). 4) Bei der Durchführung der Maßnahmen muss die EU dem *Verhältnismäßigkeitsprinzip* genügen und darf inhaltlich wie formal nicht über das zur Erreichung der Ziele der Verträge erforderliche Maß hinausgehen (Art. 5 Abs. 4 EUV). Damit werden für die EU Mittel verwendet, die sich für Bundesstaaten bewährt haben: Die Supranationalität ist nach dem Modell eines Verbundföderalismus mit teils exklusiven, teils geteilten Zuständigkeiten gestaltet. Um die dabei stets vorhandene Tendenz der Zentralisierung bei den geteilten Kompetenzen einzudämmen, wird das Subsidiaritätsprinzip verankert. Der Erfolg war, ähnlich wie im Verhältnis von Bund und Ländern in Deutschland allerdings mäßig. Die EU hat die geteilten Zuständigkeiten mehr und mehr an sich gezogen, ist dabei aber auch nicht auf größeren Widerspruch der Mitgliedstaaten gestoßen. Zumindest ist seit der Normierung des Subsidiaritätsprinzips im EU-Primärrecht 1992 bis 2009 keine einzige Sekundärrechtsnorm vom EuGH für subsidiaritätswidrig erklärt worden.[58] Die Verträge lassen der Union – und letztlich auch den Mit-

[57] Dass es sich nicht nur um die Übertragung von bestehenden, sondern auch die Schaffung von neuen Kompetenzen handelt betont Schneider 2011, S. 204.

[58] Knauff 2010, S. 409.

gliedstaaten – genug Spielraum, um die supranationalen Kompetenzen auch ohne Vertragsveränderungen nach Bedarf zu erweitern. Zum einen sind die Zuständigkeitsbereiche der EU sehr breit gefasst,[59] so dass sich darunter viele Teilaufgaben subsummieren lassen. Zum zweiten sind die in Art. 3 EUV formulierten Ziele umfangreich und recht allgemein gehalten: die Förderung des Friedens, die Bildung eines Raums der Freiheit, der Sicherheit und des Rechts, der Europäische Binnenmarkt, der Umweltschutz, die Bekämpfung sozialer Ausgrenzung, die Wahrung der kulturellen Vielfalt u.v.m. Die Subsidiaritätsklausel erlaubt die Interpretation, dass alle Aufgaben, die sich unter die EU-Ziele subsummieren lassen und auf supranationaler Ebene effizienter erledigt werden können als auf nationaler, von der EU an sich gezogen werden können. Die offenen Zielformulierungen wiederum erlauben zusätzlich die Definition vieler Teilziele, die eine hohe Regelungsdichte in den zugelassenen Bereichen rechtfertigen. Immerhin konkretisiert das „Protokoll über die Anwendung der Subsidiarität und der Verhältnismäßigkeit" zum Amsterdamer Vertrag von 1997, dass eine unionsrechtliche Regelung tatsächlich erforderlich sein muss.[60] Wie wirksam die Beschränkungen wirklich sind, ist strittig.

Die horizontale Gewaltenteilung als ein weiteres Mittel der Machtbegrenzung folgt auf der supranationalen Ebene einer eigenen Logik. Das Primärrecht errichtet ein gewaltenteiliges System weitgehend nach dem Checks-and-Balances-Modell. Allerdings lassen sich die Funktionen nicht unter der klassischen Trias der Rechtsfunktionen subsummieren, da auch mehrere politische Aufgaben formuliert werden. Außerdem lassen sich, wie schon die Aufgabenfülle der Kommission gezeigt hat, einige Organe nicht anhand einer Kernfunktion eindeutig einer „Gewalt" zuordnen (vgl. Abb. 4.4).[61]

Die EU hat sich damit weit vom klassischen Modell der horizontalen Gewaltenteilung entfernt. Dennoch ist eine funktionierende horizontale *Accountability* möglich, getragen von den konkurrierenden Interessen der Mitgliedstaaten. Sie treffen zum einen im Rat der EU und dem Europäischen Rat aufeinander. Im Rat ist jeder Staat durch einen Minister, im Europäischen Rat durch den Staats- oder Regierungschef vertreten. Aber auch in der Kommission, dem Europäischen Rechnungshof und sogar EuGH und Europäischem Gericht ist jeder Mitgliedstaat durch

[59] Z. B. nennt Art. 6 AEUV als mögliche Maßnahmenbereiche den Schutz und Verbesserung der menschlichen Gesundheit, Industrie, Kultur, Tourismus, allgemeine und berufliche Bildung, Jugend und Sport, Katastrophenschutz, Verwaltungszusammenarbeit; weitere Angaben zu Zielen und Zuständigkeiten in Art. 3 EUV und Art. 119, 120, 127, 145 AEUV.

[60] Huber 2007, S. 178 ff.

[61] Der Europäische Rat ist das politische Steuerungsorgan der EU, Mitglieder sind die Staats- oder Regierungschefs aller EU-Staaten, der Präsident der Kommission und der Präsident des Europäischen Rates.

Abb. 4.4 Die Organe der EU nach Art. 13 EUV

<table>
<tr><th>Gubernative</th><th>Legislative</th><th>Verwaltung</th><th>Judikative</th></tr>
<tr><td>Europäischer Rat</td><td>EU-Parlament</td><td>Europäische Zentralbank</td><td>Europäischer Gerichtshof</td></tr>
<tr><td colspan="2">Rat der EU</td><td>Europäischer Rechnungshof</td><td>Europäisches Gericht</td></tr>
<tr><td colspan="3">EU-Kommission</td><td>Gericht für den öffentlichen Dienst der EU</td></tr>
</table>

Quelle: Eigene Darstellung

eine Person vertreten. Die Kandidaten werden dabei in der Regel von den Staaten vorgeschlagen und nach oft langwierigen Verhandlungen vom Ministerrat z. T. mit Zustimmung des Parlaments gewählt. Die wechselseitige Kontrolle im Fall von Rat und Kommission liegt damit weniger zwischen, sondern innerhalb der Organe. So wie in parlamentarischen Demokratien die Parteizugehörigkeit Organgrenzen überbrückt, ist es auf EU-Ebene die Staatenzugehörigkeit. Eine Ausnahme bildet das EU-Parlament. Zwar werden die Abgeordneten getrennt nach Mitgliedstaaten im Verhältniswahlrecht gewählt. Für ihre Arbeit im Parlament haben sie sich aber nicht nach Nationalität, sondern entlang ihrer politischen Ausrichtung zu Fraktionen zusammengeschlossen. Als sich die Mitgliedstaaten entschieden, bei Vertragsänderungen auch jeweils die Mitbestimmungsrechte des Parlaments zu stärken, war das immer auch ein Schritt in Richtung weniger nationalstaatlicher Kontrolle und Vetomöglichkeiten, zu mehr Supranationalität und zu mehr Gewaltenkontrolle *zwischen* den Organen Rat und Kommission auf der einen und Parlament auf der anderen Seite.

> Das Europäische Parlament ist mithin dabei, auch in der Ausgestaltung der Organisationsverfassung einen wichtigen Schritt hin zur zentralen Repräsentativkörperschaft einer europäischen Demokratie zu vollziehen, wenn es dabei auch weiter ein kontrollierendes „Arbeitsparlament“ bleiben und nicht zum politikgestaltenden Organ der Regierungsmehrheit mutieren wird.[62]

Noch ist die horizontale Gewaltenbalance aber nicht gefestigt, zumal sich mit den Erweiterungen um neue Mitgliedstaaten auch neue Interessenkoalitionen herausbilden. Tendenziell ist es aber die geteilte Logik der horizontalen Gewaltenbalance, die zu große Überschreitung der durch die Primärverträge gezogenen Machtgrenzen verhindern wird.

[62] Oeter 2009, S. 107.

4.2.2.3 Gerichtlicher Rechtsschutz

Der Wille, aber auch die Schwierigkeiten, verfassungsstaatliche Standards auch auf supranationaler Ebene zu verwirklichen, zeigen sich sehr deutlich in der Verankerung eines gerichtlichen Rechtsschutzes. Hierfür ist eine eigene EU-Gerichtsbarkeit errichtet worden, um alle Verletzungen von EU-Recht, sei es durch Unionsorgane oder die Mitgliedstaaten ahnden zu können. Derzeit umfasst diese Gerichtsbarkeit, für die seit dem Lissabon-Vertrag die Sammelbezeichnung „Gerichtshof der Europäischen Union" gilt,[63] drei Gerichte: Der Europäische Gerichtshof ist für alle Streitigkeiten zwischen Unionsorganen und Mitgliedstaaten, für die letztverbindliche Auslegung des EU-Rechts und die konkrete Normenkontrolle zuständig. Das Europäische Gericht ist vor allem für Klagen von natürlichen und juristischen Personen gegen Verletzungen des EU-Rechts zuständig. Und schließlich behandelt – dies sei nur der Vollständigkeit erwähnt – ein Fachgericht für den öffentlichen Dienst die EU Rechtsstreitigkeiten zwischen der Europäischen Union und ihren Bediensteten. Zentral sind für die Unionsgerichtsbarkeit fünf Verfahrensarten, die es erlauben, EU-Rechtsverletzungen zu ahnden (vgl. Abb. 4.5).[64]

Der EuGH nimmt durch einige Verfahrensarten ähnliche Funktionen wahr wie ein Verfassungsgericht. Vertragsverletzungsverfahren gegen einen Mitgliedsstaat erlauben es der Union, eine einheitliche Durchsetzung des EU-Rechts zu erzwingen. Im Gegenzug können die Mitgliedstaaten eine Nichtigkeits- oder Untätigkeitsklage gegen Unionsorgane erheben, wenn diese z. B. ihre Kompetenzen überschreiten. Die beiderseitige Klagemöglichkeit ist in einem supranationalen System unverzichtbar, genauso wie Bund-Länder-Streitverfahren in Bundesstaaten. Auch dem verfassungsgerichtlichen Organstreit vergleichbare Verfahren können aber durch Nichtigkeits- und Untätigkeitsklagen erreicht werden. Der EuGH hat zusätzlich die Kompetenz zur Verwerfung von EU-Sekundärrechtsnormen. Mitgliedstaaten und Unionsorgane können eine abstrakte, repressive Normenkontrolle durch eine Nichtigkeitsklage erreichen. Prüfmaßstab ist dabei das Primärrecht. Bei Verletzungen kann der EuGH die beanstandete Norm für von Anfang an nichtig erklären. Vorabentscheidungsverfahren bieten darüber hinaus den nationalen Gerichten die Möglichkeit, eine Sekundärnorm prüfen zu lassen, wenn sie für die Urteilsfindung in einem anhängigen Rechtsstreit nötig ist. Das nationale Gericht kann dabei entweder die Rechtsgültigkeit einer EU-Norm prüfen lassen oder lediglich eine korrekte Auslegung der Norm erfragen. Entscheidungen des EuGH sind in dieser Verfahrensart nicht nur für den konkreten Fall, sondern auch für alle ähnlich gelager-

[63] Vgl. Europäisches Parlament, Informationsbüro in Deutschland, 2011.

[64] Vgl. zu diesen und weiteren Verfahren die kurze Übersicht bei Borchardt 2010, S. 116–124; sowie die erschöpfende Darstellung bei Frenz 2010, S. 739–1084.

Abb. 4.5 Europarechtliche Klagemöglichkeiten und Verfahrensarten

Klagearten vor dem EuGH	Gegenstand	Klageberechtigte
Vertragsverletzungsverfahren (Art. 258, 259 AEUV)	Klage gegen einen Mitgliedstaat wegen Verstößen	Mitgliedstaaten, Kommission
	gegen EU-Recht	
Nichtigkeitsklage (Art. 263 AEUV)	Klage gegen jede rechtsrelevante Handlung eines Unionsorgans	Mitgliedstaaten, Unionsorgane, natürliche und juristische Personen bei unmittelbarer Betroffenheit
Vorabentscheidungsverfahren (Art. 267)	Prüfung der Geltung oder einheitliche Auslegung einer EU-Rechtsnorm anlässlich eines anhängigen Rechtsfalls	nationale Gerichte fakultativ, oberste nationale Gerichte obligatorisch
Untätigkeitsklage (Art. 265 AEUV)	Klage gegen Organe und Einric htungen der EU wegen Untätigk eit hinsichtlich einer unionsrechtlich vorgeschriebenen Maßnahme	Mitgliedstaaten,Unionsorgane, natürliche und juristische Personen bei unmittelbarer Betroffenheit
Schadensersatzklage (Art. 268, 340 Abs. 2 AEUV)	Klage gegen einen durch ein Unionsorgan verursachten Schaden	geschädigte natürliche und juristische Personen

Quelle: Eigene Darstellung

ten Fälle bindend.[65] Oberste nationale Gerichte sind deshalb sogar verpflichtet, den EuGH zu einer letztverbindlichen Auslegung einer EU-Rechtsnorm aufzufordern (Art. 267 Abs. 3 AEUV), um sukzessive eine Vereinheitlichung der Rechtsauslegung zu erreichen. Die Vorlagepflicht dient aber auch der Betonung, dass selbst oberste nationale Gerichte nicht die Kompetenz haben, EU-Recht für ungültig zu erklären. Der EuGH hat mehrfach für sich ein Verwerfungsmonopol für Unionsrecht beansprucht.[66] Dabei prüft er allerdings die Vereinbarkeit von nationalem

[65] Vgl. Borchardt 2010, S. 124.

[66] EuGH, Rs. 314/85, Foto-Frost, Slg. 1987, 4199; EuGH, Rs. C-99/00, Lyckeskog, Slg. 2000, I-4839, Rn. 10 ff; Vgl. dazu Mayer 2009, S. 570.

und EU-Recht *nicht*. Er kann also beispielsweise im Vorabentscheidungsverfahren nicht aufgefordert werden, die Gültigkeit einer nationalen Umsetzungsnorm für eine EU-Richtlinie zu prüfen oder umgekehrt die Vereinbarkeit einer EU-Rechtsnorm mit nationalem Recht, etwa einer Verfassung.

Auch Bürger, Unternehmen etc. haben die Möglichkeit, direkt gegen eine EU-Rechtsnorm zu klagen, allerdings nur wenn sie darlegen können, direkt und persönlich dadurch geschädigt zu sein.[67] Ihre Nichtigkeitsklage wird in erster Instanz vom Europäischen Gericht und ggf. in zweiter vom EuGH verhandelt. Popularklagen sind aufgrund des geforderten Nachweises persönlicher Betroffenheit nicht möglich. Die Unionsgerichtsbarkeit bietet Bürgern, Unternehmen etc. aber nicht nur Klagemöglichkeiten gegen EU-Rechtsnormen, sondern auch gegen andere rechtsverbindliche Handlungen von EU-Organen und ihren Bediensteten. Möglich sind Nichtigkeits-, Untätigkeits- und Schadensersatzklagen. Dabei ist zu beachten, dass die Unionsgerichtsbarkeit nur für Rechtsverletzungen durch EU-Organe zuständig ist, nicht etwa für Rechtsverstöße, die nationale Verwaltungen oder Gerichte bei der Umsetzung von EU-Recht begehen. Hier gilt stattdessen der gerichtliche Rechtsschutz des jeweiligen Mitgliedstaats.[68] Die nationalen Gerichte fungieren dann als „funktionale Unionsgerichte".[69] Ob nationaler oder supranationaler Rechtsweg gegeben ist, hängt davon ab, welcher Behörde eine Rechtsverletzung zuzurechnen ist. Weil Unionsrecht aber in aller Regel indirekt durch die Behörden der Mitgliedstaaten vollzogen wird, ist für Bürger und Unternehmen meist der nationale Rechtsweg relevant. Nur bei direktem Vollzug durch Kommission und Agenturen oder bei unmittelbarer Betroffenheit durch einen EU-Beschluss ist der EU-Rechtsweg gegeben.[70] Erst in der Kombination von mitgliedstaatlichem und supranationalem Rechtsweg ist also gerichtlicher Rechtsschutz gegen verletzende Rechtsakte gegeben.

In der Praxis gibt es aber viele Kritikpunkte. So wird die geringe Unabhängigkeit der EuGH-Richter bemängelt. Sie werden von den Mitgliedstaaten vorgeschlagen und sind wiederwählbar, könnten also verleitet sein, bei der Urteilsfindung die Interessen ihres jeweiligen Landes verstärkt zu berücksichtigen. Außerdem wei-

---

[67] Vgl. Urteil des EuGH vom 01.04.2004, Rs.: C-263/02 P – EU-Kommission/Jégo-Quéré et Cie (SA); ebenso Urteil des EG Urteil vom 02.03.2010, Az.: T-16/04.

[68] Wobei der EuGH die Haftung der Mitgliedstaaten für eine rechtswidrige Umsetzung oder Anwendung von Unionsrecht gegenüber Bürgern etc. rechtsverbindlich festgestellt hat (Urteil vom 5. März 1996 in den verbundenen Rechtssachen C-46/93 Brasserie du pêcheur und C-48/93 Factortame). Dies soll sichern, dass der nationale Rechtsweg greift, wenn der supranationale nicht gegeben ist.

[69] So Schröder 2010, S. 259.

[70] Vgl. Schröder 2010, S. 259 f.

chen sie nur höchst selten vom Plädoyer des jeweiligen Generalanwalts (Art. 252 AEUV) ab. Häufig verzichtet das Gericht sogar auf eine eigene Urteilsbegründung und verweist stattdessen auf die Ausführungen des Generalanwalts. Dies entspricht zumindest nicht den üblichen Anforderungen an ein gerichtsförmiges Verfahren. Gleiches gilt für den Verzicht auf eine Anhörung der Kläger im Verfahren. Nicht immer findet eine Verhandlung statt. Mitunter erfolgt nur eine schriftliche Urteilsverkündung.

Einige Kritiker halten dem EuGH auch vor, mit einer extensiven eigenen Rechtsfortschreibung den geltenden Rechtsmaßstab zu überschreiten und auch unzulässig EU-Recht auf nationale Rechtsverhältnisse anzuwenden. Dagegen hat das Bundesverfassungsgericht in seinem Solange-II-Urteil festgehalten:

> Der Gerichtshof ist ein durch die Gemeinschaftsverträge errichtetes hoheitliches Rechtspflegeorgan, das auf der Grundlage und im Rahmen normativ festgelegter Kompetenzen und Verfahren Rechtsfragen nach Maßgabe von Rechtsnormen und rechtlichen Maßstäben in richterlicher Unabhängigkeit grundsätzlich endgültig entscheidet. Seine Mitglieder sind zur Unabhängigkeit und Unparteilichkeit verpflichtet; ihre Rechtsstellung ist normativ so ausgestaltet, daß sie Gewähr für persönliche Unabhängigkeit bietet. Das Verfahrensrecht des Gerichtshofs genügt rechtsstaatlichen Anforderungen an ein gehöriges Verfahren; es gewährleistet insbesondere das Recht auf Gehör, dem Verfahrensgegenstand angemessene prozessuale Angriffs- und Verteidigungsmöglichkeiten und frei gewählten, kundigen Rechtsbeistand. (BVerfGE 73, 339 (367))

Hinsichtlich des Rechtsschutzes auf supranationaler Ebene ist deshalb derzeit noch eine ambivalente Bewertung angebracht. Allerdings liegen keine prinzipiellen Hindernisse für eine angemessene Realisierung vor.

4.2.2.4 Grundrechte

Im Bereich der Grundrechte und des Grundrechtsschutzes sind in den letzten Jahren erhebliche Fortschritte zu verzeichnen. Seit Ende 2009 ist die EU-Grundrechtecharta (GrCh) in den meisten EU-Mitgliedstaaten rechtsgültig. Die Grundrechtecharta war bereits 1999 bis 2000 von einem ersten Konvent unter Leitung des ehemaligen Deutschen Bundespräsidenten Roman Herzog erarbeitet worden. Sie wurde aber damals nicht in das Europäische Vertragswerk integriert sondern sollte mit dem EU-Verfassungsvertrag von 2004 in Kraft treten. Als der Verfassungsvertrag scheiterte, blieb die Charta rechtlich unverbindlich, bis sie 2007 durch Art. 6 EUV zu „Primärrecht" der EU erklärt wurde.

> Die Union erkennt die Rechte, Freiheiten und Grundsätze an, die in der Charta der Grundrechte der Europäischen Union vom 7. Dezember 2000 in der am 12. Dezember 2007 in Straßburg angepassten Fassung niedergelegt sind; die Charta der Grundrechte und die Verträge sind rechtlich gleichrangig.

Seitdem sind die Grundrechte für alle Unionsorgane und die Mitgliedstaaten rechtsverbindlich und im Prinzip einklagbar. Die Charta ist seit dem 1. Dezember 2009 in Kraft. Gleichzeitig verweist der EUV-Artikel auf die Europäische Menschenrechtskonvention (EMRK) sowie die „gemeinsamen Verfassungsüberlieferungen" der Mitgliedstaaten, die ebenfalls von den Organen der Union zu achten sind.

Die Grundrechtecharta geht mit ihren über 50 Artikeln inhaltlich über viele nationale Grundrechtskataloge – auch über den des Deutschen Grundgesetzes – weit hinaus. Allerdings sind nicht alle Artikel als direkt einklagbare subjektive Rechte formuliert. Viele sind objektive Grundsätze, die die öffentliche Gewalt dennoch rechtlich binden. Bedingt durch den späten Entstehungszeitpunkt und den in den Mitgliedstaaten i. d. R. gut gesicherten Bestand bürgerlicher und justizieller Rechte enthält die Charta den klassischen Bestand an bürgerlichen und politischen Rechten, legt aber einen Schwerpunkt auf soziale Rechte und Diskriminierungsverbote. Zu den sozialen Rechten zählen auch „würdige Arbeitsbedingungen" und der Anspruch auf eine kostenlose Arbeitsvermittlung. Die Diskriminierungsverbote benennen nicht nur die bekannten Merkmale Geschlecht, Herkunft, Hautfarbe und Religion, sondern auch Alter, sexuelle Neigungen oder Vermögen. Außerdem sind in den Bereich der bürgerlichen Rechte aktuelle Problembereiche integriert, wie ein Recht auf Achtung der Privatsphäre, der Verbraucherschutz und der Datenschutz aber auch ein „Recht auf eine gute Verwaltung".

Wie auch nationale Grundrechte gelten die der Grundrechtecharta nur in ganz wenigen Fällen einschränkungslos, etwa die Menschenwürde (Art. 1 GrCh), das Folterverbot nach Art. 4 oder das Sklavereiverbot nach Art. 5 GrCh. Im Übrigen sind die Grundrechte durch Gesetz, in diesem Fall durch EU-Verordnung oder Richtlinie, einschränkbar, soweit die Einschränkungen verhältnismäßig sind und der Wesensgehalt des Grundrechts dadurch nicht angetastet wird (Art. 52 Abs. 1 GrCh). Wie weit die Einschränkungen gehen dürfen, hängt aber auch davon ab, ob sie in der EMRK oder nationalen Grundrechtskatalogen geschützt sind. In diesen Fällen darf ein EU-Grundrecht nicht weiter eingeschränkt werden, als mit der EMRK oder der nationalen Verfassung vereinbar (Art. 52 Abs. 3 und Art 53 GrCh). Grundrechte, die aus den Europäischen Verträgen stammen, wie z. B. die Unionsbürgerschaft, können entsprechend der dort enthaltenen Bestimmungen eingeschränkt werden. Die jeweilige Herkunft oder Entsprechungen sind in den Erläuterungen zur Grundrechtecharta aufgeführt. So ist sichergestellt, dass der Grundrechtsschutz der EU zwar besser sein darf als der aus anderen Quellen, den aber nicht unterschreiten oder beschneiden darf.

Durch die Integration in den EU-Vertrag ist die Grundrechtecharta wie bereits ausgeführt seit Dezember 2009 unmittelbar geltendes Recht, das zunächst alle Organe und Einrichtungen der EU bindet. Darüber hinaus bindet es auch die öffentliche Gewalt in den Mitgliedstaaten, wenn sie im Anwendungsbereich des Unionsrechts tätig werden. Das betrifft drei Fälle: erstens, wenn ein Mitgliedstaat Unionsrecht in nationales Recht umsetzt, zweitens, wenn er Unionsrecht oder auf Unionsrecht beruhendes nationales Recht vollzieht und drittens, wenn er von Ausnahmeregeln Gebrauch macht, die die partielle Einschränkung von EU-Recht ermöglichen.[71] Keine Geltung haben die EU-Grundrechte dagegen in rein nationalen Angelegenheiten. Hier gelten ausschließlich die national verankerten Grundrechte.

Zwei Mitgliedstaaten, nämlich Großbritannien und Polen, haben sich in einem Zusatzprotokoll (Nr. 7) zum EU-Vertrag ausbedungen, dass die Charta in ihren Ländern nicht unmittelbar gilt. Polen war insbesondere die Anerkennung gleichgeschlechtlicher Beziehungen zu weitgehend, Großbritannien sah in den sozialen Rechten einen Widerspruch zu seinem liberalen Wirtschaftssystem.[72] Dieses Opting-Out-Protokoll hat v. a. zur Folge, dass weder der EuGH noch die nationalen Gerichte in diesen beiden Ländern staatliches Handeln oder Rechtsvorschriften am Maßstab der Grundrechtecharta prüfen dürfen. Bürger können dementsprechend auch nicht gegen eine Verletzung eines EU-Grundrechts durch ein nationales Organ klagen. Außerdem stellt das Protokoll fest, dass die beiden Staaten nicht verpflichtet sind, die Inhalte der Grundrechtecharta in nationales Recht umzusetzen, es sei denn, die EU hätte in einem Bereich die Regelungsbefugnis und würde eine – dann auch von Polen und Großbritannien umzusetzende – Richtlinie erlassen. In gewisser Weise abgefangen wird die Wirkung dieses Opting Out auch dadurch, dass beide Staaten die EMRK ratifiziert und umgesetzt haben. Außerdem sind sie an die weitläufige Rechtsprechung des EuGH gebunden, der sich neben der Grundrechtecharta auch auf andere Grundrechtsquellen beziehen kann, etwa die in Art. 6 EUV genannte EMRK und die nationalen Verfassungstraditionen. Die EuGH-Urteile sind in gleichartigen Fällen dann auch für die nationalen Gerichte in Polen und Großbritannien bindend.[73]

In den übrigen Mitgliedstaaten können Bürger Verletzungen ihrer Unionsgrundrechte durch staatliches Handeln vor nationalen Gerichten einklagen. Komplizierend ist allerdings, dass der Maßstab der Europäischen Grundrechtecharta nur greift, wenn die Verletzung in Zusammenhang mit der Anwendung oder Umsetzung von europäischem Recht steht. Handelt es sich um rein nationale Angelegenheiten, gelten „nur" die nationalen Grundrechte, für die aber ebenfalls der

[71] Vgl. Obst 2008.

[72] Auch Tschechien erwägt, von einer ihm zugesagten Austrittsmöglichkeit bzgl. der Grundrechte Gebrauch zu machen.

[73] Vgl. die knappe Darstellung bei Stein 2010.

nationale Rechtsschutz gilt. Diskutiert wird, ob in Zweifelsfällen eine parallele Anwendung europäischer und nationaler Grundrechte in Frage kommt.[74] Daneben gibt es die politische Möglichkeit, dass die EU gegen einen Mitgliedstaat aktiv wird, der die Grund- und Menschenrechte beständig verletzt: Art. 7 EUV sieht vor, dass einem solchen Staat insbesondere das Stimmrecht im Rat der EU entzogen werden kann, ein Ausschluss aus der EU ist aber nach den Verträgen nicht möglich, lediglich die begrenzte Suspendierung von Mitgliedsrechten. Sie wurde bisher nicht angewendet.

Aber nicht nur die Mitgliedstaaten, auch die Organe der Union sind an die Grundrechtecharta gebunden und können für Verletzungen gerichtlich belangt werden. Zuständig ist dann aber nicht die nationale, sondern die Unionsgerichtsbarkeit. Gegen alle Handlungen mit rechtsverbindlicher Wirkung, einschließlich der Rechtsetzung besteht die Möglichkeit einer Nichtigkeitsklage oder Einholung einer Vorabentscheidung.[75] Bis Ende 2011 gab es aber nur wenige Fälle, in denen der Europäische Gerichtshof eine Grundrechtsverletzung durch EU-Recht geprüft hat. So erklärte der EuGH im März 2011 einen Teil der Gleichbehandlungsrichtline (Art. 5 Abs. 2) für unvereinbar mit Art. 21 und 23 der Grundrechtecharta, weil diese eine geschlechtsbezogene Ungleichbehandlung in Versicherungsverträgen zuließe.[76] Auch Verstöße gegen das Grundrecht auf Datenschutz durch EU-Recht hat der EuGH in jüngeren Urteilen mehrfach festgestellt.[77] Mit dem Ausmaß verfassungsgerichtlichen Schutzes von Grundrechten auf nationalstaatlicher Ebene ist der unionsrechtliche Schutz aber nicht vergleichbar, insbesondere nicht, wenn in einem Mitgliedstaat die Möglichkeit der Verfassungsbeschwerde gegeben ist. „Es fehlt hier auf Seiten des EuGH an einer Kultur des Grundrechtsschutzes nicht nur gegenüber den Mitgliedstaaten, sondern auch gegenüber der EU selbst."[78] Zudem sind die Kapazitäten des Europäischen Gerichtshofs nicht darauf ausgelegt, Individualklagen in größerer Zahl zu bewältigen.

Eine deutliche Verbesserung des Grundrechtsschutzes könnte sich ergeben, wenn die Europäische Union, wie in Art. 6 Abs. 2 des EU-Vertrages anvisiert, der Europäischen Menschenrechtskonvention beitreten sollte. So könnte der Europäische Gerichtshof für Menschenrechte (EGMR) als gemeinsamer, spezialisierter Ge-

---

[74] Vgl. Matz-Lück 2011, S. 208 ff, Sauer 2011, S. 196.

[75] Vgl. oben S. 191 ff.

[76] EuGH, Urteil vom 01.03.2011, Rs. C-236/09.

[77] Vgl. die Urteile des EuGH vom 09.11.2010 (Rs. C-92, 93/09) und 05.05.2011 (Rs. C-543/09) mit Bezugnahme auf das Grundrecht auf Datenschutz (Art. 8 GrCh). Vgl. Kilian 2011, S. 1326.

[78] Möllers 2011, S. 241.

richtshof genutzt werden. Grundrechtsverletzungen durch Unionsorgane könnten genauso vor ihn gebracht werden wie die Verletzungen durch nationalstaatliche Organe. So wäre ein einheitlicher Schutz für Grund- und Menschenrechte gewährleistet. Allerdings gestalten sich die Verhandlungen aufgrund der weitreichenden Folgen für die EU schwierig.[79] Alle Rechtsakte der EU müssten dann EMRK-konform sein und die Konvention erhielte, wenn nicht juristisch so doch praktisch, einen „Überprimärrechtsrang".[80] Allerdings hat auch der Europäische Gerichtshof für Menschenrechte Kapazitätsgrenzen.

Eine Gesamtbilanz der in diesem Kapitel bis hierher vorgestellten Ansätze könnte lauten, dass sich die EU in den letzten fünf Jahren verstärk bemüht, eine supranationale Verfassungsstaatlichkeit zu errichten. Dabei hat sie eine spezielle Rechtshierarchie sowie eine eigene Logik der horizontalen Gewaltenteilung und Verantwortlichkeit entwickelt. Die Europäische Grundrechtecharta wurde in den Rang unmittelbar bindenden Primärrechts erhoben und der gerichtliche Rechtsschutz durch erweiterte Klagemöglichkeiten verbessert. Gleichwohl gibt es noch immer Lücken im Individualrechtsschutz, in der Unabhängigkeit und Professionalität des gerichtlichen Rechtsschutzes.

4.2.2.5 Demokratieprinzip

Die ambivalente Bewertung der Entwicklung supranationaler Verfassungsstaatlichkeit setzt sich fort, wenn wir das Demokratieprinzip als ein weiteres Element des Demokratischen Verfassungsstaates einbeziehen. Seit über zwei Jahrzehnten diskutiert die europäische Politikwissenschaft ein „Demokratiedefizit" der Union, verbunden mit der Frage, wie gravierend es sei und welche Auswirkungen das auf die Legitimität der Europäischen Integration habe.[81]

Ausgangspunkt der Debatte war, dass die zentralen Entscheidungsträger der EU, insbesondere die Kommission, keine eigene demokratische Legitimation besäßen und weder von den Bürgern noch ihren gewählten Vertretern zur Rechenschaft gezogen werden könnten. Auch hier hat die EU in den Jahrzehnten seit ihrer Gründung enorme Fortschritte gemacht, bleibt aber, um es vorweg zu nehmen, noch in mehrfacher Hinsicht hinter den demokratischen Standards der Mitgliedstaaten zurück.

Deutlich verbessert hat sich die demokratische Legitimation des EU-Parlamentes, wenn man bedenkt, dass die „Abgeordneten" des Parlaments bis 1979 de-

---

[79] Vgl. Rat der Europäischen Union 2011, Vermerk vom 06.12.2011.

[80] Ablehnend Knauff 2010, S. 149.

[81] Vgl. zur Debatte den Überblick über die wesentlichen Argumente bei Schmidt 2010, S. 399–411.

legierte Mitglieder der nationalen Parlamente waren und anschließend bis 2002 nach sehr unterschiedlichen nationalen Verfahren gewählt wurden. Seit 2002 gelten immerhin gemeinsame Rahmenbestimmungen. Neben der Mindestanforderung allgemeiner, unmittelbarer, geheimer und freier Wahl wurden das Verhältniswahlrecht, eine Legislaturperiode von fünf Jahren, die Wiederwahlmöglichkeit und verschiedene Unvereinbarkeiten festgelegt. Ein Manko bleibt, dass die Wahl zum EU-Parlament noch immer nach getrennten Listen in den Mitgliedstaaten durchgeführt wird, wobei die Zahl der durch ein Land zu besetztenden Abgeordneten nicht proportional zu seiner Einwohnerzahl ist. Damit „wiegen" nicht alle abgegebenen Stimmen gleich. Bevölkerungsreiche Staaten sind erheblich benachteiligt. Ein deutscher Europaparlamentarier repräsentiert dadurch gut zwölfmal so viele Bürger wie sein Kollege aus Malta.[82]

Sukzessiv erweitert wurden die anfangs minimalen Mitbestimmungsmöglichkeiten des Parlaments, beispielsweise durch das 1987 in der Einheitlichen Europäischen Akte eingeführte Mitentscheidungsverfahren. Heute bestimmt das Parlament durch das ordentliche Gesetzgebungsverfahren über die ganz überwiegende Zahl der Rechtssetzungen mit. Seine Zustimmung ist erforderlich zur Verabschiedung des Haushalts, zum Beitritt weiterer Mitglieder und zu internationalen Abkommen in vielen Bereichen. Außerdem ist die Kommission dem Parlament seit der jüngsten Vertragsreform Rechenschaft schuldig und kann ggf. durch ein mit Zweidrittelmehrheit beschlossenes Misstrauensvotum der Parlamentarier zum Rücktritt gezwungen werden (Art. 234 AEUV).[83] Seit 2009 ist die repräsentative Demokratie in Art. 10 EUV zu einem Grundprinzip der EU erhoben.

> (1) Die Arbeitsweise der Union beruht auf der repräsentativen Demokratie.
> (2) Die Bürgerinnen und Bürger sind auf Unionsebene unmittelbar im Europäischen Parlament vertreten.
> Die Mitgliedstaaten werden im Europäischen Rat von ihrem jeweiligen Staats- oder Regierungschef und im Rat von ihrer jeweiligen Regierung vertreten, die ihrerseits in

[82] Vgl. BVerfGE 123, 267 (371–375) – Lissabon vom 30.06.2009. Das Bundesverfassungsgericht stellt hier insbesondere fest, dass das EU-Parlament nach wie vor kein Vertretungsorgan einer europäischen Bürgerschaft sei, sondern eine Vertretung der Völker der Mitgliedstaaten. Nur deshalb sei das Ungleichgewicht der Stimmen hinnehmbar. Zur Repräsentationsungleichheit im Parlament bereits Steffani 2005.

[83] Vgl. zu den gestärkten Möglichkeiten Borchardt 2011, S. 54–57. Im Januar 1999 war im Parlament ein Misstrauensantrag gegen die Kommission gestellt worden, der aber die erforderliche Stimmenmehrheit verfehlte. Die Kommission musste dennoch wenige Wochen später zurücktreten, nachdem ihr ein unabhängiges Untersuchungsgremium Versagen bei der Leitung der Verwaltung und Bekämpfung von Vetternwirtschaft und Korruption vorgeworfen hatte. Vgl. Giegerich 2003, S. 280.

> demokratischer Weise gegenüber ihrem nationalen Parlament oder gegenüber ihren Bürgerinnen und Bürgern Rechenschaft ablegen müssen.
> (3) Alle Bürgerinnen und Bürger haben das Recht, am demokratischen Leben der Union teilzunehmen. Die Entscheidungen werden so offen und bürgernah wie möglich getroffen.
> (4) Politische Parteien auf europäischer Ebene tragen zur Herausbildung eines europäischen politischen Bewusstseins und zum Ausdruck des Willens der Bürgerinnen und Bürger der Union bei.

Trotz dieses Bekenntnisses ist nach wie vor das Parlament das einzige EU-Organ, das über eine direkte demokratische Legitimation verfügt und trotz seiner deutlich verbesserten Position fehlen wesentliche Rechte eines Parlaments, insbesondere das Initiativrecht im Gesetzgebungsprozess und die Möglichkeit, gegen den Willen von Rat und Kommission Recht zu setzen. Sehr wohl können dies aber der Rat und – wenngleich nur auf der Basis gesetzlicher Ermächtigung – die Kommission. Außerdem fehlt dem Parlament der Einfluss auf die Zusammensetzung der politischen Führungsgremien Rat und Kommission. Es wählt zwar mittlerweile den Präsidenten der Kommission, kann aber der Bestellung der übrigen Mitglieder nur als Ganzes zustimmen oder ihr eine Absage erteilen. Auf die Besetzung des Rats hat es gar keinen Einfluss. So besteht trotz der verbesserten demokratischen Legitimation des Parlaments und der Erweiterung seiner Kompetenzen keine durchgehende Legitimationskette von den Unionsbürgern zu allen an der Rechtsetzung beteiligten Organen und damit zu allen Rechtsformen. Aber selbst wenn man Rat und Kommission eine über mehrere Stufen vermittelte demokratische Legitimation zusprechen wollte,[84] würden damit demokratische Standards noch verfehlt. Denn die setzen nicht eine Akklamation, sondern eine reale Auswahl- und Abwahlmöglichkeit voraus. Wahlen müssen, wie im Zusammenhang mit dem Konzept der *embedded democracy* erläutert, Bedeutung haben und eine Veränderung von Politik bewirken können. Die Reformen der letzten Jahre haben vermutlich die horizontale Verantwortlichkeit gestärkt, nicht aber die vertikale *Accountability,* also die Rückbindung an den Wählerwillen.

Hoffnung setzen Kritiker des viel beschworenen „Demokratiedefizits" der EU deshalb auf die ab dem 1. April 2012 mögliche Europäische Bürgerinitiative. Bürger können damit die Europäische Kommission zur Vorlage von Vorschlägen für konkrete Rechtsakte auffordern. Eine Volksabstimmung ist jedoch nicht vorgesehen, es handelt sich um eine reine Befassungsinitiative. Ob das zumindest das Problem des dem Parlament fehlenden Initiativrechts schmälern könnte, ist auch ungewiss,

[84] Die Geschlossenheit der Legitimationskette bestreitet Brunkhorst 2005, S. 334 f; als ununterbrochen sieht sie dagegen Böckenförde 2004, Rn 11–25.

denn die Beschränkungen sind umfangreich. Es können nur Themen auf die Agenda gesetzt werden, die in den Zuständigkeitsbereich der Kommission fallen. Das Quorum beträgt eine Million Unionsbürger, die aus mindestens sieben Mitgliedstaaten kommen müssen. Auch wenn es erreicht wird, kann die Kommission es unter Veröffentlichung von Gründen ablehnen, einen Gesetzentwurf zu erarbeiten. Immerhin haben die Initiatoren ein Recht auf Anhörung.[85]

Darüber, wie problematisch das Demokratiedefizit der EU ist, gehen die Ansichten stark auseinander.[86] Das Bundesverfassungsgericht urteilte im Lissabon-Urteil von 2009, dass einerseits die EU weiterhin erheblich von den Anforderungen abweiche, die an einen demokratischen Staat anzulegen wären, dass dies aber solange nicht zu beanstanden sei, wie sie nur delegierte Zuständigkeiten ausübe. Solange der Grundsatz der begrenzten Einzelermächtigung gelte, die Staaten die Integrationsverantwortung für das EU-Recht in nationales Recht trügen und die Kompetenzen zwischen Staaten und Union „ausgewogen" seien, reiche die bestehende demokratische Legitimation der EU aus.[87] Mittlerweile richtet sich die Debatte aber an einer grundsätzlichen Frage neu aus, ob nämlich weitere institutionelle Reformen zugunsten eines noch stärkeren Gewichts des Parlaments, vielleicht auch einer Wahl des Kommissions- oder Ratspräsidenten durch die EU-Bürger oder eines weiteren Ausbaus direktdemokratischer Entscheidungsmöglichkeiten, demokratietheoretisch überhaupt sinnvoll seien. Denn unterhalb der Demokratiedefizite auf der institutionellen Oberfläche der Union läge ein weitaus größeres und auch mittelfristig nicht behebbares europäisches Demokratiedefizit: Es gäbe keinen europäischen Demos, keine funktionierende europäische Öffentlichkeit und Zivilgesellschaft, keine starken europäischen Parteien und intermediären Instanzen, die allesamt eine freie und pluralistische demokratische Willensbildung tragen könnten.[88] Das EU-Parlament habe „angesichts der geringen Personalisierung der Wahlen und der fehlenden Zuspitzung auf eine Frontstellung Regierungsmehrheit-Opposition" kaum politisches Profil in der politischen Öffentlichkeit.[89] So gesehen habe sich das Demokratiedefizit der EU mit den Vertragsreformen nicht verrin-

[85] Rechtsgrundlagen sind eine Verordnung (Verordnung (EU) Nr. 211/2011) des Europäischen Parlaments und des Rates; in Deutschland wurde dazu im Dezember 2011 ein entsprechendes Gesetz zur Durchführung der EU-Verordnung über die Bürgerinitiative (17/7575) verabschiedet.

[86] Von einer hinreichenden Demokratieumsetzung in der EU gehen aus Böckenförde 2004, Zweifel 2002, Moravcsik 2002, von einem delegitimierenden Demokratiedefizit sprechen Steffani 1995; Bauer 2005; Schmidt 2010.

[87] BVerfGE 123, 267 (368–371).

[88] Vgl. Grimm 1995, S. 587 ff, 1994.

[89] Oeter 2009, S. 107.

gert, sondern verstärkt, weil mit jeder Stärkung des Parlaments auch eine weitere Übertragung von Kompetenzen auf die Union einhergegangen sei aber kaum etwas für die Bildung eines handlungsfähigen Demos getan wurde. Jeder Ausbau der Entscheidungsmöglichkeiten von Parlament oder Bürgern drohe deshalb, eine unreife Tyrannei der Mehrheit oder eine undemokratische Bevormundung einer stimmgewaltigen Minderheit zu fördern.[90] Dem muss man sich nicht anschließen, einige Überzeugungskraft hat aber die Lehre, die das Bundesverfassungsgericht im Lissabon-Urteil gezogen hat: Es verbietet sich jede weitere Steigerung der rechtlichen Integration, bevor nicht wesentliche Fortschritte beim Aufbau einer europäischen Öffentlichkeit gemacht sind, da sonst kein Demos und keine funktionsfähige Zivilgesellschaft vorhanden sind, die die weitere Delegation und Schaffung von Hoheitsrechten legitimieren und kontrollieren könnten.[91]

4.2.3 Auswirkungen auf nationale Verfassungsstaatlichkeit am Beispiel Deutschlands

Die Möglichkeit einer supranationalen demokratischen Verfassungsstaatlichkeit hängt nicht allein von der Umsetzung auf der supranationalen Ebene ab. Es muss auch sicher gestellt sein, dass sich die Gesamtbilanz demokratischer und verfassungsstaatlicher Qualität in Union *und* Mitgliedstaaten nicht verringert. Das könnte der Fall sein, wenn die nationalstaatlichen Sicherungen durch die Eingliederung in den supranationalen Verbund teilweise wirkungslos werden, ohne dass die supranationale Ebene die Verluste kompensieren kann. An zwei Beispielen lässt sich die Problematik verdeutlichen: an der Veränderung der Gewaltenteilungsbalance in der Bundesrepublik und am Grundrechtsschutz durch das Bundesverfassungsgericht.

4.2.3.1 Folgen für die horizontale und vertikale Gewaltenteilung

Gewaltenteilung besteht in Mehrebenensystemen innerhalb, aber auch zwischen den Ebenen in Form komplexer Verflechtungen. Sie dienen, wie die klassische Ge-

[90] Vgl. Schmidt 2010, S. 408–411, ebenso kritisch Oeter 2009, S. 109 ff, der in diesem Zusammenhang eine große Bedeutung der Kommission als einem „Dritten", einem Vermittler zwischen den Interessen konstatiert, der das Herzstück der EU als einer Form der Konkordanzdemokratie bilde.

[91] Vgl. dagegen die scharfe Ablehnung des Lissabon-Urteils bei Frenz 2010, S. 105–114. Das Bundesverfassungsgericht gehe von einem überzogenen Demokratieverständnis aus. Seine Argumentation sei zirkulär, wenn es eine weitere Parlamentarisierung mit fehlender Demokratiequalität begründe.

waltenteilung, zwei nicht immer vereinbaren Zielen. Einerseits soll Macht gestreut und kontrolliert und andererseits eine effiziente und sachgerechte Bewältigung von Aufgaben ermöglicht werden.[92] Für die Machtbegrenzung könnte man sagen, dass sich die „horizontale" *Accountability* zwischen den Organen durch die zusätzlich beteiligten Institutionen potentiell sogar vergrößert, zumindest steigt die Zahl der Vetospieler, die eine Entscheidung verhindern können, deutlich an. In jedem Fall wird beim Eintritt in ein supranationales Mehrebenensystem wie die EU das bestehende Kräfteverhältnis der nationalen Hoheitsträger erheblich verändert. Die nationale horizontale Gewaltenteilung wird, um es vorauszuschicken, aber nicht aufgehoben.[93] Es sind vor allem zwei verallgemeinerbare Effekte festzustellen:

(1) Der Europäische Gerichtshof (EuGH) und die nationalen Gerichte haben an Stärke zugenommen, letztlich auf Kosten der nationalen Gesetzgebung. Aktivistische Rechtsprechung des EuGH mit hoher Bereitschaft, nationale Gesetzgebung zu beanstanden hat – in vorauseilendem Gehorsam für drohende Beanstandungen durch den EuGH in letzter Instanz – auch nationale Gerichte zu einer kritischeren Haltung gegenüber dem Gesetzgeber bewogen.[94]

(2) Nationale Regierungen haben auf Kosten der Parlamente an Stärke gewonnen, da immer mehr Rechtsetzung auf EU-Ebene erfolgt und hier die nationalen Regierungen über den Ministerrat entscheidenden Einfluss haben, nicht aber die nationalen Parlamente. Einige Staaten versuchen dem gegenzusteuern. Zum Beispiel haben in Dänemark und Schweden die Parlamente EU-Komitees gebildet, mit denen sich die Regierung beraten muss. Auch Österreich hat eine weitgehende Informations- und Beratungspflicht in die Bundesverfassung aufgenommen. Gleichzeitig hat die EU selbst in den letzten Jahren neue, direkte Einflussmöglichkeiten der nationalen Parlamente auf EU-Entscheidungen geschaffen.[95] Die EU-Kommission ist verpflichtet, alle Legislativvorschläge direkt an die nationalen Parlamente weiterzuleiten. Diese können dann, wenn sie das Subsidiaritätsprinzip verletzt sehen (nicht aber bei anderen inhaltlichen Einwänden), Einspruch einlegen und dadurch eine Rechtfertigung durch die Kommission erzwingen oder sogar eine Prüfung durch Europäisches Parlament und Ministerrat. Wenn eine EU-Entscheidung abweichend von den Primärrechtsbestimmungen per Mehrheitsverfahren beschlossen werden kann (Passerelle-Klausel), kann jedes einzelne nationale Parlament

[92] Vgl. Benz 2009, 18 f.

[93] Vgl. Danielsen 2007.

[94] Vgl. Danielsen 2007, S. 64.

[95] Rechtsgrundlagen sind hierfür Art. 12 EUV, Art. 70, 71, 85, 88 AEUV sowie das Protokoll über die Rolle der nationalen Parlamente in der Europäischen Union und das Protokoll über die Anwendung der Grundsätze der Subsidiarität und Verhältnismäßigkeit.

nach Art. 48 Abs. 7 Unterabs. 3 EUV dies durch ein Veto verhindern.[96] Außerdem können die nationalen Parlamente gegen Verletzungen des Subsidiaritätsprinzips eine Nichtigkeitsklage beim EuGH einreichen. Allerdings waren entsprechende Klagen wegen Subsidiaritätsverletzungen bisher nicht erfolgreich. Die EU fordert die nationalen Parlamente zudem explizit auf, sich untereinander stärker zu vernetzen und auf nationaler Ebene ihre Mitwirkungsmöglichkeiten im Vorfeld von EU-Entscheidungen zu erhöhen. Dies mahnt auch das Bundesverfassungsgericht in seinem Lissabon-Urteil von 2009 an. Zumindest theoretisch haben die meisten nationalen Parlamente die Möglichkeit, notfalls durch Verfassungsänderungen Einfluss zurück zu gewinnen – falls sie es wollen. Gerade der Deutsche Bundestag hat aber jahrelang seinem europarechtlichen und europapolitischen Einflussverlust zugesehen. Erst in jüngerer Zeit regt sich Widerstand, etwa bei der Aufstockung des Euro-Rettungsschirms im Oktober 2011: Auf Drängen der Mehrheitsfraktion musste die Bundesregierung den Plan fallenlassen, das Parlament lediglich über eine Beschlussfassung des Haushaltsausschusses zu beteiligen. Stattdessen wurde im Plenum beraten und den Plänen mit parteiübergreifender Mehrheit demokratische Legitimation verliehen. Stärkere Parlamentsbeteiligung ändert also nicht notwendiger Weise etwas an den Inhalten der Europapolitik, zumindest nicht in Staaten mit starken Parteiensystemen. Zudem muss man sehen, dass Entscheidungen auf europäischer Ebene, selbst wenn sie nicht rechtssetzend sind, den nationalen Entscheidungsspielraum immer weiter begrenzen. Der Verfassungsrichter Udo di Fabio stellt dazu fest, nationale Gesetzgebung werde auf europäischer Ebene kooperativ vorgeformt. Es würden „in überstaatlichen Verhandlungen die Grundsätze festgelegt …, von denen kein Parlament ohne weiteres abrücken kann".[97]

Eine vielleicht noch größere Herausforderung ist der Beitritt zur EU für die nationale vertikale Gewaltenteilung, wie sie in Bundesstaaten besteht, in denen Länder oder Autonomiegebiete einen Rest eigener Staatlichkeit und Hoheitsrechte besitzen, über die der Bund nicht verfügen kann. Das gilt für Deutschland, Österreich und Belgien, näherungsweise auch für Italien, Spanien und Großbritannien. Die Europäische Union ist „länderblind", d. h. Bundesstaaten sind formell nur über den Bund an Entscheidungen beteiligt, wenn auch mittlerweile über den Ausschuss der Regionen eine Mitberatungs- aber keine Mitbestimmungsmöglichkeit besteht.[98] Immerhin können sie bei der Umsetzung von Richtlinien in nationales Recht mitbestimmen, sind dabei jedoch im Gestaltungsspielraum begrenzt. Letztlich entscheidet also der Bund in Brüssel über Fragen, mit denen er, namentlich in

[96] Vgl. Danielsen 2007, S. 65.

[97] Di Fabio 1998, S. 105, 106.

[98] Vgl. zu den Auswirkungen der europäischen Integration auf die Länder Detterbeck, Renzsch und Schieren 2010, S. 16 ff.

verbundföderalistischen Staaten national gar nicht befasst ist. Mehrere Probleme entstehen. Zum einen fehlt dem Bund in einigen dieser Fragen mangels Erfahrung das Know how. Gleichzeitig sind Absprachen mit den Ländern im Hintergrund sehr langwierig. Dadurch kann eine gemeinsame nationale Position oft nicht rechtzeitig erreicht werden, um die EU-Verhandlungen noch im nationalen Interesse beeinflussen zu können.

Auswirkungen gibt es aber nicht nur auf die Rechtssetzung, sondern auch auf den Vollzug: Die Länder führen die Verwaltung sowohl der eigenen, als auch der Bundes- und EU-Rechtsnormen aus. Bezüglich des EU-Rechtsvollzugs unterliegen sie dabei einer engmaschigen Aufsicht der Kommission; teilweise beteiligt sich die Kommission direkt. Damit ist der Spielraum der Länder enorm reduziert und das oft nicht nur in inhaltlicher, sondern auch in finanzieller Hinsicht. Landesmittel werden heute in erheblichem Umfang durch Gemeinschaftsaufgaben gebunden, z. B. im Bereich Hochschule, regionaler Wirtschaftsstruktur etc. Die Länder beteiligen sich hier zwangsweise planend aber auch mitfinanzierend.

4.2.3.2 Auswirkungen auf justiziablen Verfassungsvorrang und Grundrechtsschutz

Eine bleibende Herausforderung für die Mitgliedstaaten der EU ist die Koordinierung der nationalen und supranationalen Rechtsordnungen. Sie stehen nicht in einer hierarchischen Beziehung zueinander, wie das bei dem *Geltungsvorrang* der Verfassung vor dem Gesetz und vor einer Verordnung der Fall ist. Vielmehr handelt es sich um jeweils eigenständige, parallel geltende Rechtsordnungen – genauso wie Union und Mitgliedstaaten nicht in einem hierarchischen, sondern einem Nebenordnungsverhältnis stehen. Ähnlich wie im Verbundföderalismus von Bundesstaaten gibt es zwischen nationalem und supranationalem Recht aber auch viele Überschneidungen, oft auch Widersprüche, die aufgrund der hohen und immer weiter steigenden Regelungsdichte wohl nicht zu beseitigen sind. Das beeinträchtigt die Transparenz aber auch die Rechtssicherheit, falls nicht klare Kollisionsregeln festgelegt werden. Das kann ein *Anwendungs* vorrang analog zum Grundsatz „Bundesrecht bricht Landesrecht“ sein. Es kann aber auch statt eines pauschalen Anwendungsvorrangs eine Berücksichtigungspflicht bestehen, die bei Kollisionen mit wesentlichen Grundsätzen der eigenen Rechtsordnung Abweichungen vom vorrangig anzuwendenden Recht erlaubt.[99] Noch moderater formuliert ist die Kollisionsregel der „Freundlichkeit“[100] einer Rechtsordnung gegenüber einer anderen, wie sie in Art. 4 Abs. 3 EUV verankert ist. Die Mitgliedstaaten sind dadurch gehalten, nationales Recht europarechtskonform zu gestalten, auszulegen und anzuwenden. Für

[99] Vgl. Viellechner 2011, S. 205 f.

[100] Vgl. Mayer 2011, S. 236.

nationale Gerichte folgt daraus, immer prüfen zu müssen, ob eine nationale Rechtsnorm Unionsrecht widerspricht. Wo immer möglich, müssen sie solche Widersprüche durch entsprechende europarechtsfreundliche Auslegung des nationalen Rechts vermeiden. Alternativ kann beim EuGH erfragt werden, ob eine bestimmte, dem nationalen Recht nicht widersprechende Auslegung einer EU-Rechtsnorm zulässig ist (Vorabentscheidungsverfahren nach Art. 267 AEUV).[101] Für den Fall, dass sich ein Widerspruch durch Auslegung nicht beseitigen lässt, hat der EuGH wiederholt gefordert, die nationale Rechtsnorm nicht anzuwenden, sondern stattdessen der EU-Norm den Anwendungsvorrang geben. Der EuGH hat diesen Anwendungsvorrang des EU-Rechts sogar für nationales Verfassungsrecht konstatiert und damit statt bloßer „Freundlichkeit" einen pauschalen Anwendungsvorrang postuliert.[102] Das Unionsrecht sei eine eigenständige Rechtsordnung, deren Einheitlichkeit und Effektivität nur durch diesen Anwendungsvorrang gesichert werden könne. Man könnte argumentieren, dass Gleiches für das Bundesrecht in einem Bundesstaat gilt. Doch die Fälle sind nicht deckungsgleich. Denn im Bundesstaat basiert der Anwendungsvorrang auf dem expliziten und dauerhaften Verzicht der Gliedstaaten auf einen Teil ihrer Staatlichkeit, auf der Staatsqualität des Bundes und auf einem verfassungsrechtlich verankerten Anwendungsvorrang des Bundesrechts in festgelegten Bereichen. Keine dieser drei Voraussetzungen liegt im Fall der EU vor. Vielmehr wird die Geltung des EU-Rechts durch einfaches Recht in Form der Zustimmungsgesetze zu den Unionsverträgen anerkannt. Primär- und Sekundärrecht der EU erlangen damit ebenfalls nur einfachen Gesetzesrang. In mehreren Mitgliedstaaten wird deshalb ein genereller Anwendungsvorrang des EU-Rechts vor Verfassungsrecht bestritten, wie wohl der Anwendungsvorrang vor einfachem Gesetzesrecht anerkannt ist. Drei Fraktionen lassen sich unterscheiden:[103] 1) Einige Staaten erkennen einen Anwendungsvorrang auch vor der Verfassung an, weil er sich aus dem Primärrecht ergebe. Hierzu bekennen sich die Niederlande und bedingt Österreich.[104] 2) Die Mehrheit der Mitgliedstaaten, darunter Italien, Deutschland, Dänemark, Belgien, Spanien, Schweden und Irland betonen, dass EU-Recht nur unter dem Vorbehalt der Achtung verfassungsrechtlicher Kernbestandteile gelte und behalten sich eine Prüfung und Verwerfung durch die nationale Verfassungs-

[101] Das Bundesverfassungsgericht hat bisher nie eine Vorlage eingereicht. Vgl. Mayer 2011, S. 236; zur ebenfalls recht zurückhaltenden Vorlagepraxis Spaniens und Italiens im Gegensatz zu häufigen Vorlagen Großbritanniens, Dänemarks und Österreichs siehe Mayer 2009, S. 567–569.

[102] EuGH, Rs. 6/64, Slg. 1964, 1251– Costa/E.N.E.L.; EuGH, RS 106/77, Slg. 1978, 629, Rn. 21 ff – Simmenthal.

[103] Die interessante Einteilung und Zuordnung bei Grabenwarter 2009, S. 123–133.

[104] Vgl. Grabenwarter 2009, S. 123 f.

gerichtsbarkeit vor, sollte der EuGH deren Schutz verweigern.[105] 3) Wenige Staaten, darunter Frankreich, Griechenland und vor allem Polen betonen einen Geltungsvorrang von Verfassungsrecht vor EU-Recht, da es nur abgeleitetes Recht sei, so dass bei Kollisionen ein Anwendungsvorrang von EU-Recht ausgeschlossen ist.[106]

Zentrale Folge ist, dass EU-Recht im Prinzip einer nationalen verfassungsgerichtlichen Kontrolle unterliegt, was die Einhaltung seiner rechtlichen Geltungsbedingungen anbelangt. Tatsächlich würde jeder unbedingte Anwendungsvorrang dem Prinzip der Verfassungsstaatlichkeit widersprechen. Denn das postuliert einen Geltungsvorrang der Verfassung, die höchste Rechtsnorm ist und aus der sich das gesamte übrige Recht, alle staatlichen Kompetenzen und auch alle Hoheitsübertragungen ableiten. Das gilt umso mehr, wenn in einer Verfassung Revisionssperren verankert sind, die nicht einmal der verfassungsändernde Gesetzgeber antasten darf. Auf der anderen Seite ist das Argument des EuGH, dass das EU-Recht ohne Anwendungsvorrang vor mitgliedsstaatlichem Recht leer läuft, nicht von der Hand zu weisen. So ergibt sich ein latenter Konflikt zwischen den Vorransprüchen von Unionsrecht und Verfassungsrecht einerseits und den sie verfechtenden Gerichten EuGH und nationalen Verfassungsgerichten andererseits.

Virulent wurde er in Deutschland mehrfach durch Klagen vor dem Bundesverfassungsgericht gegen Verletzung grundgesetzlich garantierter Grundrechte durch EU-Recht sowie gegen Änderungen der EU-Verträge und die damit verbundene weitere Übertragung von Hoheitsrechten. Das Bundesverfassungsgericht hat in diesen Fällen seine Position eines nur bedingten Anwendungsvorrangs mit verschiedenen Begründungen und variierenden Schlussfolgerungen vertreten. Gleichbleibend ist die Kernaussage, EU-Recht könne einen Anwendungsvorrang vor deutschem Recht nur im Rahmen der grundgesetzlichen, EU-vertraglichen und zustimmungsgesetzlichen Grenzen beanspruchen.[107]

Den Auftakt bildete die Solange-I-Entscheidung vom 29. Mai 1974.[108] Das Bundesverfassungsgericht hat darin die Frage geprüft, ob eine Normenkontrolle von europäischem Recht am Maßstab des Deutschen Grundgesetzes zulässig sei, um Grundrechtsverletzungen zu ahnden. Zum damaligen Zeitpunkt waren nach Ansicht des Bundesverfassungsgerichts weder der Stand des europäischen Rechts noch des Rechtsschutzes geeignet, dafür zu sorgen, dass die bei der Übertragung der Hoheitsrechte nach Art. 24 Abs. 1 GG gezogenen Grenzen nicht überschritten werden oder geahndet werden könnten. Denn weder sei eine parlamentarische Gesetzgebung, noch eine wirksame Rechenschaftspflicht der Exekutive, noch ein kodifizierter

[105] Vgl. Grabenwarter 2009, S. 124–129.

[106] Vgl. Grabenwarter 2009, S. 129–133.

[107] Vgl. Schneider 2008, S. 13.

[108] BVerfGE 37, 271 (280 ff) – Solange I vom 29. Mai 1974.

Grundrechtskatalog auf europäischer Ebene vorhanden und die bisherige Rechtsprechung des Gerichtshofs der Gemeinschaft allein gewährleiste die geforderte Rechtsgewissheit nicht. Insbesondere solange ein von einem Parlament beschlossener, rechtsverbindlicher und dem Niveau des Grundgesetzes genügender europäischer Grundrechtskatalog nicht bestehe, sei jedes deutsche Gericht befugt, eine mutmaßlich grundrechtsverletzende gemeinschaftsrechtliche Norm dem Bundesverfassungsgericht zur Prüfung vorzulegen. Voraussetzungen seien aber, dass zuvor der EuGH in einer Vorabentscheidung eine verbindliche Auslegung der Norm vorgenommen habe und diese Auslegung weiterhin mit einem Grundrecht zu kollidieren scheine.

Schon in Solange I formulierte ein Teil der Richter aber eine Minderheitenmeinung, die eine verfassungsgerichtliche Kontrolle von EU-Recht ablehnte. Einige weitere Urteile deuteten dann auch die Möglichkeit einer geänderten Haltung an.[109] Durch die weitreichenden Veränderungen der rechtlichen und institutionellen Grundlagen der EG und EU sah sich das Bundesverfassungsgericht 1986 schließlich genötigt, seine Auffassung partiell zu ändern. Im Solange-II-Beschluss[110] erkannte es ausreichenden Grundrechtsschutz auf europäischer Ebene und erklärte, fortan keine Normenkontrollen europäischen Rechts mehr durchzuführen und auch Verfassungsbeschwerden gegen Grundrechtsverletzungen durch europäisches Recht und europäische Organe nicht mehr zuzulassen. Mit ausschlaggebend war dafür, dass der EuGH seit Mitte der 1970er Jahre die Achtung von Grundrechten, die EMRK und rechtsstaatliche Prinzipien in seine Urteilsfindung einbezog. Das weitere Fehlen einer demokratisch legitimierten europäischen Grundrechtscharta sah das Bundesverfassungsgericht durch die inhaltliche Vernetzung mit den demokratisch legitimierten Verfassungen der Mitgliedstaaten und der EMRK als gewissermaßen geheilt an.[111]

> Solange die Europäische Gemeinschaft, insbesondere die Rechtsprechung des Gerichtshofs der Gemeinschaften einen wirksamen Schutz der Grundrechte gegenüber der Hoheitsgewalt der Gemeinschaften generell gewährleistet, der dem vom Grundgesetz als unabdingbar gebotenen Grundrechtsschutz im Wesentlichen gleich zu achten ist, zumal den Wesensgehalt der Grundrechte generell verbürgt, wird das Bundesverfassungsgericht seine Gerichtsbarkeit über die Anwendbarkeit von abgeleitetem Gemeinschaftsrecht, das als Rechtsgrundlage für ein Verhalten deutscher Gerichte oder Behörden im Hoheitsgebiet der Bundesrepublik Deutschland in Anspruch genommen wird, nicht mehr ausüben und dieses Recht mithin nicht mehr am Maßstab der Grundrechte überprüfen; entsprechende Vorlagen nach Art. 100 I GG sind somit unzulässig.[112]

[109] Vgl. Mayer 2009, S. 573.

[110] BVerfGE 73, 339– Solange II vom 22. Oktober 1986.

[111] Vgl. die Erläuterung in BVerfGE 73, 339 (379 f).

[112] BVerfGE 73, 339 (340).

Grundrechtsverletzungen durch EU-Recht müssten von nationalen Gerichten in Vorabentscheidungsverfahren dem EuGH vorgelegt werden. Erst für den Fall, dass der Rechtsschutz durch den EuGH im Allgemeinen und der Schutz der Grundrechte im Besonderen eines Tages nicht mehr gewährleistet sein sollten, z. B. das rechtliche Gehör ganz verweigert würde, deutet das Bundesverfassungsgericht Interventionsbedarf an.[113] Für diesen Fall ermutigt das Bundesverfassungsgericht, es zu einer Normenkontrolle aufzufordern. In der Bananenmarkt-Entscheidung von 2000 formuliert das Bundesverfassungsgericht dann aber sehr eng gefasste Leitsätze, die wieder einem Verzicht auf Prüfung nahe kommen.

> 1. Verfassungsbeschwerden und Vorlagen von Gerichten, die eine Verletzung in Grundrechten des Grundgesetzes durch sekundäres Gemeinschaftsrecht geltend machen, sind von vornherein unzulässig, wenn ihre Begründung nicht darlegt, dass die europäische Rechtsentwicklung einschließlich der Rechtsprechung des Europäischen Gerichtshofs nach Ergehen der Solange-II-Entscheidung (BVerfGE 73, 339 <378 bis 381>) unter den erforderlichen Grundrechtsstandard abgesunken sei.
> 2. Deshalb muss die Begründung der Vorlage oder einer Verfassungsbeschwerde im Einzelnen darlegen, dass der jeweils als unabdingbar gebotene Grundrechtsschutz generell nicht gewährleistet ist. Dies erfordert eine Gegenüberstellung des Grundrechtsschutzes auf nationaler und auf Gemeinschaftsebene in der Art und Weise, wie das Bundesverfassungsgericht sie in BVerfGE 73, 339 (378 bis 381) geleistet hat.[114]

Einem Bürger, der sich durch europäisches Sekundärrecht in seinen Grundrechten verletzt sah, war somit der Weg nach Karlsruhe versperrt.

In diesen auf den Grundrechtsschutz bezogenen Entscheidungen bahnte sich eine zweite Begründungslinie des Bundesverfassungsgerichts an, nur einen begrenzten Anwendungsvorrang von EU-Recht vor deutschem Verfassungsrecht anzuerkennen: der Verweis auf die Wahrung der Kompetenzordnung.[115] Hierzu verwies das Gericht 1993 im Maastricht-Urteil auf die Begrenztheit der übertragenen Hoheitsrechte, die EU-Recht nicht überschreiten dürfe und verwendet den Begriff „ausbrechender Rechtsakte" für EU-Normen, die die Kompetenzgrenzen verletzen und deshalb keine Gültigkeit besäßen.[116] Prüfmaßstab sind dabei allerdings nicht die EU-Verträge, denn das Bundesverfassungsgericht darf allein auf der Basis deutschen Rechts entscheiden. Stattdessen dienen als Maßstab der Öffnungsartikel 23 GG für die europäische Integration und die deutschen Zustimmungsgesetze zu den Verträgen und Änderungen. Zentral ist dabei, dass mit der Kompetenzprüfung

[113] BVerfGE 73, 339 (372).

[114] BVerfGE 102, 147 (147) – Bananenmarktordnung vom 07. Juni 2000.

[115] BVerfGE 73, 339 (372).

[116] BVerfGE 89, 155 (188) – Maastricht vom 12. Oktober 1993.

(Ultra-Vires-Kontrolle) nicht mehr nur grundrechtsrelevante Kollisionen von EU- und Verfassungsrecht geprüft werden können, sondern im Prinzip jede EU-Norm aufgrund z. B. formaler Fehler bei der Entscheidung betroffen sein könnte. Auch wurde hier die Subsidiaritätsbedingung aus dem Bananenmarkt-Urteil aufgegeben, wonach das Bundesverfassungsgericht Klagen nur annimmt, wenn vor dem EuGH kein Rechtsschutz erreichbar war.[117]

Noch einmal verstärkt wurde diese Ausweitung des Kontrollanspruchs im Lissabon-Urteil von 2009. Das Bundesverfassungsgericht erklärte nun, Verfassungsbeschwerden und Normenkontrollklagen gegen EU-Recht seien aus drei Beschwerdegründen zulässig. Zum einen könne gegen Normen geklagt werden, die Grundrechte verletzen und zum zweiten gegen Normen, die die in den Verträgen gesetzten Kompetenzgrenzen überschreiten. Zum dritten werde das Gericht prüfen, ob eine EU-Rechtsnorm die Bedingungen einhalte, die im Grundgesetz als Voraussetzung formuliert seien, nämlich die Achtung der in Art. 23 Abs. 1 S. 3 in Verbindung mit Art. 79 Abs. 3 GG zusammengefassten Identität des Deutschen Grundgesetzes (Identitätskontrolle). So könne sichergestellt werden, dass der Anwendungsvorrang des EU-Rechts nur „kraft und im Rahmen" der Ermächtigungen gelte. Diese Klagemöglichkeit soll allerdings, wie in der Bananenmarkt-Entscheidung angekündigt, nur subsidiär bestehen, wenn Nichtigkeitsklagen vor dem EuGH erfolglos sein sollten.[118]

Andere Mitgliedstaaten sehen ähnliche Ausnahmen vom Anwendungsvorrang des EU-Rechts vor der Verfassung vor, ebenfalls verbunden mit verfassungsgerichtlichen Prüfkompetenzen. Zu den Ausnahmen vom Anwendungsvorrang gehören neben Ultra-Vires-Kontrollen, Verbote der Verletzung nationaler Strukturprinzipien, föderale Mitbestimmungsrechte, die Mitbestimmungsrechte der nationalen Parlamente und Grundrechte.[119] Die Zahl der Fälle, in denen EU-Recht aufgrund solcher Kollisionen für ungültig erklärt wurde, ist aber gering geblieben. Solange über das Einstimmigkeitsprinzip jeder Staat Vetomöglichkeiten besaß, konnten offensichtliche Verfassungsverstöße durch EU-Recht im Vorfeld verhindert werden. Heute kann das „Frühwarnsystem" der Kommission, d. h. die Pflicht zur frühzeitigen Information der nationalen Parlamente über Gesetzesvorhaben dazu beitragen, gravierende Rechtskollisionen gar nicht erst entstehen zu lassen. Zudem sorgt der hohe Grad an Übereinstimmung zwischen allgemeinen Rechtsprinzipien der Union und denen ihrer Mitgliedstaaten dafür, dass potentiell verfassungswid-

[117] Vgl. Mayer 2009, S. 575 f mit Beispielen deutscher Gerichtsverfahren, in denen auf das Konzept der ausbrechenden Rechtsakte Bezug genommen wurde.

[118] Vgl. Frenz 2010, S. 1093 f; Grabenwarter 2009, S. 140 f.

[119] Vgl. Grabenwarter 2009, S. 136–167; Mayer 2009, S. 578–585.

riges EU-Sekundärrecht auch mit dem Primärrecht kollidieren würde und somit über Vorlageverfahren oder Nichtigkeitsklage vom EuGH kassiert werden könnte. Ggf. müsste das Primärrecht um Garantien erweitert werden, die eine Mehrheit der Mitgliedstaaten für nicht verhandelbare Kernbestände ihrer Verfassungen halten. Opting-out-Protokolle für einzelne Staaten sind eine ergänzende Notlösung. Sorge bereitet Kritikern allerdings, dass eine bisher bestehende einfache Deeskalationsmöglichkeit, nämlich der Auslegungsspielraum von unmittelbar geltendem Recht durch das dichter werdende Netz der EuGH-Urteile immer geringer wird. Denn seine Urteile sind in vergleichbaren Fällen allgemein verbindlich. Ein ähnliches Problem haben wir schon für das enge Netz der Rechtsprechung des Bundesverfassungsgerichts gesehen, das dem Gesetzgeber immer weniger Raum für eine eigene Verfassungsinterpretation lässt. Die Lösung dafür lässt sich auf die Unionsebene übertragen: Hier lautet dementsprechend ein Vorschlag, der EuGH möge sich einem *judicial self restraint* unterwerfen und nicht nur europafreundliches Verhalten von den Mitgliedstaaten verlangen, sondern sich selbst „verfassungsfreundlich" verhalten und unnötig enge Rechtsauslegungen und Urteile vermeiden.[120] In eine ähnliche Richtung geht die Forderung an die Kommission zu „autonomieschonenden" Richtlinien und Durchführungsgesetzen. Trotz aller Wünsche nach einheitlicher Rechtsanwendung sind die nationalstaatlichen Spielräume unverzichtbar, will man die EU-Freundlichkeit der Mitgliedstaaten und Bürger nicht verspielen. Die Liste der Möglichkeiten, Rechtskollisionen durch Absprachen und Rücksichtnahme seitens der Unionsorgane, Mitgliedstaaten sowie deren Organen zu vermeiden, ließe sich beliebig fortsetzen. Aus verfassungsstaatlicher Perspektive können sie eine gerichtliche Letztentscheidungsmöglichkeit aber nicht ersetzen. Das gilt umso mehr für Grundrechtsverletzungen, weil dem Einzelnen keine anderen Abwehrmöglichkeiten zur Verfügung stehen. Auch hier böte sich an, eine Klagemöglichkeit zu schaffen, die übergreifend sowohl Verletzungen durch Mitgliedstaaten als auch durch EU-Organe ahnden kann. Eine schon angesprochene Lösung wäre ein Beitritt der EU zur EMRK. Nach Art. 34 EMRK können Individualrechtsbeschwerden beim Europäischen Gerichtshof für Menschenrechte (EGMR) aufgrund der Verletzung seiner EMRK-Rechte durch die öffentliche Gewalt eines Unterzeichnerstaats klagen – in diesem Fall dann also gegen staatliche und EU-Organe. Prüfbar sind derzeit menschenrechtsverletzendes Verwaltungshandeln oder Urteile. Dem Geschädigten stehen Wiedergutmachung oder Entschädigung zu. Sind die Grundrechtsverletzungen aber auf eine Rechtsnorm zurückzuführen, die die menschenrechtswidrigen Folgen unmittelbar anordnet, muss der betroffene Staat diese Norm nach herrschender Meinung ändern, um weitere Schäden zu vermeiden. Gleiches

[120] Vgl. Mayer 2009, S. 587 f.

gilt, wenn die Norm schon an sich der EMRK widerspricht. Zwar ist das in der EMRK nicht verbindlich festgelegt, das Ministerkomitee des Europarats prüft aber, ob geeignete Konsequenzen aus einem Urteil gezogen wurden, denn die Unterzeichner sind nach Art. 1 EMRK dazu verpflichtet, die Rechte zu gewährleisten. Deshalb ergeben sich aus den zunächst nur für den Einzelfall geltenden Urteile weitergehende Konsequenzen: Obwohl nationale Gerichte der Unterzeichnerstaaten an die Urteile des EGMR nicht gebunden sind, besteht durch Art. 1 die Verpflichtung, die Urteile in vergleichbaren Fällen zu berücksichtigen und sich zu bemühen, nationales Recht im Einklang mit der EMRK anzuwenden.[121] Insofern die EMRK weite Teile des Schutzbereiches der deutschen Grundrechte und der Europäischen Grundrechtecharta ebenfalls abdeckt, ergäbe sich ein umfassender Grundrechtsschutz gegen alles hoheitliche Handeln im Mehrebenensystem der EU. Dies würde die Transparenz und den Zugang zu Rechtsschutz erheblich erhöhen. Die Alternative wäre die Schaffung eines EU-internen Grundrechtsgerichts,[122] allerdings nur unter der Voraussetzung, dass es ebenso alle Formen hoheitlichen Handelns auf allen Ebenen prüfen kann. An ein solches Gericht wären höhere Anforderungen an Expertise und Unabhängigkeit zu stellen als an den EuGH. Denkbar wäre aber auch, nicht ein einheitliches Gericht, sondern lediglich ein einheitliches Klageverfahren mit dem genannten vollen Grundrechtsschutz zu schaffen und den nationalen Verfassungsgerichtsbarkeiten und letztinstanzlich ggf. einem weiteren EU-Fachgericht zu übertragen. Der Vorteil dieser Varianten gegenüber der EGMR-Lösung wäre, dass die Rechtsfolgen um die Pflicht zur Änderung beanstandeter Rechtsnormen erweitert werden könnten. Was angesichts der sehr heterogenen Gruppe der Unterzeichnerstaaten der EMRK nicht durchsetzbar war, wäre in der EU Teil der supranationalen Logik.

4.2.4 Abschließende Bemerkung

Aus der Vielzahl der in Kapitel IV.2. zusammengetragenen Mosaiksteine ergibt sich das Bild einer Europäischen Union, die mit großer institutioneller Phantasie versucht, die Standards von Rechts- und Verfassungsstaatlichkeit und Demokratie auf der supranationalen Ebene umzusetzen. Dabei werden nationalstaatliche Lösungen nicht kopiert, sondern den Besonderheiten der Ebene angepasst. Daraus resultieren eine auf Staatenproporz aufgebaute Kompetenzordnung, besondere Rechtsformen

[121] Vgl. Heer-Reißmann 2008, S. 82 ff; Hufen 2009, S. 36; Czerner 2007; Grabenwarter 2008; Peters 2003.

[122] Vgl. Heer-Reißmann 2008, S. 280 ff.

und eine exekutivlastige Rechtsetzung, ein langsam erstarkender Parlamentarismus und die sehr begrenzte Einbeziehung einer erst im Entstehen begriffenen europäischen Bürgerschaft. Es zeigen sich aber auch ein klares Bekenntnis zu gesetzlicher Herrschaft, eine überzeugende Grundrechtecharta und das Bemühen um einen verlässlichen Rechtsschutz. Wenn sich also auch einige der Lösungen deutlich von erprobten nationalstaatlichen Wegen unterscheiden und noch nicht ausgereift sein mögen, scheint eine weitgehende Annäherung an eine supranationale Verfassungsstaatlichkeit möglich. Zwei grundlegende Probleme jedes Mehrebenensystems ließen sich aber nur durch eine vollständige Supranationalisierung von Recht und Demokratie in der EU erreichen: die Verortung eines Letztentscheidungsrechts und eine funktionierende vertikale *Accountability.*

> Im Mehrebenensystem wirken Parlaments- und Regierungsentscheidungen über den Kreis der Bürgerinnen und Bürger hinaus, die im Wahlakt auf sie reagieren können. Diese sind wiederum zum Teil von Entscheidungen in anderen Einheiten betroffen, auf die sie keinen Einfluss in geregelten Verfahren der Willensbildung und Kontrolle ausüben können. Die erfolgreiche Koordination von verbindlichen Entscheidungen zwischen den Einheiten und Ebenen führt zu einer Politik, die gegenüber mehreren „Bürgerschaften" verantwortet werden muss. Wer dabei für was die Verantwortung übernimmt, ist schwer zu bestimmen. Koordinations- und Legitimationsprobleme bilden zusammen das Problem des demokratischen Regierens im Mehrebenensystem …[123]

Die zentrale Folge ist, dass, anders als im Nationalstaat und auch anders als z. B. in völkerrechtlichen Verträgen, keine demokratische Letztverantwortlichkeit mehr besteht. Sie liegt durch die teils gemeinsamen teils exklusiven Zuständigkeiten weder bei einem Unionsorgan, noch bei den nationalen Parlamenten. Und auch das für den Demokratischen Verfassungsstaat charakteristische Letztentscheidungsrecht von Verfassung und Verfassungsgericht – in diesem Fall von Primärrecht und EuGH – kann keine Rede sein. Es verliert sich im Mehrebensystem der EU in einem noch nicht hinreichend geklärten Nebenordnungsverhältnis von supranationalem Europäischem Gerichtshof und nationalen Verfassungsgerichten und den kollidierenden Vorrangansprüchen von EU-Recht und nationalen Verfassungen.[124] Insofern muss man sagen, dass durch diese fehlende Möglichkeit, Verantwortlichkeit klar zuzuweisen und vor allem auch ein Letztentscheidungsrecht zu verorten, Mehrebenensysteme nicht 1:1 in Demokratische Verfassungsstaatlichkeit überführbar sind. Es handelt sich um hybride Rechtssysteme, die sich nicht auf eine einheitliche Rechtsquelle zurückführen lassen. Hierfür müssten die nationa-

---

123 Benz 2009, S. 19.

124 Vgl. dazu S. 205 Auswirkungen auf justiziablen Verfassungsvorrang und Grundrechtsschutz.

len Verfassungen tatsächlich einem einheitlichen supranationalen EU-Vertrag oder einer EU-Verfassung untergeordnet werden, so dass sich sowohl alle supranationalen wie nationalen und subnationalen Kompetenzen aus dieser übergeordneten einen Quelle ergeben.

Literaturtipps

Zum Nachlesen

Borchardt, Klaus-Dieter. 2010. *Das ABC des Rechts der Europäischen Union.* Luxemburg.

Huber, Peter M. 2007. Die Wirkung der Supranationalität auf Föderalismus und Regionalismus. In *Die Wirkung der Supranationalität auf die Gewaltenteilung,* hg. von Hartmut Bauer, und Antonio D'Atena, 157–187. Athen, Berlin, Brüssel.

Knauff, Matthias. 2010. *Der Regelungsverbund: Recht und Soft Law im Mehrebenensystem,* 76–100, 184–205. Tübingen.

Weiterführend

Grabenwarter, Christoph. 2009. Staatliches Unionsverfassungsrecht. In *Europäisches Verfassungsrecht. Theoretische und dogmatische Grundzüge,* hg. von Armin von Bogdany, und Jürgen Bast, 121–176. Berlin, Heidelberg.

Heer-Reißmann, Christine. 2008. *Die Letztentscheidungskompetenz des Europäischen Gerichtshofes für Menschenrechte in Europa. Eine Untersuchung zum Verhältnis von EGMR und EuGH in Menschenrechtsfragen unter Berücksichtigung des Verhältnisses des BVerfG zum EuGH.* Frankfurt a. M.

Mayer, Franz C. 2009. Verfassungsgerichtsbarkeit. In *Europäisches Verfassungsrecht. Theoretische und dogmatische Grundzüge,* hg. von Armin von Bogdany, und Jürgen Bast, 560-607. Berlin, Heidelberg.

4.3 Universalität des Demokratischen Verfassungsstaats

Die letzte große Herausforderung, die hier angesprochen werden soll, wird an den Demokratischen Verfassungsstaat nicht nur von außen herangetragen. Sie stellt sich auch aus seinem eigenen Geltungsanspruch heraus. Der amerikanische Politikwissenschaftler Francis Fukuyama hatte das westliche Ordnungsmodell 1992 als „Endpunkt der ideologischen Evolution der Menschheit“[125] bezeichnet. Durch den Zusammenbruch des sowjetischen Sozialismus würden sich seine Prinzipien nun ungehindert verbreiten; es gäbe keinen gültigen Gegenentwurf dazu. Hierin wird die Vorstellung deutlich, der Demokratische Verfassungsstaat sei nicht nur eine glückliche Errungenschaft der westlichen Welt, sondern eine für alle Staaten

[125] Fukuyama 1992, S. 11

geeignete und zu empfehlende Ordnungsform. Unterstellt wird, dass die Prinzipien demokratischer Verfassungsstaatlichkeit *Universalität*[126] besitzen, also unabhängig von Zeit, Region, Kultur oder Weltanschauung anerkennungswürdig sind. Diese Annahme wird aber teils von wissenschaftlicher, teils von politischer Seite zunehmend in Frage gestellt. Die Kritik richtet sich zum einen dagegen, die Standards etablierter Demokratischer Verfassungsstaaten zum Leitbild für Liberalisierungs- und Demokratisierungsprozesse zu erheben. Junge Demokratien könnten dem kaum gerecht werden; ihre eigenen Bemühungen würden unzulässig abgewertet und unter den Umständen vielleicht geeignetere Zielperspektiven ausgeschlossen. Jenseits dieser an konkreten Problemen orientierten Debatte wird diskutiert, ob der Demokratische Verfassungsstaat nicht ohnehin auf rein christlich-abendländischen Prämissen beruhe und schon deshalb keinen universellen Geltungsanspruch erheben könne. Die verschiedenen Einwände können hier nur angerissen werden. Es soll aber deutlich werden, dass Gegner und Befürworter eines universellen Geltungsanspruchs gute Argumente auf ihrer Seite haben.

4.3.1 Universalität der Menschenrechte

Die Diskussion um die Universalität der Kernelemente Demokratischer Verfassungsstaatlichkeit nimmt ihren Anfang in den Versuchen, einen globalen Standard und Schutz von Menschenrechten zu schaffen. Einer der ersten großen Schritte in diese Richtung war am 10 Dezember 1948 die Allgemeine Erklärung der Menschenrechte (AEMR) durch die Generalversammlung der Vereinten Nationen. Sie enthält die klassischen bürgerlichen Freiheitsrechte (Art. 3–20 AEMR), das Recht zu politischer Aktivität (Art. 21), soziale, wirtschaftliche und kulturelle Rechte (Art. 22 AEMR). Deutlich ist die Erklärung von den in der europäischen Aufklärung formulierten Prämissen des Individualismus, der natürlichen Freiheit und

[126] Von Universalität oder Universalisierbarkeit wird in der politischen Theorie und Philosophie dann gesprochen, wenn eine allgemeine Regelung jeder rationalen Prüfung standhält und deshalb von jedem vernünftigen Menschen Zustimmung erwartet werden kann. Diese Form der Legitimation von Moral, Recht und politischen Strukturen liegt Vertragstheorien zugrunde. Bekanntestes Beispiel des 20. Jahrhunderts ist John Rawls' Theorie der „Gerechtigkeit als Fairness". Aber auch Diskurstheorien, wie die Theorie des demokratischen Rechtsstaats von Jürgen Habermas arbeiten mit dem Universalitätsprinzip. Hier soll die freie öffentliche Diskussion ergeben, welche von mehreren möglichen Regeln die besten Argumente auf sich vereinen kann. Rawls 1977, Habermas 1998. Die Möglichkeit universeller Legitimierbarkeit muss nicht mit dem Anspruch einhergehen, die einzig legitime Alternative zu sein. Die meisten Theorien unterstellen aber, dass sich durch die Prüfung der Universalisierbarkeit in der Regel die bestmögliche Lösung zeigt.

Gleichheit aller Menschen (Art. 2 AEMR), der Willensfreiheit, der Vernunft (Art. 1 AEMR), der Trennung von öffentlicher und privater Sphäre (Art. 12 AEMR) sowie der Trennung von Staat und Religion getragen (Art. 18 AEMR). Die damit verbundenen individuellen Freiheitsrechte und Diskriminierungsverbote gehören zu den identitätsstiftenden Axiomen des Demokratischen Verfassungsstaats. Schon bei den Beratungen zur AEMR vom 10. Dezember 1948 konstatierte aber Saudi-Arabien, dass die Rechtsgleichheit von Frauen und Männern bei der Eheschließung (Art. 16 AEMR) und das Recht, die Religion zu wechseln (Art. 18 AEMR) exklusive Werte der westlichen Welt seien, die in anderen Kulturen nicht gälten. Westliche Staaten, insbesondere die USA, hatten wiederum Bedenken gegen die von lateinamerikanischen und damaligen Ostblockstaaten geforderte Aufnahme sozialer, wirtschaftlicher und kollektiver kultureller Rechte. Sie wollten die Erklärung auf die klassischen individuellen Freiheitsrechte beschränken. Die damaligen Ostblockstaaten wollten die individuellen Freiheiten wiederum nur nach Maßgabe der nationalen Gesetze gelten lassen. Die Erklärung war am Ende ein Kompromiss. Sie enthielt zwar die in ihrer Universalität bestrittenen Rechte, wurde aber nur als rechtlich unverbindliche Erklärung der UN-Generalversammlung verabschiedet und ließ gesetzliche Einschränkung zum Wohl der öffentlichen Ordnung und Wohlfahrt und den gerechten Anforderungen der Moral zu (Art. 29 AEMR).[127] Dennoch stimmten die sozialistischen Staaten Jugoslawien, UdSSR, Polen, Tschechoslowakei, Ukraine und Weißrussland, außerdem Jemen, Honduras, Saudi-Arabien und Südafrika nicht zu. Die „American Anthropological Association" und die UNESCO kommentierten die AEMR mit dem Hinweis, die These einer abstrakten Menschengleichheit widerspreche der kulturellen Verschiedenheit der Völker.[128]

Heute ist die AEMR nahezu unbestritten und es wurden zahlreiche weitere internationale Abkommen geschlossen, die Menschenrechten zu einer annähernd universellen rechtlichen Anerkennung verholfen haben. Doch der hohe Ratifizierungsstand ist irreführend.[129] Der verbalen und rechtlichen Anerkennung in mehr als 80 % aller Staaten steht eine mangelhafte faktische Beachtung der Menschenrechte weltweit gegenüber; zudem hat sich die kulturrelativistische Kritik am Universalitätsanspruch der Menschenrechte seit der Verabschiedung der AEMR eher verstärkt als abgeschwächt. Prominentes Beispiel der jüngeren Zeit ist die These des amerikanischen Autors Samuel Huntington vom „Kampf der Kulturen". Menschenrechte seien ein Teil des kulturellen Codes der westlichen Zivilisation, der

[127] Vgl. zum Gesetzesvorbehalt ausführlich Fassbender 2006.

[128] Vgl. Bielefeld 2004, S. 13.

[129] So Fassbender 2008, S. 7; wie schon Jetschke 2006.

in anderen Zivilisationen, insbesondere der chinesischen und islamischen, nicht anerkannt seien.[130] Huntington warnt dennoch vor einer Preisgabe der menschenrechtlichen Errungenschaften der westlichen Kultur und befürwortet, den universellen Geltungsanspruch der Menschenrechte auch gegen den Widerstand aufrecht zu erhalten. Häufiger ist dagegen die kulturrelativistische Position, in dem Geltungsanspruch eine Form unzulässiger Bevormundung zu sehen.[131] Unlängst erklärte der Bonner Staatsrechtslehrer Josef Isensee dazu:

> Der Universalitätsanspruch der Menschenrechte läßt den Eigenwert der außereuropäischen Kulturen nicht gelten, sofern sie ‚westlichen' Denk- und Lebensformen nicht kompatibel sind. Der Rationalismus und der Individualismus, aus denen er sich speist, ist blind gegenüber Religion und Tradition, gleichgültig gegenüber ‚vormodernen' Grundbedürfnissen nach Vertrautheit, Geborgenheit und Orientierungssicherheit.[132]

> Zu fragen ist, ob, wieweit und unter welchen Bedingungen die genuin europäischen (genauer: europäisch-atlantischen) Menschenrechte sich auf außereuropäische Kulturen übertragen lassen, wo der geistige Nährboden fehlt, in dem die Menschenrechte geboren und gewachsen sind: die durch Antike und Christentum geprägten Ideen von Würde und Personsein des Menschen und die Prinzipien von Freiheit und Gleichheit, aber auch Aktivität, Fortschrittsstreben und Emanzipationsdrang, Scheidung von Recht und Moral, von Gesetz und Gewissen, von Staat und Religion, die Säkularität des Staates.[133]

Es gibt aber auch gewichtige Gegenstimmen gegen eine kulturrelativistische Sicht von Menschenrechten. So hat die Wiener UN-Weltmenschenrechtskonferenz von 1993 noch einmal betont: „Der universelle Charakter dieser Rechte und Freiheiten steht außer Frage."[134] Gegner des Kulturrelativismus lehnen ihn als „Kulturabsolutismus"[135] ab oder geben zumindest zu bedenken, dass der Vorwurf des menschenrechtlichen Kulturimperialismus häufig „als ein Totschlag-Argument aus dem Arsenal postkolonialer Herrschaftseliten auf der Suche nach geeigneten Legitimationsstrategien" verwendet werde.[136]

---

[130] Huntington 1996.

[131] Von einem regelrechten Imperialismus der westlichen Menschenrechtsidee sprechen Pollis und Schwab 1979; entsprechend lehnen sie sowohl alle Verbreitungsversuch als auch das Konzept universeller Menschenrechte ab.

[132] Isensee 2009, S. 6 f.

[133] Isensee 2009, S. 6.

[134] Vgl. Wiener Erklärung und Aktionsprogramm vom 25. Juni 1993, Teil I, Abschn. 1.

[135] So Howard 1993; Finkielkraut 1989.

[136] Kößler und Melber 1993, S. 115.

Diese Einwände sind aber je weniger haltbar desto mehr sich Gegner westlicher Standards um eine eigene, durch ihre Tradition und Weltanschauung gestützte Lesart von Menschenrechten bemühen.[137] Sowohl afrikanische als auch arabische bzw. islamische Staaten haben beispielsweise eigene regionale Menschenrechtserklärungen verabschiedet. Sie demonstrieren damit, dass sie nicht die Idee von Menschenrechten an sich, sondern nur deren westlich geprägte Lesart ablehnen. Die Afrikanische Charta der Menschenrechte und Rechte der Völker vom 27. Juni 1982 („Banjul-Charta") stellt den individuellen Rechten zahlreiche kollektive Rechte auf nationale Selbstbestimmung, gemeinschaftliche Verfügung über Ressourcen, Solidaritätsansprüche etc. gegenüber.[138] Aus dem arabischen und islamisch geprägten Raum liegen mittlerweile drei regionale Konventionen vor: die Allgemeine Erklärung der Menschenrechte im Islam vom 19. September 1981, die Kairoer Erklärung über Menschenrechte im Islam vom 5. August 1990 sowie die Arabische Charta der Menschenrechte vom 15. September 1994. Sie unterscheiden sich von der AEMR wesentlich durch die rechtliche Ungleichheit von Frau und Mann, durch eine eingeschränkte Religionsfreiheit, die einen Abfall vom islamischen Glauben verbietet, durch den starken Sozialbezug des Menschen und die mehr oder weniger starke Integration des islamischen Strafrechts Scharia.[139]

Diese Menschenrechtskonventionen können keinen universellen Geltungsanspruch erheben und tun es auch nicht; sie reklamieren aber eine feste Legitimationsgrundlage in einer bestimmten Weltanschauung, Kultur oder Religion, die die westlichen Kataloge dort nicht haben. Das hat eine neue, kulturpluralistische Position auf den Plan gerufen. Sie zielt auf einen breiten Verständigungsprozess über ein kulturübergreifendes Menschenrechtsverständnis, um eine bessere Verwurzelung der Menschenrechte in den Kulturkreisen zu erreichen. Die Berliner Rechtswissenschaftlerin Gabriele Kuhn-Zuber sieht insbesondere in dem Dialog mit dem islamischen Menschenrechtsverständnis auch einen Gewinn für die westliche Kultur. Angesichts der Vereinzelungstendenzen in den westlichen Gesellschaften könnte die gemeinschaftsorientierte Perspektive für den Westen befruchtend sein. Den Dialog zu verweigern arbeite dagegen Despoten in die Hand.

> Bei einer einseitigen Oktroyierung bestimmter festgelegter Menschenrechtskonzepte besteht die Gefahr, dass durch die Verdammung fremder Kulturen als menschenrechtsfeindlich … impliziert wird, dass Menschenrechte in dieser Kultur Fremdkörper sind und bleiben müssen. Damit öffnet man den Verfechtern des kulturellen Relativismus einen freien Raum zur Rechtfertigung von Verstößen gegen die Menschenrechte. Indem man Menschenrechtsverletzungen nichtwestlicher Staaten nur am eigenen

---

[137] Siehe zu entsprechenden Bemühungen islamischer Autoren Schwartländer 1993.

[138] Vgl. Riedel 2004, S. 37, Abdruck der Charta im gleichen Bd. S. 532–545.

[139] Vgl. Riedel 2004, S. 38 f Abdruck der Konventionen im gleichen Bd. S. 546–574.

universellen Menschenrechtsstandard nachmisst, unterstützt man indirekt diejenigen, die Menschenrechte als kulturellen Imperialismus des Westens betrachten. Viel wichtiger wäre es dagegen, Repressionen am Standard der jeweiligen Kultur zu überprüfen und aufzuzeigen, dass diese regelmäßig auch keine Begründung für ein menschenrechtswidriges Verhalten liefert.[140]

Für einen solchen verständigungsorientierten Ansatz spricht nach Ansicht des amerikanischen Politiktheoretikers und Menschenrechtsexperten Jack Donnelly zweierlei. Zum einen gebe es bereits heute einen überlappenden Konsens zwischen verschiedenen philosophischen, ethischen und religiösen Traditionen darüber, dass Menschenrechte ein geeignetes *politisches* Konzept der Gerechtigkeit und der Grenzziehung legitimer Politik sei.[141] Zum zweiten sei es bisher nicht gelungen, eine Begründung von Menschenrechten zu finden, die ohne Bezüge auf Weltanschauungen auskäme. Grundsätzliche Zweifel hat Donnelly aber an der Vorstellung, die gravierenden Unterschiede zwischen Menschenrechtsvorstellungen seien auf unverrückbare kulturelle Prämissen zurückzuführen. Einer Universalität der Menschenrechte sei zuallererst in historischer Perspektive nicht gegeben. Menschenrechte als gleiche, unveräußerliche Rechte des Individuums seien eine Erscheinung der Moderne und der modernen Gesellschaft, die sich erst ab dem 17. Jahrhundert entwickelt hätten.

> No society, civilization, or culture, prior to (at earliest) the late seventeenth century had a widely endorsed vision, let alone practice, of equal and inalienable individual human rights. [142]

Die Anerkennung der Idee universeller Menschenrechte sei eher eine Frage der Sozialstruktur als der Kultur, so Donnelly. Er könne nicht sehen, dass irgendeine Kultur prinzipiell unvereinbar mit der Idee gleicher und unveräußerlicher Menschenrechte sei, wenn man nur die enormen Möglichkeiten innerer Entwicklung von Kulturen beachte. Warum sollten andere Kulturen weniger Veränderungsprozesse durchlaufen, als beispielsweise die christlich-abendländische?[143] Donnelly plädiert deshalb für ein Stufenkonzept: Beibehalten werden sollte der Universalitätsanspruch für das Konzept gleicher, unveräußerlicher und gegen Staat und Gesellschaft einklagbarer Rechte jedes Menschen. Außerdem sei an der universellen Geltung existentieller Rechte, wie dem Recht auf Leben, Sicherheit und körperlicher Unversehrtheit (Art. 3 AEMR) festzuhalten, ebenso an einem Recht auf soziale

[140] Kuhn-Zuber 2002, S. 331, 330.

[141] Donnelly 2009, S. 261 f.

[142] Donnelly 2009, S. 262, 261.

[143] Donnelly 2009, S. 262–265.

Grundsicherung (Art. 22 AEMR). Hierin sieht Donnelly den überlappenden Konsens. Darüber hinaus bestünden diverse Menschenrechtskonzepte mit nur partikularer Geltung, die sich jeweils auf gute Gründe berufen könnten, beispielsweise die Berücksichtigung der Traditionen indigener Bevölkerung. Die freie Entscheidung einer Gesellschaft für ein partikulares Konzept und auch Abweichungen vom Konsens sollten nicht leichtfertig in Frage gestellt werden, solange es glaubwürdig zum menschenwürdigen Leben der Bürger beiträgt. Allerdings müsse die Toleranz der Staatengemeinschaft gegenüber solchen Abweichungen in dem Maße abnehmen, wie sie nicht auf freier Entscheidung des Volkes zu beruhen scheinen.[144] Am Ende stehe das Ziel, Universalität durch den Rechtfertigungszwang aus dem Dialog emporsteigen zu lassen. „And much of the progressive character of the contemporary political project of human rights depends on the claim's power of universality."[145]

4.3.2 Defekte Demokratien oder neuer Autoritarismus? Zur Verbreitung der Strukturen und Verfahren Demokratischer Verfassungsstaatlichkeit

Die Verbreitung der Demokratie wird heute anhand vielteiliger Kriterienkataloge, sogenannter „Demokratieindizes" gemessen. Maßstab ist jeweils die Realisierung dieser Kriterien in einer stabilen und funktionstüchtigen Demokratie. Das anfänglich bescheidene Ziel einer nur auf freie Wahlen abstellenden elektoralen Demokratie wurde sukzessive um rechts- und verfassungsstaatliche Elemente erweitert. Das schon geschilderte Konzept der *embedded democracy* ist ein Beispiel für eine solche anspruchsvolle Zielvorstellung; auf ähnlichen beruhen bekannte Demokratieindizes wie der regelmäßige von der Stiftung Freedom House veröffentlichte Bericht „Nations in Transit" oder auch der Bertelsmann-Transformationsindex (BTI). Je besser ein Staat die formulierten Kriterien erfüllt, desto mehr Punkte erhält er und kann in Relation zu anderen als Demokratie, Autokratie oder als eine Zwischenform klassifiziert werden. Außerdem lässt sich mit Hilfe der Kriterien zeigen, in welchen Bereichen sich die Zwischenformen von den stabilen Demokratien besonders stark unterscheiden. Die deutschen Demokratieforscher Merkel, Puhle und Croissant haben dafür, ausgehend von ihrer Zielperspektive einer *embedded democracy,* vier verschiedene solcher Zwischenformen definiert. Jede von ihnen weist Schäden in einem der oben erläuterten Teilregime der eingebetteten Demokratie auf (vgl. Abb. 4.6).[146]

[144] Donnelly 2009, S. 268 f.

[145] Donnelly 2009, S. 270.

[146] Begriff ursprünglich von O'Donnell, 1994.

Abb. 4.6 Typen defekter Demokratie

Beschädigtes Teilregime	Beschädigte Dimension	Typ defekter Demokratie
A und B	Vertikale Legitimations-und Kontrolldimension: Beeinträchtigung des Wahlregimes und der politischen Teilhaberechte	Exklusive Demokratie
C	Rechtsstaatlichkeit: Verletzung der bürgerlichen Rechte, ungenügend funktionierende Rechtsstaatlichkeit und Justiz	Illiberale Demokratie
D	Horizontale Gewaltenkontrolle: des Staatspräsidenten durch Parlament und Justiz; Umgehung parlamentarischer Beschlussfassung, fehlende gerichtliche Belangbarkeit	Delegative Demokratie
E	Effektive Regierungsgewalt: verfassungswidrige Usurpierung demokratischer Entscheidungsbefugnisse durch nicht-demokratische Akteure, z.B. Militär	Enklavendemokratie

Quelle: Nach Merkel et al. 2003, S. 69

Zentrales Kriterium der Zuordnung zu den Typen ist, welches Teilregime am stärksten beschränkt ist. Mischformen sind natürlich möglich.[147] Insofern sie sich durch die Abweichung von einem Ideal der *embedded democracy* definieren, wurden sie von dem Forscherteam unter dem Sammelbegriff „defekte Demokratien" zusammengefasst. Um zu zeigen, welche Defekte bei jungen Demokratien am häufigsten sind, ordnete Aurel Croissant in einer kleinen Studie die vom BTI 2008 verwendeten Kriterien den Teilregimen A bis E zu. Dabei wurde deutlich, dass Demokratisierungsprozesse nicht am Demokratieprinzip scheiterten. Demokratische Rechte und freie Wahlen schienen noch die einfachste Transformationsleistung zu sein. Der Unterschied zwischen eingebetteten und defekten Demokratien im Bereich freier Wahlen A) und den politischen Teilhaberechten B) war nämlich am kleinsten. Sehr viel größer war er bei der Sicherung bürgerlicher Freiheitsrechte C) und vor allem der horizontalen Gewaltenteilung D). Der Unterschied im Regime effektiver Regierungsgewalt E) lag in einem mittleren Bereich. Vorherrschende Typen defekter Demokratien waren also delegativ-illiberale.[148] Auch regionstypische Schwachpunkte ließen sich bei der Datenauswertung ausmachen (vgl. Abb. 4.7). Defekte Demo-

---

[147] Merkel et al. 2003, S. 69.

[148] Croissant 2010, S. 106 f.

Abb. 4.7 Transformationserfolge 2008 nach Teilregime und Region

Transformationserfolge 2008 in	**Teilregime**					
Region	**A**	**B**	**C**	**D**	**E**	**Ø**
Ostmittel-und Südosteuropa	8,8	8,4	6,6	6,6	8,6	7,8
GUS	7,26	6,7	5,9	5,1	6,57	6,31
Nordafrika und Naher Osten	7	7,3	5,95	5,3	5,6	6,23
Ost-und Südafrika	7,4	7,28	6,25	5,6	8	6,91
West-und Zentralafrika	8,1	7,25	5,7	4,8	7,1	6,59
Asien und Ozeanien	7,2	7,5	6,2	5,3	6	6,44
Lateinamerika und Karibik	8,26	7,6	5,7	7,1	8,07	7,35

Quelle: Datenberechnung von Croissant 2010, S. 107 nach BTI 2008

kratien in Nordafrika und Nahem Osten sowie Asien und Ozeanien wiesen, neben der größten Schwachstelle im Teilregime D, einen erheblichen Mangel an effektiver Regierungsgewalt E) auf. Vielfach lag die eigentliche Entscheidungsmacht also nicht in den Händen der gewählten politischen Führung, sondern beispielsweise in denen des Militärs. In defekten Demokratien Ostmittel- und Südosteuropas, Ost- und Südafrikas, sowie Lateinamerikas und der Karibik wurden dagegen im Teilregime E gute Werte erreicht. Hier rangierte hinter dem Mangel an horizontaler Gewaltenteilung die schlechte Sicherung von unabhängiger Gerichtsbarkeit und bürgerlichen Rechten C) an zweiter Stelle der Mängelliste. In den GUS-Staaten folgen auf die zentrale Schwäche horizontaler Gewaltenteilung Probleme im Bereich bürgerlicher Rechte. Aber auch in den anderen Teilregimen werden nur mäßige Werte erreicht. Das gemeinsame Ergebnis ungenügender horizontaler Gewaltenteilung und sehr schwacher Rechtsstaatlichkeit war für Croissant vor allem deshalb alarmierend, weil sich dieser Mangel in Fallstudien immer wieder als „Einfallstor für die schleichende Umkehrung demokratischer Transformationsprozesse“ erwiesen habe.[149]

Die Suche nach Ursachen dieser Defekte ist bis heute nicht abgeschlossen. (1) Zum Teil ist schon das Maß an Staatlichkeit zu gering, um darauf rechtsstaatliche, geschweige denn verfassungsstaatliche Strukturen zu errichten. Nach dem Zusammenbruch des alten Regimes gelingt es den neuen Eliten manchmal nicht, ein staatliches Gewaltmonopol herzustellen, weil soziale, religiöse, ethnische oder kulturelle Feindschaften oder Klassenkonflikte so stark sind, dass die Parteien nicht bereit sind, Konflikte nur noch friedlich auf politischem Weg und unter einem gemeinsamen Recht auszutragen. Zu schlechte Infrastruktur und Bildung verhindern im Weiteren oft den Aufbau einer funktionstüchtigen Verwaltung und Gerichtsbarkeit,

[149] Croissant 2010. S. 107.

die das Recht flächendeckend durchsetzen könnten. Eine Folge beider Probleme ist ein hoher Grad von Korruption, die die Steuerungsfähigkeit des Rechts unterläuft.[150]

(2) Wirksame demokratische Kontrolle scheitert meist an einer nur schwach organisierten oder schlicht fehlenden Zivilgesellschaft. Das ist insbesondere dann der Fall, wenn eine breite Mittelschicht fehlt oder sie zwischen einem extremen Gefälle zwischen Arm und Reich zerrieben wird. Die Bürger haben so einer machtbewussten Elite nichts entgegenzusetzen. Parteien und sonstige intermediäre Gewalten fehlen, Interessen können nicht wirksam artikuliert und gebündelt werden.[151]

(3) Eine weitere, viel diskutierte mögliche Ursache für die Abweichung von der Zielperspektive ist deren mangelnde Akzeptanz in der politischen Elite und/ oder der Bevölkerung. Das Konzept der eingebetteten Demokratie wurde am Vorbild der Demokratischen Verfassungsstaaten in Westeuropa und den USA gebildet und ist so elaboriert, dass es den erwachenden Gesellschaften nur begrenzten Raum für eine Integration ihrer Erfahrungen, Traditionen und Werte lässt.

> Divergierende kulturelle Denk- und Wahrnehmungsmuster, normative Dispositionen und kollektiv gefestigte Annahmen darüber, was in einem Gemeinwesen legitim ist, was von der Politik und der Justiz erwartet wird und wie die eigene Rolle als Akteur definiert ist, beeinflussen die Funktionsweise von Justizsystemen und bringen unterschiedlich ‚dichte' Konzeptionen von Rechtsstaat hervor.[152]

Das heißt nicht, dass Rechtsstaatlichkeit nur in bestimmten Kulturkreisen möglich ist, sondern dass sie ggf. anders organisiert sein muss, um auf Akzeptanz zu stoßen. So versucht beispielsweise Bolivien heute, indigenes Recht und Rechtsprechungsverfahren im Rahmen verfassungsmäßiger Vorgaben als Alternativen zum gesatzten Rechtssystem zuzulassen, um die Akzeptanz zu erhöhen. Studien zeigen gleichzeitig, dass junge Demokratien, die an demokratische Vorbilder in der eigenen Vergangenheit anknüpfen können, mehr Rückhalt in Bevölkerung und politischer Führung haben.[153]

(4) Dass einmal eingeleitete Demokratisierungsprozesse nicht in die Errichtung eines Demokratischen Verfassungsstaates münden, wird oft auch auf wirtschaftliche Misserfolge zurückgeführt. Junge Demokratien erweisen sich häufig als ökonomisch schwach, weil zusammen mit den neuen politischen Strukturen oft auch die wirtschaftlichen neu aufgebaut werden müssen. Dadurch ist die Ökonomie längere Zeit nicht wettbewerbsfähig. Die an den Systemwechsel geknüpften Hoffnungen auf einen raschen wirtschaftlichen Aufschwung werden enttäuscht. So fehlt

[150] Croissant 2010. S. 108.

[151] Merkel und Puhle 1999, S. 61 f; Croissant 2010. S. 108 f.

[152] Croissant 2010. S. 108.

[153] Vgl. Merkel und Puhle 1999, S. 61 f; Croissant 2010. S. 108 f.

es nicht nur an Ressourcen für weitere Umbaumaßnahmen, sondern auch an der Motivation dazu. Das kann so weit gehen, dass das Ziel der Demokratisierung ganz in Frage gestellt wird. Denn die geringere ökonomische Leistungsfähigkeit defekter Demokratien besteht nicht nur im Vergleich zu etablierten Demokratien. Auch etablierte Autokratien erweisen sich als ökonomisch deutlich erfolgreicher. Zwar sind instabile Autokratien wirtschaftlich noch schwächer als defekte Demokratien, doch die enormen Wachstumszahlen insbesondere aus China schüren „das Narrativ" von der wirtschaftlichen Überlegenheit der Autokratie.[154]

Der Universalitätsanspruch des Demokratischen Verfassungsstaats ist von diesen Ergebnissen in mehrfacher Hinsicht betroffen. Zum einen haben sie zu kontroversen Debatten über Mittel und Gelegenheitsfenster externer Demokratieförderung geführt. Demokratieförderung gegen den Willen der Eliten und der Bevölkerung im Land erscheinen heute kaum noch Erfolg versprechend. Das entzieht insbesondere dem Einsatz gewaltsamer Mittel die Legitimität, hat aber auch Fragen nach dem „richtigen Zeitpunkt" für Demokratieförderung aufgeworfen. Interventionen ohne die nötigen wirtschaftlichen und gesellschaftlichen Voraussetzungen könnten kontraproduktiv sein, wenn sich dadurch Lebensverhältnisse verschlechtern. Zumindest liefern die Maßnahmen dann den Gegnern weitere Argumente. Weil viele Voraussetzungen nur durch langfristiges Engagement herstellbar sind, müssen sich externe Förderer andererseits fragen, wie lange sie zu welchen Zugeständnissen in der Zwischenzeit bereit sind und ob sie in Kauf nehmen wollen, die autoritären Eliten durch den Aufbau von Infrastruktur o.Ä. sogar zu stärken.[155]

Die Debatte um die Demokratieförderung hat somit die aktive Durchsetzung des universellen Geltungsanspruchs in Zweifel gezogen, aber auch der Anspruch an sich ist nicht unbeschadet geblieben. Die Zielperspektive, quasi aus dem Stand einen Demokratischen Verfassungsstaat oder eine eingebettete Demokratie zu errichten, sehen manche Kritiker als zu anspruchsvoll und diskriminierend an. Alle Staaten, die davon abwichen, würden dementsprechend als defekt, d. h. als minderwertig eingestuft und die Möglichkeit normativ und praktisch gleichwertiger Alternativen verneint.[156] Die Argumentation geht dahin, wieder zu einfacheren Zielperspektiven, etwa der elektoralen Demokratie zurückzukehren. Andere Kritiker verteidigen die anspruchsvolle Zielperspektive, kritisieren aber, dass Staaten mit massiven Mängeln im Wahlregime und der Gewaltenkontrolle dennoch mit dem Prädikat „Demokratie" - wenn auch mit dem Vermerk „defekte" - versehen werden. Damit werde der Demokratiebegriff ausgehöhlt und Qualitätsansprüche preisgegeben. Das werde künftig auch die Kritik und Kontrolle der politischen

154 Vgl. Saxer 2009, S. 3 f mit weiteren Nachweisen.

155 Vgl. Saxer 2009, S. 6.

156 Vgl. Krennerich 2005.

Führung in den etablierten Demokratien erschweren. Besser solle man von „hybriden Regimen" sprechen, die weder Autokratie noch Demokratie, sondern eben Typen eigener Art seien. Deren Merkmale dürften dann auch nicht vom Maßstab und Systemzusammenhang der eingebetteten Demokratie bestimmt und erschlossen werden, sondern man müsse versuchen, die je eigene Logik dieser Regime zu erkennen.[157] Einige Forscher meinen sogar, dass selbst eine Einordnung als hybride Regime noch zu beschönigend oder zumindest irreführend sei. Sie ergebe sich aus einem *democratic bias*, aus einer höheren Gewichtung des Wahlregimes gegenüber den rechts- und verfassungsstaatlichen Elementen der eingebetteten Demokratie. Würde man eine gleiche Gewichtung vornehmen oder als Korrektiv auch Indikatoren der Autokratie prüfen, müssten die meisten „defekten" Demokratien als eine neue Form des Autoritarismus eingestuft werden.[158] Beispiele hierfür finden ich im Nahen Osten und Nordafrika (z. B. Kuwait, Marokko) aber auch in Lateinamerika (Ecuador) und Asien (Malaysia). Auch Russland wird zuweilen dazu gerechnet, während beispielsweise Weißrussland als klassische Autokratie gilt.

Dieser neue Autoritarismus unterscheidet sich von alten Formen der Autokratie darin, dass er sich nicht auf Zwang und Gewalt stützt. Er lässt vielmehr Bürgerrechte, formale Rechtsstaatlichkeit, Wahlen, ein Mehrparteiensystem und Parlamentarismus zu.[159] Aber gleichzeitig installiert er ein Präsidentenamt oder eine Regierung, deren verfassungsmäßige Kompetenzen weit in die Kernkompetenzen von Parlamenten hineinreichen. Sie können über das Recht zur Parlamentsauflösung und die Ernennung der Richter außerdem massiven Druck auf diese Einrichtungen ausüben. So wird eine wirksame horizontale *Accountability* unmöglich gemacht.[160] Dies deckt sich mit den oben geschilderten Auswertungen Croissants zum zentralen Defekt horizontaler Gewaltenteilung der „defekten Demokratien". Der Regensburger Politikwissenschaftler Ingmar Bredies zieht daraus die durchaus beunruhigende Schlussfolgerung, dass eine Verfassung sich ganz in den Dienst des neuen Autoritarismus stellen lässt.

> Verfassungen erweisen sich auch für autoritäre Herrschaftsträger als hilfreich, indem sie feste Abläufe und Routinen schaffen sowie Erwartungssicherheit bieten. Dazu tragen insbesondere der Rechtsvorrang von Verfassungsbestimmungen innerhalb der Normenhierarchie sowie die schwer überwindbaren Mechanismen ihrer Veränderung bei.[161]

---

[157] Vgl. Knobloch 2002, Bank 2010, S. 29 f mit weiteren Nachweisen.

[158] Vgl. ausführlich zum *democratic bias* und dem Problem der „verminderten Subtypen" Albrecht und Frankenberger 2010.

[159] Vgl. Bredies 2011, S. 6 f; vgl. Köllner 2008, S. 357, Schedler 2009, S. 3.

[160] Vgl. Bredies 2011, S. 7.

[161] Bredies 2011, S. 6 mit Verweis auf Adamovich 2003, S. 11 f.

So wie sich der formale Rechtsstaat zu einem Gehilfen totalitärer Systeme machen ließ, lassen sich anscheinend Elemente des Verfassungsstaats zum Steigbügelhalter des neuen Autoritarismus machen. Dies erklärt, warum sich die Lenker solcher Systeme stets bemühen, geplante radikale Eingriffe in die Verfassung durch formelle Verfassungsänderung zu legalisieren. Die Konstitution soll in ihrer Faktizität und Geltung nicht angetastet werden. Besonders hilfreich ist es, wenn solche Änderungen per Volksentscheid erfolgen. Denn genauso wie die Verfassung, lassen sich Elemente des Demokratieprinzips instrumentalisieren. Das gilt nicht nur für Volksabstimmungen sondern auch für das Parlament, wenn es nur wenige Kompetenzen hat und notfalls aufgelöst oder durch exekutive Rechtsetzung umgangen werden kann. Außerdem versucht die autoritäre Führung die politische Opposition in ein loyales und ein klar oppositionelles Lager zu spalten. So wird verhindert, dass das Parlament geschlossen auftreten und Kontrolle ausüben kann. Parlament, Wahlen und ein Mehrparteiensystem sind unter diesen Bedingungen nicht nur unschädlich, sondern tragen nach außen erheblich zur Legitimation bei. Verfügt die Regierung im Parlament über eine starke Hausmacht, kann sie Kompromisse für strittige Entscheidungen dort treffen lassen, um das eigene Ansehen zu schonen. Nach der Strategie „teile und herrsche“ bilden Parteien und Parlament außerdem einen Rekrutierungspool für regierungstreue Ministerien und Verwaltungen.[162]

Die neuen autoritären Systeme beanspruchen damit für sich eine verfassungsstaatliche Legitimation, verfügen aber auch über eine demokratische Legitimation. Die Bedeutung von Wahlen wird hoch eingestuft und die Führung verhält sich in gewissem Umfang responsiv.[163] Als weitere Legitimationsquelle dient meist eine spezielle, national oder religiös fundierte Wert- und Rechtsordnung. Einige von ihnen können zusätzlich auf eine Output-Legitimation durch wirtschaftlichen Aufschwung verweisen.[164] Sie präsentieren sich, entgegen der einstigen Hoffnung Fukuyamas, selbstbewusst als Alternative zum westlichen Demokratischen Verfassungsstaat. Egal, ob man nun die Bezeichnung „defekte Demokratie“, „hybrides System“ oder „neuer Autoritarismus“ für angemessen hält, ausreichend belegt ist, dass sich eine Reihe von Strukturen und Verfahren des Demokratischen Verfassungsstaats zweckentfremden lassen. Die Möglichkeit, von ihrem Legitimationsanspruch zu profitieren ohne sie angemessen umzusetzen, hat aber Grenzen. Dies zeigen beispielsweise die Bürgerproteste im Dezember 2011 nach den Parlaments-

[162] Vgl. Bank 2010, S. 24 f.

[163] Vgl. Schedler 2006, der deshalb von „elektoralem Autoritarismus“ spricht; kritisch dazu Bank 2010, S. 27 f.

[164] Vgl. Pickel 2010.

wahlen in der Russischen Föderation. Beobachter der OSZE hatten zuvor massive Wahlfälschungen zugunsten der Regierungspartei „Einiges Russland" gemeldet.[165] Der offene Bruch von Verfassungsrecht lässt diese Legitimationsquelle zwangsläufig versiegen. Gleichzeitig belegen die Adaptionsversuche, dass der Demokratische Verfassungsstaat einen Standard moderner Staatsorganisation gesetzt hat, den heute kein Staat mehr übergehen kann, der sich gegenüber seinen Bürgern und der Außenwelt legitimieren will. Indirekt stützt das den universellen Geltungsanspruch des Modells.

Die Frage nach der Universalität des Demokratischen Verfassungsstaats lässt sich dahingehend beantworten, dass der von Fukuyama einst konstatierte „Endpunkt der ideologischen Evolution der Menschheit" in die Irre führt. Der Demokratische Verfassungsstaat steht nicht alternativlos als einzig legitime Ordnungsform außer Frage. Vielmehr konkurriert er innerhalb der eigenen Familie mit anderen Formen der Demokratie sowie mit Rechts- statt Verfassungsstaatlichkeit. Außerhalb konkurriert er mit Ordnungsformen und Rechtskonzepten um Lösungen, die dem Einzelnen und der Gemeinschaft gleichermaßen gerecht werden. Da sich auch die heutigen Demokratischen Verfassungsstaaten über Generationen sehr schwer getan haben, wirksamen individuellen Rechtsschutz, Rechtsgleichheit, die Gleichberechtigung der Frau, allgemeines Wahlrecht u.v.m. umzusetzen, verbietet sich missionarischer Eifer. Dies gilt umso mehr, als wichtige Grundsätze zugunsten der Terrorbekämpfung aber auch um der Europäischen Einigung willen im eigenen Land relativiert werden. Als wirksamer als direkte Exportversuche könnte sich die indirekte Maßnahme erweisen zu zeigen, dass der Demokratische Verfassungsstaat auch unter Schlechtwetterbedingungen seinen eigenen Ansprüchen genügt. Denn die nächste Herausforderung kommt bestimmt.

Literaturtipps

Zum Nachlesen

Donnelly, Jack. 2009. Universality. In *Encyclopedia of Human Rights.* Bd. 5, hg. von David P. Forsythe, 261-270, Oxford.

Croissant, Aurel. 2010. Analyse defekter Demokratien. In *Analyse demokratischer Regierungssysteme: Festschrift für Wolfgang Ismayr* zum 65. Geburtstag, hg. von Klemens H. Schrenk und Markus Soldner, 93–114. Wiesbaden.

[165] Vgl. Neue Zürcher Zeitung 2011.

Zum Weiterlesen

Bobbio, Norberto. 1998. *Das Zeitalter der Menschenrechte.* Berlin.

Albrecht, Holger, und Rolf Frankenberger. 2010. Autoritarismus Reloaded. Konzeptionelle Anmerkungen zur Vergleichenden Analyse politischer Systeme. In *Autoritarismus Reloaded. Neuere Ansätze und Erkenntnisse der Autokratieforschung,* 37–60. Baden-Baden.

Literaturverzeichnis

Adamovich, Ivan. 2003. Entstehung von Verfassungen. Ökonomische Theorie und Anwendung auf Mittel- und Osteuropa nach 1989. Diss., Univ. Fribourg.

Adams, Angela, und Willi P. Adams, Hg. 1987. *Die Amerikanische Revolution und die Verfassung. 1754-1791.* München: Dt. Taschenbuch-Verl.

———. 1994. Einleitung. Die Federalist-Artikel und die Verfassung der amerikanischen Nation. In *Die Federalist-Artikel. Politische Theorie und Verfassungskommentar der amerikanischen Gründerväter*, hg. von Angela Adams, und Willi P. Adams, xxvii-xciii. Paderborn: Schöningh.

Albrecht, Holger, und Rolf Frankenberger. 2010. Autoritarismus Reloaded. Konzeptionelle Anmerkungen zur Vergleichenden Analyse politischer Systeme. In *Autoritarismus Reloaded. Neuere Ansätze und Erkenntnisse der Autokratieforschung*, hg. von Holger Albrecht, und Rolf Frankenberger, 37-60. Baden-Baden: Nomos.

Andrae, Marianne. 2007. Anwendung des islamischen Rechts im Scheidungsverfahren vor deutschen Gerichten. *Neue Juristische Wochenschrift* 60 (24): 1730-1732.

Aristoteles. 2003. *Politik. Übers. und hg. von Olof Gigon.* 9. Aufl. München: Dt. Taschenbuch-Verl.

Arnauld, Andreas von. 2001. Gewaltenteilung jenseits der Gewaltentrennung. Das gewaltenteilige System in der Verfassungsordnung der Bundesrepublik Deutschland. *Zeitschrift für Parlamentsfragen* (3): 678-698.

Augsberg, Steffen. 2009. Denken vom Ausnahmezustand her: Über die Unzulässigkeit der anormalen Konstruktion und Dekonstruktion des Normativen. In *Freiheit - Sicherheit - Öffentlichkeit. 48. Assistententagung Öffentliches Recht*, hg. von Steffen Augsberg, und Felix Arndt, 17-39. Baden-Baden: Nomos.

Backes, Uwe. 2000. *Liberalismus und Demokratie - Antinomie und Synthese. Zum Wechselverhältnis zweier politischer Strömungen im Vormärz.* Düsseldorf: Droste.

Badura, Peter. 1975. Verfassung. In *Evangelisches Staatslexikon*, hg. von Hermann Kunst, Siegfried Grundmann, Roman Herzog, und Wilhelm Schneemelcher. 2. Aufl., 2707-2726. Stuttgart: Kreuz-Verl.

Ballestrem, Karl G. 2000. *Volkssouveränität im Verfassungsstaat.* Unveröff. Manuskript.

Bank, André. 2010. Die neue Autoritarismusforschung: Ansätze, Erkenntnisse und konzeptionell Fallstricke. In *Autoritarismus Reloaded. Neuere Ansätze und Erkenntnisse der Autokratieforschung*, hg. von Holger Albrecht, und Rolf Frankenberger, 21-36. Baden-Baden: Nomos.

B. Enzmann, *Der Demokratische Verfassungsstaat,*
DOI 10.1007/978-3-531-18952-9,

Bauer, Hartmut. 2005. Demokratie in Europa. Einführende Problemskizze. In *Demokratie in Europa*, hg. von Hartmut Bauer, Peter M. Huber, und Karl-Peter Sommermann, 1-17. Tübingen: Mohr.

Becker, Peter, und Andreas Maurer. 2011. Ziele und Grenzen europäischer Konstitutionalisierung vom Verfassungs- zum Lissabonner Vertrag. In *Verfassungswandel im Mehrebenensystem*, hg. von Christoph Hönnige, Sascha Kneip, und Astrid Lorenz, 179-206. Wiesbaden: VS Verlag für Sozialwissenschaften.

Benz, Arthur. 2009. *Politik in Mehrebenensystemen.* Wiesbaden: VS Verlag für Sozialwissenschaften.

Beyme, Klaus von. 1968. *Die verfassunggebende Gewalt des Volkes. Demokratische Doktrin und politische Wirklichkeit.* Tübingen: Mohr.

Bielefeldt, Heiner. 1998. *Philosophie der Menschenrechte. Grundlagen eines weltweiten Freiheitsethos.* Darmstadt: Wiss. Buchges.

———. 2004. Menschenrechte. Universell gültig oder kulturell bedingt? In *Man hört nichts mehr von Unrecht in deinem Land. Zur Menschenrechtsarbeit der Katholischen Kirche*, hg. von Daniel Bogner, und Stefan Herbst, 13-23. Bonn: Justitia et Pax.

Bijsterveld, Sophie van. 2002. *The Empty Throne. Democracy and the Rule of Law in Transition.* Utrecht: Lemma Publ.

Bingham of Cornhill, Thomas H. 2010. *The Rule of Law.* London: Allen Lane.

Birch, Anthony H. 1998. *The British System of Government.* 10. Aufl. London: Routledge.

Bleckmann, Albert. 1998. *Vom Sinn und Zweck des Demokratieprinzips. Ein Beitrag zur teleologischen Auslegung des Staatsorganisationsrechts.* Berlin: Duncker & Humblot.

Bobbio, Norberto. 1998. *Das Zeitalter der Menschenrechte. Ist Toleranz durchsetzbar?* Berlin: Wagenbach.

Böckenförde, Ernst-Wolfgang. 1969. Entstehung und Wandel des Rechtsstaatsbegriffs. In *Festschrift für Adolf Arndt zum 65. Geburtstag*, 53-76. Frankfurt a.M.: Europäische Verlagsanstalt.

———. 1986. *Die verfassunggebende Gewalt des Volkes. Ein Grenzbegriff des Verfassungsrechts.* Frankfurt a.M.: Metzner.

———. 1991a. Der deutsche Typ der konstitutionellen Monarchie im 19. Jahrhundert. In *Recht, Staat, Freiheit. Studien zur Rechtsphilosophie, Staatstheorie und Verfassungsgeschichte*, 273-305. Frankfurt a.M.: Suhrkamp.

———. 1991b. Zur Kritik der Wertbegründung des Rechts. In *Recht, Staat, Freiheit. Studien zur Rechtsphilosophie, Staatstheorie und Verfassungsgeschichte*, 67-91. Frankfurt a.M.: Suhrkamp.

———. 1999. Verfassungsgerichtsbarkeit. Strukturfragen, Organisation, Legitimation. *Neue Juristische Wochenschrift* 52 (1): 9-17.

———. 2004. Demokratie als Verfassungsprinzip. In *Handbuch des Staatsrechts der Bundesrepublik Deutschland.* Bd. II, hg. von Josef Isensee, und Paul Kirchhof, § 24, 429-496. Heidelberg: C. F. Müller.

Bogdandy, Armin von, und Jochen von Bernstorff. 2011. Die Europäische Agentur für Grundrechte in der Europäischen Menschenrechtsarchitektur und ihre Fortentwicklung durch den Vertrag von Lissabon. In *Menschenrechte und Volkssouveränität in Europa. Gerichte als Vormund der Demokratie? Hg.* von Gret Haller, Klaus Günther, und Ulfrid Neumann, 242-275. Frankfurt a.M.: Campus.

Borchardt, Klaus-Dieter. 2010. *Das ABC des Rechts der europäischen Union.* Luxemburg: Amt für Amtl. Veröffentlichungen der Europ. Union.

Bos, Ellen. 2004. *Verfassungsgebung und Systemwechsel. Die Institutionalisierung von Demokratie im postsozialistischen Osteuropa.* Wiesbaden: VS Verlag für Sozialwissenschaften.

Bredies, Ingmar. 2011. Entstehungsbedingungen Stützen und Wirkungsumfeld „neuer" Autoritarismen. FRP Working Paper 01/2011. Zugegriffen am 08.01 2010. http://www.regensburger-politikwissenschaftler.de/frp_working_paper_01_2011.pdf.

Brugger, Winfried. 1987. *Grundrechte und Verfassungsgerichtsbarkeit in den Vereinigten Staaten von Amerika.* Tübingen: Mohr.

Brunkhorst, Hauke. 2005. Demokratie in der globalen Rechtsgenossenschaft. In *Weltgesellschaft. Theoretische Zugänge und empirische Problemlagen. Sonderheft der Zeitschrift für Soziologie*, hg. von Bettina Heintz, 330-347. Stuttgart: Lucius & Lucius.

Brünneck, Alexander von. 2006. Die Entstehung des modernen Verfassungsstaates in der englischen, amerikanischen und französischen Revolution. In *Europa-Studien. Eine Einführung*, hg. von Timm Beichelt, 253-267. Wiesbaden: VS Verlag für Sozialwissenschaften.

Bryce, James. 1901. *Studies in History and Jurisprudence.* Oxford: Clarendon Press.

Busch, Andreas, und Tobias Jakobi. 2011. Die Erfindung eines neuen Grundrechts. Zu Konzept und Auswirkungen der „informationellen Selbstbestimmung". In *Verfassungswandel im Mehrebenensystem*, hg. von Christoph Hönnige, Sascha Kneip, und Astrid Lorenz, 297-320. Wiesbaden: VS Verlag für Sozialwissenschaften.

Byrne, Iain, und Stuart Weir. 2001. The Uncertainties of the Rule of Law in Britain. In *Rechtsstaat und Demokratie. Theoretische und empirische Studien zum Recht in der Demokratie*, hg. von Michael Becker, Hans-Joachim Lauth, und Gert Pickel, 224-251. Wiesbaden: Westdt. Verl.

Congar, Yves M.-J. 1980. Quod omnes tangit, ab omnibus tractari et approbari debet. In *Die geschichtlichen Grundlagen der modernen Volksvertretung. Die Entwicklung von der mittelalterlichen Korporationen zu den modernen Parlamenten.* Bd. 1, hg. von Heinz Rausch, 115-183. Darmstadt: Wiss. Buchges.

Conseil Constitutionnel. 2011. Offizielle Website. Zugegriffen am 12. 11. 2011. http://www.conseil-constitutionnel.fr/conseil-constitutionnel/deutsch/verfassungsrat/verfassungsrat.25770.html.

Corwin, Edward S. 1928. The ‚Higher Law' Background of American Constitutional Law. In *Harvard Law Review 42(2)*: 149-185.

Croissant, Aurel. 2010. Analyse defekter Demokratien. In *Analyse demokratischer Regierungssysteme. Festschrift für Wolfgang Ismayr zum 65. Geburtstag*, hg. von Klemens H. Schrenk, und Markus Soldner, 93-224. Wiesbaden: VS Verlag für Sozialwissenschaften.

Czerner, Frank. 2007. Das völkerrechtliche Anschlusssystem der Art. 59 II 1, 25 und 24 I GG und deren Inkorporierungsfunktion zugunsten der innerstaatlichen EMRK-Geltung. *Europarecht* 42 (5): 537-563.

Danielsen, Jens H. 2007. The Effect of Supranationality on the Horizontal Separation of Powers in the Scandinavian Countries. In *Die Wirkung der Supranationalität auf die Gewaltenteilung*, hg. von Hartmut Bauer, und Antonio D'Atena, 59-67. Athen, Berlin, Brüssel: Ant. N. Sakkoulas; Berliner Wissenschafts-Verlag; Bruylant.

Denninger, Erhard. 1994. Sicherheit, Vielfalt, Solidarität. Ethisierung der Verfassung? In *Zum Begriff der Verfassung. Die Ordnung des Politischen*, hg. von Ulrich K. Preuß, und Ernst-Wolfgang Böckenförde, 95-129. Frankfurt a.M.: Fischer-Taschenbuch Verl.

———. 2008. Prävention und Freiheit. Von der Ordnung der Freiheit. In *Vom Rechtsstaat zum Präventionsstaat*, hg. von Stefan Huster, und Karsten Rudolph, 85-106. Frankfurt a.M.: Suhrkamp.

Depenheuer, Otto. 1993. Zufall als Rechtsprinzip. Der Losentscheid im Rechtsstaat. *Juristenzeitung*, 171-180.

———. 2007 [ersch.] 2008. *Selbstbehauptung des Rechtsstaates*. 2. Aufl. Paderborn, München [u.a.]: Schöningh.

Detjen, Joachim. 2009. *Die Werteordnung des Grundgesetzes*. Wiesbaden: VS Verlag für Sozialwissenschaften.

Detterbeck, Klaus, Wolfgang Renzsch, und Stefan Schieren. 2010. *Föderalismus in Deutschland*. München: Oldenbourg.

Deutscher Bundestag. 2011. Petitionsausschuss - Statistik. Zugegriffen am 29.09.2011. http://www.bundestag.de/bundestag/aus-schuesse17/a02/statistik/index.html.

Deutscher Bundestag. Wissenschaftliche Dienste. 2009. Änderungen des Grundgesetztes seit 1949. Zugegriffen am 06.05.2011. http://www.bundestag.de/dokumente/analysen/2009/aenderungen_des_grundgesetzes_seit_1949.pdf.

Di Fabio, Udo. 1998. *Das Recht offener Staaten. Grundlinien einer Staats- und Rechtstheorie*. Tübingen: Mohr.

———. 2001. *Der Verfassungsstaat in der Weltgesellschaft*. Tübingen: Mohr.

Dicey, Albert V. 2002. *Einführung in das Studium des Verfassungsrechts, hg. von Gerhard Robbers, mit einer Einführung von Emlin Capel Wade*. 10. Aufl. Baden-Baden: Nomos.

Dilcher, Gerhard. 1988. Vom ständischen Herrschaftsvertrag zum Verfassungsgesetz. *Der Staat*, 161-193.

Doeker, Günther, und Malcolm Wirth. 1982. *Das politische System Großbritanniens*. Berlin: Wiss. Autoren-Verl.

Donnelly, Jack. 2009. Universality. In *Encyclopedia of human rights*. Bd. 5, hg. von David P. Forsythe, 261-270. Oxford: Oxford Univ. Press.

Dworkin, Ronald. 1984. *Bürgerrechte ernstgenommen*. Frankfurt a.M.: Suhrkamp.

———. 1994. Gleichheit, Demokratie und die Verfassung: Wir, das Volk und die Richter. In *Zum Begriff der Verfassung. Die Ordnung des Politischen*, hg. von Ulrich K. Preuß, und Ernst-Wolfgang Böckenförde, 171-209. Frankfurt a.M.: Fischer-Taschenbuch Verl.

Elster, John. 1995. Limiting Majority Rule: Alternatives to Judicial Review in the Revolutionary Epoch. In *Constitutional Justice under Old Constitutions*, hg. von Eivind Smith, 3-22. Den Haag: Kluwer Law International.

Ely, John H. 1980. *Democracy and Distrust. A Theory of Judicial Review*. Cambridge, Mass: Harvard Univ. Press.

Enzmann, Birgit. 2004. Von der bleibenden Faszination der Vertragstheorie. In *Politik, Moral und Religion - Gegensätze und Ergänzungen. Festschrift zum 65. Geburtstag von Karl Graf Ballestrem*, hg. von Lothar R. Waas, 283-302. Berlin: Duncker & Humblot.

———. 2009. *Der demokratische Verfassungsstaat. Zwischen Legitimationskonflikt und Deutungsoffenheit*. Wiesbaden: VS Verlag für Sozialwissenschaften.

———. 2011. *Auf dem Weg zu einer pluralistischen Theorie des demokratischen Verfassungsstaats*. Staat – Souveränität – Nation. Beiträge zur aktuellen Staatsdiskussion, hg. von Rüdiger Voigt, und Samuel Salzborn,. Zugegriffen am 10.12.2011. http://www.staatsdiskussion.de/wp-content/uploads/2011/01/WP4_enzmann.pdf.

Europäisches Parlament, Informationsbüro in Deutschland. 2011. Herrschaft des Rechts: Der Gerichtshof der Europäischen Union (EuGH). Zugegriffen am 02.01 2012. http://www.europarl.de/view/Europa/Institutionen_und_Organe/Gerichtshof.html.

European Commission for Democracy through Law (Venice Commission). 2011. Report on the Rule of Law. Adopted by the Venice Commission at its 86th plenary session (Venice March 25-26 2011) CDL-AD (2011) 003rev. Zugegriffen am 14.05.2011. http://www.venice. coe.int/docs/2011/CDL-AD(2011)003rev-e.pdf.

Fassbender, Bardo. 2006. Der Gesetzesvorbehalt in internationalen Menschenrechtsverträgen. In *Gewaltenteilung und Menschenrechte*, hg. von Eckart Klein, 73-114. Berlin: BWV Berliner Wissenschafts-Verl.

———. 2008. Idee und Anspruch der Menschenrechte im Völkerrecht. *Aus Politik und Zeitgeschichte* (B 46): 3-8.

Faulenbach, Bernd. 1981. „Deutscher Sonderweg". Zur Geschichte und Problematik einer zentralen Kategorie des deutschen geschichtlichen Bewußtseins. *Aus Politik und Zeitgeschichte* (B 33): 3-21.

Fenske, Hans. 2001. *Der moderne Verfassungsstaat. Eine vergleichende Geschichte von der Entstehung bis zum 20. Jahrhundert.* Paderborn: Schöningh.

Finkielkraut, Alain. 1989. *Die Niederlage des Denkens.* Reinbek b. Hamburg: Rowohlt.

Forsthoff, Ernst. 1968. *Rechtsstaatlichkeit und Sozialstaatlichkeit. Aufsätze und Essays.* Darmstadt: Wiss. Buchges.

Fraenkel, Ernst. 1953. Das richterliche Prüfungsrecht in den Vereinigten Staaten von Amerika. Eine Untersuchung unter besonderer Berücksichtigung des Arbeitsrechts. In *Jahrbuch des Öffentlichen Rechts der Gegenwart: Neue Folge*, hg. von Gerhard Leibholz, 35-105. Tübingen: Mohr.

Frankenberg, Günter. 2010. *Staatstechnik. Perspektiven auf Rechtsstaat und Ausnahmezustand.* Berlin: Suhrkamp.

Französische Botschaft in Deutschland. 2011. Frankreich erweitert das Recht auf Anrufung des Verfassungsrats. Pressemitteilung vom 23.04.2010. Zugegriffen am 06.06.2011. http://www.botschaft-frankreich.de/spip.php?article4690.

Frenz, Walter. 2010. *Handbuch Europarecht. Bd. 5: Wirkungen und Rechtsschutz.* Berlin u.a. Springer.

Friesenhahn, Ernst. 1976. Die Funktion der Verfassungsgerichtsbarkeit im Gesamtgefüge der Verfassung (Auszug). In *Verfassungsgerichtsbarkeit*, hg. von Peter Häberle, 355-366. Darmstadt: Wiss. Buchges.

Fukuyama, Francis. 1992. *Das Ende der Geschichte. Wo stehen wir?* München: Kindler.

Fuller, Lon L. 1969. *The Morality of Law.* 2. Aufl. New Haven: Yale Univ. Press.

Gardiner, Samuel R. 1979. *The Constitutional Documents of the Puritan Revolution 1625-1660.* 3. Aufl. Oxford u.a: Clarendon Press.

Garrido, Diego. 2003. *Die defekte Demokratie in Südamerika.* Arbeitshefte des Lateinamerika-Zentrums 85. Münster: Westfälische Wilhelms-Univ. Lateinamerika-Zentrum. Zugegriffen am 03.12 2011. http://www.cibera.de/fulltext/2/2967/CeLA/publik/Ah/Arb-Heft85.pdf.

Gaul, Wolfgang. 1998. Stellung der Verfassungsgerichtsbarkeit im Verfassungsstaat. Die Unentbehrlichkeit des höchsten Richters. WHI-Paper 1/98. Zugegriffen am 09.05.2011. http://www.whi-berlin.de/documents/whi-paper0198.pdf.

Genschel, Philipp, und Bernhard Zangl. 2007. Die Zerfaserung von Staatlichkeit und die Zentralität des Staates. *Aus Politik und Zeitgeschichte* (B 20-21): 10-16.

Giegerich, Thomas. 2003. *Europäische Verfassung und deutsche Verfassung im transnationalen Konstitutionalisierungsprozeß: wechselseitige Rezeption, konstitutionelle Evolution und föderale Verflechtung.* Berlin: Springer.

Glatzmeier, Armin. 2005. Verfassungsgerichtsbarkeit. Zugegriffen am 06.04.2011. http://www.phil.uni-passau.de/politik/_ss05/glatzmeier/zur_vorlesung_verfassungsgerichtsbarkeit.pdf.

Good, Christoph. 2011. *Emer de Vattel (1714 - 1767). Naturrechtliche Ansätze einer Menschenrechtsidee und des humanitären Völkerrechts im Zeitalter der Aufklärung.* St. Gallen, Zürich, Baden-Baden: Dike; Nomos.

Grabenwarter, Christoph. 2008. *Europäische Menschenrechtskonvention. Ein Studienbuch.* 3. Aufl. München: Beck.

———. 2009. Staatliches Unionsverfassungsrecht. In *Europäisches Verfassungsrecht. Theoretische und dogmatische Grundzüge*, hg. von Armin von Bogdandy, und Jürgen Bast. 2. Aufl., 121-176. Berlin, Heidelberg: Springer.

Graßhof, Malte. 2005. § 78 Entscheidung. In *Bundesverfassungsgerichtsgesetz. Mitarbeiterkommentar und Handbuch*, hg. von Dieter C. Umbach, Thomas Clemens, und Franz-Wilhelm Dollinger. 2. Aufl., 955-982. Heidelberg: C. F. Müller.

Grimm, Dieter. 1990a. Verfassung (II), Konstitution,Grundgesetze. In *Geschichtliche Grundbegriffe. Historisches Lexikon zur politisch-sozialen Sprache in Deutschland.* Bd. 6, hg. von Otto Brunner, 863-899. Stuttgart: Klett-Cotta.

———. 1990b. Das Risiko Demokratie. Ein Plädoyer für einen neuen Parlamentarischen Rat. *Die Zeit*, 10.08.1990. Nr.33.

———. 1991. Der Verfassungsbegriff in historischer Entwicklung. In *Die Zukunft der Verfassung*, hg. von Dieter Grimm, 101-155. Frankfurt a.M.: Suhrkamp.

———. 1994. Mit einer Aufwertung des Europa-Parlaments ist es nicht getan. Das Demokratiedefizit der EG hat strukturelle Ursachen. In *Jahrbuch zur Staats- und Verwaltungswissenschaft 1992/93*, hg. von Thomas Ellwein, Dieter Grimm, Joachim J. Hesse, und Gunnar F. Schuppert, 13-18. Baden-Baden: Nomos.

———. 1995. Braucht Europa eine Verfassung? *Juristenzeitung* 50: 581-591.

Grote, Rainer. 1999. Rule of Law, Rechtsstaat and ‚Etat de droit'. In *Constitutionalism, Universalism and Democracy. A Comparative Analysis*, hg. von Christian Starck, 269-306. Baden-Baden: Nomos.

Grotz, Florian. 2011. Verfassungsreformen in der Bundesrepublik: 1969 – 1994 – 2006. In *Verfassungswandel im Mehrebenensystem*, hg. von Christoph Hönnige, Sascha Kneip, und Astrid Lorenz, 108-129. Wiesbaden: VS Verlag für Sozialwissenschaften.

Guggenheim, Paul. 1959. Einleitung. Emer de Vattel, und das Völkerrecht. In *Le Droit des Gens ou Principes de la Loi Naturelle appliqués à la Conduite es aux Affaires des Nations et des Souverains*, XIII-XXXII. Tübingen: Mohr.

Gusy, Christoph. 2007. Präventionsstaat zwischen Rechtsgüterschutz und Abbau von Freiheitsrechten in Deutschland. In *Terrorismus und Rechtsstaatlichkeit. Analysen, Handlungsoptionen, Perspektiven*, hg. von Kurt Graulich, und Dieter Simon, 273-297. Berlin: Akademie Verlag.

———. 2008. Mehr als der Polizei erlaubt ist? Die Nachrichtendienste im Anti-Terrorkampf. In *Vom Rechtsstaat zum Präventionsstaat*, hg. von Stefan Huster, und Karsten Rudolph, 120-133. Frankfurt a.M.: Suhrkamp.

Häberle, Peter. 1975. Die offene Gesellschaft der Verfassungsinterpreten. *Juristenzeitung*, 297-305.

———. 1976. Grundprobleme der Verfassungsgerichtsbarkeit. In *Verfassungsgerichtsbarkeit*, hg. von Peter Häberle, 1-45. Darmstadt: Wiss. Buchges.

———. 1986. Verfassungsrechtliche Ewigkeitsklauseln als verfassungsstaatliche Identitätsgarantien. In *Völkerrecht im Dienste des Menschen. Festschrift für Hans Haug*, hg. von Yvo Hangartner, 81-108. Bern: Haupt.

———. 1998. *Verfassungslehre als Kulturwissenschaft*. 2. Aufl. Berlin: Duncker & Humblot.

———. 2005. Funktion und Bedeutung der Verfassungsgerichte in vergleichender Perspektive. *Europäische Grundrechte-Zeitschrift* 32: 685-688.

Habermas, Jürgen. 1998. *Faktizität und Geltung. Beiträge zur Diskurstheorie des Rechts und des demokratischen Rechtsstaats*. Frankfurt a.M.: Suhrkamp.

Hain, Karl E. 2004. Stufen des Verfassungsrechts und die Verfassungsgerichtsbarkeit. In *Fortschritte der Verfassungsgerichtsbarkeit in der Welt*. Bd. 1, hg. von Christian Starck, 161-177. Baden-Baden: Nomos.

Haines, Charles G. 1973. *The American Doctrine of Judicial Supremacy*. Nachdr. der 2. Aufl. 1932. New York: Da Capo Press.

Haltern, Ulrich R. 1998. *Verfassungsgerichtsbarkeit, Demokratie und Mißtrauen. Das Bundesverfassungsgericht in einer Verfassungstheorie zwischen Populismus und Progressivismus*. Berlin: Duncker & Humblot.

Hamilton, Alexander, James Madison, und John Jay. 1994. *Die Federalist-Artikel. Politische Theorie und Verfassungskommentar der amerikanischen Gründerväter*, hg. von Angela Adams, und Willi P. Adams. Paderborn: Schöningh.

Haratsch, Andreas, Christian Koenig, Matthias Pechstein, und Matthias Köngeter. 2006. *Europarecht*. 5. Aufl. Tübingen: Mohr.

Härtel, Ines. 2006. *Handbuch Europäische Rechtsetzung*. Berlin; Heidelberg: Springer.

Hartmann, Bernd J. 2006-2007. Das richterliche Prüfungsrecht unter der Weimarer Reichsverfassung. In *Jahrbuch der Juristischen Zeitgeschichte*. Bd. 8, hg. von Thomas Vormbaum, 154-173. Berlin: Berliner Wissenschafts-Verlag.

Hartmann, Jürgen. 2005. *Westliche Regierungssysteme. Parlamentarismus, präsidentielles und semi-präsidentielles Regierungssystem*. 2. Aufl. Wiesbaden: VS Verlag für Sozialwissenschaften.

Harvey, J., und L. Bather. 1978. Über den englischen Rechtsstaat. Die "rule of law". In *Der bürgerliche Rechtsstaat*, hg. von Mehdi Tohidpur, 359-376. Frankfurt a.M.: Suhrkamp.

Hasbach, Wilhelm. 1916. Gewaltentrennung Gewaltenteilung und gemischte Staatsform. *Vierteljahresschrift für Sozial- und Wirtschaftsgeschichte* XIII: 562-607.

Hasenclever, Andreas, Peter Mayer, und Volker Rittberger. 1997. *Theories of International Regimes*. Cambridge: Cambridge Univ. Press.

Hayek, Friedrich A. von. 1960. *The Constitution of Liberty*. London: Routledge.

Heckel, Martin. 1995. Die Legitimation des Grundgesetzes durch das deutsche Volk. In *Handbuch des Staatsrechts der Bundesrepublik Deutschland*. Bd. VIII, hg. von Josef Isensee, und Paul Kirchhof, 489-555. Heidelberg: C. F. Müller.

Hecker, Jan. 1998. *Europäische Integration als Verfassungsproblem in Frankreich*. Berlin: Duncker & Humblot.

Heer-Reißmann, Christine. 2008. *Die Letztentscheidungskompetenz des Europäischen Gerichtshofes für Menschenrechte in Europa. Eine Untersuchung zum Verhältnis von EGMR und EuGH in Menschenrechtsfragen unter Berücksichtigung des Verhältnisses des BVerfG zum EuGH*. Frankfurt a.M.: Lang.

Hegel, Georg F. W. 1992. *Enzyklopädie der philosophischen Wissenschaften im Grundrisse (1830)*. Gesammelte Werke 20. Hamburg: Felix Meiner.

Heinelt, Peter. 1980. Diskussionsbeitrag. In *Naturrecht ohne naturalistischen Fehlschluss, ein rechtsphilosophisches Programm*, hg. von Otfried Höffe, 45. Wien: Verl. des Verbandes der wissenschaftl. Gesellschaften Österreichs.

Heinig, Hans M. 2008. *Der Sozialstaat im Dienst der Freiheit. Zur Formel vom „sozialen" Staat in Art. 20 Abs. 1 GG*. Tübingen: Mohr.

Herrmann, Nadine E. 2001. *Entstehung, Legitimation und Zukunft der konkreten Normenkontrolle im modernen Verfassungsstaat. Eine verfassungsgeschichtliche Untersuchung des richterlichen Prüfungsrechts in Deutschland unter Einbeziehung der französischen Entwicklung*. Berlin: Duncker & Humblot.

Herzog, Roman. 1999. Gesetzgebung und Einzelfallgerechtigkeit. *Neue Juristische Wochenschrift* 52: 25-28.

Hesse, Konrad. 1995. *Grundzüge des Verfassungsrechts der Bundesrepublik Deutschland*. 20. Aufl. Heidelberg: C. F. Müller.

Hofer, Florian. 2005. *Die ideengeschichtlichen Quellen der Grundrechte des Grundgesetzes*. Konstanz: Hartung-Gorre.

Höffe, Otfried, Hg. 1980. *Naturrecht ohne naturalistischen Fehlschluss, ein rechtsphilosophisches Programm*. Wien: Verl. des Verbandes der wissenschaftl. Gesellschaften Österreichs.

Hofmann, Hasso. 1995. Geschichtlichkeit und Universalitätsanspruch des Rechtsstaats. *Der Staat* 34: 1-32.

———. 1996. Geschichtlichkeit und Universalitätsanspruch des Rechtsstaats. In *Archiv für Rechts- und Sozialphilosophie. Beiheft 65*, 9-32. Stuttgart: Steiner.

Holdsworth, William S. 1956. *A History of English Law. Bd. IV*. 7. Aufl. London: Methuen.

Holmes, Stephen. 1988. Gag Rules or the Politics of Omission. In *Constitutionalism and Democracy*, hg. von Jon Elster, und Rune Slagstad, 19-58. Cambridge: Cambridge Univ. Press.

———. 1994. Verfassungsförmige Vorentscheidungen und das Paradox der Demokratie. In *Zum Begriff der Verfassung. Die Ordnung des Politischen*, hg. von Ulrich K. Preuß, und Ernst-Wolfgang Böckenförde, 133-170. Frankfurt a.M.: Fischer-Taschenbuch Verl.

Holt, James C. 1985. *Magna Carta and Medieval Government*. London u.a. Hambledon Press.

———. 1992. *Magna Carta*. 2. Aufl. Cambridge: Cambridge Univ. Press.

Horn, Hans-Detlef. 2002. Gewaltenteilige Demokratie, demokratische Gewaltenteilung. *Archiv des öffentlichen Rechts* 127 (3): 427-459.

Howard, Rhoda E. 1993. Cultural Absolutism and the Nostalgia for Community. *Human Rights Quarterly* 15: 315-338.

Huber, Peter M. 2001. *Die Rolle der nationalen Parlamente bei der Rechtssetzung der Europäischen Union. Zur Sicherung und zum Ausbau der Mitwirkungsrechte des Deutschen Bundestages*. München: Hanns-Seidel-Stiftung.

Huber Peter M. 2007. Die Wirkung der Supranationalität auf Föderalismus und Regionalismus. In *Die Wirkung der Supranationalität auf die Gewaltenteilung*, hg. von Hartmut Bauer, und Antonio D'Atena, 157-187. Athen, Berlin, Brüssel: Ant. N. Sakkoulas; Berliner Wissenschafts-Verlag; Bruylant.

Hufen, Friedhelm. 2009. *Staatsrecht II. Grundrechte*. 2. Aufl. München: Beck.

Hume, David. 1978. *Ein Traktat über die menschliche Natur. Bd. II*, hg. von Reinhard Brandt. Hamburg: Meiner.

Huntington, Samuel P. 1991. *The Third Wave. Democratization in the Late Twentieth Century.* Norman: Univ. of Oklahoma Press.

———. 1996. *The Clash of Civilizations and the Remaking of World Order.* New York, NY: Simon & Schuster.

Huster, Stefan, und Karsten Rudolph. 2008. Vom Rechtsstaat zum Präventionsstaat. In *Vom Rechtsstaat zum Präventionsstaat*, hg. von Stefan Huster, und Karsten Rudolph, 9-22. Frankfurt a.M.: Suhrkamp.

Isensee, Josef. 1988. *Beamtentum - Sonderstatus in der Gleichheitsgesellschaft. Bundesrepublikanische Spannungsfelder und Legitimationsprobleme.* Krefeld: Pädagogik & Hochschul-Verl.

———. 1995. *Das Volk als Grund der Verfassung. Mythos und Relevanz der Lehre von der verfassunggebenden Gewalt.* Opladen: Westdt. Verl.

———. 2002. Das Amt als Medium des Gemeinwohls in der freiheitlichen Demokratie. In *Gemeinwohl - Auf der Suche nach Substanz*, hg. von Gunnar F. Schuppert, und Friedhelm Neidhardt, 241-270. Berlin: Ed. Sigma.

———. 2009. Vorwort. In *Menschenrechte als Weltmission*, hg. von Bardo Fassbender, Otto Depenheuer, Christian Waldhoff, und Josef Isensee, 5-7. Berlin: Duncker & Humblot.

Jachtenfuchs Markus. 2003. Regieren jenseits der Staatlichkeit. In *Die neuen internationalen Beziehungen. Forschungsstand und Perspektiven in Deutschland*, hg. von Gunther Hellmann, 495-518. Baden-Baden: Nomos.

Jellinek, Georg. 1885. *Ein Verfassungsgerichtshof für Österreich.* Wien: Hölder.

———. 1960. *Allgemeine Staatslehre.* 3. Aufl., 7. Neudr. Darmstadt: Wiss. Buchges.

———. 1964. *System der subjektiven öffentlichen Rechte.* Neudr. d. 2. Aufl. Tübingen 1919. Aalen: Scientia Verl.

Jennings, Ivor W., und Gerhard A. Ritter. 1970. *Das britische Regierungssystem. Leitfaden und Quellenbuch.* 2. Aufl. Köln: Westdt. Verl.

Jessop, Bob. 2003. The Future of the State in an Era of Globalization. *Internationale Politik und Gesellschaft* (3): 30-46.

Jetschke Anja. 2006. Weltkultur versus Partikularismus. Die Universalität der Menschenrechte im Lichte der Ratifikation von Menschenrechtsverträgen. *Friedens-Warte*, 25-49.

Jung, Sabine. 2001. *Die Logik direkter Demokratie.* Wiesbaden, Mannheim: Westdt. Verl.

Juvenal, Decimus I. 1993. *Satiren*, hg. von Joachim Adamietz. München: Artemis & Winkler.

Kägi, Oskar W. 1937. Zur Entstehung, Wandlung und Problematik des Gewaltenteilungsprinzips. Ein Beitrag zur Verfassungsgeschichte und Verfassungslehre. Diss., Univ. Zürich.

Kaiser, André. 2000. Regieren in Westminster-Demokratien. Eine Problemskizze. In *Regieren in Westminster-Demokratien*, hg. von André Kaiser, 11-24. Baden-Baden: Nomos.

Kant, Immanuel. 2005. *Die Metaphysik der Sitten.* 14. Aufl., hg. von Wilhelm Weischedel. Werkausgabe VIII. Frankfurt a.M.: Suhrkamp.

Katz, Alfred. 2010. *Staatsrecht. Grundkurs im öffentlichen Recht.* 18. Aufl. Heidelberg: C. F. Müller.

Keohane, Robert O., und Joseph S. Nye. 2000. Globalization: What's New? What's Not? (And So What?). *Foreign Policy* 118: 104-119.

Kersting, Wolfgang. 1994. *Die politische Philosophie des Gesellschaftsvertrags.* Darmstadt: Wiss. Buchges.

Kielmansegg, Peter. 1994. *Volkssouveränität. Eine Untersuchung der Bedingungen demokratischer Legitimität.* 2. Aufl. Stuttgart: Klett-Cotta.

———. 2005. *Die Instanz des letzten Wortes. Verfassungsgerichtsbarkeit und Gewaltenteilung in der Demokratie.* Stuttgart: Stiftung Bundespräsident-Theodor-Heuss-Haus.

Kilian, Wolfgang. 2011. Subventionstransparenz und Datenschutz. *Neue Juristische Wochenschrift* 64 (19): 1325-1328.

Kirchhof, Paul. 2000. Gewaltenbalance zwischen europäischen und mitgliedstaatlichen Organen. In *Gewaltenteilung heute. Symposium aus Anlass der Vollendung des 65. Lebensjahres von Fritz Ossenbühl*, hg. von Fritz Ossenbühl, Josef Isensee, und Kurt Eichenberger, 99-122. Heidelberg: C. F. Müller.

Knauff, Matthias. 2010. *Der Regelungsverbund. Recht und Soft law im Mehrebenensystem.* Tübingen: Mohr.

Knobloch, Jörn. 2002. *Defekte Demokratie oder keine? Das politische System Rußlands.* Münster: Lit.

Knodt, Michèle, und Sigita Urdze. 2008. Demokratisierungspolitik der EU. In *Politikfelder im EU-Mehrebenensystem. Instrumente und Strategien europäischen Regierens*, hg. von Hubert Heinelt, und Michèle Knodt, 21-42. Baden-Baden: Nomos.

Kohler-Koch, Beate. 1989. Zur Empirie und Theorie internationaler Regime. In *Regime in den internationalen Beziehungen*, hg. von Beate Kohler-Koch, 17-85. Baden-Baden: Nomos.

Köllner, Patrick. 2008. Autoritäre Regime – Ein Überblick über die jüngere Literatur. *Zeitschrift für Vergleichende Politikwissenschaft* 2 (2): 351-366.

Kößler, Reinhart, und Henning Melber. 1993. *Chancen internationaler Zivilgesellschaft.* Frankfurt a.M.: Suhrkamp.

Kottmann, Matthias, und Christian Wohlfahrt. 2009. Der Gespaltenen Wächter? Demokratie Verfassungsidentität und Integrationsverantwortung im Lissabon-Urteil. *Zeitschrift für ausländisches öffentliches Recht und Völkerrecht* 69: 443-470.

Krennerich, Michael. 2005. Defekte Demokratie. In *Lexikon der Politikwissenschaft*, hg. von Dieter Nohlen, und Rainer-Olaf Schultze. 3. Aufl., 119-121. München: Beck.

Kriele, Martin. 1988. *Einführung in die Staatslehre. Die geschichtlichen Legimitätsgrundlagen des demokratischen Verfassungsstaates.* 3. Aufl. Opladen: Westdt. Verl.

———. 1990. Vorbehaltlose Grundrechte und die Rechte anderer. In *Recht - Vernunft - Wirklichkeit*, 604-627. Berlin: Duncker & Humblot.

Kropp, Sabine, und Hans-Joachim Lauth. 2007. Einleitung: Zur Aktualität der Gewaltenteilung. Überlegungen zu einem bleibenden Thema. In *Gewaltenteilung und Demokratie. Konzepte und Probleme der „horizontal accountability" im internationalen Vergleich*, hg. von Sabine Kropp, und Hans-Joachim Lauth, 7-27. Baden-Baden: Nomos.

Krumm, Thomas, und Thomas Noetzel. 2006. *Das Regierungssystem Großbritanniens. Eine Einführung.* München [u.a.]: Oldenbourg.

Kühnhardt, Ludger. 1987. *Die Universalität der Menschenrechte. Studie zur ideengeschichtlichen Bestimmung eines polit. Schlüsselbegriffs.* München: Olzog.

Kuhn-Zuber, Gabriele. 2002. Der Islam und die Universalität der Menschenrechte in der Kritik. In *Menschenrechte. Bilanz und Perspektiven*, hg. von Jana Hasse, Erwin Müller, und Patricia Schneider, 307-331. Baden-Baden: Nomos.

Kunig, Philip. 1986. *Das Rechtsstaatspinzip. Überlegungen zu seiner Bedeutung für das Verfassungsrecht der Bundesrepublik Deutschland.* Tübingen: Mohr.

Lauth, Hans-Joachim. 2001. Rechtsstaat, Rechtssysteme und Demokratie. In *Rechtsstaat und Demokratie. Theoretische und empirische Studien zum Recht in der Demokratie*, hg. von Michael Becker, Hans-Joachim Lauth, und Gert Pickel, 21-44. Wiesbaden: Westdt. Verl.

———. 2007. "Horizontal accountability". Aktuelle Aspekte der Gewaltenteilung: Ein Vorschlag zur Systematisierung der Kontrollfunktion der Gewaltenteilung. In *Gewaltenteilung und Demokratie. Konzepte und Probleme der „horizontal accountability" im internationalen Vergleich*, hg. von Sabine Kropp, und Hans-Joachim Lauth, 45-71. Baden-Baden: Nomos.

Leisner, Walter. 1969. Die quantitative Gewaltenteilung. Für ein neues Verständnis der Trennung der Gewalten. *Die Öffentliche Verwaltung*, 405-441.

Lembcke, Oliver. 2004. Hüter der Verfassung. Eine institutionentheoretische Studie zur Autorität des Bundesverfassungsgerichts. Diss., Univ. Jena.

Lepsius, Oliver. 2010. Sicherheit und Freiheit – ein zunehmend asymmetrisches Verhältnis. In *Der Rechtsstaat unter Bewährungsdruck*, hg. von Gunnar F. Schuppert, Wolfgang Merkel, Georg Nolte, und Michael Zürn, 23-45. Baden-Baden: Nomos.

Lerche, Peter. 2000. Gewaltenteilung - deutsche Sicht. In *Gewaltenteilung heute. Symposium aus Anlass der Vollendung des 65. Lebensjahres von Fritz Ossenbühl*, hg. von Fritz Ossenbühl, Josef Isensee, und Kurt Eichenberger, 75-98. Heidelberg: C. F. Müller.

Loewenstein, Karl. 1959. *Verfassungsrecht und Verfassungspraxis der Vereinigten Staaten*. Berlin: Springer.

———. 1969. *Verfassungslehre*. Tübingen: Mohr.

Lorig, Wolfgang H. 2004. „Good Governance" und „Public Service Ethics". Amtsprinzip und Amtsverantwortung im elektronischen Zeitalter. *Aus Politik und Zeitgeschichte* (B 18): 24-30.

Loughlin, Martin. 2009. The Rule of Law in European Jurisprudence. (European Commission for Democracy through Law (Venice Commission), CDL-DEM (2009) 006. Zugegriffen am 13.05.2011.

———. 2010. *Foundations of Public Law*. Oxford: Oxford Univ. Press.

Luhmann, Niklas. 2000. *Die Politik der Gesellschaft*. Frankfurt a.M.: Suhrkamp.

Luther, Jörg. 2002. Vorstufen europäischer Verfassungsgerichtsbarkeit um 1900. In *Der Verfassungsstaat vor der Herausforderung der Massengesellschaft. Konstitutionalismus um 1900 im europäischen Vergleich*, hg. von Martin Kirsch, 279-305. Berlin: Duncker & Humblot.

Mackert, Jürgen, Hg. 2000. *Citizenship - Soziologie der Staatsbürgerschaft*. Wiesbaden: Westdt. Verl.

Marcus, Maeva. 1995. The Founding Fathers Marbury vs. Madison – And so what? In *Constitutional Justice under Old Constitutions*, hg. von Eivind Smith, 23-50. Den Haag: Kluwer Law International.

Marongui, Antonio. 1980. Das Prinzip der Demokratie und der Zustimmung (Quod omnes Tangit ab Omnibus Approbari debet) im 14. Jahrhundert. In *Die geschichtlichen Grundlagen der modernen Volksvertretung: Die Entwicklung von der mittelalterlichen Korporationen zu den modernen Parlamenten*. Bd. 1, hg. von Heinz Rausch, 183-211. Darmstadt: Wiss. Buchges.

Marshall, Thomas H. 1992. *Bürgerrechte und soziale Klassen. Zur Soziologie des Wohlfahrtsstaates*. Frankfurt a.M.: Campus.

Matz-Lück, Nele. 2011. Die Umsetzung von Richtlinien und nationaler Grundrechtsschutz. *Europäische Grundrechte-Zeitschrift* 38 (8): 207-211.

Maus, Ingeborg. 1976. *Bürgerliche Rechtstheorie und Faschismus. Zur sozialen Funktion und aktuellen Wirkung der Theorie Carl Schmitts*. München: Fink.

———. 1978. Entwicklung und Funktionswandel der Theorie des bürgerlichen Rechtsstaats. In *Der bürgerliche Rechtsstaat*, hg. von Mehdi Tohidpur, 13-81. Frankfurt a.M.: Suhrkamp.

———. 1992. *Zur Aufklärung der Demokratietheorie. Rechts- und demokratietheoretische Überlegungen im Anschluß an Kant.* Frankfurt a.M.: Suhrkamp.

———. 1998. Die Trennung von Recht und Moral als Begründung des Rechts. *Rechtstheorie* 20: 191-210.

Mayer, Franz C. 2009. Verfassungsgerichtsbarkeit. In *Europäisches Verfassungsrecht. Theoretische und dogmatische Grundzüge*, hg. von Armin von Bogdandy. 2. Aufl., 560-607. Berlin: Springer.

———. 2011. Grundrechtsvielfalt und Grundrechtskonflikte im europäischen Mehrebenensystem – am Beispiel der Meinungsfreiheit des Datenschutzes des Rechtsschutzes gegen den Richter und bei Auslegungskonkurrenzen. *Europäische Grundrechte-Zeitschrift* 38 (8): 234-238.

Menzel, Ulrich. 1999. *Jenseits des Staates oder Renaissance des Staates. Zwei kleine politische Schriften.* Braunschweig: Techn. Univ. Inst. für Sozialwiss.

Merkel, Wolfgang. 1999. *Systemtransformation. Eine Einführung in die Theorie und Empirie der Transformationsforschung.* Opladen: Leske + Budrich.

———. 2004. Embedded and Defective Democracies. *Democratization* 11 (5): 33-58.

———. 2010. *Systemtransformation: Eine Einführung in die Theorie und Empirie der Transformationsforschung.* 2. Aufl. Wiesbaden: VS, Verl. für Sozialwiss.

Merkel, Wolfgang, und Hans-Jürgen Puhle. 1999. *Von der Diktatur zur Demokratie. Transformationen, Erfolgsbedingungen, Entwicklungspfade.* Opladen, Wiesbaden: Westdt. Verl.

Merkel, Wolfgang, Hans-Jürgen Puhle, und Aurel Croissant, Hg. 2006. *Defekte Demokratie. Bd. 2: Regionalanalysen.* Opladen: Leske + Budrich.

Merkel, Wolfgang, Hans-Jürgen Puhle, Aurel Croissant, Claudia Eichner, und Peter Thiery, Hg. 2003. *Defekte Demokratie. Bd. 1: Theorie.* Opladen: Leske + Budrich.

Merten, Detlef, Hg. 1989. *Gewaltentrennung im Rechtsstaat. Zum 300. Geburtstag von Charles de Montesquieu.* Berlin: Duncker & Humblot.

Meyer, Thomas. 2009. *Soziale Demokratie. Eine Einführung.* Wiesbaden: VS Verlag für Sozialwissenschaften.

Meyers Reinhard. 1998. Der nationale Akteur in der Globalisierungsfalle? Verflechtung und Entgrenzung als Bestimmungsmomente internationaler Politik. In *Politik und Verwaltung nach der Jahrtausendwende - Plädoyer für eine rationale Politik. Festschrift für Gerhard W. Wittkämper zum 65. Geburtstag*, hg. von Norbert Konegen, 75-124. Opladen: Leske + Budrich.

Möllers, Christoph. 2005. *Gewaltengliederung. Legitimation und Dogmatik im nationalen und internationalen Rechtsvergleich.* Tübingen: Mohr.

———. 2008. *Die drei Gewalten. Legitimation der Gewaltengliederung in Verfassungsstaat, europäischer Integration und Internationalisierung.* Weilerswist: Velbrück Wiss.

———. 2011. Kommentar. In *Menschenrechte und Volkssouveränität in Europa. Gerichte als Vormund der Demokratie? Hg.* von Gret Haller, Klaus Günther, und Ulfrid Neumann, 239-241. Frankfurt a.M.: Campus.

Montesquieu, Charles de. 2001. *Vom Geist der Gesetze,* hg. von Kurt Weigand. Stuttgart: Reclam.

Moravcsik, Andrew. 2002. In Defence of the ‚Democratic Deficit': Reassessing Legitimacy in the European Union. *Journal of Common Market Studies* 40: 603-624.

Näf, Werner. 1975. *Herrschaftsverträge des Spätmittelalters.* 2. Aufl. Bern: Lang.

Neue Zürcher Zeitung online. 2011. Tausende protestieren in Russland gegen Putin. 06.12.2011. Zugegriffen am 10.01.2012.

Nippel, Wilfried. 1980. *Mischverfassungstheorie und Verfassungsrealität in Antike und früher Neuzeit.* Stuttgart: Klett-Cotta.

Nooke, Günter, Georg Lohmann, und Gerhard Wahlers. 2008. *Gelten Menschenrechte universal? Begründungen und Infragestellungen.* Freiburg im Breisgau: Herder.

Obst, Andreas. 2008. Die mitgliedstaatliche und inhaltliche Tragweite der europäischen Grundrechtecharta. europe direct, Info-Point Europa. Zugegriffen am 07. 06. 2011:

O'Donnell, Guillermo. 1994. Delegative Democracy. *Journal of Democracy* 7 (4): 112-126.

Oeter, Stefan. 2009. Föderalismus und Demokratie. In *Europäisches Verfassungsrecht. Theoretische und dogmatische Grundzüge*, hg. von Armin von Bogdandy, und Jürgen Bast. 2. Aufl., 73-120. Berlin, Heidelberg: Springer.

Ogorek, Regina. 1986. *Richterkönig oder Subsumtionsautomat? Zur Justiztheorie im 19. Jahrhundert.* Frankfurt a.M.: Klostermann.

Ohmae, Kenichi. 1995. *The End of the Nation State. The Rise of Regional Economies.* London: HarperCollins.

Organization for Security and Co-operation in Europe (OSCE). 2012. Russian Federation Elections to the State Duma 4 December 2011. OSCE/ODIHR Election Observation Mission. Final Report vom 12. Januar 2012. Zugegriffen am 18.01.2012:

Paine, Thomas. 1969. *Rights of Man (1791/92)*, hg. von Henry Collins. Harmondsworth: Penguin.

Papier, Hans-Jürgen. 1989. Gewaltentrennung im Rechtsstaat. In *Gewaltentrennung im Rechtsstaat. Zum 300. Geburtstag von Charles de Montesquieu*, hg. von Detlef Merten, 95-114. Berlin: Duncker & Humblot.

Parsons, Talcott. 2000. Gleichheit und Ungleichheit in modernen Gesellschaften. Zur Bedeutung sozialer Schichtung. In *Citizenship - Soziologie der Staatsbürgerschaft*, hg. von Jürgen Mackert, 103-129. Wiesbaden: Westdt. Verl.

Pernice, Ingolf. 1995. Bestandssicherung der Verfassungen. Verfassungsrechtliche Mechanismen zur Wahrung der Verfassungsordnung. In *L'espace constitutionnel européen. Der europäische Verfassungsraum*, hg. von Roland Bieber, 225-264. Zürich: Schulthess Polygraph. Verl.

Peters, Anne. 2003. *Einführung in die Europäische Menschenrechtskonvention. Mit rechtsvergleichenden Bezügen zum deutschen Grundgesetz.* München: Beck.

Piazolo, Michael. 1999. *Der Rechtsstaat.* München: Bayerische Landeszentrale für politische Bildungsarbeit.

Pickel, Gert. 2010. Staat, Bürger und politische Stabilität. Benötigen auch Autokratien politische Legitimität? In *Autoritarismus Reloaded. Neuere Ansätze und Erkenntnisse der Autokratieforschung*, hg. von Holger Albrecht, und Rolf Frankenberger, 179-200. Baden-Baden: Nomos.

Pieroth, Bodo, und Bernhard Schlink. 2010. *Grundrechte. Staatsrecht II.* 26. Aufl. Heidelberg: C. F. Müller.

Pollis, Adamantia, und Peter Schwab. 1979. Human Rights. A Western Construct with Limited Applicability. In *Human Rights. Cultural and Ideological Perspectives*, hg. von Adamantia Pollis, und Peter Schwab, 1-18. New York: Praeger.

Popper, Karl. 1988. *Bemerkungen zu Theorie und Praxis des demokratischen Staates.* London: Bank Hoffmann AG.

Preuß, Ulrich K. 1994. Der Begriff der Verfassung und ihre Beziehung zur Politik. In *Zum Begriff der Verfassung. Die Ordnung des Politischen*, hg. von Ulrich K. Preuß, und Ernst-Wolfgang Böckenförde, 7-34. Frankfurt a.M.: Fischer-Taschenbuch Verl.

Przeworski, Adam. 2006. Self-Enforcing Democracy. In *The Oxford Handbook of Political Economy*, hg. von Barry R. Weingast, 312-328. Oxford: Oxford Univ. Press.

Quine, Willard V. 1979. Zwei Dogmen des Empirismus. In *Von einem logischen Standpunkt. Neun logische-philosophische Essays*, 27-50. Frankfurt a.M. [u.a.]: Ullstein.

Racky, Michael. 2005. *Die Diskussion über Gewaltenteilung und Gewaltentrennung im Vormärz.* Frankfurt a.M.; New York: Lang.

Radbruch, Gustav. 1947. *Der Geist des englischen Rechts.* 2. Aufl. Heidelberg: Rausch.

———. 1973. Gesetzliches Unrecht und übergesetzliches Recht (1946). In *Rechtsphilosophie.* 8. Aufl., 339-350. Stuttgart: Koehler.

Rat der Europäischen Union. 2011. Beitritt der Europäischen Union zur Europäischen Konvention zum Schutz der Menschenrechte und Grundfreiheiten (EMRK). Aktueller Stand, Vermerk vom 06.12.2011 (Dok. 18117/11). Zugegriffen am 27.12.2011. http://register.consilium.euro-pa.eu/pdf/de/11/st18/st18117.de11.pdf.

Rawls, John. 1977. *Gerechtigkeit als Fairneß*, hg. von Otfried Höffe. Freiburg: Alber.

———. 2003. *Politischer Liberalismus.* Frankfurt a.M.: Suhrkamp.

Raz, Joseph. 1979. The Rule of Law and its Virtue. In *The Authority of Law. Essays on Law and Morality*, 210-229. Oxford: Clarendon Press.

Reinicke, Wolfgang H. 1998. *Global Public Policy. Governing without Government?* Washington, DC: Brookings Institution Press.

Reißmann, Ole. 2011. Staatstrojaner. Experten werfen Bundesregierung Vertuschung vor. Spiegel online. 23.11.2011. Zugegriffen am 10. 12. 2011. http://www.spiegel.de/netzwelt/netzpolitik/0 1518 799407 00. html.

Riedel, Eibe. 2004. Der internationale Menschenrechtsschutz. Eine Einführung. In *Menschenrechte. Dokumente und Deklarationen*, hg. von Eibe Riedel. 4. Aufl., 11-40. Bonn: Bundeszentrale für politische Bildung.

Risse, Thomas, und Ursula Lehmkuhl. 2007. Governance in Räumen begrenzter Staatlichkeit. *Aus Politik und Zeitgeschichte* (B 20-21): 3-9.

Rittberger, Berthold, und Frank Schimmelfennig. 2006. *Die Europäische Union auf dem Weg in den Verfassungsstaat.* Frankfurt a.M.; New York: Campus.

Rousseau, Jean-Jacques. 1977. *Politische Ökonomie.* Frankfurt a.M.: Klostermann.

———. 1978. Abhandlung über den Ursprung und die Grundlagen der Ungleichheit unter den Menschen. In *Schriften*, hg. von Henning Ritter. Bd. 1, 165-302. München: Hanser.

———. 1978. Briefe vom Berge. In *Schriften*, hg. von Henning Ritter. Bd. 2, 9-252. München: Hanser.

———. 2000. *Vom Gesellschaftsvertrag oder Grundlagen des politischen Rechts.* Frankfurt a.M.: Insel-Verl.

Säcker, Horst. 2003. *Das Bundesverfassungsgericht.* 6. Aufl. Bonn: Bundeszentrale für politische Bildung.

Sandschneider, Eberhard. 2003. Externe Demokratieförderung. Theoretische und praktische Aspekte der Außenunterstützung von Transformationsprozessen. Gutachten für das Centrum für Angewandte Politikforschung. Zugegriffen am 10.01.2012. http://www.cap.lmu.de/download/2003/2003_sandschneider.pdf.

Sartori, Giovanni. 1992. *Demokratietheorie.* Darmstadt: Wiss. Buchges.

Sauer, Heiko. 2011. Bausteine eines Grundrechtskollisionsrechts für das europäische Mehrebenensystem. *Europäische Grundrechte-Zeitschrift* 38 (8): 195-198.

Saxer Marc. 2009. Neue Ansätze für die Demokratieförderung. Friedrich-Ebert-Stiftung, DOG Briefing Paper 16. Zugegriffen am 20.12.2011. http://library.fes.de/pdf-files/iez/global/06835-20091209.pdf.

Schaar, Peter. 2008. Der Rüstungswettlauf in der Informationstechnologie. In *Vom Rechtsstaat zum Präventionsstaat*, hg. von Stefan Huster, und Karsten Rudolph, 45-63. Frankfurt a.M.: Suhrkamp.

———. 2011. Gesetze zur Terrorismusbekämpfung. The European vom 31.05.2011. Zugegriffen am 09.12.2011. http://www.bfdi.bund.de/DE/Oeffentlichkeitsarbeit/RedenUndInterviews/2011/TheEuropeanGesetzeUeberTerrorismus.html?nn=408922.

Schachtschneider, Karl A. 2006. *Prinzipien des Rechtsstaates.* Berlin: Duncker & Humblot.

Scharpf, Fritz W. 2009. Legitimität im europäischen Mehrebenensystem. *Leviathan* 37: 244-280.

Scheckener, Ulrich. 2008. Warum lässt sich der Terrorismus nicht >>besiegen<<? In *Vom Rechtsstaat zum Präventionsstaat*, hg. von Stefan Huster, und Karsten Rudolph, 24-44. Frankfurt a.M.: Suhrkamp.

Schedler, Andreas. 1999. Conceptualizing Accountability. In *The self-controlling state. Corruption and accountability in new democracies*, hg. von Andreas Schedler, Larry J. Diamond, und Marc F. Plattner, 14-17. Boulder, Colo: Lynne Rienner Publishers.

———. 2006. *Electoral Authoritarianism. The Dynamics of Unfree Competition.* Boulder, Colo: Lynne Rienner Publishers.

———. 2010. Authoritarianism's Last Line of Defense. *Journal of Democracy* 21 (1): 69-80.

Schedler, Andreas, Larry J. Diamond, und Marc F. Plattner, Hg. 1999. *The Self-Controlling State. Corruption and Accountability in New Democracies.* Boulder, Colo: Lynne Rienner Publishers.

Scheuner, Ulrich. 1976. Die Überlieferung der deutschen Staatsgerichtsbarkeit im 19. und 20. Jahrhundert. In *Bundesverfassungsgericht und Grundgesetz. Festgabe aus Anlaß des 25jährigen Bestehens des Bundesverfassungsgerichts.* Bd. I, hg. von Christian Starck, 1-62. Tübingen: Mohr.

Schiller, Theo. 2002. *Direkte Demokratie. Eine Einführung.* Frankfurt a.M.: Campus.

Schmid, Josef. 2002. *Wohlfahrtsstaaten im Vergleich. Soziale Sicherung in Europa : Organisation, Finanzierung, Leistungen und Probleme.* 2. Aufl. Opladen: Leske + Budrich.

Schmidt, Eike I., Hg. 2001. *Handbuch für die ehrenamtlichen Richterinnen und Richter der Verwaltungsgerichtsbarkeit. Ein Leitfaden für die Praxis.* Hannover: Niedersächs. Justizministerium.

Schmidt, Manfred G. 2010. *Demokratietheorien. Eine Einführung.* 5. Aufl. Bonn: Bundeszentrale für politische Bildung.

Schmidt-Aßmann, Eberhard. 1987. Der Rechtsstaat. In *Handbuch des Staatsrechts der Bundesrepublik Deutschland.* Bd. I, hg. von Josef Isensee, und Paul Kirchhof, 984-1044. Heidelberg: C. F. Müller.

Schmitt, Carl. 1976. Das Reichsgericht als Hüter der Verfassung (Auszüge). In *Verfassungsgerichtsbarkeit*, hg. von Peter Häberle, 108-131. Darmstadt: Wiss. Buchges.

———. 1983. *Verfassungslehre.* 6. Aufl. Berlin: Duncker & Humblot.

Schmitter, Philippe. 2004. The Ambiguous Virtues of Accountability. *Journal of Democracy* 15: 47-60.

Schneider, Catherine. 2011. Menschenrechte und Übertragung der Souveränität auf die Europäische Union: Folgen für die Definition und Entwicklung der Menschenrechte. In *Menschenrechte und Volkssouveränität in Europa. Gerichte als Vormund der Demokratie? Hg.* von Gret Haller, Klaus Günther, und Ulfrid Neumann, 203-238. Frankfurt a.M.: Campus.

Schneider, Hans. 1954. Fünf Jahre Grundgesetz. *Neue Juristische Wochenschrift* 7: 937-941.

Schneider, Hans-Peter. 1989. Gewaltenverschränkung zwischen Parlament und Regierung. In *Gewaltentrennung im Rechtsstaat. Zum 300. Geburtstag von Charles de Montesquieu*, hg. von Detlef Merten, 77-89. Berlin: Duncker & Humblot.

Schneider, Jens-Peter. 2008. Verfassungsgerichtsbarkeit und Europäischer Gerichtshof. In *Verfassungs- und Verwaltungsgerichtsbarkeit im Mehrebenensystem*, hg. von Wilfried Erbguth, und Johannes Masing, 11-28. Stuttgart [u.a.]: Richard Boorberg.

Schneider, Peter. 1972. Verfassungsgerichtsbarkeit und Europäischer Gerichtshof. In *Widerstandsrecht*, hg. von Arthur Kaufmann, und Leonhard E. Backmann, 362-391. Darmstadt: Wiss. Buchges.

Scholz, Rupert. 2008. Demokratiedefizit in der EU? Vortrag anlässlich des VIII. Interdisziplinärer Kongresses „Junge Wissenschaft und Europa" 29.-30. Mai 2008 in der Berlin-Brandenburgischen Akademie der Wissenschaften. Zugegriffen am 02.01.2012. http://www.schleyer-stiftung.de/pdf/pdf_2008/mai_08_vortrag_scholz.pdf.

Schröder, Hans-Christoph. 2002. Ancient Constitution. Vom Nutzen und Nachteil der ungeschriebenen Verfassung Englands. In *Integration durch Verfassung*, hg. von Hans Vorländer, 137-212. Wiesbaden: Westdt. Verl.

Schröder, Meinhard. 2010. *Gesetzesbindung des Richters und Rechtsweggarantie im Mehrebenensystem.* Tübingen: Mohr.

Schulz, Robert. 2003. Neuere Ansätze zur Typologisierung demokratischer Systeme. Magisterarbeit, Univ. Rostock.

Schumann, Ekkehard. 1983. Verfassungsbeschwerde (Grundrechtsklage) zu den Landesverfassungsgerichten. In *Landesverfassungsgerichtsbarkeit*, hg. von Christian Starck, und Klaus Stern, 149-230. Baden-Baden: Nomos.

Schumpeter, Joseph A. 1993. *Kapitalismus, Sozialismus und Demokratie.* 7. Aufl. Tübingen: Francke.

Schüttemeyer, Suzanne S. 2007. Die Logik der parlamentarischen Demokratie. *Informationen zur politischen Bildung* (295): 4-15.

Schwartländer, Johannes. 1993. *Freiheit der Religion. Christentum und Islam unter dem Anspruch der Menschenrechte.* Mainz: Matthias-Grünewald-Verlag.

Schwarz, Axel. 2005. Justizreform und Islam in Afghanistan. *Zeitschrift für ausländisches öffentliches Recht und Völkerrecht* 65: 257-268.

Seif, Ulrike. 2000. Der mißverstandene Montesquieu: Gewaltenbalance nicht Gewaltentrennung. *Zeitschrift für Neuere Rechtsgeschichte* 22: 146-166.

Seiler, Christian. 2005. *Der souveräne Verfassungsstaat zwischen demokratischer Rückbindung und überstaatlicher Einbindung.* Tübingen: Mohr.

Seiler, Hansjörg. 1994. *Gewaltenteilung. Allgemeine Grundlagen und schweizerische Ausgestaltung.* Bern: Stämpfli.

Sieyès, Emmanuel J. 1988. *Was ist der dritte Stand? Hg.* von Otto Dann. Essen: Hobbing.

Skouris, Wassilios. 2001. Die kontinentale(n) europäische(n) Verfassungskultur(en). In *Die Welt des Verfassungsstaates. Erträge des Wissenschaftlichen Kolloquiums zu Ehren von Prof.*

Dr. Dr. h.c. mult. Peter Häberle aus Anlaß seines 65. Geburtstages, hg. von Martin Morlok, und Francisco Balaguer-Callejon, 85-106. Baden-Baden: Nomos.

Slaughter, Anne-Marie. 1997. The Real New World Order. *Foreign Affairs* 76 (5): 183-197.

Sobota, Katharina. 1997. *Das Prinzip Rechtsstaat. Verfassungs- und verwaltungsrechtliche Aspekte*. Tübingen: Mohr.

Sodan, Helge. 2010. *Staat und Verfassungsgerichtsbarkeit*. Paderborn [u.a.]: Schöningh.

Stahl, Friedrich J. 1846. *Die Philosophie des Rechts*. 2. Aufl. II. Heidelberg, Leipzig: Mohr; Teubner.

Starck, Christian. 1995. *Der demokratische Verfassungsstaat. Gestalt, Grundlagen, Gefährdungen*. Tübingen: Mohr.

Steffani, Winfried. 1979. *Parlamentarische und präsidentielle Demokratie*. Opladen: Westdt. Verl.

———. 1995. Das Demokratie-Dilemma der Europäischen Union. Die Rolle der Parlamente nach dem Urteil des Bundesverfassungsgerichts vom 12. Oktober 1993. In *Demokratie in Europa. Zur Rolle der Parlamente. Zeitschrift für Parlamentsfragen, Sonderband zum 25jährigen Bestehen*, hg. von Winfried Steffani, 33-49. Opladen: Westdt. Verl.

———. 1997. *Gewaltenteilung und Parteien im Wandel*. Opladen: Westdt. Verl.

Stegmüller, Wolfgang. 1969. *Metaphysik, Skepsis, Wissenschaft*. 2. Aufl. Berlin, Heidelberg: Springer.

Stegmüller, Wolfgang. 1974. *Das Problem der Induktion. Humes Herausforderung und moderne Antworten. Der sogenannte Zirkel des Verstehens*. Darmstadt: Wiss. Buchges.

Stein, Katharina. 2010. Fragwürdige Ausnahmeregelungen der Grundrechtecharta. Zugegriffen am 07.06.2011. http://www.barbara-lochbihler.de/cms/upload/PDF/Grundrechtecharta-Opt_out_Stand_April2010.pdf.

Steinberger, Helmut. 1994. *Models of Constitutional Jurisdiction*. Reprint. Strasbourg: Council of Europe Press.

Stern, Klaus. 1980. *Verfassungsgerichtsbarkeit zwischen Recht und Politik*. Opladen: Westdt. Verl.

———. 1982. Die Verbindung von Verfassungsidee und Grundrechtsidee zur modernen Verfassung. In *Staatsorganisation und Staatsfunktionen im Wandel. Festschrift für Kurt Eichenberger zum 60. Geburtstag*, hg. von Georg Müller, 197-210. Basel u.a: Helbing & Lichtenhahn.

———. 1984. *Das Staatsrecht der Bundesrepublik Deutschland. Bd. 1*. 2. Aufl. München: C.H. Beck.

———. 1992. Idee der Menschenrechte und Positivität der Grundrechte. In *Handbuch des Staatsrechts der Bundesrepublik Deutschland*. Bd. V, hg. von Josef Isensee, und Paul Kirchhof, 3-44. Heidelberg: C. F. Müller.

Storost, Ulrich. 1990. Das Ende der Übergangszeit. *Der Staat* 29: 321-331.

Stourzh, Gerald. 1974. *Vom Widerstandsrecht zur Verfassungsgerichtsbarkeit. Zum Problem der Verfassungswidrigkeit im achtzehnten Jahrhundert*. Graz: Styria.

Strange, Susan. 1996. *The Retreat of the State. The Diffusion of Power in the World Economy*. Cambridge: Cambridge Univ. Press.

Streinz, Rudolf. 2011. Wandlungen des Grundgesetzes unter dem Einfluss der Ebenen des Europarechts und des Völkerrechts. In *Verfassungswandel im Mehrebenensystem*, hg. von Christoph Hönnige, Sascha Kneip, und Astrid Lorenz, 130-158. Wiesbaden: VS Verlag für Sozialwissenschaften.

Tagesspiegel online. 2011. Dokumentiert: Die Urteilsbegründung im Wortlaut. 04.08.2011. Zugegriffen am 22.08.2011. http://www.tagesspiegel.de/weltspiegel/die-urteilsbegruendung-im-wortlaut/4466184.html.

Thiel, Markus. 2003. *Wehrhafte Demokratie. Beiträge über die Regelungen zum Schutze der freiheitlichen demokratischen Grundordnung.* Tübingen: Mohr.

Tönnies, Sibylle. 2001. *Der westliche Universalismus. Die Denkwelt der Menschenrechte.* 3. Aufl. Wiesbaden: Westdt. Verl.

Triepel, Heinrich. 1976. Wesen und Entwicklung der Staatsgerichtsbarkeit. In *Verfassungsgerichtsbarkeit*, hg. von Peter Häberle, 46-76. Darmstadt: Wiss. Buchges.

Trout, Robert. 2008. Life Liberty and the Pursuit of Happiness. How the Natural Law Concept of Gottfried Wilhelm Leibnitz Inspired America's Founding Fathers. Zugegriffen am 21.03.2011. www.schillerinstitute.org/fid_97-01/971_vattel-2.html.

Tuori, Kaarlo. 2011. The Rule of Law and the Rechtsstaat. In *Ratio and voluntas. The tension between reason and will in law*, 207-240. Farnham, UK: Ashgate.

Vanhanen, Tatu. 2003. *Democratization. A Comparative Analysis of 170 Countries.* London u.a: Routledge.

Vattel, Emer de. 1959. *Le Droit des Gens ou Principes de la Loi Naturelle appliqués à la Conduite es aux Affaires des Nations et des Souverains.* Tübingen: Mohr.

Viellechner, Lars. 2011. Berücksichtigungspflicht als Kollisionsregel. *Europäische Grundrechte-Zeitschrift* 38 (8): 204-207.

Vile, M. J. C. 1998. *Constitutionalism and the Separation of Powers.* 2. Aufl. Indianapolis: Liberty Fund.

Vogel, Hans-Jochen. 1978. Videant Judices! Zur aktuellen Kritik am Bundesverfassungsgericht. *Die Öffentliche Verwaltung*, 665-668.

Vollmer, Rudolf. 1969. *Die Idee der materiellen Gesetzeskontrolle in der englischen Rechtsprechung.* Bonn: Bouvier.

Vorländer, Hans. 2002. Integration durch Verfassung? Die symbolische Bedeutung der Verfassung im politischen Integrationsprozess. In *Integration durch Verfassung*, hg. von Hans Vorländer, 9-40. Wiesbaden: Westdt. Verl.

———. 2004. *Die Verfassung. Idee und Geschichte.* 2. Aufl. München: Beck.

Wahl, Rainer. 1981. Der Vorrang der Verfassung. *Der Staat* 20 (4): 485-516.

———. 1990. Die Verfassungsfrage nach dem Beitritt. *Staatswissenschaften und Staatspraxis*, 468-484.

———. 2001a. Das Bundesverfassungsgericht im europäischen und internationalen Umfeld. *Aus Politik und Zeitgeschichte* (B 37-38): 45-54.

———. 2001b. Elemente der Verfassungsstaatlichkeit. *Juristische Schulung* (11): 1041-1048.

Warntjen, Maximilian. 2007. *Heimliche Zwangsmassnahmen und der Kernbereich privater Lebensgestaltung. Eine Konzeption im Anschluss an das Urteil des Bundesverfassungsgerichts zur akustischen Wohnraumüberwachung, BVerfGE 109, 279.* Baden-Baden: Nomos.

Welzel, Hans. 1980. *Naturrecht und materiale Gerechtigkeit.* Nachdruck der 4. Aufl. Göttingen: Vandenhoeck und Ruprecht.

Wember, Viktor. 1977. *Verfassungsmischung und Verfassungsmitte. Moderne Formen gemischter Verfassung in d. polit. Theorie d. beginnenden Zeitalters d. Gleichheit.* Berlin: Duncker & Humblot.

Wendenburg, Helge. 1984. *Die Debatte um die Verfassungsgerichtsbarkeit und der Methodenstreit der Staatsrechtslehre in der Weimarer Republik.* Göttingen: Schwartz.

Wennerström, Erik O. 2007. *The Rule of Law and the European Union.* Uppsala: Iustus.

Wesel, Uwe. 2011. Recht Gerechtigkeit und Rechtsstaat im Wandel. *Aus Politik und Zeitgeschichte* (B 35-36): 41-48.

Westin, Alan F. 1962. Introduction. Charles Beard and American Debate over Judicial Review 1790-1961. In *The Supreme Court and the Constitution*, hg. von Charles A. Beard, und Alan F. Westin, 1-34. Englewood Cliffs N. J: Prentice-Hall.

Wieacker, Franz. 1954. Aufstieg, Blüte und Krisis der Kodifikationsidee. In *Festschrift für Gustav Boehmer Dem Siebziger v. Freunden u. Kollegen dargebracht*, 34-50. Bonn: Röhrscheid.

Wieland, Christoph M. 1857. Betrachtungen über die gegenwärtige Lage des Vaterlandes. In *Sämmtliche Werke*, 208-244. Leipzig: Göschen.

Wilhelm, Uwe. 1995. *Der deutsche Frühliberalismus. Von den Anfängen bis 1789.* Frankfurt a.M. ; New York: Lang.

Wintrich, Josef M. 1976. Verfassungsgerichtsbarkeit im Gesamtgefüge der Verfassung. In *Verfassungsgerichtsbarkeit*, hg. von Peter Häberle, 214-223. Darmstadt: Wiss. Buchges.

Wulffen, Bernd. 1968. Richterliches Prüfungsrecht im Heiligen Römischen Reich Deutscher Nation des 18. Jahrhunderts. Diss., Univ. Frankfurt a.M.

Zürn, Michael. 1998. *Regieren jenseits des Nationalstaates. Globalisierung und Denationalisierung als Chance.* Frankfurt a.M.: Suhrkamp.

Zweifel, Thomas. 2002. … who ist without Sin cast the first Stone. The EU's democratic Deficit in Comparison. *Journal of European Public Policy* 9: 812-840.

Zweig, Egon. 1909. *Die Lehre vom Pouvoir constituant.* Tübingen: Mohr.

Sachverzeichnis

In das Register sind die zentralen Fundstellen zu einem Thema aufgenommen. Die Aufschlüsselung der Begriffe soll eine gezielt Suche erleichtern.

B. Enzmann, *Der Demokratische Verfassungsstaat*,
DOI 10.1007/978-3-531-18952-9,